文库精粹

林纾 左宗棠

林纾 左宗棠 ⊙ 著

陕西新华出版
太白文艺出版社·西安

图书在版编目（CIP）数据

近代名人文库精粹. 林纾 左宗棠 / 刘东主编；林纾，（清）左宗棠著. -- 西安：太白文艺出版社，2017.10（2024.5重印）
　　ISBN 978-7-5513-1127-4

Ⅰ. ①近… Ⅱ. ①刘… ②林… ③左… Ⅲ. ①林纾（1852-1924）－文集②左宗棠（1812-1885）－文集 Ⅳ. ①Z425

中国版本图书馆CIP数据核字（2017）第237420号

近代名人文库精粹：林纾　左宗棠
JINDAI MINGREN WENKU JINGCUI：LIN SHU　ZUO ZONGTANG

著　　者	林　纾　左宗棠
主　　编	刘　东
责任编辑	荆红娟　姚亚丽
封面设计	揽胜视觉
版式设计	刘兴福
出版发行	太白文艺出版社
经　　销	新华书店
印　　刷	三河市嵩川印刷有限公司
开　　本	700mm×960mm　1/16
字　　数	240千字
印　　张	16
版　　次	2017年10月第1版
印　　次	2024年5月第2次印刷
书　　号	ISBN 978-7-5513-1127-4
定　　价	59.80元

版权所有　翻印必究
如有印装质量问题，可寄出版社印制部调换
联系电话：029-81206800
出版社地址：西安市曲江新区登高路1388号（邮编：710061）
营销中心电话：029-87277748　029-87217872

目 录 Contents

林 纾

诗 词

渴睡汉 …………………………………………………… 3
关上虎 …………………………………………………… 3
题画 ……………………………………………………… 3
辛亥三月十五日雨中冒鹤亭集同人于夕照寺为巢民先生作生日雨止出游冯
　益都万柳堂归途经有明督师袁元素墓下作 …………………… 4
九月十九日南中警报急挈姬人幼子避兵天津回视屋上垂杨尚凌秋作态慨然
　书壁 …………………………………………………… 4
闻福州兵变凄然有作 …………………………………… 4
入都至故宅 ……………………………………………… 5
壬子正月十二日入都同刘资颖及高甥穮饮于小有天三层楼上某将军所部兵
　溃纵火攻剽火发可十二处楼高铁栏固益以铁扉贼止弗攻飞弹流空厥声
　达晓余亦几濒于险 …………………………………… 5
十四夜天津果大掠 ……………………………………… 6
陈庵招游西苑 …………………………………………… 6
珪子大城受代率诸孙南归治田作诗送之 ………………… 6
端午书感 ………………………………………………… 6
黄夫人谕贼行 …………………………………………… 7
舟中读江叔集即题其上 ………………………………… 7
车中望颐和园有感 ……………………………………… 7
买陂塘 …………………………………………………… 7

齐天乐	8
烛影摇红	8
解语花	8
摸鱼儿	9
小重山（二首）	9
齐天乐	9

译 著

| 巴黎茶花女遗事 | 10 |
| 三千年艳尸记 | 52 |

左 宗 棠

致霖儿	145
致癸叟	145
致孝威（庚申正月三十日）	146
致孝威（二月廿四日）	148
致霖儿（四月初三日宿松大营）	148
致霖儿（廿九日晨刻）	148
致孝威（九月初四日章门营次）	149
致霖儿（十月廿三日景德镇行营）	149
致阿霖（十一月初九日）	150
致霖儿（腊月十一夜三庚）	151
致孝威（辛酉正月二日四更梅源桥行营）	151
致阿霖（二月三日）	152
致孝威（三月初六日）	153
致孝威（三月二十日乐平营次）	154
致孝威（三月廿九日德兴大营）	154
致孝威（四月十五日广信营次）	155
致孝威（五月十二夜景镇大营）	155
致筠心（五月十三日）	156
致筠心	156
致霖儿（六月二十三夜）	157

致孝威	158
致孝威（六月二十五日）	158
致孝威（七月十五夜）	158
致孝威（七月二十一日婺源军中）	159
致孝威（八月十四夜）	160
致孝威（八月二十三夜子亥）	161
致霖儿（九月初三广信大营）	162
致孝威（十月初十日广信）	163
致霖儿（十月二十三日）	163
致孝威（十一月初五信州军营）	164
致霖儿（腊月初一日）	164
致孝威（壬岁正月五日婺源江口行营）	165
致霖儿（二月六日浙江开化县马金街行营）	165
致孝威（三月初二日浙江常山县水南营次）	166
致孝威（五月十二日衢州灵溪行营）	166
致孝威（六月二十四日夜云溪营中）	167
致霖儿（八月初九夜龙游县谭石望行营）	167
致阿霖（闰月十七日）	168
致孝威（闰八月二十一日）	169
致阿霖（九月十日龙游城西书）	170
致孝威（十月二十三夜龙游城外行营）	171
致霖儿（十二月初四日）	172
致霖儿（癸亥正月六日龙游城外大营）	173
致孝威（正月初七日余杭拱溪头大营）	174
致孝威（正月十七日）	174
致孝威（三月十九日严州大营）	175
致孝威（正月三日）	175
致孝威（七月十五日）	176
致霖儿（九月初三日严州城外大营）	176
致霖儿	177
致孝威（九月二十九日严州军次）	177
致阿霖（十月初九日严州营次）	178
致孝威（十一月初二日富阳大营）	178

致霖儿	178
致孝威（腊五夜富阳大营）	179
致霖儿（甲子正月十八日余杭城外大营）	179
致孝威（三月初一日余杭行营）	180
致霖儿	180
致孝威（五月三日杭州节署）	180
致孝威（六月初十日杭州）	181
致霖儿（七月廿三日杭州）	182
致筠心（七月廿三日杭州）	182
致霖儿（八月初六夜杭州）	183
致孝威（八月十七日）	184
致孝威（十月二十九日富阳舟中）	184
致孝威（乙丑正月初一日延平行营）	185
致孝威（正月二十八日）	186
致孝威（三月十三日延平大营）	187
致孝宽（五月二十一日漳州行营）	188
致孝威（闰月初七日漳州大营）	188
致孝威（七月初一日漳州大营）	189
致孝威（八月十六日漳州大营）	190
致孝威（八月二十五日漳州）	190
致孝威（新正二日）	191
致孝威（新正二日）	191
致孝威（二月十四日兴化府懒书）	191
致孝威	192
致孝威（二月二十五日）	192
致孝威（三月十四日夜）	192
致孝威	193
致孝威（十月十九日）	193
致孝威（二十七日）	194
复景桥兄书（十二月十一夜王家渡舟次）	194
致筠心	195
致孝威（五月初七日樊城营次）	196
致孝威（六月十三日行营）	196

致孝威（戊辰正月二十五日获鹿行营）	197
致孝威（二月二十五日）	198
致孝威（三月初一夜正定行次）	198
致孝威（三月二十八日大名行营）	199
致孝威（四月十八日吴桥行次）	199
致孝威（闰四月十四日连镇行营）	199
致孝威（四月十九日连镇大营）	200
致孝威（五月初八日连镇行营）	201
致孝威（五月二十七日）	201
致孝威（十一月廿二夜）	202
致孝威（己巳二月初四日咸阳行营）	202
致孝威（四月廿四日乾州行营）	203
致孝威（腊月十六日平凉大营）	205
致孝威（腊月十七日辰刻又书）	206
致威、宽、勋、同（三月十二日平凉大营）	207
致孝威（三月十二夜四鼓书）	208
致孝威（六月十六日）	209
致孝威（七月初二日平凉大营）	209
致孝威（闰月十六夜）	210
致孝威（腊月十三夜）	211
致孝威（辛未正月三十日平凉大营）	212
致孝威（壬申二月一日）	212
致孝威（二月二十七日）	213
致孝威（三月初十日）	214
致孝威（四月四日）	214
致孝威（五月十二夜安定大营）	215
致孝威（五月十七日）	216
致孝宽、勋、同（六月十四日安定大营）	217
致威、宽、勋、同（十月二十七日）	217
致威、宽、勋、同（十一月二十二夜）	218
致孝威（十一月二十三日晨续论）	221
致孝威、宽、勋、同（小除夕兰州节署）	221
致孝威（癸酉二月朔兰州节署）	222

致孝威（四月二十五日）	223
致孝威（五月二十二夜）	225
致孝威（四月二十八日）	225
致孝威（六月十五日兰州节署）	226
致威儿（闰月二十一日兰州）	226
致宽、勋、同（乙亥四月十七日）	226
致孝宽（四月二十六夜兰州）	227
致孝宽（丙子五月初六日酒泉营次）	227
致孝威（七月初九日酒泉营次）	229
致勋、同（丁丑五月初四夜肃州）	229
致勋、同（戊寅二月三十日）	230
致勋、同	231
致孝宽（十月朔日）	232
致勋、同（腊月十九日）	232
致勋、同（己卯正月八日）	233
致宽、勋、同（正月二十九日）	234
致宽、勋、同（二月十七日）	235
致宽、勋、同（闰三月二十四日酒泉营次）	236
致宽、勋、同（四月二十一日肃州营次）	237
致宽、勋、同（六月二十二日）	238
致宽、勋、同（七月二十六日酒泉）	239
致勋、同（十一月廿八日）	240
致孝同（腊五夜）	240
致孝同（庚辰四月廿七日）	241
致孝同（五月十九哈密新营）	241
致孝同（六月初一哈密大营）	241
致孝同（六月十四日初伏哈密大营）	242
致孝同（六月廿三日哈密）	243
致孝同（七月十二日）	243
致孝同（七月廿五日辰刻）	244
致孝同（八月廿二日）	245
致延侄（壬午四月十五日夜书于常熟舟中）	245
致宽、同（癸未二月初十日胡家集舟中）	246

作者简介

林纾（1852—1924）　近代文学家、翻译家。字琴南，号畏庐，别号冷红生、践卓翁，福建闽县（今福州）人。1882年中举。1899年，与友人王寿昌合译《茶花女遗事》，从此开始文学翻译生涯。戊戌变法前，已接受资产阶级维新思想。1911年辛亥革命爆发，誓为清室遗老，思想趋于保守。他最早反对宋诗派，反对寄人篱下，"不遂己志，自为己诗"。工画，工古文。

1912年《平报》创刊，开辟"铁笛亭琐记""践卓翁短篇小说""讽喻白话诗"等专栏，并任编辑，从此自著小说。新文化运动爆发后，著文反对，发表文言小说《荆生》《妖梦》两篇，对新文化运动有影射、攻击之意。著有《金陵秋》《畏庐漫录》4卷、《合浦珠传奇》《畏庐诗存》《春觉斋论文》等。

诗 词

林纾

渴睡汉

讽外交勿尚意气也

渴睡汉,何时醒?王道不外衷人情。九经叙目有柔远,加之礼貌庸何损。纵是国仇仇在心,上下一力敦根本。奈何大老官,一谈外国先冲冠。西人投刺接见晚,儒臣风度求深稳。西人报礼加谩词,又有大量能容之。所得不偿失,易明之理暗如漆。我闻西人外交礼数多,一涉国事争分毫。华人只争身份大,铸铁为墙界中外。挑衅无非在自高,自高不计公家害。我笑富魏公,区区争献纳。若果赵家能自强,汴梁岂受金人踏。须知勾践能复仇,骄吴始取吴王头。奉告理学人,不必区夷夏。苟利我国家,何妨礼貌姑为下。西人谋国事事精,兵制尤堪为法程。国中我自宗王道,参之西法应更好。我徒守旧彼日新,胁我多端气莫伸。群公各有匡时志,不委人为委天意。人为一尽天意来,王师奋迅如风雷。西人虽暴胡为哉!西人虽暴胡为哉!

关上虎

刺税厘厘丁横恣陷人也

虎来!虎来!关上人多安有虎,蠹役作威挟官府。小民负贩图营生,截路咆哮闻虎声。虎吃肉,不留骨,官纵虎丁侦绕越。官岂全无恺悌心,当关纵虎伤行人。无如比较急于火,宁我负民勿负我。堂皇飞籤责虎丁,有船到关船须停。虎丁得钱实腰橐,诈言船过船无错。既将膏血濡爪牙,私货过关关不哗。有私易行无私滞,小民私纳成常例。丁饱其余始及官,官丁附丽如肺肝。民间罚税重于税,二分归官八归吏。罚款储为比较资,虎丁长饱官不癉。臣思皇帝忧民瘼,不如此辈穷形恶。不行比较弊更深,专行比较丁复虐。只有加税全免厘,厘金统向进口索,庶几虎患无由作。

题 画

一亭高立俯群山,路转苍岩待几湾?

清晓玉童扫红叶，偶吹余片落人间。

辛亥三月十五日雨中冒鹤亭集同人于夕照寺为巢民先生作生日雨止出游冯益都万柳堂归途经有明督师袁元素墓下作

如皋先生礼阳羡，年年定惠_{如皋大寺}斋中元。今朝稍复仿此例，主人乃即如皋孙。万历辛亥公生日，三百年所俄朝昏。老鹤通赡得祖研，直从水绘探诗源。坏堂咫尺说万柳，稽摭前事须眉轩。野云消歇益都袭，彼此攘夺如争墩。雨余蹋屦趋廊庑，倡条四五低颓垣。积阴联宙矗孤塔，野水数曲环穷村。回思三月湘中阁，垂垂万缕摇春暄。当时簪绂重遗老，龚陈沈赵恒临存。先生抑抑念胜国，三十以后潜田园。朱明标季政颠倒，长城先坏熊与袁。枭镣东莞尤蛆酷，引妖就暝成艰屯。断坟残碣迓夕照，同龛祀合招忠魂。礼成联辔犯泥潦，暝色咸盼城东门。

九月十九日南中警报急挈姬人幼子避兵天津回视屋上垂杨尚凌秋作态慨然书壁

初闻南军起，颇疑智虑疏。武昌固形胜，瘠地难为糈。忽失十万仗，武库一夕虚。烽火西被蜀，楼船东走吴。战声沸汉水，警报惊燕都。达官竞南逝，荒悸如避胡。仆妪半散走，家人声喁喁。我老亦舐犊，安忍听为俘？璐子年十三，文笔已清腴。阿囗亦八岁，继勒若套驹。阿度方四龄，盈盈玉雪肤。二女尤可念，出入相抱扶。焉能聚危城，阖门殉老夫。舍我壁间画，委我橱中书。草草挈之行，晓趁津门车。回恋手植物，秋态含春姿。再见当何时？或不成荒墟。

闻福州兵变凄然有作

警报劈空来，留后推孙恩。吾乡素穷敝，遭乱宁幸存。旗防久如丐，蜷伏城东门。慵窳仰饷糈,豢养成童昏。种族辨既严,夷戮安忍言。昔在康熙初,鳌拜翻乾坤。捕奴广连坐,汉产声为吞。旗汛人踪绝,草长如荒园。同光稍杂处,衡宇通寒暄。一唱革命军,邻谊安复敦。流血波都市,纵炮颓城垣。所惜无辜民,蹂躏谁见援。商疲寡便家,灾酷无完村。一旦罹兵革,挈孥恣崩奔。吾家居苍洲,流水环槛轩。亡弟遗二女,长者已许婚。未能取之来,悬盼心如刊。长夜坐不眠,瞬息升朝暾。

林纾

入都至故宅

忆从辛丑来,孔道蟠群狼。百夫竞行李,千钱负一囊。端门集外兵,曹署空诸郎。所赖京尹贤,陈玉苍尚书方为京尹,为余购家具,储米炭,盛意至念耿耿然。为余安琴装。匆匆十一年,戎马复苍黄。避地岂长策,感时思旧创。稍归挈残书,风物逾荒凉。野水渐成冰,林叶新耀霜。道少衣冠人,翻疑非帝乡。戚属迁徙尽,空宅留斜阳。吾轩竟月闭,凝尘黯东房。家具掷零星,触目皆怆伤。惟余小黄耳,恋主神飞扬。投肉与汝别,明日仍殊方。

壬子正月十二日入都同刘资颖及高甥稔饮于小有天三层楼上某将军所部兵溃纵火攻剽火发可十二处楼高铁栏固益以铁扉贼止弗攻飞弹流空厥声达晓余亦几濒于险

酒人闻变杯齐覆,楼下炮声过爆竹。十夫力锁铁阑干,火光已射阑干角。闭窗灭烛瞷微隙,噤声如哑奴厮伏。武冠数猛聚楼下,枪刃力与铁扉触。再攻不克舍我去,月中移影犯邻屋。居人争效猢狲蹲,叛军直作老熊扑。烛光暗处影塞扉,剑声锵然刃破椟。万声杂动呼开门,掠索旋过舍五六。斗然枪止不闻声,趣行颇似鬼相逐。人人握刃手巨火,非灯非炬焰深绿。仅半炊许光绛天,栋摧瓦覆瓯棱烛。城中火聚十二屯,前后惊盼疲吾目。对门一卒挟火入,心知祸至气为促。昊天似悯一楼人,幸非纵火但冥索。更沉鼓寂月如水,驼卒沿街拾珠玉。得大遗小贼弗校,屑屑转为细民福。平明楼下见行人,贼亦杂行果其腹。汝曹一夕恣捆载,吾民百室空储蓄。大帅充耳若弗闻,拥贼作卫谬钤束。利熏心痒那即已,都门行见一路哭。

十四夜天津果大掠

月光微暗楼窗红,火发河北明河东。哭声震天不到耳,是夕正起西南风。西人严兵扼孔道,咫尺音问无由通。迟明出观但煨烬,翁啼妪啼途路中。刀痕著扉板都碎,窗扇委地楼全空。微闻叛卒但四十,以利啸结群愚蒙。巡社卫兵首从逆,挺械争出声汹汹。曹伏思乱固已宿,响应乃类撞洪钟。鸷贼人人囊橐丰,细民尾逐疗饥穷。巡卫匿赃易衣出,反以逐捕矜奇功。北门骈戮百有二,真贼不与仍从容。贼曹屏息无敢指,转与奖犒求调融。纵兵为盗既失计,宜罪反赏谁从公?南军即至亦奚补,主客疑骇将凶终。政府趣立宪法定,南北连合平内讧。瓜分豆剖祸或戢,老夫旦夕祈苍穹。

陈庵招游西苑

恍登灵境幻仙真,未著京华半点尘。柳暗不分宫额字,莲深略辨画船人。尚传游宴春无限,转眼兴亡迹已陈。剩有授经君实在,风光冷对苦吟身。

珪子大城受代率诸孙南归治田作诗送之

而翁半世落江湖,未遂功名丧本图。今日汝能抛薄宦,吾家分本是农夫。事难著手多方碍,人解回头一累无。旦晚裹书来就汝,琼河数曲狎鸥凫。

端午书感

佳节偏遭乱,未堪亲酒杯。瘵深悲国力,恶稔构天灾。画角连宵咽,觚棱尽日埃。阴风起西北,回鹘趁人来。

林纾

黄夫人谕贼行

　　吉林贼骑如封狼，蜂气所及无完乡。依兰古称伊兰茂，鳞鳞万户微丰穰。胡贼去来逐水草，剽掠屯镇资餱粮。依兰古城当孔道，觊觎膏饫贼吻张。黄埃蔽天炮声起，万骑蹴踏乘骄阳。阮公行部贼益肆，哮噬残□谁能当？万锋岂但碎寺鼓，角声早已腾城隍。积薪万迭噪焚署，黄衫小吏齐苍黄。夫人镇定慰奴媪，端簪整服临堂皇。慈祥恺恻谕魁蠹，余知尔辈原驯良。奇穷逼促逞悖计，宿豪煽诱萌非常。罄余所有悉资汝，兰民无罪休摧伤。乾坤正气出巾帼，雄渠丧胆争投枪。夫人天恩我知感，戢尾乌敢施权强。父老闻声出牛酒，狼吞狗啖倾杯觞。阖城交庆脱虎吻，群贼满载为鹰飚。镇州谕寇昌黎伯，免胄伏虏汾阳王。夫人视此宁愧色，击鼓岂数金山梁。诗成掷笔起命酒，墨光凌纸生奇香。

舟中读江叔集即题其上

　　行藏略似杜陵翁，一片哀音发集中。最是动人悲骨肉，不堪回首述咸同。名流无计才从宦，乱世何方足御穷？藩镇洪杨无异辙，老来恐亦见兵戎。

车中望颐和园有感

　　行人不忍过连昌，杰阁依然耸佛香。委命园林拼国帑，甘心骨肉听权珰。鬼兵动后无完局，藩镇基成始下场。回望瀛台朱阙里，红桥断处水风凉。

买　陂　塘

足本《迦茵小传》题词并序

　　秋气既肃，林居寡欢，仁和魏生，时时挟书就余谈译。斋舍临小

桥，槐榆苍黄，夹以残柳，池草向瘁，鸣螿四彻，寥然不觉其词之悲也。回念身客马江，与王子仁译《茶花女遗事》时，则莲叶被水，画艇接窗，临楮叹唱，犹且弗怿，矧长安逢秋，百状萧瑟，而《迦茵》一传，尤以美人碧血，沁为词华，余虽二十年庵主，几被婆子烧却，而亦不能无感矣。为书既竟，仰见明月，涉笔窗间，却成此解。

倚风前、一襟幽恨，盈盈珠泪成靥。红瘢腥点鸳鸯翅，苔际月明交颈。魂半定，倩药雾茶云，融得春痕凝。红窗梦醒，甚恨海波翻，愁台路近，换却乍来径。　　楼阴里，长分红幽翠屏，消除当日情性。篆纹死后依然活，无奈画帘中梗。卿试省，碧潭水，阿娘曾蘸桃花影。商声又警。正芦叶飘萧，秋魂一缕，印上画中镜。

齐　天　乐

《玉雪留痕》题词

玉颦香怨相逢地，珊珊盼伊纤步。药鼎枯烟，花廊碎月，春锁愁乡深处。游丝万缕，甚枭到帘西，欲抽还住。语淡心浓，绿房阴透夜来雨。

凉波吹却浪蕊，但苍雪四卷，沙际孤屿。侧墨浓镌，鹅黄嫩咽，争说因郎辛苦。余生半黍，竟画里挪舟，带珠还浦。试看雕梁，弄春双燕语。

烛　影　摇　红

《红礁画桨录》题辞

情海生波，情丝牵傍愁边岸。恹恹抱梦坠梨花，梦带梨花颤。恨事填胸渐满，数今生、伤心未半。寄怀何许？画里鸥波，绿漪风善。　　天际书来，书词能作冬心暖。回看纤影兀伶俜，那值人儿伴。画艇重撑又懒，峭金风、声声断雁。日斜钟定，草长帘深，眼中人远。

解　语　花

《红礁画桨录》题辞

山支瘦碧，树著新丹，相见年光短。暮寒侵幔，离魂影、睡里半鬓虚绾。唇樱送暖，绿窗掩、暗香零乱。端正看、依约衫痕，栩栩银云浅。

花底惊魂乍遣，甚私窥山枕，偷贡香翰。蝶乖蜂蹇，憎憎地、怪底万愁都键。阑干半面，容解道、人来偷眼。看翠澜、鱼沫吹时，刚玉销烟散。

林纾

摸 鱼 儿

安琪拉《橡湖仙影》题词之一

荡林光、半湖新水，画楼侵晓微雨。双鸦小啄罘罳动，人向嫩春林墅。襟半举，扫一片花痕，敛入痴心绪。湖阴片语。看云影移钗，苔香吹履，描写好眉妩。　　定情许，何限愁根爱缕，窥人偏少鹦鹉。山容水态吟鞭远，地下月中酸楚。谁见觑，歌舞地、天涯也有鸳鸯浦。沧波逗汝。竟小劫存莺，横风聚燕，两两背花去。

小 重 山 二首

佳而夫人《橡湖仙影》题词之二

别业东风万柳丝。朱楼斜日里，见朱扉。玉箫声向舞筵迟。腰围小，收狭矻罗衣。　　春聚远山眉。重重挑不动，个人痴。去时追想乍来时。空留得，阑外海云飞。

残破门前一道苔。入门闻笑语，燕归来。玉簪花碎美人怀。东风峭，还忆去时栽。　　琴调几分谐。新人兜不住，旧人猜。一腔花气展书才。争知道，花底有人挨？

齐 天 乐

一襟天玉年间恨，凄凄寄怀筝柱。小部花辰，离宫雁候，挑起清愁无数。湖光正曙。看供奉宸班，按歌金缕。水碧山明，四弦能作海青语。

歌喉初转变徵，替贞娥诉怨，何限凄楚。地下冤魂，人间酸泪，黯到无情飞絮。收场更苦。演独楮西泠，翠阴庭户。数遍梨园，吉光留片羽。

译 著

巴黎茶花女遗事

晓斋主人归自巴黎,与冷红生谈巴黎小说家均出自名手。生请述之。主人因道仲马父子文字,于巴黎最知名,《茶花女马克格尼尔遗事》尤为小仲马极笔。暇辄述以授冷红生。冷红生涉笔记之。

小仲马曰:"凡成一书,必详审本人性情,描画始肖,犹之欲成一国之书,必先习其国语也。今余所记书中人之事,为时未久,特先以笔墨渲染,使人人均悉事系纪实。虽书中最关系之人,不幸夭死,而余人咸在,可资以证。此事始在巴黎,观书者试问巴黎之人,匪无不知;然非余亦不能尽举其纤悉之事,盖余有所受而然也。

余当一千八百四十年三月十三日,在拉非德,见黄榜署拍卖日期,为屋主人身故,身后无人,故货其器物。榜中亦不署主人为谁,准以十六日十二点至五点止,在恩谈街第九号屋中拍卖。又预计十三、十四两日,可以先往第九号屋中,省识其当意者。余素好事,意殊不在购物,唯必欲一观之。

越明日,余至恩谈街,为时尚早,士女杂沓,车马已纷集其门。众人周阅之下,既羡精致,咸有骇叹之状。余前后浏览,乃知为勾栏中人住宅也。是时闺秀来者尤多,皆频频注目。盖良窳判别,平时不相酬答,而彼人华妆外炫,闺秀咸已见之,唯秘藏之处,不可得窥,故此来尤蓄意欲觇其所有,亦妇人之常态也。彼勾栏人生时,闺秀无从至其家,今其人既死,闺秀以拍卖来,亦复无碍。尔等众心甚疑,器物华贵如是,生时何以弗售,心待死时始行拍卖。议论籍籍,余亦弗载。唯见其中磁器锦绘,下至玩弄之物,匪所不备。余是时尾群闺秀之后,随物睇玩。最后入一夹室,以波斯花锦为壁衣。闺秀甫入,咸相顾微哂而出,貌若惭怍。余甚疑,乃径入视之,盖更衣室也。屋中唯此室最为纤丽,中设长几一,径三尺,长六尺,依壁东隅。几上陈设均首饰,黄白烂然无他物。余疑此物非一人之力能任,必丛聚贵游子弟,方足办此。余每及一物,甚叹其暴殄。然其人已死,未始非冥冥之中护惜,使其人不经阳谴以去也。大抵人生丑行,不宜与人并老,于妇女尤甚。

昔有名娼年老,只有一女名鲁意子,其艳丽不减其母。少时其母乃诲之淫,教之谄,鲁意子若习为其艺者,不知其耻也。女接所欢,嫡,而其母下之,遂病。寻有人拯女以去,调摄无效,卒以病死。今其母尚在,无不夭促此母,不宁有意耶!余观物时,心忽思此,乃痴立弗去。司宅者以余为涎其物也,守余亦弗去。余始问守者,主人谁是?守者曰:"此马克格尼尔姑娘妆楼也。"夫马克生时,余固闻其名,其人亦屡见之。闻守者言,始知其死。问死何日?曰:"已二十有一日矣。"余曰:"密室之中,宝物充牣,奈何纵人游览?"守者曰:"物贵欲先,使识之以求善价。"余曰:"得钱谁归?"曰:"逋负累然,不去物无复能了。"余曰:"马克举债乎?"曰:"多矣。"曰:"尽物能完债乎?"曰:"有羡。"余曰:"羡复谁归?"曰:"彼家尚有人耳。"余遂出。因念马克生时,冶游者争与之狎,今死未久,宫中已无人踪,转眼繁华,萧索至此。余无谓之感涕,不觉为马克缠绵不已,亦不自知何心。

方马克死时,余新从客边归,以平时不习冶游,无告我以马克之事。若狎客则虽知马克之死,亦不知慨。甚哉,欲求少年眼泪之难也!

马克常好为园游,油壁车驾二螺,华妆照眼,遇所欢于道,虽目送之而容甚庄,行客不知其为夜度娘也。既至园,偶涉即返,不为妖态以惑游子。余犹能忆之,颇惜其死。马克长身玉立,御长裙,仙仙然描画不能肖,虽欲故状其丑,亦莫知为辞。修眉媚眼,脸犹朝霞,发黑如漆覆额,而仰盘于顶上,结为巨髻。耳上饰二钻,光明射目。余念马克操业如此,宜有沉忧之色,乃观马克之容,若甚整暇。余于其死后,得乌丹所绘像,长日辄出展玩;余作书困时,亦恒取观之。马克性嗜剧,场中人恒见有丽人拈茶花一丛,即马克至矣。而茶花之色不一,一月之中,拈白者二十五日,红者五日,不知其何所取。然马克每至巴逊取花,花媪称之曰"茶花女",时人遂亦称之曰"茶花女"。

女在巴黎三年,前曾从一公爵在巴克尼,公爵绝爱重之,欲为落籍,而女不能舍。先是一千八百四十二年,马克春病,医言须水饮,唯巴克尼水佳,当就汲之。马克至巴克尼时,故家眷属咸集,有一公爵女公子,年与马克埒,眉目衣饰与马克毕肖毫发。无何女公子死,公爵衔哀,不可以状。一日闲行堤上,柳阴浓翳中,见马克微步苔际,倩影亭亭,酷肖其殇女,大惊,因与马克执手道姓氏,自言殇女神情与马克肖,请自今移所以爱女者爱马克。马克许之。既成约,而知马克者争说于公爵,以马克贱,宜毁其约。顾公爵痛女切,无马克弗适也。于是与马克更约,命脱身出勾栏,凡有所需,无不立应,马克亦许之。

夏令既残,马克愈,公爵遂携归巴黎。形影相属,议者以为公爵老矣,乃昵少艾,谣言蜂起。孰知公爵之爱马克,实以爱女待之,不涉他意。马克既归巴黎,仍不能屏绝游宴。谗者纷语公爵,不应取荡妇为女。公爵疑之,造马克问,马克无言请绝,公爵情切殇女,无马克亦弗怡。间八日,公爵复来曰:"今余请勿问尔事,但得常常晤面,如见吾女可乎?"凡此皆得诸人言,咸在一千八百四十二年冬间事也。于是余于十六日一点钟,仍至恩谈街。

甫临门外,即闻人声喧杂。屋中之人,均巴黎望族及名媛咸逮焉。余是时在人丛中,一人举物凭高而呼,嗜之者争累价以得。因思当日以重价购之,今复以重价售之,来路既悖,今之脱失亦易焉。此中若有主宰兼司之,可异也。移时衣饰诸物,一哄俱尽,唯有书一卷,高座者呼曰:"此《漫郎摄实戈》也,价十法郎。"旁有人答曰:"十二法郎。"余则以十五法郎累之。

每累愈高,余终以百法郎得之。余此时动于客气,不知何由与人竞买。及既得书,而苦无钱,乃令司卖者送至余寓。书上草书云"亚猛著彭赠马克惭愧"数字。余疑"惭愧"二字,不知所谓,岂马克生时,亦深悉漫郎之为人,愧弗如乎?抑岂亚猛以此讥马克耶?然亚猛苟讥马克,马克岂复受之。且漫郎名娼也,生时喧闹,死亦寂寞,与马克身世略近。漫郎临命时,以首枕所欢臂上,此时性情一归于正,其人至欲以己之眼泪滋土筑其坟。余观拍卖时,人声虽喧阗,实则马克之死,与漫郎等一寂寞耳。综计此时,拍卖所得一百五十千法郎,以三分之二归债家,余五十千法郎与马克之姊及其兄。女姊屏居乡曲,一旦骤得巨资,若出意表矣。自时厥后,巴黎之人,几无称马克者。

忽一日,有叩余关者,阍者以刺入,则亚猛著彭也。余闪烁若审其名,已而大悟,即漫郎书中所署名之人。余思此人为马克所识,何为见枉?即肃客入。客顾而长,容色惨淡,又一身急装,似远行始至,满襟犹尘土也。蹙然颤声欲哭,告余曰:"仆有深憾,不及整衣而至,君能哀吾心而原谅与欤?且我与君均壮年,知君非龌龊好苛礼者,故勿遽敢以情达。余行装尚在逆旅,行滕未发,已驰君门,犹恐见君弗及耳。

时天尚寒,余乃延客至近火处坐。客出巾掩面极哭而咽其声。移时言曰:"君深居,应未料清晨之间,乃有不速之客唐突至此。实则此来将丐大情于君,其许我否?"余趣之言。客曰:"马克家拍卖时,君见之乎?"语至此,客已噭然而号。须臾复曰:"吾行状怪特可笑。君固容之,未知更能忍斯须毕吾说乎?"余曰:"设能止君之悲,吾甚乐为之。君速言,我视力所及,不敢自爱。"客曰:"君于拍卖时曾市得马克楼中物乎?"余曰:"有,得书一卷。"客曰:"得无其书为《漫郎摄实戈》乎?"余曰:"然。"客曰:"书在乎?"曰:"在余寝室。"客闻言,知书存,色顿舒,若即谢余为能藏其书者。

余入室取书授之,客展书至第一页,见署名尚存,而眼泪已沾湿书上,曰:"君蓄意爱宝此书乎?"余曰:"何谓?"曰:"求割爱耳。"余曰:"是书固君赠马克乎?"曰:"然。"曰:"然则是书归君,固余愿。"客踟蹰移时,转若难出诸口,察其意,殆欲以值归余。余曰:"值无多,余亦忘之,拟以赠君。"客曰:"君此书以百法郎得之,奈何言忘?"余曰:"君何由知之?"客曰:"吾始至巴黎,即赴司拍卖家取其簿籍观之,上有君名,署此书以百法郎取去。"亚猛言至此,几疑余与马克有故。余微觉之,即曰:"吾识马克,目识而已。于其死也,怜其绝世丽质,委于尘土,故宝其遗物。且此书吾盖与人斗价而得,非与马克有情,重价以取之也。今物归其主,幸勿以侩见待。"客悦,以手挽余曰:"毕吾世不忘君惠。"余感亚猛之义,欲知马克轶事;既而自愧有赠书之惠,患有挟而求,遂不即问。客已预知之,问曰:"君竟此书乎?"余曰:"竟矣。"客曰:"吾标识其上,君喻吾意乎?"余曰:"见时即知君与马克非寻常交契。"客曰:"君解事极矣,吾马克殆仙也。"言次,出马克书授余。

余授书，见小笺折叠数四，似已读过数百遍者。书曰："亚猛足下：得书感君念我，知苍苍尚有灵也。书谂吾病，吾果病，计此后当不能起。然君能怜我，我之呻楚已祛其半。吾自度与君更无握手之日，然甚爱君此手能委婉陈书与我。我百计自治，已无良剂；其尚望后此可以略苏，其在亚猛赐我数言之力乎！究竟病势沉顿，更生为难，所恨数百里之隔，艰于一见。然君心亦知尔之马克，病中梳掠俱罢，衣饰不施，镜里另若一人矣；吾又转喜不与君相见之为得也。君往日书来，祈我释憾君心，马克安有不知？盖君蓄难诉之情，怀不释之疑，急而见诋，吾愈知君笃念之深，实有激而为此也。一月之中，吾偃卧绳榻，匪日不思，苟能御笔，即有日记，至声嘶气咽，腕不能支方已。君若见哀，来时计吾已死，急赴吾女友于舒里著巴家，当得吾日记。君读记时，当知我原宥意中之人，即向有芥蒂，至此已复消释。于舒里爱我甚深，吾每见于，辄道君情愫，尔日君书来时，于适在侍吾疾，读罢各相汍澜。吾扶病作日记时，虽极悲惋，尚是苦中乐处。君读记，明我向日之心，因而释憾于我，此即君深慰薄命人也。吾本欲以奁中之物饷君，以为遗念，然微息尚在，而镜奁衣筐，寸寸已非吾物，不能更留与君。亚猛足下，尔知吾气息仅属时，隔邻债家及巡捕诸人，履声蹀躞，若防吾尺寸之物属他人者。吾虽未死，犹岌岌不保此物即为吾有，唯愿吾死时始付拍卖耳。嗟乎！鄙夫之见，令人难耐，此岂上天所贻之正理耶，抑人心之变耶？唯拍卖时君须一至，购吾亵物一具，如亲吾身。吾非不知留物贻君，第尽室已属他人，又有监视之人，物贻所欢，转嫁遗孽。吾命已在旦夕，计哀苦躯壳，从今可以遗脱。苟天从人愿，在未死以前可以见君一面，固知福薄，弗能至也。此永别矣！君当审吾不能长书，为吾原宥也！"

余读马克书至末幅，仅辨字画而已，盖病革时倾侧不复成书。读已，以书还客。客曰："君读是书，缠绵敦挚，谓勾栏中有此通品耶？今不复见矣！回思见爱之深，再眷一人，必不类此，吾安能瞒瞒瞑瞑，听其长逝。且彼临终，尚闻呼我始卒。嗟哉，吾马克也！"于是亚猛忍泪向吾执手曰："度君见我行为，直一童騃，怪吾全力倾注是人，殊未知马克生时，经吾凌挫，无所告语，彼泰然弗以为意，吾始以为马克负我，孰知今日百鞭吾身，犹不足蔽吾辜也！吾将缩吾十年之命，迸为一日泪痕，哭我马克也。"余闻亚猛言，不知所慰，又不知马克事，要领莫得，计无由止亚猛之悲。顾余自信笃实，或且见听，乃问亚猛曰："君有无亲属在巴黎？吾与君初面，知君之哀，唯不知所以慰之。"亚猛曰："君言良是。然吾自悲，其悲，强以聒君，非理也，君得毋烦乎？"余曰："君误会矣。"吾自策其力不足杀君之悲，苟吾辈行中有能慰君，吾且助之。讵有重君深情，乃苦烦耶！"亚猛谢余，以为昏惘失次，请以三分钟为限，俾眼泪干，无令市人指目为笑。又恳恳以赐书为惠，屡言所报。余曰："凡人悲戚莫慰者，以旁观之人不知其所以然，今请君言其颠末，使吾得乘其间隙语君，使愁怀消释，为计不更得乎？"客曰："善。惟今日为吾恣哭马克之日，不能语君以详，请俟他日；始知吾眷斯人，殊非无故。"言已，临镜自照，拭泪再订后约，而涕已复交于颐。余再四慰

林纾

之，客乃坚忍出门。余掀帘视客在舆中，已掩面号啕矣。

自尔遂不得消息，然而巴黎中亦稍知有亚猛之事者。一日，余问一友人以马克事，友人曰：“即所谓茶花女者乎？我固识之。”余问女之生平如何？友曰：“视他人略聪慧耳。”余曰：“其友为谁？”友曰：“闻某伯爵为女，几破其家；又某公爵老矣，绝爱昵之，所费缠头不少也。”余历数人，谈马克者如出一辙。欲侦亚猛之事，卒无知者。迄询之老狎客，略有知亚猛事，然亦仿佛不能终究根底。余疑亚猛忘怀，然深思其人，必非无信，乃至马克旧居询阍者，而司阍已易。余径至马克墓上，冀亚猛来可以一见。墓在一巨园中，缭垣周焉。司墓者也巨册一，余问以二月二十二日有女郎马克葬此乎？司墓者检籍得之，呼侍者引视其处。侍者不待词毕，即曰：“吾知之。”余问侍者：“坟台累累，尔安辨其为马克者？”侍者曰：“彼墓丛花环之。吾方叹显宦子孙，得如彼少年之待马克，可以无憾。”于是沿径数转，即见茶花百余丛，莹洁咸作玉色，中裹一小墓，余审其为马克无疑矣。侍者言：“彼少年来时，言花少谢，即当易其鲜妍者，勿令吾女郎墓上见残英也。吾闻墓中人丽绝，为彼少年所眷，君识之乎？”余曰：“识之。”侍者曰：“君识是人，亦如彼少年之挚耶！”余曰：“吾闻名而已。”侍者曰：“然则君亦有心。巴黎人咸若君之重马克，吾恐步屧所及，园中草木且弗生矣。”余曰：“此墓终无人至乎？”曰：“即彼少年一至耳。”余曰：“少年眷此墓中人，一至讵复即了？”曰：“彼一恸后，即往马克姊家议更葬之。”余曰：“何谓？”侍者曰：“此官地，葬此期以五稔，移其残骨以去，彼少年弗忍，拟自市永远之地更葬之。”言已，复叹曰：“吾闻格尼尔姑娘生为名娼，今其人已死，当无责耳。而他家至此展其先茔者，见此墓辄涕唾之，以为不应与巨家接壤而封，亦已甚矣。吾观巨家阡陌上恒自署和泪书，然吾未见其有泪容也。且一年至此不过三四次，即有种花墓上，亦断不如此鲜丽。吾为彼少年市花置坟上，花值极平，未尝侵其锱铢，而不知者以为吾媚死人。吾操业固媚死人者也，长日铲草园中，安有余闲以讲酬应？”余闻侍者言，心益动。侍者似觉，乃曰：“吾闻巴黎巨家昵马克者，比比而是，今埋香于此，乃屏迹弗至。今尚有一人来哭，为幸多矣。吾伺墓久，每见人家置其死女，及笄以上，不棺不瘗，投之陷中，岁无虑数十。吾家亦有一女，至爱怜之，怜吾女因并怜他人之死女，比年见妇人夭逝者，辄复心悸，固知吾所操之业苦也。”侍者言既，谓余曰：“君来非为闲谈者，今问墓既得矣，此外更有奚事？”余乃问亚猛居处，侍者曰：“寓巴黎某街，吾间日往索花值者。”

余识之，将归，复周视马克墓，恨不见墓中人此时作何状也，怏怏遂行。行次，侍者问：“君欲见亚猛乎？亚猛殊未归。”余曰：“若知亚猛发墓之事确乎？”侍者曰：“不特确也，此策还吾决之。亚猛初来时，即问我欲见冢中人须何法也，吾告以云云。计亚猛未至，必商之马克之姊，若归，则断无弗至者。”

既至门，余劳侍者以金，径至某街访亚猛，亚猛果不在，余留笺候之。明日薄暮，亚猛书至，言野次新归，惫极，请余过其寓。余得柬，即驰赴之。亚猛卧床上，遽与握手，而已作全体热矣。余惊问："先生病乎？"曰："小病尔。"余问："先生适自马克姊家来乎？"亚猛蹶起曰："君何由知之？"余更问："马克姊听君发穴乎？"亚猛更惊，穷诘自来，余始以园丁言告之。亚猛闻余至马克墓，疑余与有夙好。余乱以他语。亚猛问："墓上花落未？园丁治墓颇雅洁否？"余一一告之。复问："君至马克姊家二十一日，何濡滞也？"亚猛曰："吾病客次几十五日，地湿而恶，更八日不归，法当死。"余乃慰亚猛曰："君宜静摄，若齿我在朋友之列，当驱来侍君疾耳。"亚猛曰："过二点钟，吾即当起。"余问："起何适？"亚猛曰："至巡捕所问发墓章程。"余言可遣人问巡捕，不必力疾自往。亚猛曰："唯此足已吾疾。自吾见马克墓归，辗转床席，达晓犹不能寝，自疑世间聪慧美女子，而竟夭逝如此，冀发穴时见其容色有无更变，藉此以杀吾悲。君若不以此事为亵，则请从我一往。"余曰："马克之姊向君作何语？"亚猛曰："彼见吾外人，乃为更葬其妹，悦甚，许我矣。"余曰："俟君病愈，谋此未晚。"亚猛曰："无患，我自乐之。使我不见马克姊，获当吾事，吾心无日可释。此事了，吾无忧郁之状，静摄必得愈。"余曰："君无论何日往，吾必从之。"又问："君见于舒里著巴乎？"曰："吾来时已见之。"余曰："日记安在？"亚猛就枕下取稿一束向余，已复置之，因曰："此二十一日中，吾每日必读十余次，烂熟矣。"余即欲取读，亚猛曰："俟之。记中情款幽折，今吾神未静，请吾事结时，再诠释与君也。今君以车来未？请就君车，携吾手迹赴邮政局，问吾父与妹有书与吾否？以吾到马克姊家时，匆遽间未及贻书父妹，君既到邮政局，即以车来，与吾同赴捕房，订明日趣马克墓所。"余遂取其二书归。亚猛已结束以待。书凡四纸，亚猛读已，即出到巡捕所。出马克姊手迹与巡捕，并乞巡捕书与司墓者，以明日十点钟发墓，订巡捕以九点钟至亚猛下处同行。是夜余归，亦反复不能成寐；因余之不寐，益知亚猛此夜益难为地矣。

　　明日，余向晨即至亚猛许，亚猛色惨白，然病容已略减。余见案上烧烛至尽，烛泪堆盘上盈寸，知亚猛通夕未睡。言已，出书极厚，盖覆其父妹者。想此书必因破睡而作，思深恨永，不觉其长尔。于是与巡捕同载至墓下。亚猛行略前，余与巡捕尾之，时见亚猛筋掣若患寒噤。亚猛无言，余亦弗问。迨至墓弓许，亚猛据地坐，汗出如濯，余亦心动不已。不图人生哀苦，乃至此极，余竟身履其境也。

　　谈次，园丁已将墓上花朵拔置满倒，二锄竞下。亚猛携余手倚树而立，目光耿耿，注射刨坟。殆半，锄锋触石，其声铿然。亚猛惊跃，力握余腕，痛极。盖葬时以碎石置棺上，园丁既以箕载土他委，始掇石尽。余察亚猛每历一分钟，神色辄变，颐缩唇掀，若临死刑。余此时颇萌悔心，不应以好事自觅苦恼。迨全棺尽露，巡捕麾园丁曰："发之。"棺钉旋螺土花蚀久，棺亦渐腐，一旋一起。棺盖甫启，凶秽之气棘鼻刺脑。时坟上丛花犹繁，清芬为尸气所夺，香色都敛。余视亚猛，已无人色。棺中以素帛裹尸身，凹凸已现尸形，一足翻帛外。巡捕麾园丁去其面衣，面赫然，见目眶已陷，唇腐齿豁，直至耳际。齿黎白犹如编贝，黑发覆额上，左偏直掩其耳，此即当年坐

油壁车脸如朝霞之马克也。亚猛神志丧失，不复类人，以巾著齿咬之，咋咋有声。余此际颅重目瞀耳鸣，不知所措，唯将花露吸入鼻观。巡捕呼亚猛曰："认得本尸未？"亚猛喉中作声，似泣非泣，曰："见之矣。"巡捕令盖其棺，移赴新坟瘗之。亚猛容色愈白，目不他瞬，犹注废圹之中，弗动如石人焉。余告巡捕，请同亚猛归。巡捕见亚猛若病，亦速余去。亚猛扼余手，若相识若不相识。余曰："事讫矣，君不行且病奈何？"亚猛口诺而步弗随，余逐步掖之行。亚猛且行且语余曰："见马克双目乎？"身颤筋掣，屡呼不答。蹒跚门外登车，亚猛周身起栗，若冒隆寒，犹强语慰余。余闻其肺叶相击，声达于外。余时时以花露授之。

既至，寒噤不止。余乃语仆人为之添炭炽火，余遂代往延医。医至时，亚猛面容紫涨，忽发狂吃，语杂不可辨，唯时闻马克二字略清晰也。医言脑热重，不治且狂，幸外病胜其脑热，不尔，不可治也。亚猛病十五日，余未尝俄顷离，于是二人交情益密。时已季春，鸟啼花开，暖气熏人。医言亚猛病已有起色，午未两刻可以就槛，吸取天气，以苏病躯。余虽常见亚猛，未尝一及马克，而亚猛则时时向余道马克事，哀思自是亦渐杀矣。时以病故，未尝寄书其家也。

一日天气晴明，晚霞一片在浓树之外，与蔚蓝天相映发，神爽气清，虽居巴黎辇毂之下，而所居隐于树间，青叶翠阴，不类人境，隐隐闻马车声，若在空际。亚猛四顾叹曰："吾当日即以此时识马克耳。"余未及答，亚猛忽顾余曰："吾与马克轶事有足纪者，吾言之，君编而成帙，虽不足传，亦足以明吾两人夙心也。"余曰："君新愈气促，且缓言之。"亚猛曰"吾已夕餐，精神健足，可以从容为君言马克事。"余曰："诺。"亚猛曰："吾叙马克事以年月出之。君文人，可为润色则润色之。"余倾听至终，或愕或叹，归遂编次成书，不为增损，盖纪实也。（以下均亚猛语）

亚猛曰：余一日在巴黎。同友人家实瞠赴戏园，半出既终，余起，旋因间行甬道间，有丽人过余侧，家君颔之。余曰："谁也？"家君言："此马克也。"余曰："二年未见，面庞全易矣。"家君曰："此女病，非寿相也。"言次，余心动甚。因思二年前余曾一值之，色授魂与，心遂怦怦然。时有友人善相术者，相余骨法，盖天生情种，见勾于美人，即缠绵不已。故余每见马克辄动，而友人咸目笑之。

余第一次遇马克于刳属之市，见有通明玻璃车，坐一丽人，翩然下车，适一珠宝之肆，市人纷骇属目，余则木然弗动如痴人。然从玻璃窗中隐约望之，欲从而入，恐丽者见疑，因逡巡不敢即入。丽人着单缣衣，轻蒨若披云雾，上覆肩衣，以金缕周其缘，杂花蒙焉。用意大利草织为冠，腕上宝钏缺口，络以金链，光华射目。俄上车行。时肆中人目送之。余乃就问丽人姓名。肆人曰："此马克格尼尔姑娘也。"余不敢详问居址而归。余自计阅妇人多矣，未尝如是之美也。间数日，余同友人至倭伯夏江密克戏园观试演，左厢之上，马克在焉。冶丽之态，合座倾倒。马克执远镜瞩台下，见余友，遥颔之。友将就之谈，余戏友何福能识马克？友问余识马克乎？余曰："愿欲识之尔。"友遂偕余同行。余患唐突，丐友先容，友曰："勾栏中人，乃烦先容乎？"余心颇弗适，然终弗敢往。友遄返曰："马克候尔矣。"余问："有他客乎？"曰："无。"友乃行，余从之。旋折十数步，忽出门外，余惊曰："马克迟我，奈何转向门外觅之？"友曰："非也。马克思蜜渍葡萄，余将买诸市间。马克无他嗜，惟嗜此耳。"葡萄既得，友告余曰："君勿钦礼马克如侯爵夫人也。遇此辈人，可以恣吾谈谈。"余诺。

甫至座外，已闻马克笑声。见余微颔，亟问友人曰："将葡萄来乎？"以纤指握葡萄，且啖且顾余。余色赧，不敢正视。马克耳语隔座妇人，笑吃吃不可止。余此时左右无所自容，马克竟置余无一语。余友不欲余见轻于马克，乃谓曰："尔见亚君讷讷若不出口乎？心艳丽质，嗫而不呻，愿马克宽假之。"马克曰："君患独行，以此为伴耳，岂复有心属我。"余即答曰："我非真心，亦不挽人引导。"马克曰："此风月场中常态也。"余自揣雏妓晤客时，恒为狎客揶揄，阅历久，转以此窘狎客，似报复焉者。顾余朴讷不解谑浪，而一晌厚视马克之心，至此亦复冰释，乃起立辞马克曰："君以是遇我，向后不敢更复请见。"愤然遂出。甫攀门环，而厢中笑声已大作。

余入座后，乐作戏举，友亦踵至，谓余曰："君何戆？彼以君为心病将发，引以为笑。此辈至猥贱，待之犹以香水沐小狗，驯则近之，骜则推之沟中，君何重视若辈，以尊礼妇人之意加之？彼又恶知君意也！"余曰："无伤，从今弗接之可也。自尔较初见心绪当略息。"友哂曰："良然，吾甚望君他日勿被人言为马克故破其产也。且马克言论尖峭，微近轻薄，若但以青楼人视之，固亦胭脂队长也。"是时乐声大作，友亦无言。

余此时偷瞩左厢，马克倩影在灯光中，如接图画。余转觉愤怒马克揶揄之心，逐渐为欢爱之心渐推渐远。戏未阕，马克同前来妇人已离厢，余亦不觉自离其座。友问曰："去乎？"疾顾左厢，马克已行，乃笑谓余曰："君去，君去，吾视君此行当得意也。"余出，适见马克历阶而下，长裙拖石上，窣縩有声，香风流溢；时有二人与之同行。余退自暗陬，防为所窥。迨既出门，有小童侍焉。马克呼曰："告御夫挽车至英吉利茶肆中迓我。"更数分钟，余在街廊上望马克。马克临窗而坐，左手拈花，以右手理花瓣。余即赴隔衢茶肆第一层楼上，开窗相望，适当马克坐处。至一点钟后，马克始挟二男二女而去。余即呼市上车尾其后。马克车直至恩谈街第九号，马克下车入，余四人自归。余自计此时，直侥幸遇之，其欢悦当无尽。自是以来，或遇戏园中，或他处见之，马克嫣然恒有笑容，余则无时不心动。

一月之后，乃久不见马克。余造吾友家实瞠问马克消息，家实瞠言马克病肺逾月矣。今且殆。余初闻，心怔忡不能自己，继又喜病深客寡，必疲于酬应，乃每日至马克家问闾者，审马克病状，迨马克至巴克尼时始已。马克既去巴克尼，而余悬念之心，亦遂渐消歇，故今日同家实瞠至戏园时，遂不认识也。是时马克用青纱蒙面，余离合莫辨，若在二年以前，虽蒙十重步障，余犹识之。今既晤面，从万念灰冷中陡然复炽，余亦不自知其何心。然思想之心，斯须无已，奈何使马克得闻之？言次，遂复归戏园府，视马克仍

在西厢。余熟视久之，比前容止较庄，然病后愁容，若不胜清怨。时已四月向尽，天气渐暄，而马克身上犹御绒衣。余频目不已，马克流波送盼，亦以远镜窥余，匏犀微展，余佯弗觉，盖不敢劳其眷思也。

时台中乐已大作，实则余每来专为马克，无心观剧。剧之优劣，余茫不之觉。时马克在西厢上目注东厢。余望东厢，则一中年妇人在焉，名配唐，盖亦勾栏中人，改业为缝衣，余固识之。配招余，余乃就之东厢。而配仍与马克眉语。余问配唐："伊何人也？"曰："马克耳。与吾比舍，吾第七号，彼第九号，开窗适面其妆楼。"余曰："好女子也。"配曰："若愿见之乎？吾与尔就之。"余不可。"然则招之来乎？"余曰："吾意不欲在此相见，拟君为先容。"配唐曰："难，彼有勋爵保护之。"余曰："何谓也？"配唐因与余言马克在巴克尼时，为某公爵所爱，不欲令其更操旧业，故旧时贵游子弟恒不敢至其家。余曰："马克为是独行欤？"曰："然。""然则马克之归谁送之？"曰："仍独行耳。"余问配唐："君亦独行欤？"曰："然。""然则我送君。"配唐曰："君友何人？"余曰："清俊少年，其情甚欲识君。"于是与配唐约剧第四出偕归。余方离座，配唐呼曰："来，来，尔见对座公爵至乎？"余观西厢有七十余老翁来就马克，携一革囊，实果满中。马克以囊遥示配唐，拟共食之，配唐不可。马克乃回眸向老翁语。余乃约家实瞠至配唐座次。甫及门，马克与公爵同行，香风拂然，余心志瞀乱。于是已过第四出，余与家实瞠及配唐觅市车同至恩谈街，周览其肆陈设。余谈辄及马克，并问公爵尚在乎？配唐曰："马克仍独居。"家实瞠曰："得毋苦寂乎？"配唐曰："彼夜来恒苦不睡，往往招吾夜谈。"余疑之。配唐曰："痨瘵之人，每夜辄烁肌肤，贴席为难也。"余曰："彼无欢昵之人乎？"配唐曰："吾每至其家，常见某伯爵在焉。伯爵竭诚可其意，马克处之淡然。然伯爵家素封，吾震其富，恒劝马克亲附之，马克向壁唾曰：'蠢物奚可人意！'意讥伯爵。吾：'纵是蠢物，我固可以多得钱，昵之何害？即如公爵年已侵耋，且其家恒告之以为狎汝无益，彼又惜费，于子无利。'屡诫仍不悟。虽然，公爵亦奇人，爱昵马克，若抚孩稚，去时犹留纲纪侦伺门外，防其有客至也。"家实瞠以手抚琴，忽问余曰："伤哉马克！余每见其有戚容，殆为此乎？"配唐拊家实瞠之手曰："缓之，隐约间似马克呼我。"倾耳果然。配唐曰："客休矣。"家实瞠曰："为主人者固如是乎？"余曰："何谓也？"配唐曰："吾将赴马克家耳。"余曰："君去，吾与家实瞠俟子何如？"配唐不可。余曰："同行何如？"配唐尤不可。家实瞠曰："我识马克，姑一往探，计亦良得？"配唐曰："亚君未尝谋面，奈何？"家实瞠曰："我为引导。"配唐终不答。

寻又闻马克凭窗而呼，配唐亦临窗应之。余与家实瞠尾其后。配唐开轩，余匿轩后。马克曰："我迟君十分钟矣。"配唐曰："何为？"马克曰："伯爵苦苦在此，沉郁杀人，趣君来为我解秽。"配唐曰："有二客在。"马克曰："胡不速之去！"配唐曰："思欲见君。"马克曰："客何名？"配唐曰："一家实瞠。"马克曰："识之。""一亚猛著彭。"马克曰："未之识也。然客速来，得客较胜伯爵。"余思马克审吾面而忘吾名，然宁使马克念吾旧事而识之,不愿但识吾面也。家实瞠语配唐曰:"何如?马克固悦我。"配唐曰:"不然,彼以君来速伯爵耳。然君见马克当下之,弗使怨我进俗客。"余且行且却,以为此举若系吾终身之事者,较第一次引见马克时尤极惶惑。

甫至门,即闻琴声,配唐叩门,琴应指歇。门辟,至厅事上,遂抵卧室。见一少年近炉而坐,灯烛灿然。马克抚琴,意似不适,见配唐入,并呼余及家实瞠同坐,且曰:"吾今日见尔悦甚。向在戏厢,何以不移坐就吾?"配唐曰:"防公爵至。"马克曰:"谊为朋友,何害也?"配唐言次,即告马克:"君许吾引进亚猛乎?"马克曰:"向已许君挟二友矣。"余近马克,嗫嚅言曰:"故已见君。"马克迟疑。余曰:"向在鲁伯懈刚密克戏园中,君居西厢,某友引余见君,尔时余颠顶之状,适为君哂,今夕见君,幸不以旧事介介也。"马克悟,因笑曰:"非君唐突,吾自轻薄可恨。今故态已略更,幸君子恕之。"言次,举皓腕,余即而亲之(此西俗男女相见之礼也)。马克曰:"甚哉,吾每见生客,辄用狎侮,使人难堪。医言吾病在筋,或不谬也。"余即曰:"君病近良已矣。"马克曰:"此追言前二年事也。"余曰:"记之。"马克曰:"谁语君者?"余曰:"人尽知之。余审君病,常密访诸阍者。"马克曰:"何不留刺?"余曰:"否。"马克曰:"吾病时闻阍者言,时有一少年时时问余病者,即君也耶?"余曰:"然。"马克曰:"嗟乎!"旋回眸视伯爵曰:"是君所能乎?"伯爵曰:"吾识君刚二月耳。"马克曰:"彼识吾仅五分钟,而钟情若此,吾所以鄙汝之戆也。"伯爵语室。余此进甚为伯爵惭。因思伯爵之情未必逊我,此时群客在座,恐其难堪,余因乱以他语:"门外闻君琴甚美,请续前操,以聆雅音。"马克曰:"客坐,吾琴技家实瞠知之,此唯伯爵相对,方可略奏吾技。君贵客,得无污耳乎?"伯爵强笑曰:"君乃以绝技饷我欤?"马克曰:"唯其劣也,留以款君。"伯爵无言,以目止之。马克乃语配唐曰:"吾向嘱君了吾事,今了未?"配唐曰:"了矣。"马克曰:"尚有余绪,今且下榻于此。"余曰:"吾两人在此,恐误君事。吾幸见君,可以销前隙矣,请退。"马克曰:"此不为君语也,吾甚欲君久坐。"伯爵出金表于怀中,曰:"此时赴会所尚未晚。"马克无言。伯爵乃执马克手辞。马克曰:"君何遽遄行?"伯爵曰:"迟恐见厌于君。"马克曰:"厌固在心,非今日之厌重于昨日。此后当以何时更至?"伯爵曰:"君许我何日至?"马克仍曰:"再图后会。"意愈落寞。

伯爵临去,以目视配唐。配唐皱眉耸肩,似告之以力不能赡者。马克呼灯送伯爵行,曰:"去矣,吾心肺皆舒矣。"配唐曰:"伯爵视君厚,君视几上钟犹彼所赠,价不值几千法郎乎?"配唐以手拊钟,弄其机关,似甚嗜者。马克曰:"以彼之物,当彼之蠢,时贡丑态于吾前,两较焉,吾宽假之者,所值不仅千金也。"余曰:"伯爵甚念君乎?"马克曰:"彼颠倒之词,吾若倾听之,旰食尚不遑也。"于是马克且语且抚琴,顾余曰:"吾渴思浆,君诸人得无饥乎?"配唐曰:"吾思鸡耳。"家实瞠起于座,请出饮市楼。马克曰:"无尔,吾遣人以馔来,就饮于此。"

余观马克清瘦,弱不胜衣,然娉娉有出尘之致。且思伯爵身为勋戚,广

有金赀，又亭亭美少年，下气于马克，马克视之若路人焉，其人之贵，虽当日有憾于我，今亦可以已矣。此女高操凌云，不污尘秽。凡人之亲马克，及马克之加礼于人，均不为知交，意者须有精颛敦挚之人，始足以匹之。马克接人，恒傲猂落落，不甚为礼，余固知马克之贞，非可以鄙陋干也。余自是精神专注马克身上，因心及脑，由脑返心，辘轳上下，均以马克之行事为人往来计较。正在神思飞越之际，马克忽又问余曰："问阍者于门外，常以吾病为焦灼者，即是君耶？"余未及答，马克曰："此人间至情，吾不知所谢。"余曰："君许我时时存问则得矣。"马克曰："自五点至六点，自十一点至十二点，君可以此时来无碍也。"马克乃语家实睦曰："为我弹暗威打赏哑拉坪卡一操（犹华言款佳客意）。"家实睦曰："何由动此操？"马克："一写吾心之悦客，一则吾一人之技不能及此段，烦为我奏之。"家实睦曰："君模糊处在第几段？"马克曰："第二段甚模糊也。"家实睦至琴所，翻谱置琴次，马克遂同坐按谱而弹。至第四段，谱中云"海米海朵海发米海（即华音之工尺上四合声也）"八字，马克曰："吾所不能者即此字，请更按之。"家实睦弹已，马克乃复按谱而弹，粗能成声，而一两字间辄错综不复入调，因语家实睦曰："每夜辄至二点余，誓不成声不睡，而卒莫能叶。彼伯爵一挥手间，应弦赴节，吾益恶其鄙陋而怀此绝技也。"言已更按，终不成声，嗔极，顿足而起。配唐曰："我固谓君戕贼其身，一琴之细，何怒为？吾饥矣。"马克仍就琴床度小讴，家实睦漫声和之。余告马克："歌词鄙，且勿度。"马克曰："君高洁，诚恶此乎？"乃以手握余，余曰："我为君洁，故愿勿度，非我自为也。"马克嗤然，似不以洁自许者，时馔仍未至，四人起行厅事间。配唐与家实睦转入餐房，见格上以细磁范金为小牧童笼鸟坐牛背上，制甚精巧。配唐呼曰："此物我何未见？"马克曰："此易得，君悦即以赠君。"于时配唐纳磁童子于怀中，同余至更衣所，见壁上张二图，配唐指其一曰："此亦一伯爵所赠，君识其人乎？"更示其一，"则又一伯爵之公子某所贻者，公子昵马克，几破其家，今决马克矣。"余曰："马克悦公子乎？"曰："公子远行时，马克尚在戏园中，至上车时，微微雪涕而已。"

时馔已设，侍者速余入餐房，见马克依墙而立，家实睦执手与语，语细不可闻。马克意似愠，遂缩手登席。马克麾从者下关，客来勿为通。时交一点钟矣。马克豪饮纵恣，在常人余固乐之，而在马克余心怪其不类。微窥其意，似以此荡涤愁绪。迨用香槟至数钟以外，以手按胸上微噭，旋持素巾抹之见血，马克遂退就更衣处。配唐及其侍者咸曰："此常有之事，不足深怪。"余心骇极，疾趋视之，见房中深黑，烛光荧荧，马克就长凳而卧，左手拊胸，右手撒他凳上。案上陈杯水，水面红纹紫带，丝丝均血缕。二目若瞑，樱口微张，肺气郁勃，借呼吸以宣泄之。余坐其旁，问马克恙乎？马克视余，意似喜，然见余愁郁，转以余为病。余曰："非病也，为马克耳。"先时马克肺气直突，嗽极泪泚，至此始以巾拭之。余声颤甚，问马克曰："马克弗医殆死耳，恨我不为马克亲属，无令马克轰饮始可。"马克曰："纤小之病，愿亚猛勿为吾忧。若独不观同席二人乎？彼知吾病不为累，故亦不来问也。"言已，即起临镜，咤曰："吾失容至此乎？"左手掠其鬓，更以右手整裙，遂邀余至席上，余兀坐不能起。马克审吾为马克忧，竟至吾前执吾手。余携马克手至唇际，不觉泪滴其上。马克亦坐吾次，曰："亚猛童騃，此足哭乎？"余曰："吾状固騃，然为马克肠断矣。"马克曰："奈何，吾长夜失眠，不如此何以自遣？然女子之身薄命若我者，生死亦何足数。"余曰："马克听余，余亦不自知一见马克，何以即入余心？余此心天知之。且自余见马克后，更无一人能逾马克者。马克听余，愿此后勿更轰饮以戕其身，使吾为马克哭。"马克曰："亚猛期吾珍重，不知吾命薄者也。吾坠落此途，已居狂荡世界，吾若幽娴作好女子，吾死久矣。不冶容以悦人，人何从入吾门，将以长日幽闭自锢乎？且吾身非闺秀，既无亲属及朋友往来，吾向病时，乃三礼拜之久，无一车一马及吾闼者，追忆至可伤痛。"余曰："马克苟齿我为昆弟，我请留此为马克已病。静摄一时，不特病愈，而绝代冶容亦不至于枯槁。"马克曰："今夜饮苦趣酒耳，明日君怀当可舒泰。"余曰："非也，马克前病时，余不尝日夕至此问闻乎？"马克曰："良然，尔时何以不排闼入？"余曰："女子寝室，胡得唐突。"马克曰："若吾辈者，亦可绳以礼法乎？"余曰："吾一生见妇人，恒以礼自律。"马克曰："亚猛能长日留此，为吾已病乎？"曰："能。"能长夜留此为吾已病乎？"曰："能。"马克曰："凡人缔好，皆有名目，亚猛所以待我者，其名目为谁？"余曰："此所谓德武忙耳（犹华言为朋友尽力也）。"马克曰："此力奚而来？"余曰："情不自禁，发而为此。"马克曰："然则情爱耳。"余曰："然，日后当为马克言之，今夕且勿言。"马克曰："愿亚猛始终勿言。何者？我负亚猛，则亚猛必恨我；我狎亚猛，则亚猛必昵我。然吾一佻悠女子耳，长年半居病中，又多焦急哭泣之时，即或展笑，其中心懊恼更甚于哭，亚猛近我何乐？亚猛宜留我以饵既老且富之公爵，俾其倾囊以恣吾用。盖吾一年须费十万法郎，必非亚猛所堪。亚猛试观往日狎我少年，都已星散。亚猛长者，何事蹈其覆辙！"余此时无言，心念马克平日嫚讴狂饮，佻荡无伦，其性情哀恻之深，如自障十重厚幕，今一夕之谈，全身涌现，余若揭幕而入，抵其肺肝深处，此时竟难寻觅一语以谢马克矣。

马克谈次，复执余手曰："二客久待矣，吾两人在此为愚騃之状，殊属可笑。"余曰："愿马克先行，许余留此默坐。"盖余恶见马克狂饮，心辄怦恍蛮，不可自止，不如不往。马克曰："亚猛不在，吾益落寞。"余曰："愿留，更进一语，此语马克必且熟闻而为常谈矣。然余不解何以一见马克，即深抵脑际，虽他爱好，不能入吾脑中，推马克而远之。余与马克已隔两年，今夕晤面，较诸当日初见，爱根更博而大。假令马克恶我，我且发狂；即不恶我，亦不许吾用其爱，我仍发狂。"马克曰："愚哉！度君家业必不丰，君亦知马克月计须七千法郎乎？君果见爱，请时常过我为腻友。爱念本不禁君，唯愿专为朋友之爱耳。且君方在妙年，性真而心热，堕落狭斜，必无终局，宜自觅佳偶无匹。君既视马克为好女子，亦思马克之言有欺君者乎？若为一马克之身，颠倒谬乱，深所不忍。当知马克一身，固未值亚猛若此颠倒谬

乱也。"

言至此，配唐呼曰："二人何长谈耶？"配唐首蓬蓬然，衣袂不掩，余哂之。马克曰："君且退，我二人言终即至。"配唐旋去。马克曰："亚猛意决乎？我二人从今为朋友矣。"余曰："苟遇时，吾即去。"马克又曰："坚识之，勿更约。"余曰："如约。"马克曰："既如是，何不早告我以此语？"余曰："始接时，君戆我，我恶敢以戆进？"马克曰："君晤我时，已忧我矣，言之何害？虽然，君是夜归，必不安于床席，是知爱人不易，徒增恼也。"余曰："君亦知是夜余迟君于英吉利茶肆外，君凭栏理茶花，旋以车载归恩谈，五人同行，君一人自入，此时我之心，转悦君之独归，君知之乎？"马克笑。余曰："君何独归，岂有故乎？"马克曰："言之勿嗔。"余曰："吾何心而敢怒君？"马克曰："余之独归，先期有人扫榻以伺我耳。"

余此时勃然而怒，即与马克执手告别。马克曰："我固知君不能忍也。"余曰："吾之情根，苟有可以铲除者，吾亦何怒。虽然，君时时有候君之人，则我此时例不应留。"马克曰："君寓中亦有人候君乎？"余曰："无之。我例当去。"马克曰："听君。"余曰："君趣我耶？"马克曰："然。"余曰："君何因窘我至此？"马克曰："吾未尝也。"余曰："君意中有候君之人，我何可留！"马克曰："吾先时闻君言我独行入室，而君甚悦，不解何心，故笑耳。我身非闺秀，而君今日方邂逅我，我何能于未识君前为君守贞？且我南迎北送，匪君一人，若人人于初见时悉如君憨状，我将何堪？吾阅人多，诚未有如君之痴者。"余曰："他人爱君，恐不如我之笃，痴亦不复自觉。"马克曰："确乎？"余曰："吾爱逾于所言。"马克曰："君昵我逾量，吾实不知所报。"余曰："求马克以余情及我足矣。"马克曰："何以处公爵？"余愕问何人。马克曰："即寻常保护我之公爵也。"余曰："彼恶知之？"马克曰："知之奈何？"余曰："公当恕我。"马克曰："难必。"余曰："君独无他人，他人公爵弗怒，独怒我何也？"马克曰："此人谓谁？"余曰："方入席时，君令侍者下钥辞客，非欤？"马克曰："礼法中之友，何得不交。"余曰："深夜女子之室，而礼法者至乎？"马克曰："我为君故而谢客，而君转以责我，其理耶？"

余不禁至马克旁密语曰："我之心为君死矣。"马克曰："君异日见我，勿问他事，则我可以长侍君矣。"余曰："如约。"马克曰："我绝患纠缠，恒人契一女子，辄周遭省问，久之寖管其事，束缚不可自遣，故我立意，须有信我听我亲我者，方以身许之。"余曰："三者吾均能之。"马克曰："请观后效。"余曰："何时为后？"马克曰："即自此以后耳。两国论和成约，亦须时日，匆匆何能立定。"言已，以红茶花一朵，着余衣袂之上。余曰："再见何时？"马克曰："花残时见。"余曰："此花残自何时？"马克曰："明夜十一点至十二点两刻耳。为时甚迩，君其慰矣。虽然，君不能以吾言语客也。"余唯唯，马克遂与余同出。

行次，马克语余曰："君知我许君之速乎？以我余息不久，旋化异物，故谋此甚促耳。"余曰："马克勿为不祥语。"马克笑曰："吾命至短，恐君款爱之期，尤不及吾命之短也。"旋至餐房，马克呼侍者，配唐曰："侍者在君室鼾睡矣。"马克曰："磨折杀矣，夜已渐深，请诸君归。"余乃与家实瞠出，配唐留宿。家实瞠疑甚，曰："马克有许君以可得信者耶？"余曰："无。"家实瞠曰："然则不如配唐耳。"余曰："配唐如何？"曰："虽老，风度犹胜耳。"

小仲马曰：亚猛言至此，虚怯若不胜者。时天气微寒，余问亚猛恶寒乎？请下风窗。亚猛时以首枕软凳上，默然不答。余曰："君情愫甚绵远，请以来日言之，今理枕且息。"亚猛遂去外衣，叹曰："我病中得申马克事，乐甚。君若以为絮者，则请勿言。"余曰："我固乐闻马克事者，君苟足自胜，则请再竟其说。"

亚猛言曰："余是时别家实瞠归，沿路追念马克言语，一一入于脑际，无一能遗忘者；思深脑动，遂辗转不复能睡。自思马克绝世丽姝，岂区区立谈坐议之间，为人所动？乃爽然若疑梦寐中所接之马克。意岂马克为之人，于人有异，能知余见爱之深而用此以答耶？然吾闻马克之待客也，分寒煗两景，以定缠头之高下，似乎意在索直，而于狎邪之伯爵诸人，又漠然无所恋；若云专不为利，而于高年之公爵又息息相依附，未尝有离，何也？若云意在两少相狎，慕稚齿之相若，保以家实瞠之年少风流，复拥巨资，而马克未尝一顾，特注意于吾，何由前倨后恭若此？然则吾数分钟之款昵，怜其病态，哭其无依，马克因追忆沉疾之时，感吾屡屡问病，盖有实心于彼而许我乎？是吾数分钟之情款，胜人长年觊觎而不得者多矣。虽然，吾始思马克，自后当实近其人，过此别无余望矣。第马克身为勾栏中人，而吾之待之，实目为一至贞至洁之女子，因立谈坐议之间，此后可以长亲香泽，几疑人间无此迅捷之快事。于是通夕无睡，意念忽起忽落，或欣或憾，不知所云。终复自疑：马克美人情性，若杨花之随流飘荡，瞥眼便无痕迹，不如从今决绝之乎？于时余之思索，浑无涯际，一身都在梦呓之中。移时，复思马克既已亲我，则马克之病实余责也，今当竭其精神智力，专注马克身上，为之治病始可。思极力疲，昏然遂寐。

迨寐，日已逾午。时天气至佳，余起，徜徉栏外，自以为一生美满之事，无此为极。既盛服讫，而心犹上下如辘轳，觉毛窍之间皆透微暖，炭炭顾景，唯盼马克所期之晷刻若弗届者。几疑寓楼狭仄，若不能盛吾偌大之佳趣。于是遂出经恩谈街上，见马克所御之车尚驻门外，余遂左折向大马路而行。此时狂喜已极，觉逢人咸有欣悦吉祥之气。乃逡巡路上刻许，见车影隐约自远而至，余心固以为马克至矣。已而车停，果马克也。时有一少年在稠人中锐身而出，与马克言，已而自去，马克车亦遂行。余竟前睇视少年面庞，即马克餐房中所悬之画像。然则此少年殆即配唐所言之某伯爵耳，或且马克昨夜严关谢客时即属此人。今停车自明，并峻拒以今夜勿往乎！

余是日前半日为思虑所困，后半日昏昏然手足不知所措，至十点钟始归。入更衣处，治齿盥手，复三点钟之久。时时视壁上悬表至一百次，而两表针锋行度相埒，余此时盖望其一能飞越一半分者，余即奉以为率而先往。已而钟动至十点半，余度行至马克家适十一点，遂自余寓起行。至恩谈街，

仰望马克楼上灯火荧然，余问阍者格尼尔姑娘归乎？曰："姑娘出，从未有十一点前即归者。"余始谓由家至恩谈街，为时当半点钟，因阍者言，自视其表仅五分钟，可知余情恋马克行路之迅也。

时夜已黑，余往来恩谈街上，阒然无人。忽车声辚辚，当门而止，下车果为马克。马克左右顾，若觅人者，余遂与执手为礼。马克曰："君至乎？"余曰："昨夜承马克约，故应时而至。"马克笑曰："吾几忘之。"余此时如冷水浇背，兴致全消，顾知马克性格如此，即亦习不为怪。马克乃肃我入。马克顾侍者曰："配唐归未？归时当即来，为吾将楼上灯火扑息，客来道吾未归也。"

余默然无言，相将至卧榻前。马克去外衣，移榻近火，手拈表链，语余曰："日来有异闻否？试以告我。"余曰："否，此来吾甚悔之。"马克愕曰："何谓也？"余曰："吾观马克恭甚，得无以我来为窘乎？"马克：："否，我长夜失眠，头涔涔然。"余请间，俾马克将息。马克："我倦即睡，君亦无须去也。"言次，闻叩门声甚厉，马克颦蹙曰："侍者安在？"将自起启关，顾余少坐，而马克遂出。余伏而俟之。

门辟，余闻声知为善琴之某伯爵也。问马克曰："善乎？"马克曰："否。"伯爵曰："我来苦君矣。"马克曰："然。"伯爵曰："君待我落寞至此，我何开罪于君耶？"马克曰："君固无罪，特我病思眠，厌闻人声。且吾每夜归，未过五分钟，君已踵至，屡验皆然，君意究何属，试以告我。若悉心向我，我固已峻绝足下至百数，今请移爱我之心他向，我此次辞君为永诀矣。若稍明进退之分，速离吾门可也。侍者来，可提火送客。"自尔不闻他语，但闻户枢声戛然。遂入。

侍者既送客，尾马克入室，马克语侍者曰："告来客勿以喋喋者浼我，我病厌闻人语狎媟事，再来，严扃勿使入。我操业猥贱，人见丽服炫世，昵我若渴，一旦容色颓暗，未能知值人兽畜我否耶？"侍者曰："主人火动筋挈，旧疾更发矣。"时马克血脉果偾张，苦里衣约体，促取寝衣易之，仍问配唐归未？侍者曰："已告其人，归时当即至。"马克曰："此又一负心人也。彼需我则如鹰附人，我苟需之，则去如冥鸿，独不思我之待需于彼，为事甚巨。"因命侍者以冽酒中冷水至，再佐以他馔并果子，遂顾余曰："与我同食，何如？子姑以书自娱，我更衣即至。"乃燃灯入浴所。

余此时若处冷瑟之景。甚为马克怜惜。无何配唐入，见余咤曰："子何遽在此？马克安在？"余曰："浴耳。"配唐向余曰："马克悦子，子知之乎？"余曰："否。"配唐曰："然则子胡至此？"余曰："余来候马克耳。"配唐曰："安有夜深至此耶？"余曰："何遽不可？"配唐曰："谎哉！"余曰："乍来时马克不甚为礼。"配唐曰："少选，则佳境出矣。"余曰："何谓？"配唐曰："余将好消息来矣。"余曰："子言马克悦我，向子究有何语？"配唐曰："昨夜子与向客行时，"甫言至此，骤问余曰："客得无为家实瞠乎？此人今安在？"余此时笑声将冲咽而出，私念家实瞠顾我，道配唐如许情愫，今乃若识若昧耶？配唐复曰："此年少性质佳，然操何业？"余曰："渠每年有二十五千法郎子金，其家不甚贫也。"配唐骇曰："确乎？向马克亦问吾子家产何似耳，又问子何业，家何向，外遇何人？凡二十许少年时应有之事，匪不问者，吾盛道子美以对之矣。"余曰："感甚，昨夜呼子何也？"配唐曰："否，夜来命吾遣伯爵耳。今日渠有事见属，幸已得当。"

言至此，马克浴已罢，懒汝博其衣，意态娟媚愈胜，语配唐曰："见公爵乎？"曰："见矣。""付尔何数？"曰："六千。""有吝色乎？"曰："无之。"曰："累此老矣。"马克取银券问配唐曰："子有需未？宜急言。"配唐曰："子知我者，得数百法郎足矣。"时夜已深，马克期以明日，遂留配唐同饭。配唐曰："客居吾舍，当往。"马克曰："嘻，汝以狂荡终老矣。"配唐嗢然，谓余曰："亚猛坐，余行矣。"马克以银券置格上，笑谓余曰："吾倦矣，子许我偃卧乎？"余曰："匪特吾愿，且欲子先寝耳。"余遂坐其卧次。盖思配唐之言，券至而马克已悦，为非妄语也。马克谓余曰："子怒我先时有不豫之色乎？"余曰："不敢，且弗特此无所隙，即他有所怫，亦万无憾君之理。"马克曰："然则子甚爱我乎？"余曰："几狂矣。"马克："子亦未计余乖戾之癖至此，乃款款相昵，子若有心，试誓之。"时侍者提樱桃与他馔及葡萄酒至，安二席，马克命移席傍榻，谓侍者："尔三夜弗睡，余此时毋须尔。"侍者曰："下双关乎？"马克曰："午前勿令人入也。"

明日朝曦甫上，马克告余曰："君且去，公爵行至矣。然彼来时，适吾未起，辄坐候弗去。"余曰："何时可以再晤？"马克出钥匙，俾余启关出，曰："吾有片楮相授，君但如吾说行事可矣。"余请以钥匙见付，马克曰："余待他客，从未有此。"余曰："唯其无之，顾余待马克特厚，为敢破例以请。"马克许之，既而曰："无用也，是诚在我，此钥虽落君手，而户上尚有秘栓，君安从入？"余愕然。马克乃许予去栓，余遂出。

是时恩谈街上尚无人行，余颠蹶如浓醉新醒，余味醺然。因思男女相悦之事，若其人出于闺秀，则措手甚易，用情初不为难，犹之虚郭空城中无所有，先入者即据以为主。然而古人之设为礼法以防卫，亦犹树栅立障，以卫女子外向之心。第智慧已开，虽有峻防，亦不能拒。故世有娟好之女子，为时已届，挑之即动，盖易事也。若在勾栏之中寻觅钟情之人，彼阅历既深，心犹铁甲之坚，不可遽入。调之以情，彼已觉之久矣；笼之以术，则彼术尤胜，故其人殊不可羁縻而牢络之。盖彼之自能防闲，胜于人之防闲闺秀也。间有至情发于心坎，专待是人，人已不为之信。昔有牧牛童子，常戏号以动耕者，耕者奔集，悉其戏也，后此童子为熊所扑，更号，无应之矣。故勾栏中人以心向人，人终不信，即此类也。盖余此心特通脱之论，殊不为与马克定情而发。余今与马克屏障尽撤，沂合无间，且钥匙在此，已操自如之权利，此事非得苍昊之力，初不为功，喜极而睡。

醒时已得马克小柬，订夜间到乌越德武形戏园，俟戏至第三出时上楼相见。余珍藏其书，拟以日往，而逡巡不敢赴。计唯至马路上候之，果见马克之车，过如昨日。至七点钟时，余即至园中，两厢均无人，果至第三出，厢后门辟，而马克玉容出矣。俯觅见余，波流送睐，座上人均为颠倒，余视较

昨夜灯前所见尤艳绝。自视钥匙，今夜可复相处，自谓较座上人艳福不可纪极。俄而望厢上配唐至，某伯爵继至（此赠图之伯爵，非善琴之伯爵）。余此时冷气直逼胸臆，马克若觉，复顾余而笑，乃侧身背伯爵坐，注目台上，睛不他瞬。迨既停演，马克顾伯爵耳语，伯爵遂去。马克乃目余，余至马克厢上，执手为礼讫，马克视余以坐。余曰："此非伯爵坐乎？"马克："然。吾以君故，特遣之市葡萄矣。片晌之谈，未为不可。且配唐非外人，但坐无伤。"马克遂携余至暗陬，问余曰："君何事郁郁？"余曰："微病耳。"马克曰："然则归寝乎？"余曰："安归？"马克曰："君自归耳。"余曰："马克独不知余见马克后，睡不贴席耶？"马克："然则亚猛见我有客，不当更为郁郁耳？"余曰："非也。"马克曰："子意余已知之，勿强自饰，今且往配唐许候我。"余诺，马克麾余归坐。余曰："子若先告我，我可以资赁厢，安庸伯爵。"马克曰："冤哉！彼预赁一厢，以束相速，我爱亚猛，故约君于此相见，而君转以为马克罪，奈何！"余谢曰："诚哉吾过。"

一刻后，马克与配唐先行，余即至配唐家。配唐亦始下车，见余惊曰："吾以车，子以步，乃与我埒速耶？"余唯唯，即问马克，配唐曰："在家与伯爵语。"余乃即配唐家闲踱，既而谓配唐曰："余男子，乃默俟伯爵出马克之门始敢入，耻莫甚焉。"配唐曰："嗟夫！子之不据理而为辞也，独不思马克能以力袪伯爵乎？彼二人相契久，縻金钱无虑巨万，且马克经年挥霍，当以一百千法郎计，矧又举债累然，虽公爵时以资来，而马克不能举一切巨细均仰给于公爵。且伯爵经年亦有数十千法郎资马克，子岂可令马克断绝是人。马克爱子固挚，以余思之，尔二人之情，不当痴迷，弗为他人之地。且穷子之力，每年不过七八千法郎，第供马克车力，犹且弗给，遑论其他。子诚爱马克，只宜间一两月馈花贻果，或送厢听戏，为淡泊交游，计亦良得。何用猖猖然与人争媚，岂子所堪。且君早知马克非良家子，但图两心相印，眼前行乐，何能责其不为外遇。彼马克盛饰其屋，锦绣其身，听君赏鉴，不名一钱，于愿斯足，子尚何他求之有？"余曰："子说良然，第余每见一人，称为马克之友，余心即如灌沸汤，不复能耐。"配唐曰："伯爵为马克所必需之人，今已麾之门外二百矣。彼晨起送马克厢戏罢，复自送马克，在理宜延之少坐，马克既约亚猛守候，则今夜断无更留伯爵之理，何庸躁妄。且子何独不忌公爵而专忌伯爵耶？"余曰："公爵年迈，非马克之匹，故不措意。凡男女之爱，只宜有一，不宜有二，子何疑焉？"配唐曰："甚哉！子见之左也。我见故家子弟，秀媚如玉，挥金如土，偶向狭斜，均行余此法，此何足辱。子试观巴黎中名娼，同时非有数巨家为之资给，金钻锦绮之属，于何取足？若马克身世，一人恣其挥霍，安有偌大金窟耶？今使时有便家，一年得息可五百千法郎，亦不为不富矣，而其家车马、奴仆、衣裳、器物，与夫妻子之养，已占十分之九，综计其余，仅有五六十千法郎，留为夜度之资而已，则所欢势不能不资于他氏。彼马克者，天幸能契既老且富之公爵，妻子皆逝，仅余从子数人，而其子又均巨富者，无所冀于此老，故得恣情以遗马克。而马克终年得彼六十千法郎，斯足矣。盖彼原非有为而来，不能多所需索；多索将亦生厌，靳而不与。今巴黎荡子，岁不过蓄二三十千法郎为冶春之具，从未见如子之戆，不许马克更属他人。彼人岂不知娼门赖以生活者，不必一人，一经明言，殊无趣味耳。假令此辈少年尽各如君快意，专享一丽人之乐，势必匿迹投荒，自裁于非洲之上，声息莫闻于人，而巴黎债家尚林立也，君以为彼所昵之女子，尚能情感而怜之乎？彼方以为资财不继，用霸力而窒其生路，今势败自图，正吾脱身之日也。凡余所论虽烦屑，皆洞中世故，怜君诚确，故以相示，今良不欲以冶容奇癖之女子，使君自累其身。今且无论他事，即马克尽却公爵、伯爵之谊，专注君身，君自问何恃足以兼并二人之力？脱君心餍情索，佛然自去，而马克盛年致富之时，已为君误，所失滋大，君又何物足抵马克之失？徒见马克以盛时致富之途，尽误于君，君异日不过以兴尽忘怀四语搪塞而已。夫兴尽忘怀，君情究与常人何异？若令情爱马克，护惜已落之花，收为己物，则君之贻累，更将不浅。凡此情愫，只宜出之妙年，若佳人年老，收为后房，则沮碍之处，尤匪言所罄。子姑信吾言，以泛泛视马克，勿太锐进以自苦也。"余始不意配唐有此见识，竟无词以答，只能执手为谢。配唐复曰："子速除成见，更勿蠖蠖其容。子但问家实瞠，便知此中利病。"言已，推窗同倚，俯视路上，阒然无一过者。

余昏然愦然，已将马克二字凿入脑际，不可除革，虽知配唐言善，竟亦不能从也，唯时时嘘气。配唐心殊不然，似以余为病入膏肓，无足理者。

已见伯爵登车，配唐阖窗而入，即闻马克呼曰："来，馔菽冷矣。"余既过马克家，马克谓余曰："子仍弗适乎？"配唐曰："否，吾已婉导之，誓言改矣。"马克曰："能改固善。"马克谈次，鲍犀粲然，娟媚入骨。余此时更无言说，自度在他人则为极乐，而余时味配唐之说，欲姑行之，殊病木强言笑，咸不自适。

移时配唐自去，余与马克同坐炉隈，马克凝神若痴，乃顾余曰："子知余此时之心乎？余方摒挡一事，今且弗言，事成，余当无累，定与亚猛适野过彼炎夏也。"余曰："此着也，是子一人摒挡而来耶，抑有他人欷助耶？"马克曰："余力安能独支，冀事成与子共被其利耳。"余闻言怒形于色，因忆漫郎与德习恺尔诳他人腰缠，为男女行乐之地，丑行贻在人口，余岂屑之，不觉声抗而厉，言曰："吾请马克勿强吾同享他人之利，利不我出，我亦不敢邀马克享之。"马克曰："何谓也？"余曰："我固知子与伯爵深谋矣，第利非出自亚猛之身，岂能以此重污马克。"马克曰："亚猛犹童骏也。我始以为亚猛真心爱我，今方知余之误也。"

遽趣琴棹，复弹暗威打赏哑拉坪卡调。余闻马克琴声，恍然忆初来时已闻此调，即近马克琴次，言曰："君其恕我之戆乎？"马克曰："子试观之，定情甫二夕，即哀我见恕，是我与君初时之约，岌岌殊不足保矣。"余曰："马克，余爱君过深，故喜怒无端妄发。乍适野之议，余讵弗悦，因追念欷助必资于彼人，不觉气如结辙耳。"马克乃双挽余手，笑曰："子试思之，尔我二人相爱，适野自怡，岂非人生难遇这事。矧我怯弱之身，尤宜作数月将息。然既久客野次，则家事纷如乱丝，尤宜节节梳理，且缜密部署，即所以

不欲累君，非妄语也。盖吾心坎之中，得君已极美满，不能更著一人，而君竟严气正词责我，何也？"言未已，马克复曰："童骏哉亚猛也！从今以往，吾自了已事，亚猛幸勿预我。"余曰："唯命。"马克曰："孟夏将临，时至，余即与君同适水次林木阴翳中饮乳酪耳。嗟乎！以巴黎之富丽，马克之身日在金碧之中，一旦忽舍其故居，而寓居山水清寂之地，岂非异事。虽然，吾身固亦田舍产耳，今日享用虽逾于士绅之女子，回念儿时生六年，犹不能自识其姓氏，滞蠢已极，何以今日陡发灵性，觑得便利之地，即知与知心人共享之？由吾阅人既多，凡人爱我者，皆彼自便其身，而子爱我，乃专心为我护惜，毫无自私自利之见，故不能不与君同其苦乐。在昔余亦数适野，然一过辄忘，今游侣得君，即清寂亦不为窘。今吾息恹恹然，不久当即泉下，故凡有举措，殊不欲君强拂我意者，亦欲令君于我他日死时，追怀此绝代之人，何得重违彼意，留一生不尽之憾耶！"余闻言，心胆俱醉。虽知此举为不义，如陷严刑，然以马克之命，亦忍耻而冒为之矣。

明日向晓，余别马克，订今夕再会，马克不答。至日中，忽得马克小柬云："今日困甚，医生言须极早就寝，宵分君可勿来。患君怏怏，请以明日十二点钟相见，为我补过之地。"余得柬骇极，意以为马克诳我，额上汗出如蒸，不知马克此人，何以镂吾肝而镌吾肺！虽然，彼既却我，我持有钥匙，权利已落吾手，今当以夜往，苟彼中有人，吾当以掌立批其颊。于是逡巡至四点钟，向马路迟马克不至，再周戏园，均无迹兆。时钟动已十一点余，余径造恩谈街马克门外，仰望楼上，黯无灯火，敲门问阍者，阍者曰："格尼尔姑娘未归也。"余策马克此举，特为逐客之方，将排闼入，且恐马克帷中有人，良无以为马克地。此时进退莫知所适，唯痴立注目马克楼上，若冀有所得者。

迨十二点钟时，有车至九号，余度其人必伯爵矣。下车果然，叩关径入。余冀阍者辞彼若却我者，无聊当自去，直至四点仍弗出。余鹄立及天晓始罢，其情况盖万分难耐矣。还寓，遂放声而哭，几欲割弃而去，归就父妹于故居。然而余之情愫不可不使马克知之，盖余初念以马克为奇女子，今知诳我特甚，决计当与之绝。顾绝彼甚易，策不当使知余为难于割弃者，今与书，宜以问略出之。于是忍泪而为书曰："马克女友足下：吾甚望尔昨日之病为轻而易治，于尊体无恙也。吾昨夜十一点钟候尔，侍者言马克已他出，然伯爵踵至，竟至四点钟沾滞妆楼，吾自思良不如伯爵之幸也。想吾比夜与君相处至十余点钟之久，尘浊之状，见触玉人，甚可厌恶。然吾于此十余点钟之中，君婉昵之情，艳媚之态，弥日固未尝去怀，此时非甚思吾父，急于归省，定即奔赴足下之侧矣。吾恒产远不如人，足以与有力者追逐，然自顾人非甚贫，殊不如足下所料，因以怜我，俾仰他人鼻息。今请足下幸勿思我，两浑而忘之。我自料身世，殊无专享艳福之日，今还君钥匙一具，我虽握此权利，未尝得一日之用，敬以还君。如昨夜卧疾时或有需此之人，用以付之。书不尽意，言下慨然。"余作此书竟，手足俱惫，而余怒弗息，转环自读至十余次，甚愿书至，马克持而手颤，即为余报复马克之时也。

迨八点钟，余侍者入，以书付之，俾送至马克处。侍者曰："索还书乎？"余曰："彼有回书与尔，则留俟之。"余此时意马克必有书至，迨时已近午，侍者犹弗归，余惴惴不自聊赖。复意余与马克，不过邂逅之遇，讵能责备至此。安知马克回书，不曰伯爵旧谊，亚猛新欢，是亚猛间伯爵，非伯爵间亚猛，则将何辞以对？既而又思余待马克如是之笃，而马克公然负心，则此书虽极隐刺，独患其不中窾窍，宜更加丑诋，始释吾愤。终则追悔贻书之误，宜及时赴马克之约，谈言微中，俾之愧怍萌生，余转享彼一副眼泪也。

坐候久之，侍者归，语姑娘方睡，书不遽入，醒时自有处分。余悔极欲索书回，又患既为马克所窥，则大挫丈夫之气，乃愈思愈歉，不复自持。迨已过十二点，则又自咎曰："此马克约余相见时也，苟无此书，当在柔乡深处矣。"辗转不知所为，因奋然曰："苦候无益，不如向外疏散，久之更归，当得尺一之书。大凡迫促转无其事，缓或自至耳。"乃起赴餐房，经过恩谈街道次，每见妇人，恒疑为马克侍者持回书者。

食已即归，问阍者有回书乎？曰："无之。"更问侍者，亦曰："无之。"余知大事去矣，始大悔贻书之误。然犹冀马克自来，而细数点钟，逾越已久，似又断无其事，乃知马克果非常女子矣。时钟动五点，余复踱至马路，冀见马克时，余矫为萧闲之状，以傲马克。迨马克车过，余神气为车声所摄，眼光炫乱，竟不见马克之面，但闻其车辘辘，自近而远，悔恨无极。因顾市壁觅戏单，再冀入园以遇马克。忽见巴黎华味安园有新演之剧，意马克必在，入视而座已满，竟不见马克。周历诸园，而玉貌珠衣，不可寻觅。行至半路，忽遇家实瞠，问余何适。余曰："适从华味安来。"家实瞠曰："余才由鲁伯懈来，以为君必在尔，乃竟未见。"余曰："何为也？"家实瞠曰："马克在彼。"余曰："确乎？"曰："然。""然则谁为之伴？"曰："伯爵少来即去，续从公爵归耳。时余座旁空其一，余以为马克赁以待君者，今不然乎？"余曰："马克所往，余何由必从。"家实瞠曰："昨配唐为余语耳。子今既得良伴，当慎守之，美人声价，近足为君荣也。"余闻言踧踖踖殆不可堪，盖悔贻书之误。

既别家实瞠，沿路自思，拟至家实瞠许，托其缓颊，又恐为马克峻绝，无宁自归。至门，复问阍者有恩谈书至乎？阍者仍曰："无也。"余思马克之意，岂待余向彼索回原书，自伏其辜，然后赦余。然余惘惘竟日，都无卑下之意，为是不以书来乎？余此时情思起落千丈，自念马克负我，则气陡壮，复念人言咸道马克爱我，则又凄然自悔为负马克。究之马克初念，以百转之柔情，经营偕余适野，即知余家别无余资，不足以供马克，故不惜暂时以身与人，剥彼巨金，作数月苏息，自养其万金之体，供余怜惜。孰料定情二夕，而余竟以无谓之怒嗔，酬彼无穷之情思，则此举未免过于粗豪矣。且马克始以书来，订余午间相见，殊有何过？矧余定情在伯爵之后，即彼回波盼旧，亦属不得了之情丝，我已明明知之矣。于昨夜何不至戏园游衍，而必至径至恩谈；何不过存故交，而必私侦妆楼之下。则今日马克之不答书，令余

林纾

苦恼，正彼苍所以报余之孟浪也。于是辗转达晓，此心并无他属，觉马克之事，全灌吾头脑之上。然能谋所以胶续前欢者，无若配唐。乃自至配唐家。

配唐怪余早至，余不敢道马克事，绐云："将觅车归省吾父耳。"配唐曰："天气良佳，归乡殊适。"余视配唐，其色甚庄，既而问余曰："过别马克乎？"余曰："未也。"配唐曰："弗去亦佳。"余曰："何谓？"配唐曰："既已绝交，过别何益。"余曰："马克之事，子知之乎？"配唐曰："马克以绝交书示我矣。"余曰："马克何说？"配唐曰："马克字我曰：'伫伯哪尔同来之客，甚无礼也，此书何由见贻！'"余："言时其色若何？"配唐曰："似嗔非嗔，但曰彼飨我两席，至今未临谢也。"余自念两日狂嗔，仅值马克一笑耶？因问昨夜马克如何？配唐曰："归自戏园，即同伯爵夜饮耳。"余知马克之意，已涣散不可收拾，乃佯语配唐曰："马克殊佳，幸不怒我。"配唐曰："智哉马克，若竟似君痴，不自排遣，则后此余情将何以续！"余曰："马克犹念我，何以并书不答耶？"配唐曰："彼方悔爱君之误也。大凡妇人性质绝抗，绐之以非理则甘，折之以大义则拂。吾知马克至死亦不报君矣。"余曰："如何？"配唐曰："两情已绝，无可续矣，奈何！"余曰："我苟以书请罪马克，其幸留一线以相怜乎？"配唐曰："试为之。"

余喜极，遂归草笺与马克曰："今有一人独居，愧愤昨日贻书之误，今日归矣，欲丐君哀怜，假以片时余息，俾得扶服君靴袜之下，默自忏悔。幸假颜面，以赎重愆，临书不知所云。"书竟，付侍者送马克许。侍者归，道移时即示复。

是夜钟下十一点，五朵云仍渺若天际，余至此全无生气。计留巴黎徒增心痛，遂蹶起检束行箧，期以明日行。正在撝挡之际，忽叩门甚厉，甫启关，侍者曰："二妇人至矣。"余即闻配唐呼曰："我也。"余急趋出，见配唐方四周瞻瞩，而马克则兀坐软凳之上，凝神若思。余急至马克前，紧握两手，疾首自疚。马克笑曰："相处未几，此是第三次服罪矣。"余即告明日将归，马克曰："知君思亲甚笃，然断不以我之故，遽变初念。吾得书后，即欲自来，配唐以君归思匆匆，不欲以此见沮，故迟迟耳。"余惊曰："君来足沮吾事耶？"配唐即曰："防君外遇在室，突来断君佳兴，未亦为得。"配唐言次，马克以目止之。余顾配唐："君言我殊未悉。"配唐即乱以他语，自行入室。

余私语马克："何由与配唐同来？"马克曰："适同至自戏园，俾令送归耳。"余曰："有亚猛在，何患无君侍者。"马克曰："本不敢以琐事劳君；再君至吾家，患又以他故增怒，不欲以懊侬之物置君心坎。"余固请，马克仍曰："吾迩来防闲至密，无故患伤人心，故不欲君同行。"余曰："君措置我者，只此一途乎？"马克曰："然。"余曰："我不敢他道，请君只问马克心中有我否？"马克曰："我身若处隆富之地，俯仰可以自给，既与亚猛订盟为相知，我更恣情外遇，则我为负亚猛。乃我身有四十千法郎之逋负，衣物驺从之费，又糜一百千法郎，一心弗愿不利于亚猛，故不能不自为计。而亚猛时时以外遇责我，不其冤哉！"

余默无言,垂首至臆,但曰:"余念马克至深,故情不自禁耳。"马克曰:请君锐减其爱我者,痛增其谅我者,斯得矣。吾昨日得君书,痛楚万态,自念有一丝自主之权利,亦断不收伯爵;即使一时瞀误为此,亦当自至亚猛寓中伏辜。盖余周阅时彦,无第二人爱我如亚猛者。本图数月之聚,就野外水木明瑟处倾吐夙心,以悦亚猛之意。子又弗欲,必寻源竟委,问其供亿所出。我女子之身,何能措此豪资,此亦不难辨析者。苟我明道其烦弗若干,则亚猛必奋不顾身,筹其不应有之财以媚我,异日收局,良足寒心。我故深秘不语,断不欲亚猛半星难过也。我虽女子,而胸臆脑气迥不同人,君岂能以常女子目我?且我一晌空际经营,即欲保全亚猛,并自空其宿负。君苟如此,何尚有绝交之书?凡人务极艰难,正自为他日行乐苏息计耳;不然,我何蒙瞋忍辱为之。亚猛不喻此意,引以为怪,则我枉吃艰难,所谓行乐苏息者,又不可必得,此宇宙间大憾事也。君观我当日往来贵游子弟,有几破其家,而余仍弗答;有一花一草之赠,而假以颜色,余盖求其片时称心耳。若亚猛与我交谊,殊非余人之比,一见我病,至于啜泣,情非骨肉,胡遽至此!我已铭之心肺。而昨日忽贻尺一之书,谰语喋喋,然则君心犹未喻薄命人之意耶?书词既诟且怒,吾始见已极伤感,意君于十二点必至,至则前隙可以顿消。不图君怫戾至于永日。且君之激语,在我闻之,足以知君爱慕之深,不禁发为躁怒。若移以处荡妇,则直以君为飘风过耳尔。君尤当知彼人因我破家者,非我毒如蛇蝎,足以螫人,彼特借我为挥霍之豪举,故我款接此种人,舍强笑佯欢以外,别无他技,岂能告以心绪?彼盖视人为物,在广场中则尊我为第一等人,心坎中则视我为不足齿数。我伤心已极,别无相知之人,且夕密迩,仅有配唐。配唐于金迷纸醉之场,已成故物,顾尚心艳繁华,而年光已不之许,乃退而亲我,我之与交,尚何趣味之云。彼非利不饱,苟无施与,旋即远扬,此特日夕剥蚀我耳。一任瞥眼风花,均非经心之物,只图一钗、一钏、一车、一厢、一浆、一饭之利而已。晓来则乞昨夜之花,晚来则索午余之食,每有驱遣,偿逾其劳。子不观向日公爵所惠之六千法郎乎?一入其手,已假五百之数,异日不过购一草冠相抵耳。我故终年长在窭乡,知己无属。而足以伸我不了之衷曲,且不以我为风月中人者,仅仅得一公爵;然公爵老矣,何足慰我!第予蒙彼深情,不能不承望其人颜色。至凄风冷雨,独坐无聊,时沉沉辄若昏呓。不图今日得子年青心赤,则不能不以我哀窭之深,思念之笃,意中虚构之知己,移而就诸亚猛之身。而子时时怫意,竟不遽受。然则子亦常人耳,今且奈何,余无语矣!"马克言已,若不胜惫,连连微嗽。

余至再引罪,誓从今以往别无疑忌,并请马克将余第二书焚弃。马克遂出还余,余折而碎之。

时配唐已入,马克谓配唐曰:"君知亚猛向我之言乎?"配唐曰:"冀赦罪耳。子释前隙乎?"马克曰:"已许之矣。然亚猛仍请我与君同赴一餐,君许之否?"配唐笑曰:"若二人咸骏气也。"遂约并车同行。马克复以钥匙授余,坚嘱勿遗。余此时喜不可支。

甫出门,余侍者奔入,告余行箧已尽束矣。余曰:"解之。"自是以来,余益信马克,乃不复为躁厉之态,一唯马克是听。然余时时恒不乐,盖余在巴黎无一知者。自昵马克,乃身拥绝代丽姝,人遂渐知有我。

忆余虽受覆于马克,实未尝倾我囊橐,而时时购花饮酒,听剧赁厢,所费亦复繁重。余本非巨家,老父处人银行为收发,主者重父为人,大见委任,比年以来,略有蓄积,将储为妹氏遗嫁之资。吾母见背之时,每年储有子金约六千法郎,与妹剖而享之。而吾父每年益以五千法郎,综为八千法郎,供余膏火,余乃至巴黎学律师。学成受牒,可以与人讼事矣,顾迟迟未归者,以稍在巴黎游历,综一月费可一千法郎。秋深囊罄,交冬则依父而处,动费悉父所资。今既识马克,花晨月夕,匪日不随,八千之费,三月已尽。乃贷得六千法郎,躬身博场,冀有所得,以供马克之用。余殚精竭神,凡博皆胜,终日憧憧。马克无事时即招余,苟不见招,余即以博自遣。然自立严规,凡胜负皆不越范,而胜多于负,故所用资竟三倍于往时,皆纵博所得也。自尔濡滞马克家,几于经日,而马克见余安贴,亦复简出,病亦垂愈。于是六礼拜之久,伯爵足迹竟不获履马克之阈。唯公爵时至,则略假颜色而已。一日余出博,适博主他出,易其劣者司局,余大胜,获十余千法郎,藏之腰橐,虽马克亦未之知也。时已秋深,犹不作归计。父数以书来速余归,余报书道强健,且恣游览,父亦毋须以钱来。余盖以此取信于父也。

一日天晓,朝曦射榻,马克约余野游,余诺。马克呼侍者:"公爵来,尔告以与配唐野行,晚当归也。"晨餐既竟,自携鸡子牛乳酒一、炙兔一,并车而往。出门茫然无所造,配唐曰:"君将傍郭游耶,抑到林峦深处领略山光水色耶?"余曰:"向山光多处行矣。"配唐曰:"然则鲍止坪佳耳。"车行一点半始至,憩一村店。店据小岗,而门下临苍碧小畦,中间以□花。左望长桥横亘,直出林表;右望则苍山如屏,葱翠欲滴。山下长河一道,直驶桥外,水平无波,莹洁作玉色。背望则斜阳反迫,村舍红瓦,鳞鳞咸闪异光。远望而巴黎城郭,在半云半雾中矣。配唐曰:"对此景象,令人欲饱。"余私计马克在巴黎,余几不能专享其美,今日屏迹郊坰,丽质相对,一生为不负矣。余此时视马克,已非莺花中人,以为至贞至洁一好女子。且将其已往之事,洒为微烟轻尘,销匿无迹,过此丽情,均折叠为云片,弥积弥厚,须令化为五彩缥天,余心始悦。

是时三人乃沿水而行,至一处,见小楼两槛,矗然水际,楼阴入水,作幽碧之色,铁阑一道,阑内细草如毡,楼外杂树蒙密,老翠交檐,景物闲蒨可玩,苍藤蔓生,沿阶及壁。余知此中幽闳无人,请马克移家居此,日行林际,倦憩草上,人间之乐当无逾此。马克曰:"美哉屋也!"配唐曰:"子悦之乎?"马克曰:"愿之。"配唐曰:"我告公爵为子赁之,当无不允。"马克视余,余若在艳梦迷离之中,为人所触而醒,乃模糊答之。马克曰:"是诚在我,我试入其屋视之。"遂问得其价,每年赁钱二千法郎,乃问余曰:"并居此间,子意得否?"余曰:"未知余能果来否耶?"马克曰:"我非子,何庸独处宽寂之地。"余曰:"然则此二千法郎者,让我出之可乎?"马克曰:"子梦呓耶？余受公爵防闲，移家不用其资，胡能不问，于子更复何益？子姑默之，我自得当以报也。"配唐曰："子移家时，余间二日即至耳。"遂归。

越明日，向晓，马克即速余起曰："公爵且至矣，日中须有柬与君。"十二点，果得马克柬，谓同公爵至匏止坪，期以灯上至配唐家守候。及期，马克至配唐家，笑谓余曰："事谐矣。"余曰："屋赁定乎？"曰："定，公爵已许我矣。然犹有后文，已更为君觅一下处，离匏止坪不远，俾得就近往返也。"余大喜，就马克谢。马克曰："屋外小栏门，本有钥匙，公爵欲将去，吾以计留之以与君。公爵又言尔爱巴黎甚，奈何舍之而去，恋此枯寂凄凉之境？吾谓病躯不胜扰扰，宜在此苏息。公爵似不谓然。今尔我此后踪迹宜秘密也。盖余非专为赁屋之资托诸公爵，余向后债款仍此君偿之，未知亚猛能听我否？"余曰："诺。"配唐因问马克迁徙何时？马克曰："行即移居。"配唐曰："车马并往乎？"马克曰："然。唯吾去后，请以空宅托子。"

自是八日以后，马克移居，余亦偕往。方始至时，马克怏怏不自适，每日盛集女友，一月之中，朝夕餐咸七八人。配唐亦日以其侣至，若此屋与配唐共赁者，所縻费皆出自公爵。甚有配唐自需至千余法郎，皆嫁名马克，公爵亦竟与之。余前于博场所得十余千法郎，亦尽出以授马克，防仍不足，仍至巴黎债主处更假十余千法郎，以备马克不时之需。然马克家日间谈宴，非十余人马克不适。

一日公爵至，拟与马克同饭，排门入，见座间人声喧阗，公爵大不怿。马克即起于座，随公爵入别室。公爵曰："余甚辛苦，出资为尔赁别业养病，尔乃不能自净其家，使余人阑入，甚无谓也。"愤然遂去，去时犹申申然詈。自是以来，公爵遂绝迹。马克乃遣客屏居，而公爵仍弗至，余此时乃全有马克矣。马克亦不能谢余，于是二人之好，俨如伉俪，甚而所佣之人，咸视余为主翁，马克为主妇。而配唐时以语讽马克使去余，马克曰："我爱莫能释，余人有不悦我昵亚猛者，则请其屏迹可也。"

忽一日，配唐呼马克入密室中耳语，余侦之莫能闻。间日配唐复至，余匿园隅，配唐不之见，但闻马克问曰："前事何如？"配唐曰："见公爵矣。"马克曰："何以语子？"配唐曰："凡子所为，公爵皆恕之，唯与亚猛共处，殊非所欢。马克能去亚猛，则举马克所欲悉从之，否则告绝。"马克曰："子何以应之？"配唐曰："请以公爵之意示马克。然马克试省之，此举一失，后悔无及。亚猛固重子，顾力不能支，奈何？然世无不散筵席，亚猛终有去子之时，公爵断无再续之分，子去就在此一决，我仍可靠公爵也。"余窃闻至此际，肠如涫汤，殊不可按，但闻马克曰："亚猛不可负也。自知必败，然不能剜吾心而置之。且亚猛相交已久，须臾离去，忽忽如有所失，我又恹恹且死，意在行乐，焉有戚戚如孀，独以娱公爵也。请公爵善爱其资，我足自支门户。"配唐曰："后此将何为继？"马克曰："不知也。"配唐方欲有言，余疾趋至马克前长跽，滂沱不止，告马克曰："吾身已属马克，余人不复恃矣。我即死，岂能去君！凡君见爱，岂敢弗偿，请马克更勿旁虑。"马克掖余曰："我固与君同处矣，余人之情，不置吾眼，今请一切谢绝，对吾亚猛

林纾

33

也。"时余喉间为眼泪填塞,不复成声,只痛握马克之腕,荷荷而已。马克遂面配唐,请以我二人情状告公爵;谨谢公爵,不更有所需矣。

马克自是以后,竟弗谈公爵,一举一动,均若防余忆其旧日狂荡之态,力自洗涤以对余者。情好日深,交游尽息,言语渐形庄重,用度归于撙节,时时冠草冠,着素衣,偕余同行水边林下,意态萧闲,人岂知为十余日前身在巴黎花天酒地中绝代出尘之马克耶!嗟夫!情浓分短,余此时身享艳福,如在梦中。两月以后,余二人足迹不至巴黎,巴黎游客亦无至者。唯配唐与于舒里著巴二人时时见顾。

时长夏郁蒸,林木纯碧,余与马克临窗眺瞩,觉二人情丝两两交纠,飞在林梢草际,微微游漾。此余生平所未享之艳情,亦马克病中所不经之香福。饭余无事,马克辄握余所赠《漫郎摄实戈》小说,读之不去手。然而犹时时得公爵书,马克未开封,即以授余。余读公爵书,辞气凄婉,防马克心动,辄折毁之,不欲以苦马克也。公爵见久无回书,自是亦不复至。余自思人生受一美妇人之怜,凡景物时光,若有缩而促之者,瞥然即过,当局竟不自觉。究之男子不知情爱,此心殊泛泛无宅,在宇宙中似一奇零之人,殊觉寡味,而尤不愿散袭走失,旁及他物。须将情款团聚一处,以溢注此美人之身,始情遂而意适。故余头脑中满装一马克之外,并不许更有盛满之物,与马克争余脑中位置。觉既爱此人,每日必有所惬心之事,常至余家,逐日变易,无一雷同,斯亦怪矣。

余与马克,每值月明,辄依林荫而坐,夜气冲融和悦,若将余二人熔成一片者。向晓,帘深浓睡未寤,偶为啼鸟惊觉,疑余身上之情倾吐不了,幻为汪洋巨浸,合马克深沉其中,偶出口鼻以受天气,旋复坠溺水底,不可复出者。

一日马克隅坐,若有泪容,余怪之。马克曰:"亚猛,尔我二人交爱,似非寻常,然余偶尔后顾,辄用悲凉,何者?人情不常,我爱亚猛,亚猛知之已审,设一日亚猛念余旧污,忽而拂袖而去,又将如何?然吾领略双栖滋味已久,心便安之,万不能更揽新欢,断我旧爱。"余曰:"誓之,永不负马克也。"

越数夜,马克同余倚阑,残月迟迟未上,云片重沓,漫满空际。忽闻林端喊喊作声,气甚森肃,马克把余手曰:"秋至矣,子将偕我同行乎?"余愕问何适?马克曰:"游意大利耳。此地荒寒逼人,吾病肺,不耐霜气,又懒归巴黎,故不如意大利佳也。"余曰:"归巴黎何懒?"马克曰:"吾拟将所有之物尽以售人,偕君同行。且吾身已属君,余人更无沾恋,何必更归巴黎。唯意境之行,未知亚猛悦从否?"余曰:"行。但君何必尽售其物,归时转无所需。余虽腰橐无多,而此游五六月支拄,余固能之。"马克携余归座曰:"吾居此,君费已不资矣,适言意游者戏耳。"余曰:"君果为余惜费而遽沮游兴乎?所见亦殊不达。"马克乃执余手曰:"秋深阴晴无常,雷复时震,余病躯躁动,语辄妄发,亚猛不可据以为实。"余觇马克独居深念时,辄有泪容,意必思虑深远,不得归宿之地,中情莫可抑勒,因于端居漏出悲戚耳。

34

余虑野处清寂,请其同归巴黎,马克坚执不可。配唐虽不常来,马克时亦作书与之,似甚秘密。

一日,马克伏案作书,余问何寄?马克曰:"君欲见吾书乎?"余曰:"不欲。"明日,马克约余荡舟于科斯之江,流鉴至五点钟始归,意若甚适。甫入门,侍者曰:"乍配唐姑娘来。"马克曰:"去乎?"侍者曰:"坐主人车,临去言曰:'事获当矣。'"马克疾言曰:"止。速以膳来。"越二日,配唐始以书至。马克自是十余日,不见戚容。然配唐所假之车,不复返矣。余问马克:"配唐何适,乃久不返此车?"马克曰:"马病车坏,令配唐修之尔。"已而配唐至,对余之言如马克。而配唐与马克同行树阴中,意若筹划密计,见余至,即乱以他语。迨将晡,配唐曰:"寒甚,马克以肩衣假我。"马克出肩衣与之。而一月之间,车既不归,肩衣又复不返,寻检其衾具,而宝石、金钻之属,均空诸所有,然马克怡然适甚。

余此时心如刀刲,虽欲问之,马克必不以此告,欲觅其与配唐来往书束,又严扃不可得觅。余乃谓马克曰:"久不得老父消息,恐不知吾在此,今日请往巴黎探之。"马克乃约余早归。

余至配唐家,突问曰:"马克车马安在?"配唐曰:"市之矣。""肩衣安在?"又曰:"市之矣。""金钻安在?"曰:"典之矣。"余曰:"何人代其劳?"配唐曰:"我也。"余曰:"何以不言?"曰:"马克令勿告君。"余曰:"马克何以不告余以乏?"配唐曰:"马克不欲以此累君。"余曰:"此费何属?"配唐曰:"清宿逋耳。"余曰:"宿逋止此乎?"曰:"更三十千法郎毕矣。吾向告君以马克不胜其任,今其信乎?昨有一售毡之人赴公爵家,索马克购毡之券,公爵峻辞斥之。凡马克债家,均知马克不为公爵所容,咸持券以索,马克将尽货物以抵之,顾为时不及,乃先去此物以偿之。君欲观诸人收条及子钱家券乎?"配唐乃尽出以示余,因告余曰:"君今日知吾言不谬乎?子方知钟情之深,不徒以心合,更须有资以佐之。吾阅世深矣,凡人至深之情,多为事势所窘,犹铁丝蒙络,急遽岂复能折。马克之不负君,为吾目中所未见,吾甚怜其情痴至此,亦时以微言晓之,而至死不悟,但曰不欲一丝有负亚猛之心。此心固挚,然马克安能持此一颗之心强抵债家!今债家之逼马克,非三十千法郎,此逋弗易遽了。"余曰:"吾力能胜之。"配唐曰:"子假诸豪右乎?"余曰:"然。"配唐曰:"君一举债,君父安能容君?且三十千法郎,为数颇巨,咄嗟之间,岂复能办!我悉妇人行状,十倍于君,君此时豪气方炽,举事不计其他,后必悔之,君须略为清醒。且勿望君遽离马克,然甚望君如初夏甫适别墅时行藏,斯得矣。俾马克寻觅自全之地,无落窭乡,或公爵尚有回心之日。且伯爵余情尚复恋恋,苟获马克一日之容,凡诸债款,概一力清之,尤愿月给四五千法郎以资马克,彼马克既可自全,而君亦不至毁家自困。且伯爵蠢蠢然灵警不及马克,马克仍可以深情及君,计亦良得。然君始决马克时,马克必哭不可仰,久则习惯,转有感君之日。君且勿视马克为君家物,只目为已嫁之人,负其男子可也。我之情款,始犹不敢明言,今事急矣,如不变计,两俱莫利。"余心思配唐之为人,乃竟如此

恶劣，理有不可遽测者。

配唐言次，手握诸券，纳诸密处，复告余曰："妇人之心，但知爱人，而不妆饰伪情以供人爱。为马克计，果得三十千法郎，藏之以权子母，何妨心中专眷一人，为终身行乐之地。今君可阴携马克，复至巴黎，君且佯为弗觉，度十余日后，伯爵必为马克盛饰，且清其逋负，残冬既度，明年首夏，君仍可更携马克至别业也。"配唐言已，若甚炫其能，岂知余齿冷久之。匪特余觍觍男子不屑蒙耻为此，即以马克之心，刀斧临头，亦断不遽贬其节。余乃告配唐曰："君揶揄至足矣。实告我，马克所需若何？"配唐曰："已告君矣，三十千法郎也。"余曰："何日可需？"配唐曰："更二月，期至矣。"余曰："钱固有，如期与之。"配唐耸肩无语，意若鄙余者。余临去，谓配唐曰："余得钱付君，君须立誓勿告马克。"配唐曰："诺。"余又曰："马克再典奁中物，君必告我。"配唐曰："君可勿虑，马克奁中物罄矣。"

余乃至寓，问父书至否。凡积四书，均未阅。书自第一封至第三封，均以不得耗为忧。迨第四书，似疑余浪游，峻语将来察动静。余心甚念吾父恩重，又不敢以实告，但覆书父以何日来，宜先有书，我当往迎。又示余侍者，家中书至，即赍至匏止坪与余。

是时心念马克，匆匆遂归，而马克已迟余于园门之外，睇视余色，疾问："有见配唐乎？"余绐曰："未也。因吾父书积至四封示报，报书后始来。"言次，见马克侍者哮喘而至，马克与耳语后，即问余曰："君至配唐家，何绐我？"余曰："谁见之？"曰："侍者适来言之。"余曰："然则君遣侍者尾我耶？"马克曰："然。我思君必有匆遽之事始适巴黎，不尔，君四阅月未尝去，我无事必且不去，故遣人尾君。今知君访配唐，未悉配唐对君作何语？"余因出父书示马克，马克曰："非问此也，盖问访配唐作何语尔。"余曰："久不见配唐，因往省之，且问马克病愈否，首饰及肩衣何久不归。"马克红潮起于脸际，余愈弗安，乃慰马克："君不爱此身外之物，殆有所为。"马克曰："怒乎？"余曰："吾怒君有窘不以见告。"马克曰："君以挚情见待，凡妇人稍有肝胆者，亦断不以日用累君。君信我固笃，然余妇人之心，思致至深，深恐求索无厌，使钟情之人致疑于我。究之我身，安用此一车两马，去此节其豢养之费，亦不为无得。且君之爱我，乃因一车马见重乎？"

余闻马克言，至情直入心坎，不觉泪随声下，因执手曰："君千盖万覆，意实不欲我知，然我甚愿有必知之一日，我心始释。"马克曰："何谓也？"余曰："马克以我故，尽去其车马衣饰，而待他人则未见其如此，防他日追念为我故，使马克无尺寸凭藉，则我罪不知所届。今数日后，必使君复完其车马衣饰。且我之重马克，亦欲炫耀于人前，不欲其纯素如此。"马克曰："然则君弗爱马克耳。爱人不重在物，君诚爱我，即乱头粗服，爱何尝忘，岂赖此车马衣饰，始坚其爱。君必极力摒挡，力尽时当复有离索矣。"言次，马克起立。余复执其手曰："马克坐。吾所爱马克者，欲马克弗扰其心，不欲他日偶有违言。"马克曰："如此必须分手。"余曰："何人能使余二人分手耶？"马克曰："君不许马克深谅亚猛力量所及而保全之，而独欲复我华侈之局，无令亏损，君此心即不欲离我，而所行之事均在可离之势。又不信我尽所有之物，君亦局中之人，可以分享，而必自破其产，不留余地以处我，君亦思我心重车马服饰耶？抑但素妆布裳，专留以为君所爱耶？君妄思为我清其逋而竟破其产，所支拄者不过两月。试思此两月以后，辗转何以自全，为悔亦既晚矣。今君每年所得，可八千法郎，尽我所有，转以售人，岁得子金亦二千磅，尔我同赁小屋而居，向夏更复适野，君无所苦，我亦殊惬，何必为我谋复旧观。"余忍泪谢之，不能报一语。马克曰："我始念不欲告君，阴与配唐谋之，俾十月以后，得款尽与债家，更赁一小屋与君还巴黎尔。今配唐遽以告君，君又不适。今与君约，能从我，则预诺之，勿为后事反复。想君见爱，当必允从。"余此时断不能违马克矣，但谢曰："如约。"马克大喜。

余见马克喜甚，乃自思我二人情逾伉俪，岂可令马克日就窘乡。余母死时，遗我三十千法郎之子金，今吾并其母金均赠马克，俾马克得有子金以自度活。吾预告马克，必且弗许，当私图之。盖此母金，系余母生时购一巨宅，司其事者，年为收值三千法郎。一日，余司马克至巴黎相宅，乘间至司事家，告以此宅移送他氏，其法安出。司事者，余父友也，骇问何为。余度不能隐，以实告之。父友曰："善哉！子第行，吾为子了之。"余临去坚嘱勿告吾父，乃造于舒里著巴家寻马克，以马克弗愿至配唐许，受其呶呶作伧俗语也。于是余二人同行觅屋，最后至一处小楼，颇足眺远，楼后亦有小园，马克悦之。余乃自归辞其寓宅，马克亦自往寻人，告屋主赁此屋。马克旋至余寓中，道屋已成议，且言："恩谈街九号旧屋中所有，亦已托人货之。所货之资，既可以清夙负，还以二十千法郎与我。"余此时默计马克屋中所有，为值定不止此，想其人尚中饱三十千法郎也。是晚同至鲍止坪，似余二人行止，至此已定。

越八日，方与马克饭，而余侍者突至，道吾父已至巴黎，速余即归。余此时与马克均无人色，若祸事旋至者，乃执马克手慰之曰："勿恐。"马克应余曰："若能早归，无使吾临窗望若也。"余遣侍者先行。

二点钟后，余遂至寓次，见吾父便服在余厅事上作书。余施行至父前，以口亲父额，问父至何时。父曰："夜来。"余曰："父一来即至此乎？"父曰："然。"余曰："儿甚歉，不在此迎父。"言既，疑父有他语。父竟无言，以书与侍者付邮政筒，乃立近火炉之次，告余曰："今与尔语正事。"余唯唯。父曰："尔今愿实心以向我，有问勿答以诳辞乎？"余对曰："此儿夙心也。"父曰："尔有昵一女子名马克格尼尔者，与之深契乎？"余对曰："有之。"父曰："尔知此妇何等人也？"余对曰："勾栏中人耳。"父曰："尔即为此妇人，遂忘交冬至家省父及妹乎？"余对曰："如父所言。"父曰："尔甚爱此妇人乎？"余对曰："父知之矣，彼能使儿忘其家庭应为之事，此儿所以服罪于父前也。"

父似不料余无粉饰之言，诘词似穷，俄而又曰："尔知向后必无自全之策，以活此妇人乎？"余曰："亦甚忧之。然意图行乐，尚未策及此。"父厉

声曰："尔亦知吾不耐见尔所为乎？"余曰："儿自忖向未尝败坏其家声，故偶有所错，尚可恃以自盖。"父曰："然则尔变易其所为之时至矣。"余曰："父言何谓？"父曰："尔知所为，正所以能败其家声者也。"余曰："父言儿不知所指。"父曰："吾为若释之。尔在外契女友，在情可恕也，即以财与人，在情亦可恕也；乃推若所为，竟以轻薄狭斜之名，流秽及于村墟，使余累世忠厚之名，见玷于尔，此其所以败家声也。"余曰："父之所闻未的也。儿与格尼尔游，非将父之姓，遽取而授之，凡儿所授彼钱，皆取诸应有者，未尝举债以累吾父。且儿之为人甚谨，当不至多所取怒于父。"父曰："凡为人父所以怒子者，正欲其不为狭斜耳。今尔所为，纵未败裂，不久将自坏。"余曰："冤哉翁也！"父曰："吾阅历深于尔，天下唯贞洁之女，乃有真情尔，如漫郎之与德恺尔之情。今时移俗易，不能仍蹈其既往之辙，坚不自改。尔今须决计去尔所昵之马克。"余曰："儿甚自憾其私心，竟至违背吾父之言。"父曰："吾必使尔去之。"余曰："向有省马概岛以居勾栏之人，今无矣。即使马克为国法所驱，入于此岛，儿亦将方舟从之。明知其过，特情不自禁，不复强为支厉。"父曰："尔试睁尔目视若父，须念其甚笃爱尔，日望其为正人者也。尔乃不知谁何之人，竟以夫妇之礼待之。"余曰："苟此女见爱，不更属身他人，儿亦愿以此礼待之。"父曰："尔愿以生平声名所在，乃博此一女子爱昵耶？尔深知天之所以贻人者，只此一事，更无余事足以取悦者耶？即尔执迷，何不试从中年以后，回思到今日，其惭愧如何耶？假令若父亦如尔所为，以妻子所恃之身为他人用，尔一身又将何恃？尔宜澄心思之，勿苦苦执迷，宜与此女子痛绝。"

余未及答，吾父又曰："亚猛，宜思尔死母，庶哀痛之心可以易此，不尔，终无自脱之日。尔今才二十四耳，尔不能竟爱此妇人，此妇人亦不终属于尔，尔自信过笃，以为情种，将后来事业均为弃置，今锐进不已，则光阴已掷，追悔且复无尽，奈何！尔今且归省尔妹，享家庭之乐，庶几可以夺尔狂荡之情。即尔所眷之人，亦可以渐渐消释于尔，别觅一当意者，未始不可。尔此后方知老父拳拳之心，专为尔来，尔竟倔强不服，为悔当何底止！亚猛，尔今从我归乎？"

余自思吾父所言，用以区处他妇人，则至当理，唯不足以拟马克。特吾父言至末句，声甚和柔，余此时殊不敢即对。父又问曰："如何？"余曰："父所训者，儿私度良不能强自禁制，至父言吾二人情款，以马克平日行为度之，似不如此。彼用情见待之处，一丝不涉于邪，且足以匡儿子之不逮。惜父不见马克，苟一见之，当知儿契此人，为无过也。彼之品格，萧然在群妇人之上，以他妇人之穷凶极秽，较马克之穷美极善，得失正复相准。"父曰："然则彼何得遽受子三十千之法郎，尔岂不知此中即尔衣食托命之物乎？"余曰："此事父何由知之？"父曰："即吾友司事者告我。世安有为善之人，亲睹此事而不为吾告者！吾之所以来巴黎，正防尔之破产耳。尔母死时，留此遗产，正为尔自干正事，今乃以游荡终耶？"余曰："儿可对父立誓，马克殊未知此三十千之法郎来处也。"父曰："然则何由予之？"余曰：

"因马克自弃其产，约儿同寓度日耳。"父怒曰："尔甘受马克之覆乎？尔见世有堂堂丈夫，为妇人卵翼，不引以为耻者，此足矣。吾始犹劝尔，今则勒尔令去也。吾不欲家庭中见此不肖之事，即束装行！"余曰："父当恕我不能归矣。"父曰："何也？"余曰："儿此时年纪，在律不必专受一人之号令。"父哑然无言，既而归："我知所以处汝矣。"

父以手挽铃，侍者闻声至。父曰："将余行箧负至巴海饭店中。"于是父入室更衣复出。余乃向父曰："请父勿苦马克也。"父怫曰："尔狂悖至此耶！"遂出，门截然阖。

余亦雇车至匏止坪，而马克已盈盈倚窗而望矣。见余骤问曰："子容色何惘惘乃尔？"余乃自述对父之言，马克曰："尊仆来时，我已熟料之矣。吾此时若有重咎在身，不知所云。君为我之故，乃构此祸，君既爱我，愿勿违老父之训。想吾与君款洽，殊无背理之行，父当未知吾二人行径耳。君久客，势不能无需于外妇，与其亲近他人，无宁我也。"余曰："父即以与君密迩，势若夫妇，因而怒不可遏。"马克曰："然则奈何？"余曰："烈风雷雨行过矣，且静俟之。"马克曰："可得过乎？老父不予君自如也。"余曰："父且奈何？"马克曰："父不言则已，既言必欲子终听之。父行且叙吾出身之微，以激子之怒，使子离吾以去。"余曰："君不知吾爱尔乎？"马克曰："知之，顾父亲也，子终当听信父言耳。"余曰："不然，余之所为，可以令父信之，父生平公正，适激于人言，异日必谅吾心。"马克曰："吾断不欲以我一女子之故，使君启隙于家庭。君明日当仍至巴黎朝父，父或念君之情，当为父子如初。君尤不宜以理自剖，逢老人之怒，一从老人所欲，勿缠绵于我，则父怒或当立释。我惟愿此事得当；即无所成，我之身终为亚猛人也。"余曰："誓之。"马克曰："以我自省，何誓为。"

明日十点钟，余起，至巴海父所寓处，父已他出。余即回寓，父亦未至，即往父友家，亦不之见。再回巴海寓中，恭候至六点钟之久，始回匏止坪，而马克不在窗上俟我矣，默坐火炉之次，凝神苦思，余至犹弗觉。余以唇亲其额，始愕曰："子骇我矣，父言如何？"余曰："未之见也，遍觅未尝一遇。"马克曰："明日须更往。"余曰："请俟父书至时始往。"马克曰："不可，明日必更往。"余曰："何必明日？"马克言次，面微赪，旋："欲君早见老父陈情，或易于见恕。"余曰："诺。"但见马克沉吟，若有所思，神魂如脱躯壳，言辄不应，或举甲辄对以乙。余思马克忧深矣，竟夜慰之，马克终不怿。

余明日又至巴海寓中，父仍不在，案上留笺一张，上云："尔今日来视我须候至四点后，苟四点仍不归，尔自往，然明日须来此就餐，尚有余言告尔也。"既四点，父仍不归，余乃归匏止坪，见马克躁动，若有所怛，较昨日尤甚。见余即卧余臂上，哭不可仰。余大惊，叩其所以，马克仍不以实对，谰语间出。余俟其静时，出父书与之，且曰："父威稍霁，明日或有佳兆。"

马克自观父书后，恒含泪坐。偶闻余声，泪即涌出。是夜就枕，幽咽至

无声,时时以口亲余腕。余窃起问侍者:"今日有人来未?有得何人书否?"侍者均言无之。然马克自昨日至此,意态神情,咸变其旧,余疑终莫能释。乃移凳就榻,而马克历历叙余旧情,虽时有笑容,然似极力为之,睫上泪珠莹然,未有干时。余智尽能索,终弗得马克真实语。已而渐睡,睡中时复跃起,见余在其侧,复瞑目卧。而余此时并不知马克如何痛苦,而全改常度。

晨光甫动,马克已恹恹若不胜惫,始贴席睡,逾十一点始醒,星眼蒙眬中谓余曰:"去乎?"余曰:"未也,四点始至巴黎。"马克曰:"然则四点以前,君咸处吾侧矣。"余曰:"常时如此,今何问为?"马克曰:"然则善矣,曷晨餐乎!"余曰:"可。"马克自此时至四点钟,咸以唇亲吾颊,至濒行乃已。余曰:"行即归耳,何作此态?"马克目光如将涸之水,直注而语余曰:"子即归乎?"余曰:"然。"马克曰:"子今夜归。吾将临窗望子,从今可永好如初相识时。"凡马克此时言语,声极躁急,如狂呓将发,余恐极,请作书谢吾父以明日往。马克惊曰:"不可。与老人订相见期,安可负。余固无病,子第行,勿伤吾心。且吾昨夜梦不祥,睡起特怏怏。"言既,乃佯为笑乐,始弗哭。

至四点既届,余亲其颊告行,请马克送余至车道,欲与马克吸取天气以苏病躯。马克许余,乃取外衣着之,并呼侍者同行。余此时重违马克意,又以父训不可背,乃强笑谓马克曰:"夜来当相见也。"马克不能答。

余始至巴黎,即赴配唐家,托其往视马克,冀见配唐时有以鼓荡其心,弗使抑郁。配唐见余,愕然谓曰:"马克与君同来乎?"余曰:"未也。"配唐曰:"马克如何?"余曰:"病矣。""然则弗来乎?"余曰:"马克与子有凤期乎?"配唐闻余言,吃吃不能答,徐曰:"以君至巴黎,意彼当来与子会也。"余视配唐,配唐意泛泛然若不相属,意不欲余久坐者,余乃曰:"吾今日至此,即请君与马克坐语。且吾今日观马克意态甚异,疑大病将发。今夜余家有下榻处,即请配唐留我处勿归也。"配唐曰:"今夜当赴人席,请明日如亚猛约。"

余乃辞出,而配唐匆匆如理剧事,余亦不之察也。乃徐至吾父处,父告余曰:"尔两至视余,余甚悦之,或且尔有悔过之心,即余心亦甚为尔筹划。"余请父归:"父可否许我探父以所筹划者何事?"父曰:"吾向者听人言,所述尔二人事太过,故吾不能不稍严毅以御汝。"余惊喜谓父:"翁言请再详之。"父曰:"凡少年人均有外遇,以他妇人较之,似契马克为优。"余曰:"美哉翁也!儿喜极矣。"余谈叙移时,乃就席,父竟席亦欣悦甚。余此时甚望席竟,飞归匏止坪,告马克以吾父有好消息也。父觉,语余曰:"尔频频顾钟上暑刻,意将去耶?诚少年骄气,以家庭情爱,乃易此疑似之情爱耶?"余曰:"非也。马克之为人,儿甚信之。"父甚闲暇无语,似不置可否,辄留余至明日归。余乃以马克方病,请假往视之,明日更来巴黎。

是日天气佳,父拟挈余至车道。余有生以来,未见人间得意有如此者,意从今以往,可以长有马克矣。迨余将行时,父仍留余宿,余仍告行。父曰:"尔挚爱马克乎?"余曰:"如父言。"父以手抹额。如将甚想之事麾去,不听其竟留脑间者。又唇吻微动，将欲有言，忽复中止，但曰："明日可来。"余乃上车。觉火车若迤逦不能行。

至鲍止坪时，已十一点钟矣。窗间洞黑，余叩门无人声，余甚疑之。园丁乃启关，侍者以灯迎余至马克楼上。问侍者姑娘安在？侍者曰："姑娘至巴黎。"余曰："去以何时？"曰："主人行一点钟后，即复上道。"余曰："有遗柬在乎？"曰："无。"侍者遂下。余思马克岂疑我以父命为托，混迹至他人许，尾我觇诚伪乎？又岂配唐以柬招之乎？然余方见配唐，似无其事，第配唐情态，于初见时即问马克何以不来，然则配唐固知马克能来耳。余忆配唐蹙蹙然又似自咎失言，然而马克固在配唐家无疑矣。

余将日间所见所闻可欣可喜之事，都聚脑间，既而自念吾父既许我矣，此外复有何恐。而马克于午间时，何以屡屡促余至巴黎，直至余许其四点前不离左右，而马克始略慰意，岂其中有变幻不可测度之事，用以愚我乎？或且趁余弗在，捷足先至巴黎，垂归矣，为人挽留耶？何以不告侍者，且默然不留一笺，而此一副眼泪，何为而来？而此匆匆他适，何为而去？

余在空楼中越思越怆，而钟上已至十二点，似无更望马克能归之时矣。第马克弃其家具，挽余同居，余何得少萌妄念，疑及马克。想马克此行，必至巴黎寻觅销售家具之人，布置移家之局，防为余知，不欲以此重拂余意，因背余自行摒挡竟始来招余。观配唐之久待马克，则马克隐衷不难曲绘而出矣。烦重之事，一日不能遽了，故留宿配唐家以竟之，或且斯须当来；虽然，去时痛哭何也？想妇人之心，虽极款昵于我，一旦尽去其所有，不能无悲，亦妇人常态也，吾且姑俟之归，将余所以能揣马克隐事，倾筐倒箧出之，以使其不测。

已而夜渐深，马克踪迹益渺，余乃惴惴然以惊疑马克跌于路，病于巴黎，忧患之事，潮涌云合矣。一点钟动，余焦然如渴，拟迟第二点不来，当即至巴黎寻之。当余久候时，见《漫郎摄实戈》俨然在几，余逐句翻读，若每行均是眼泪所织。久之，乃昏然若不辨行墨。时钟行甚缓，天黑如墨，冷雨敲窗，檐上萧瑟，不复聊赖，回望床榻，洞然如墟墓，余乃开门闻树声杂雨，冷透肌骨，而道上车辙绝响矣。二点钟既动，余逡巡仍不即行。时更深而钟上机关徐徐而动，愁怀因之愈集。余觉房中器物，随其所触，毛发森立。乃至侍者门外，侍者惊觉，问余姑娘归乎。余曰："未也。姑娘苟归，道余至巴黎寻之矣。"侍者曰："夜深何以遽去？"余曰："去便。"侍者曰："此时安得有车？"余曰："以步去。"侍者曰："雨盛。"余曰："无伤。"侍者曰："姑娘行归矣；即不归，以明日往寻，今夜不宜往也。"余曰："吾必往。"侍者起，取外罩置余肩上，将送余至饭庄前觅车。余曰："觅车晚，沮我行步，不如即行为得。"余自念数日以来，忧烦不可以耐，将劳其躯干，以释其肝鬲之郁，并带恩谈钥匙。侍者送余阑外，余止之。

余始行，疾趋而过，路滑如膏，甫半点钟，汗出已如沈。微息辄行，天洞黑，不辨南北。余微睨杂树，离立突兀，如鬼魅趁人，时闻车声若在余前，少选，已瞠乎后矣。时有一车向鲍止坪而来，余以为马克也，遥呼之，

车徐徐向北去，余乃复行。以二点钟之力，至巴黎城下。见巴黎，余步乃益猛，阒无行人。

时天已微明，至恩谈街，人气始萌动，教堂钟已五点。余告阍者以余至，乃竟入，恐阍者拒以不在，断余见怀之思，欲多延此二分钟之久，以为马克必在，勿令吾遽灰其念也。既登楼，寂然无所闻，似村居寂寥景象直接此间。乃启关入，帘幕四垂。余至卧房，以手挽其幕，幕开，见榻上仍无人。洞开其门，均不之见，乃开关呼配唐，配唐不应。余下楼问马克阍者："日间格尼尔姑娘归乎？"阍者曰："与配唐姑娘同来。"更问："有书与我乎？"曰："无。""尔知后此何作？"曰："并坐一车行矣。"乃至配唐家扣门，阍者问："若来寻谁？"余曰："访配唐姑娘。"阍者曰："未归也。"余曰："确乎？"曰："有人留书在此，吾尚未授之也。"余索其书，则马克所书者，笺云：烦配唐交亚猛著彭启。余见书，指示阍者曰："此留以予我者。"阍者曰："子其亚猛先生乎！固常来此。"因授余以书。

余启书如迅雷震脑，直劈至足。书云："当子读此书时，吾身已属他人矣。自今以往，请与君绝。君当宁家以就父妹，享其家庭之乐，逾时当即忘当日有一女子名马克格尼尔者，与之同游，曾经君拂拭，刻不能更事君矣。"余读书竟，浓翳在目，血脉偾兴，面赪如泡血，若不能禁马克棒喝者。时忆余父尚在巴黎，则此心尚有所属，乃狂奔至巴海寓中。余父方就几观书，灯焰欲炝，似待余者。余不及道他语，遽出马克书献父，竟卧床上，哭声大作，父遂约余曰："归。"时余心绪如辘轳，不复宁贴。一似小别马克时，辄复思之，盖钟情既深，不可遽断，又彻夜行雨中，惊惧、怀想、愤恨，一时交迸，自觉悬甚。

父见余失意，转以为慰，余甚悦吾父不责而见慰也，遂与父同归。至五点时上车。余觉方离巴黎，胸中洞然如无心肝者，泪时时下。父见无言，唯坚执余手。迨行时复昏睡，睡时辄梦马克，一经惊悟，怪吾身何以竟在车上，然殊不敢语父，恐父以马克为口实。幸至家父均不提马克，妹见吾甚亲，然骨肉虽相见，亦竟不复能夺其思马克之心也。

时乡人方出猎，父将以此拓余怀，乃广约亲邻为侣。众方搏兽，余倚枪仍思马克，仰见云飞，而余心绪若荡漾于林木之上，摇摇无所依倚。忽闻人声呼兔过吾前，余亦弗觉。父知吾用力过疲，神思走失，凡可以娱我者，匪所不致。而吾妹见余忧戚，全改故常，颇复不测。余怀吾妹，又不能以实告之，乃与之执手，意若宽慰之者。于是一月之间，思想无已，不知马克爱与恨之所从生。然余甚欲知马克绝我之故，吾念始可得释。意不能迟以一月一年，拟片时之间，即欲把晤马克，问其所以。于是辞父往巴黎，父亦不能峻拒，乃执手告余曰："我老，少去当即归。"

余未至巴黎，心焦如焚，既至，不知所为。是日天气佳，余乃着衣至大马路，遥见马克车至，知其已赎此车，然马克竟不在车中。余四周寻之，瞥见马克携一生面妇人同行。马克见余愕然，旋微笑，若有所戚而强笑者。余肺叶相击作声，亦以厉色报之，马克上车遂去。想马克此回见我，在意料之外,度我此来,必谋报复。然余苟知马克万种可怜,即亦何妨消释,特心念马克决余,仍自华妆炫服,想余酸寒之故,去余别就勋贵,意枭心险,当谋所以报之。在马克方谓余必沾恋其身,我今当故为鄙薄其人,以示余非能为马克所胁者。乃佯为欢悦之状,往寻配唐。

配唐侍者止余厅事上。配唐旋出,邀余至室,微闻有履声轻蹑至门次,带门而出,声始纵。余问配唐有别客否?配唐曰:"此马克也。见君至,相避而去。"余曰:"余今为马克所畏乎?"配唐曰:"非也,防君不欲与之相见。"余曰:"何谓也?"方谈次,自防失检,乃曰:"彼自欲还其车马衣饰,绝我固当。我今日亦已见之矣。"配唐瞪目视余:"于何见之?"余曰:"在马路中见马克携一好女子,此女子谁也?"配唐问何状。余曰:"长身白皙,服饰似英人,其貌甚美。"配唐曰:"倭兰也,诚美。""其同伴为谁?"配唐曰:"无之。"余曰:"居乌在?"配唐曰:"荡霁街,子悦之乎?"余哂曰:"余亦不能自决也。"配唐曰:"何以处马克?"余曰:"吾心中已无马克,子仍弗信耶?马克处我恶薄,吾方悔此心妄用,何问为!"余言至此,额上汗出如沈。配唐曰:"马克良爱君,今尚未已。但以今日言之,见君即赴吾家,吾观其神气飞越,殊无所主。"余曰:"马克作何语?"配唐曰:"马克告余亚猛必来君处,君须为我谢亚猛。"余曰:"吾尽可以恕之。彼固好女子,与我收局至是,亦吾意计所及。"配唐曰:"彼甚喜君能及时果决也。方马克议弃其家具时,居间者往问债家,欲悉其数,债家大震,麇集马克家,督其偿债。君缓行二日,则马克之家具悉去矣。"余曰:"今债清乎?"配唐曰:"无几矣。"余曰:"何人为偿之?"配唐曰:"善琴之伯爵也。天造此伧,正为马克偿债之用。彼一闻余言,即出二十千法郎为之偿债。彼明知马克必不见爱,然出资实与公爵相埒,且冷暖听之马克。马克能久爱之,彼亦将帖耳以就马克之爱。"余曰:"马克何状?尚久处巴黎乎?"配唐曰:"自君去后,马克足迹不履匏止坪。家具亦吾往取之,君之衣服具有吾处。唯有书一卷,上笺君名,马克留之。君苟见索,吾可为君取归。"

余闻配唐言,因思野次与马克同居之乐,今马克尚有余情,留余信物,若当此时马克即来相见,吾不特不谋报复之心,且欲屈膝。此时不觉一腔之泪,由心坎直走双眶而出。

配唐曰:"马克近益拼酒,不惜性命,连夜辄失眠。昨被酒病八日,医生才许其出门,马克仍拼酒如故,殊失向来常态。君曷往视之乎?"余曰:"何必,今日特来省君。且余识君先于马克,识马克由君始,绝马克由君终矣。"配唐曰:"君二人能决,吾唯力是视,后方感我无穷也。"余此时恶配唐深入腠理,乃兴辞。配唐送余至门。

余归,涕不可止,而报复之心仍不能释。思马克婉转有情一好女子,乃为车马衣饰之故而绝我耶?大抵人心极褊,苟有不足,必谋复之,余亦不自知其何心。余昨见倭兰,知为马克女友,侦得倭兰将为茶会,知马克必在,余乃挽人微示以意。倭兰果来。是日会者极盛,余见马克与傻伯爵跳舞,伯爵身拥丽姝,傲貌自若。余至火炉之次,凝神视之。马克见余失次,余略为

领之。因思此会之罢，马克与傻者同归矣，怒气潮涌，不可遏止。会初停，余即至倭兰前与之款洽。方余款洽倭兰时，遥睇马克，正复睇余。因思苟与倭兰同游，自外人观之，正复不亚马克，余得此亦可解嘲。乃竟请倭兰跳舞。半点钟之后，马克面若死灰，即取肩衣着之而去。余此时始获少报，然愈知所以处之矣。迨会罢就饮，饮已复博。余坐近倭兰。其博甚纵，少选得一百五十路易，倭兰停目不瞬。余此时心殊不在博，专注倭兰。兰博少负，余以钱与之，每与辄尽。迨五点钟，博罢，余净得三百路易。博徒既散，余步稍后。倭兰以火送客讫，归而留余密语。余请以明日，倭兰不可，相将偕入。余问倭兰负乎？曰："负矣。"余更问所有之钱皆负乎？倭兰沈吟不语。余曰："实语我，我今日得三百路易，请留之。"乃出路易置几上。倭兰问余何为如是。余曰："爱君耳。"倭兰曰："不然。君新绝马克，将结我而为报复之资。顾我方年少，断不坠君牢络以自误也。"余曰："君辞我乎？"倭兰曰："然。"余曰："然则余无物与君，方为美乎？君试思之，吾挟此重资，丐人为媒，君亦将许之；特余不屑琐琐，直与倭兰面订。君自诩年少貌美，则我之昵君，亦在情理之所应有。"余此时默思马克生平余未尝敢语以鄙事，苟以余此时之言触之，马克亦久已告绝矣。时倭兰无语，余遂与定情。

既离倭兰家，余一心若不与之相属，虽情语累累，均似偿我三百路易之费者。自是以来，倭兰与马克踪迹竟疏。余乃市车购马，为之装点。于是余之声名，仍播于巴黎之京，配唐几以为余真忘马克矣。至马克知与不知，余殊亦不辨。然余凌厉之气，每与马克以难堪，遥望马克目余，其意似哀余勿为已甚者。余中心亦辘轳不可自忍，几欲失声，特愤气过深，而一线悔心譬如电影，转瞬即昧。再视倭兰，则时怂恿余以辱马克。马克至于闭关弗出，戏园会所，几绝马克之踪矣。余侦其不来，乃以匿名书投之。此时如中洌酒，灵性尽失，人世穷凶极恶之事，几几皆忍为之。

一夕，倭兰他出，遇马克于会所，似为马克所窘，归而愤甚，促余贻书马克重惩之。余知此书一发，马克必不能堪，思欲观其回书，乃坐以俟之。

至二点钟，配唐至。余意若相属若不相属，叩以何故。配唐意甚愤，谓余曰："自君至三礼拜之久，无一时一刻容马克者。昨夜倭兰之辱，今日亚猛之书，马克卧床不起矣。今马克亦无他语，第言心身之力俱尽，无一足以当君者，请君恕之。"余曰："我在格尼尔姑娘家，则格尼尔有权。今既告绝，万不能使我所昵之人，听格尼尔凌践。"配唐曰："冤哉！君见潜于骚妇人，乃穷尽势力，窘一无告之人，何也？"余曰："请格尼尔以傻伯爵来与我较高下，何云无告？"配唐曰："君试省此马克所万不为者，我劝亚猛勿为已甚。尔苟见马克，回想自己猖猖之状，愧悔当难自容。我观马克病肺渐次失音，面惨白如纸，不久当即下世。幸亚猛听我言恕之。"配唐言已，执余手曰："试往省之，病可略已。"余曰："无颜见伯爵也。"配唐曰："伯爵亦久不至矣。马克万不能忍此苦，幸亚猛听我言恕之。"余曰："马克不知余家耶？见悔则来，恩谈衔我何可至耶？"配唐曰："君见马克善视之乎？"余曰："然。"配唐曰："君今日有他事乎？"余曰："日夜咸在此。"配唐乃去。

余遂不作书与倭兰。倭兰为人好狎优，余甚鄙之，亦不告也。既而出饭燃灯，遣侍者去，坐以候之。此一点钟中，余心绪旋起旋落，不知所措。至九点钟，闻扣门声，余心颤甚，乃沿壁行。幸居暗陬，余呼吸之声，都不之听。马克黑衣蒙纱而入，余仅辨其为马克。至厅事上，去面纱，色白如石，殊无人气，呼余曰："亚猛，我来矣！"以两手掩面，泪落如绳。余近马克前，颤声问之曰："何事痛楚？"马克乃执余手，不能出声，声为泪咽也。少选，谓余曰："亚猛苦我，我未尝苦亚猛。"余佯笑曰："子言无耶？"马克曰："即有之，亦势使我必至于此。"

余此时亦不能穷追，使之无地。马克似已知之，告余曰："我来此，子不耐乎？我请以二事自剖：一则昨日倭兰之事，我来为亚猛谢；一则请亚猛过此，人前更无窘我。自子来时，我被若至矣。我此后更无余力足以支架亚猛之怒，自问薄命已极，亚猛更不怜我耶？且我病人耳，百计已无生趣，亚猛烈丈夫，何蹙蹙至此？君试挽吾手，我热尚在。我强离床席至此，非续余情，哀君不齿我于人数足矣。"

余执其手，其热如汤。时薄寒，马克著绒肩衣犹复股栗，余乃引其坐榻至火炉前，与之并坐。余曰："我是夜在匏止坪，候君不至，冒雨夜行。至恩谈街，天始晓，仅值此二寸绝交之书，乌得不怒。"马克曰："我此来不言是也，只乞亚猛勿再窘我，更执此一回之手足矣。君今有人在侧，年少貌美，请君专意属之，幸能忘我，则我之幸。"余曰："君近得意乎？"马克曰："亚猛，子见吾面为得意之人乎？吾痛苦之情，君不当忽略视之。君观人最精，察人最详，吾之心绪，尤当能白于君子。"余曰："是在君心。君一日思去此痛苦者，即可得去。"马克曰："非也。此时吾为理势所压，吾之心愿毫发莫遂。且此理所积，此势所临，吾以一女子之私愿，断不能与之相抗。今不能明言，恶猛后当知之，始足以恕我也。"余曰："今日何靳而不言？"马克曰："我言之，匪特尔我不能联络如旧，且使君不应决之人，亦须决之。"余曰："此人谓谁？"马克曰："死不当言。"余曰："然则马克谎耳。"

马克起立将行。余思此女子在戏园与余相见时，艳如桃李，今日几成泪人，其中隐情虽不能知，而心不能无动。乃挂门不令之出，谓："君虽忍心向我，然我之心绪未尝一日忘君，请君勿行。"马克曰："留我适以资君斥逐耳，君我缘分已尽，势万难合。若再虚为委蛇，不特增君之恨，久将鄙夷不复齿我矣。"余曰："不然。我须臾即忘之，请更续前欢。"马克摇首曰："我非君之奴乎，非君之狗乎？一身具在，任君措置之。"

言已，去其肩衣，脱冠置几上，并去其带。举动之劳，干咳不复可止。谓余曰："告御者归其车，以明日来。"余乃麾御者去。回见马克齿相击作声，余乃展衾侍之卧，余以身温之。马克无言。是夜情景甚冰冷，不可测。明日马克仍不言，双泪迸落如雨，泪注颊上，晶莹如巨钻射光。举其弱腕，将与余执，复又撒落衾上。余以为前隙尽销矣，乃约马克同行离巴黎。马克曰："不能。"察其声，似恐极而颤。复告余曰："我一丝命在，无不如君之命，但不能固结如前日。君此后但视马克为奴，以何夕招，即以何夕

林纾

来，此身为亚猛支应之身可也。若申如前之情款，匪特于君无益，我亦无可伸眉之日。"

迨马克去后，余揣其隐情，百觅不出。坐马克坐处，至二点钟之久，视枕上尚有马克鬈痕。余此时自问为爱为恨，不能自定。五点钟后，忽悯悯自至恩谈街马克家。侍者开门，见余，嗫嚅言曰："主人不能见客矣。伯爵在妆楼上，令勿纳一人。"余曰："良然，余无心至此也。"归至寓所，浑如醉人。思马克窘我已甚，必将我昨夜情景，与伯爵密语矣。乃以五百法郎帖一张，并作笺云："昨晨匆匆行，余忘其夜度之资，此五百法郎是尔，请君存之。"

书去，余直走倭兰家，令其试妆。彼倭兰者，既无头脑，亦无心肝。若人者，讵有人款之如马克耶！是日倭半索钱，余即与之，遂归。马克竟无回音。至六点半，有信局人持一空函，中存五百法郎银帖一，表里无一言。余问邮者何人所赍，邮者曰："乍一妇人从一女侍，以此付我，且瞩曰：'将赴布郎，趁舟行。'"余力驰至恩谈街，见马克阍者告曰："趁舟赴英国矣！"

余于是于巴黎之地，无所用恨，无所用情矣。余经此挫折，困苦特甚。时有友人欲东行，余以书与父，言将远游，以解郁积。寻父书至，瞩余珍重。余迟至八日，遂由马赛登程。在埃及之阿勒桑梯，遇使馆中人员，向余道马克病。余乃以书与之。及至都郎，始得马克书。驰归视之，无及矣！唯于舒里著巴所遗余马克日记，凡诸关键之语，咸在其内，读之自悉。

小仲马曰："亚猛语既竟，以马克日记授余，或掩泪，或凝思，意态悲凉，倦而欲睡。已而闻亚猛微鼾，知亚猛沉睡矣，乃展马克日记读之。日记曰：

今日为十二月十五日，余已病三四日矣。侵晨不能起坐。昨天气阴惨，余又不适，四顾无一人在侧，余甚思亚猛也。余方书至此，不知亚猛身游何地？想去巴黎甚远，忘马克矣。亚猛幸自保。

我在生时，唯逢亚猛一人，始得少时佳处。余其始决弃亚猛而去，余今不能不本吾真情以告亚猛。余先有书与亚猛矣，不知者以为是马克谰语。余今以死自明，方知此书盖吾与亚猛忏悔之书也。余今甚病，势在必死。犯弱病久，自知必不支。向吾母亦死于病肺，瘵根所贻，若家业留以畀余者，临命已在旦夕，断不能模糊以死，不开陈所以绝君之故，使君闻之。想君归时，定必有心向我，我尤不能不为开陈也。余所贻君书，使余能尽其隐，益私喜余之不负亚猛。

亚猛能忆及余二人在鲍止坪时，闻尔父至，方饭，皆失惊。尔是夜陈说与父驳诘应对之词。明日往巴黎，与父相左，即有人持父书至。书词极严重，约明日托故遣亚猛去，老人将自来；且坚约勿令亚猛知有此事。亚猛还忆余敦促亚猛行否？亚猛去一点钟后，翁来矣。翁来色甚厉，谈吐处阅历甚深，以为勾栏人蓄机械心，深险如销金之窟，偶近其人，非力腌膏血不止。其始寓书时，词义尚正，及来时色加厉，语加峻，赫然不复可近，言语咸挟针锋。余对以此屋为余家，有自主之权，不能不以理自剖。翁闻言，色少雾，乃谓余以翁垂老之年，不能睁眼静观其子为一妇人尽破其产，以余虽极美，何得以一人之美，陷一精壮有用之少年似此？余只得以一言辩之，谓余自与亚猛交，从未逾格费其一金。于是尽出质帖及还债之收条，举以示翁，剖余尽弃家具，正欲同亚猛赁小屋自活，良不欲多所糜费耳。且告翁以余二人安乐投契事，未尝纵恣浪游。翁悟，乃执余手，道其悔心，并以慰余。徐又曰："吾此来非敢恨尔身，特请马克再弃其绝大情愫若弃产焉者，并以赠吾子。"余闻语至手颤。翁近余前，再执余手，声极温婉，告余曰："尔今弗当误会余言为不善。凡人生咸有失意之事，须隐忍之。尔为人至佳，若有隐德，匪寻常妇人所及，尤非常人所知。然尔当知心契此人，而此人身旁，犹有家室，此人身上，犹有伦纪。初时狂荡，固不足责，当到底思此人须任正事，方为成人。吾子素无家业，唯其死母所留之薄产仅可决弃耳。若尔所言市尔家具，权子母以活其人，则此子义不当受；脱令受之，外人不谅尔之心者，必且不齿吾子，为忝其家声矣。夫人安知尔二人相爱之深，亚猛得尔为风流之知己，尔托亚猛息花酒之浪游，但见亚猛狎昵荡妇，将死母旧业，一旦弃掷无遗，为可慨叹。迨事势决败，尔二人自陷罪罟，不可拯拔。尔之华年已谢，已无自振之时；吾子尤落拓，尽堕其应有之事业。吾老矣，仅有一子一女，所望于亚猛者，乃复如是。今尔尚年少柔嫚，可以自立，又为人至佳，留此一重阴德，正可消抵前此恶孽。尔与亚猛在此六阅月中，亚猛昏沉已深，吾四贻家书，概置不答，我死当亦不闻。在尔销毁炫丽服御，自安村野，与亚猛度日，乌知浪子之心，必不愿其所昵之美人清苦如此，孰复能料其溃败之所至者？彼夜出纵博，吾知之，彼背尔不令尔闻，吾亦知之。设一日将余所攒之产，及嫁妹之资，与吾养老之具，均以一博尽之，又将奈何？尔既能舍其繁华旧观，从亚猛同耐清寂，今舍亚猛而去，岂无同心之人？且尔二人联络既深，排遣不散，尚不计后此有室碍难行之处耳。脱尔年既多，亚猛之业复败，两两相持，何所恃以互相慰藉？尔宜澄心思之。尔爱亚猛之心甚挚，尤当思所以保全亚猛者。今事势未极，亚猛以尔之故，犷然欲狂，异日受祸之端，因妒而见杀于人，尚且未定。尔不若割爱从吾之言。尔聪明，足周悉吾之言语，而吾尚有余情，尤当令尔悉之。尔须知吾何事至于巴黎？盖余有爱女，年青貌美，修洁无复尘相，渠亦自思有其室家。余亦详举此情为亚猛言之。亚猛荒于色，遂不以余言屑意。今吾女嫁期且逼，彼所嫁之人，亦欲其无玷如余家者。此婿知亚猛不惜其身，游荡巴黎，嘱余令其悛改；不尔，将与吾女毁其成议。此女有室家之庆，今为亚猛之故，乃悬大局于尔掌握之上。尔更思之，可以为力之处，奈何忍吾女拆其既成之局耶？吾今请尔留其宽绰之地，以安吾女。"

翁言至此，余默然无词，只服为精实不磨之论。余思若翁有不尽之言，不即透述者，大意以为余勾栏中人，即有真情属君，终有牟利之见，似余往日所为，断不能于后时有向善之日。余自忖凡与君定议清俭度日之局，几为往日恶名所掩，不能自直于人。至若翁所言，特自全父道耳；而一片真诚，若映射吾身，吾亦甚乐得此老一日之誉，知吾心志之正也。异日果验吾能保

全其子，且使其女遥领吾相全之心，吾何乐如之！此时余慷慨激烈之心，勃然发动，遂觉与君前日约誓同居之心，为此念所遏，消歇殆尽。

余于是拭泪向翁曰："翁能信我爱公子乎？"翁曰："信之。""翁能信吾情爱，不为利生乎？"翁曰："信之。""翁能许我有此善念，足以赦吾罪戾乎？"翁曰："既信且许之。""然则请翁亲吾额，当为翁更生一女。吾受翁此亲额之礼，可以鼓舞其为善之心，即以贞洁自炫于人，更立誓不累公子也。八日之后，公子可以随翁归矣。然初时必且怏怏，迟之又久，则妄念渐杀矣。"翁果来亲吾额，且曰："马克果好女子。尔有此念，上天必且福尔，特恐尔无术遣我子耳。"余告翁曰："翁俟之，我必使公子恨我，而我两人之情，当铸精铁为阑干以界断之，无使凌越。"余立即作书与配唐，请践傻伯爵之约，以今夜相见，示自绝于君。此书即烦阿翁致邮政。翁问余此书何为，余曰："此即为郎君觅佳处也。"翁又来亲余额。余觉额上受翁泪痕，似足洗涤吾向日之过失者。亚猛向常言翁为人善，余至此始信之。移时翁上车行，余妇人之身，不能不哭。顾余终不能徇余私意，只得见君一哭为别耳。

亚猛试思，余尚有何过？余今病，病且死矣。致死之由，实出乎此。子向别我时，余哭泣若昏，而阿翁又不在吾侧，足以作吾之气。及子狠狠恨我，我几欲自吐其实，亚猛尚未信吾有隐衷。盖日夜祷天，助我自持之力，与亚猛绝，以实与翁约誓之言。方与伯爵时，又极力支撑，无使走漏其悲戚之状。天下有何人知我马克格尼尔得人之难，含此万种苦心，托为醺醉以自解也。此皆余真实之迹，愿亚猛怜而恕之。

且尔所窘我之事，我亦尽恕亚猛也。当与我分手之第二日，凡余匿迹相避之事，君知之矣，唯余心有万种悲戚苦恼之处，君或当不之知。翁携亚猛同归，已在意料之内，又料亚猛必不能久而离我，行且复至巴黎，故于大马路相见错愕，非内愧不敢见君也，特悲戚之怀触君突动。此后逐日人来道亚猛如何痛诋，如何愤恨。余受之转见欣悦。盖诋我愈甚，正以见爱我愈深耳。亚猛尤当知余之欣悦处，非从至苦至痛中忽生此心，引以为愕，须知亚猛恩爱深处，实足以祛我悲戚而自生其欣悦也。

方我绝君，方君去我，此人生至痛之事，积郁在中，将生狂病。吾故常以外物遏制，凡茶会及跳舞，余无不至。配唐曾对君言余随日拼酒，即属此意，亦欲早早戕贼其身，以求速死。今肺病日剧，大概余所望者，将成功矣。试观某夜到君寓处谢过时，余已身力俱瘁，毫无生趣，君所目见。余今亦不再提此夜之事，须知此夜之不能拒君，实以一垂死之妇人，殊无力量足以支撑。若仍为情丝所缚，势必与君更合矣。而君明日所报五百法郎之礼，是力驱此垂死之妇人直出巴黎之外。余今百事都已抛撇。更闻倭兰闻我赴英之后，竟也与傻伯爵联络亲密，而余旧识之伯爵，近亦寓居伦敦。此君待人面面俱圆，无予人见恶之处，余故往依之。而伯爵近亦有所昵，同居恐致猜沮，故别荐一友来与余游。余此时竟欲自裁。又念垂危之身，去死期已近，何复如此。故余在伦敦，一身中若无魂魄依附，遇事不思辄行。久又不适，因回巴黎。

回巴黎时，即遣人访君，闻已远出游历，此时更无凭借之人。思欲更寻公爵，而公爵受余冷暖已深，竟置不理。于是病乃日重，愁乃日结，瘦骨不盈一把。巴黎游子见余色衰，大家屏迹矣。此自别君后至今日之情状也。余病中受债家促迫，无可置喙，不得已寓书公爵，求其援手，未知公意如何，殊不可知。而亚猛又不在此，亚猛若在，则余病尚有稍稍苏息之时也。

十二月二十日。天气极严寒，密雪纷落。余只一人楼居，病狂热三日矣，不能书一字。病中并无殊望，凭虚构想，拟得亚猛一笺，而笺终不可得。公爵至此，竟置书不答。可见男子肺肝，殊坚刚不欲恕人，可哀也。时配唐又往猛得譬尔第。余自是日起，辄咯血不止。苟亚猛在此，见余当发一痛哭。想亚猛此时在东边，地近温带，不似余在巴黎严寒之中，寒气侵肺，疾苦万状。本日余尚能起，临窗观巴黎景象，想过此不复再见矣。行路中有一二人经余楼下，为余相识之人，喜气腾踊而过，并无有仰首望余楼上者。余尚忆前此病时，亚猛不识我，尚来此问疾。今余与亚猛相处至六月之久，余疾更发，而竟不在；且在天末，而心中又恨余不寓一书。然则余之孤苦伶仃，似数所定。脱亚猛在此，必长日不能离余枕函之侧也。

十二月二十五日。医生禁余不令作书，然余坐思辄增热病。唯昨日得一人书甚慰。此书由是人心中所发，足以为余作气者。书盖君父所寓，其略曰："姑娘惠鉴：昨闻尔病，吾若在巴黎，必至问疾；苟吾子亦在吾侧，吾亦令之往省尔疾。但余事集，不能自行；吾之亚猛，又离此有七八百里之遥。尔当恕我，仅以书来。而余心中为尔之疾，有万千烦恼之处，尔又须信我老人日夜默祝尔疾之早瘳也。今余有好友一人，托其往省，请马克姑娘延见之。且吾有谆托彼一事，甚盼其回音也。"余得此书后，可见君父之心，不胜其慈祥。君须亲爱之。世间之人，无更有亲爱如翁者。此书后有君父手押在内，吾视之，胜于诸医生之方也。

今日侵晨，友人果来，状甚踧踖，山翁所寄一千扼渠置几上。余辞不敢受。友云："苟辞，恐无以为翁地。且翁意必欲姑娘留之，苟有所需，续当再寄。"余自念承翁之惠，当不同受施于他人。苟余死时，君来此，必将余所纪之事，举以奉翁观之，为翁言："有一无告之女子，甚感翁之惠，落泪无数，预祝天之保佑此翁也。"

一月四日。余在此数日中，痛苦无尽，并不知人生受病，其身乃难死如是。因计余生时所享用之物，死时若以二倍之苦偿之。是时余家人已日夜守候，呼吸亦渐无力。凡余未死之时日，竟为咳嗽及狂吃分据其半。余餐房中积糖及饼，均友人所馈，意余病起，更与为欢；迨见吾病，均绝迹不至，而配唐尽将吾物转以馈人。时天气过寒，医言苟略见起色，即当外出以吸天气。

一月八日。余昨日果坐车出外。天气至佳，大马路人极拥挤，可谓开入春第一回笑靥也。余四向观人，均有佳节芳时喜悦之气。路逢旧识者，亦跃跃有春游之兴。时倭兰坐油壁车，略睨余而过。彼焉知吾冶春之心尽矣。中有一少年，为余最相识之人，独来与余执手。见余肌如焚，神色亦愕然动。

余至四点钟始归,略饥。此次余出游,郁积微舒,意岂有生趣耶!抑余在密室中黯然不见天日,昨日复入广场之中,以游人和气荡涤之,因是有生趣耶?

一月十日。余思前二日之想望复愈,特梦想耳。是日仍复卧床,周身以膏药密贴之。因追思当日艳冶无匹之身,人以重贿亲之,今乃枯瘦至此,门外人迹顿绝。意未生以前,积无穷罪愆,因而受此困苦,抑或既死之后,将有无穷福慧,因先被此荼毒。

一月十二日。余痛楚之状,一日深于一日。昨日傻伯爵竟以资来。余力却之,正深恨余为其人之故与亚猛绝也。嗟夫!余与亚猛在鲍止坪时,其乐无极,今亚猛果在何处耶?脱令能更生出此而去,再至鲍止坪与亚猛同居,当无异赴极乐国土。然而余唯死方能出此楼耳。余未知明日尚能作日记与君否,此时尚未之知。

一月二十五日。于是十一夜无睡矣,嗽不可止。每时自以为届死期。医生不许以手近笔。时于舒里著巴在此守余病,始许余拈笔作数语。然余未死之前,亚猛竟不归乎?即此为永诀乎?子倘归,余尚可生;然虽生何益也!

一月二十八日。今晨余梦中为一世声震醒。于舒里著巴亦在余室,奔走视之。唯闻人声喧杂,与于舒里著巴噪辩。于舒里不能支,奔回余室,哭不可仰。盖余之器物,均为债家标识拘留矣。有职役不脱冠入余室,发箱倾箧,遇物辄记,并未留意床上有恹恹欲死人也。幸律例无卖人之条,若以人抵,则余此时不知作何状。职役去,留人守之,且云九日内可以赴官辨其有无。余此时病益加剧。配唐欲赴翁父友家求贷,余不之许。

是日忽得亚猛书,实如余意之所出,未知余回书君能得之否?急来尚能把晤。余入病中,仅有此一日得意,若足消释此六礼拜中之苦者,几几使余有欲愈之心。虽余回书甚言其苦,而寸心颇觉充畅。据理凡人固无长在苦中之时也。假令余得不死,君亦即归,共享此明媚柔和之景物,仍同处鲍止坪楼上,岂不更胜!余每举笔,辄作此想,似睁目作梦矣。实则事势听其如何,余爱亚猛之心,终不可释。余非挚爱亚猛,多所恋恋,则余死久矣,何复有此一团虚望,望君来即耶?

二月四日。游英京之伯爵归来视余,愤彼相识之妇人见负,来余家陈诉。见职役守余家,例应有犒赏之费,伯爵虽拮据,仍为余倾囊予之。余忘怀,竟与之言亚猛与我交情深处。彼亦佯为弗觉,亦许我见亚猛代达余之情款,不怒不妒,足见其为人佳处也。

昨日公爵亦使人来问疾,清晨亦自来。彼年老仍健在,尚能久坐至二钟点之久。寥寥不过二十余语,相对泪落如绳,意自怀其殇女,睹余愈增其悲,若见其女之更死者。背驼首俯,唇哆目黯无精光,想其年岁与其悲痛之处,结而成此态也。余度其心,必以为靳财不给,余病乃始增剧,以一妙年之身,为彼抑勒至于此极耳。

时天气愈严,别无人至。于舒里著巴亲余加笃,而配唐知我无利,辄托故远避。余自知去死益近,医生虽极意宽慰,余知之甚确。早知生趣仅有一年，转悔当日误听阿翁之言，与亚猛决。实则亚猛长在吾侧，吾亦不死。今事势至此，天也！

二月五日。余呼曰："亚猛来，亚猛来！我苦极死矣！"天乎，天乎！我昨夜痛苦，思欲他徙。盖在家一日，而一日长逾一日矣。本日早，公爵复来视余。余视公爵，而死若更速者。余此时虽极热，仍欲往乌兀图屏戏园中。于舒里以脂抹余颊，勿使他人视为行尸。余至园，即至第一次见亚猛厢中坐，眼光仍注亚猛往日座次。已而不支，舁归。彻夜嗽且咯血，至此不能书矣。天乎，天乎！行即死矣。此死本在余意中，而所吃苦，则为余所不及料也。苟使（此二字殊模糊，不可辨识。以下皆于舒里书。）

二月十八日。亚猛先生见此：自戏园归后，马克偃卧，都不能言。吾友痛苦，至不可言，余在旁目不忍睹，至今犹怖也。吾是时甚欲先生至此。

马克临死，辄呓语，有可辨析者，有不可辨析者。略能辨之，皆呼亚猛。医生言旋死矣。濒危时，公爵亦不复来。医生言此一次听戏归，病乃加剧。配唐恶极，先前用度皆出诸马克之身，今在东邻见其无可用处，遂亦匿迹。余人均不一来，唯伯爵来，又以举债多，巴黎不可住，遂往伦敦。去时尚留资与马克。

职役及债主守物不去，俟马克一死，即拍卖耳。吾欲将一身之私积为马克犒劳职役，职役止吾，以马克且死，家中无人，即留钱，身后何用。盖未思马克死时如此痛苦也。死时不留一钱，即有所剩，一付质库，一为拘留。马克弥留中尚略觉双泪渍颊上。颊已瘦损，附骨色如死灰。君苟见之，并不识为向日意中人也。

马克既不能书，属余书之，而目光恒注予笔端，时时微笑。想其心肝，并在君左右。时见门辟，辄张目视，以为君入；审其非是，睫又旋合。汗发如沸洴，触之冰凉如水，两颧已深紫如蕴血。

二月十九日夜十二点钟。是日至难度矣。早晨马克气涌至喉际。医生以刀出其血，略能发声。医生告马克延教士来。马克许之。医生往引教士。当是时，马克呼余取冠及贴身之衣。俟忏悔讫，以衣冠着体，乃含泪亲吾颊，一语辄数喘。余亦泪落不止。

少顷，教士至。余急起延之。教士立房中移时，曰："此人生为罪人，死当为教中人矣。"俄出，又引二童子入，一提十字架，一提乐器，曰："上帝入死人许。"直入卧次，喃喃不辨作何语。余屈二膝，甚恨以身履此苦境也。又未知余死时，能有人侍疾终始如我否？教士乃以油抹其足及其手与额，又持咒讫，因思上帝苟知其人生时善念，迨死必引赴天上矣。自是以来，马克不语不动，非微息出入，余几疑马克死矣。

二月二十日晚五点钟。马克事讫矣。马克自昨夜二点钟起，抽气若辘轳，时时锐起向空而撮，若自捉其魂，勿令升天者。间闻一二次呼亚猛字，已而无力，遂死。死时犹有余泪也。余乃近而呼之不应，乃以口亲其额，以手搓马克目令瞑，因呼马克曰："我一生为善之妇人，愿以此亲马克额，荐之于上帝。"乃如马克言，着以衣冠，燃二烛，延教士来。余即自往教堂，

请教士诵经一点钟，以马克余钱布施贫乏，始归。

我虽不知教门之玄妙如何，思上帝之心，必知我此一副眼泪实由中出，诵经本诸实心，布施由于诚意。且此妇人之死，均余搓其目，着其衣冠，扶之入柩，均我一人之力也。

二月二十二日。即以今日葬马克。凡其女友，皆来至教堂，间有痛哭甚哀者。至棺出教堂，过莽得麦得大路，有二人随行，一公爵，一伯爵。公爵老，以二人胁之行。凡我所书情形，即在马克丧屋，一灯惨然。而侍者犹供余晚饭，余不能下咽，盖余忘食二十四点钟矣。余实不能长留此间阅历凄凉之境。第马克既死，余之生命，亦不可必。即为吾有患，一旦填沟壑，即书马克遗事，不能如此之详，故余不惮怆恻，详为书也。

小仲马曰：余读日记讫。亚猛谓余读竟乎，余曰："设此情属实，我固知君伤心也。"亚猛曰："吾父在，可以证此事之实。"于是余二人少叙，余即归寓。

亚猛长日愁郁，自倾吐颠末后，略觉舒展。余于是同之访配唐及于舒里著巴。而配唐言马克病时，为之假贷甚伙，且时出资予之，不留片简，无从索偿。余思配唐之为人，寻常妇人皆有此态，而亚猛仍出一千法郎银帖予之，示凡为马克之事，凡属马克之人，均须加以恩意。遂顺途访于舒里。于舒里挥泪述马克苦况，且言思念马克之深。最后至马克墓上。时已四月微暄，日影反照墓树新叶之上，葱碧可爱。亚猛至此，凡事皆毕矣。唯未见其父，亚猛遂约余同行。

余至亚猛家，见其父面庞身段，与亚猛相若也。始见亚猛，喜极而涕。与余执手。余固知此老慈爱之情，倍于他人。亚猛妹名博浪，二目明澈，聪颖绝伦，而出言婉淑无俗状。见其兄归，乃大喜，竟不知有一勾栏人将为其兄保家声，竟掩抑以死也。余住其家数日，观其家人调护亚猛，已渐忘其悲哽之心，乃归。因书其颠末如右，均纪实也。

三千年艳尸记

小　引

余与世人言冒险事，吾书为极，且第一。凡生人所未见闻之事，皆见之闻之，不能不告诸读吾书者。吾身与书中何涉？此书特余缀拾而编之，非出自余之机轴。今亦但质言，此事之所以涉于吾身者。

数年之前，余身即为编辑者，与一学堂中一友往来，以吾书中事殊涉于学堂，则即谓此堂曰"康布利"。一日，余见有二人挽手出于通衢，二人中有一人风度绝胜，年事复少，人复顾硕，仪观伟然，在英国中较其人则斑如仙鹿。此时举冠，与所经过之妇人为礼。冠起，金发灿然。余时与友同行，即私谓曰："汝曾见是人乎？其人乃类罗马天神阿波罗复生于今日，美丽乃无伦比。"吾友曰："然，是人在学中为美丈夫，且驯善有仪，人谓之希腊之神威英西。其侧有护卫之人曰查伦。"查伦者，引人灵魂渡河之神也。吾观此人之老丑，乃为此美少年之衬辅，妍媸皆尽其致，顾其名为查伦者，或为水魈海鬼，习知海事而得此名也。此人可四十，丑乃无艺，人侏而股曲，胸凹而臂长，发黑，二目绝小，而发履及额际，二髯绕颊，欲与发接。顾瞻其貌，亦非庸流所及。余遇之，几念及猩猩之状，然二目极促。余心颇欲识其人。友曰："欲介绍而见此人，百事无易于此者。吾固识威英西，当为我接见。"于是数分钟后，四人已同立而谈。

谈次，乃及苏噜民俗，想予初归自好望角，故偶及于此。此时有壮妇，余忘其名，斗过余侧，其后随一绝美之女郎，发多而髻重。威英西似识其人，即合此二人为群而去。余见此丑人颜色顿异。此丑人盖名何利，其变色为见此妇人也。言讪然止，怒目视其内伴之少年，势将骂詈，愕然与余点首，独行而去。后此方知此丑人至恶妇人，其遇妇也，如常人之畏瘼狗，唯其如此，故遽避之。余知年少之威英西为其友所累，或不见许于妇人。余犹忆曾与吾知交言，凡人将欲图娶，幸勿以此丑人面其聘妻，防恶态所呈而情爱亦为之中梗。唯其人过丑，亦不自度所为，足令美人伤怀，并令两美相爱，为之不欢，则风景为之杀矣。余即于是晚，一见查伦及希腊之神，后乃不复见。

忽于前月得一远道之书，尚縢两裹，中为稿本。余即发之，其下签名曰："荷拉士·何利。"余闻何利名，若有若无，疑信参之，而其书则曰：

某某堂在康布利，五月一号，一千八百某年。

吾挚爱之先生足下：

足下得书必愕，亦由为交日浅，忽得吾书，安能弗愕？今当明叙。彼此曾一晤面，在数年以前。时吾及吾假子利武威英西，引见君于康布利衢中，今兹且略而勿叙，但叙吾事。吾近读君书，言游历非洲之腹地，其书甚美而趣。吾读君书时，半以为实，半归设想，然颇洞其书之大势。今縢去稿本一卷，君试为我定之。稿中尚有标识，曰太阳王子及古物之余片。吾奴威英西亦名为吾之假子，曾与同赴非洲。入时为事至奇，或更奇于君书之所纪。质言之，吾甚耻贡吾所得，防君不以我言为实，愿细检吾稿本。然吾意亦不欲遽宣吾事，当遍令吾党观之，审定周详，此吾意也。君今第观吾稿，即可于是中知余更入非洲矣，更探洲中尚有奇事与否，则悉吾智力为之。此去寄居，为日更修，或不即归，亦未可定。今有必待考求者，须胆此古物之宣布于世。为事当耶或不之当，妄以示人，转为吾辈之耻，故愿君为我定之。我以为奇者，外议或

不吾奇也；今吾意如是，而威英西又复不尔，两争未决，则议求诲于君子，彼此之意甚合。吾思得君补遗，能出而问世者，请君立即印行。然尚有约者，吾当尽讳吾真名，而留其实事。今为书毕矣，书外倘有何语，吾即临书亦不自知，但知不赘述稿中事。但论彼之身，初不能于言外更泄一言，吾更历日月，欲更得机倪，觅取彼之踪迹，乃无从得。且彼者何人耶，似无可稽。尤不知以何时入诸科尔之穴？其人又为何教？此皆无考，亦不能定。顾亦不必深求。未审足下能否允我所请？吾今允君以自由，馈足下以是书，当以如此怪特之事，公之世界为奇书，悉吾稿中事，恣意述之。吾稿甚精，足以供君披玩。至于付印与否，愿乞示我。下书君信我，我为君至忠实之友，荷拉士·何利顿言。

再者，君据有版权，则此版君当受之，享其利益，我不与闻。果版权竟为人窃，则余处有两律师，一为志坳弗利，一为佐泽，商酌伸理。今将此物片及一物似符□者属吾，以何时欲者，更就君取之。何利又白。

余得书大骇，于是在此二礼拜中，逐日思维，甚以为异，则亦未复来书。既思此事至模糊，宜白之何利，方得其首尾，因以书复何利。书去一礼拜得复，则二律师并璧余原书，但言二人已赴西藏，初不示以处，故亦不可考而知。今但将稿中所叙者，请君仔细披读可也。余得律师书，知不可更得何利示复，遂稍稍润色其稿，凡事近俳优者，则不之叙，舍此外，即一一如来稿言，初不加以施设。其初尚思将此妇人之本传，渲染威棱，贻之后祀。且将借此妇人，使世界依附此妇人而不朽，亦由垂暮之天，入诸长夜。似此喻法，余亦不自知其所以然。继而又为之解曰：吾言特谓世界永存之理耳。凡人往往附人类之七情，与为高下，犹之风潮之生，亦长与世界终古也。

余读此稿，百感交集，然亦置之不思，但觉稿中之故事，不无确实之处，至于有无罅隙，则付之读者之议论，亦无所惜。但以吾所言者，实为此书之关键，不得以语涉简略而贱之。吾今先将美人阿尔莎及科尔之穴，引示世人也。此外尤有所言，予详观来稿，必请读者为我留意于威英西及阿尔莎之感情，此节至妙，吾冷眼固已见之。至于何利及女王有涉，迹则甚类之，乃力决其无。以女王之心甚善，不能不使人属心于王也。他若古族之克立古勒忒，亦初非无复爱情，但耽希腊之古物。须知阿尔莎人至聪明，久知爱情之萌长不可遏，抑且体格之妙，风神之佳，自同受日之花，不能灿开以媚人；又类夜静星明，足以照耀世界，光、力、气，皆足感人。其中有种难宣之隐，吾亦莫能言其所以然，当今读者推测而知之也。

第一章

何利曰：天下间固有奇事，既详且备，一一如镂吾脑筋中，使我终夕不复遗忘。其事云何？即吾书中所叙录者。方吾著笔，似此事显然呈于吾前，犹昨日事。

盖在二十年前，即于是月夜中，余坐康布利学堂中，推求算学，将于一礼拜中，赴考特别之学生。吾师则望余获隽，为堂中特出之高才生。已而微倦抛书，即垆檐上取烟斗实之。时炬方明，其旁有长方之镜，余烟方蓺，镜中见余容貌，自顾爽然。迨火柴燃及指端，始斥而去之。然尚深思不置，即自言曰："吾脑中固有物，或能少立事业，以吾生平无须外助，但恃已功。"读者必且谓吾所言近于愤愤，乃不知吾言中之旨，实指天然之缺憾耳。凡人在二十二岁时，或有温雅明丽之容，我乃独无，身既短小，胸作弓形而偻，状至凡陋，长臂有细筋盘络，五官凹凸不恒，眼深如窦，眉低近眼，额上复有壮发绝黑，如瓯脱之地，孤树卓立。此为余二十二年之丑状，至今一无所变，犹马毛受烙，永永不变，丑乃与身相终始，顾天既如是赋畀我矣。而我乃有力如铁，脑力绝人，在群少年中为殊特之丑人。众以余操行甚高，才力复卓，颇加青睐，然恒不愿与余游涉。试问读者，吾能不愠耶？顾予夷然不为动，虽独居寡欢，安之若素，倚天为助，寸心若，有托赖之人，而妇人见我尤怒。

一礼拜前，闻有一妇人呼我为妖，呼时恐余不闻，且曰见我时，即思及猿猴化人之理。又一日，有妇人伪与余善，吾以为诚也，亦至吾之诚而事之，囊中所有悉罄而与之，久乃远□而去。余初谓天下知己唯有此人，故悉心以爱其人。一日与余同立镜下，妇人曰："吾之貌如何？汝又如何者？"此余二十年前事也。吾今日复临镜，自念怙恃俱无，手足亦寡，独居但有自慰而已，无他术也。

余方凝伫时，忽闻有叩门声，时十二句钟。余必问名，始启吾扉，以此时恒不面客也。思堂中仅有一人，哀我而近我，或即其人。方余问时，门外嗽声又作。余固知嗽者之为何人，则急发其扃。来人可三十岁，躯干高硕，颇秀美，匆匆遽入，尚提铁箧于右手。寘箧于几，嗽不可止，至于颜色皆变，据榻坐而咯血。余以杯倾火酒授之。客饮后，嗽少止，实则加剧，呻曰："君胡为令我久立于风中？君不知凉风足以增吾疾耶？"余曰："吾初不识为谁，君则为夜深之来客。"客曰："此或末次访君也。"语时强笑，颜色已颓，呼曰："何利，吾已矣，明日或不更见太阳。"乃浩叹不止。余曰："妄哉语也！吾今以医生至。"客力摇其手曰："此当峻拒，吾决不受医。吾习医久，胡能不知？世固无医足以疗此。吾居人世最末之点钟至矣。在理去年之日已大不易。今君请听吾言，此言亦为君所不经听者，此后亦不能更述矣。君我交已二年，谊亦云笃，君试度我为何人？"余曰："吾知君甚富，且居此久，尤知君已前娶，夫人逝矣，君在堂中殊佳。"客曰："尔知吾尚有子乎？"余曰："尚未之知。"客曰："此子方五岁，即其人之生，遂致其母之死，吾乃不忍更视其人。何利听之，汝果受吾托，则请付此儿于尔，尔即为我托孤之人。"余闻言跃起曰："此事属我耶？"客曰："非汝不可，吾细审尔之踪迹二年，安能谓我无知人之明？盖吾四出觅人，终乃得汝，正以吾之生

世，固宜有托孤之人。"复以手拊铁箧曰："唯此及吾儿，可托者，但有汝耳。汝骨节隆起，其状固丑，然其中甚坚且锵，能作金石之声。汝须知此儿虽孱，实为世界古族中之遗胄，推之至绵远。吾述之，尔将失笑，唯终有一日，能释若疑。吾六十六代之先烈，为埃及伊昔司之僧徒，实为希腊之人，曰克立古勒忒（字义则"美而强"也）。父亦武弁，则佛罗哈何任之。佛罗长孟的西亚，为希腊第二十九世之王，为克立古勒忒始祖之始祖。然克立古勒忒之遗事，实载之希洛度德书中，书中所叙，则出诸斯巴达人所言。言克立古勒忒者，中古美丈夫也，大战于巴拉达亚中，事在纪元以前四百七十九年九月二十二日。是时拉西特漫及雅典同败波斯之兵，用师可三十万。克立古勒忒至勇，犯敌而死，即瘗于彼，及其所部窆焉。在耶稣降生前三百三十九年，为埃及佛罗之末世，克立古勒忒之裔孙克立古勒忒，叛其宗教，昵埃及王胄之女，挟之同逃，碎舟于亚美利加，在达立高亚之海湾，或稍偏而北，夫妇咸为人拯，余人尽死。夫妇遇难至酷，幸为野蛮女王所礼待。王为白种之人。至其中历史，吾不能为君言之。果君寿能永，或能探取其大凡，可即箧中检之自得。吾祖既谒女王，王悦其色，寻复见害于王，其妻则潜逃于外，至于雅典，并携其子趯昔斯享（言多力之恨人），自是又五百年，此族遂迁罗马，意近报仇，吾乃由其命名而知之。然此族之人，则又易名曰威特斯（亦报仇意），于是居罗马五世纪以外，时为耶稣降生七百七十年。此时查利萌攻龙巴地，此族人遂依罗马帝而居，得为右族，寻复挈族过爱而迫斯山，侨居不列颠。又八世，又及英吉利。时为爱德华当国。迨威廉时，族人始贵，由彼至今，历历可考，未有间也。以上咸为报仇之义，至威英西始易今名。此族或兵、或贾，无有定业，然皆不流于猥贱。自查理第二至于今世纪之初，为一千七百九十年，吾之祖父以酤致富，退隐不复行酤，卒于一千八百二十一年。吾父承之，尽耗其所有。逾十年，父亦物故。及吾之身，长年入资，可二千镑，此即用为报仇之资（报二千余年之仇），冒险而出，至于雅典，始得吾妻。妻亦至美，吾遂娶之。一年之后，遂生一子，妻亦遂逝。"客语至此，垂首不言，久复言曰："吾娶后，宗旨遂变。今且不必更言，言之亦无时会。果尔能允吾托者，必有一日能知吾事之详。盖吾自悼亡后，为祖父复仇之心复炽，第一着宜先详东方之文字，而阿拉伯之文尤为急务。吾所以至此者，亦正为阿拉伯文字而来。孰知旧患大作。"至是遂止。语时至沉痛，嗽亦大作。余复饮以火酒。病者少息，复曰："吾子利武，吾自亡妻逝后，即不忍视其人。"然闻人言，其人甚慧而美，今即在此邮筒之中，遂取一巨封授余，言曰："此中已详示以教育之方，此等教育为特别之教育，与常人殊。唯其如是，吾所以未之他人。今但问君能如吾请否？"余曰："吾乃不知所授者为何如事？"病人曰："汝但受利武，与之同食息，至于二十五岁，方使知之，勿令入学堂。须至彼二十五岁时生日之一日，则尔责任尽矣，即用此钥匙。"于是出匙置之几上，言曰："此时乃以匙启此铁箧之书，令儿读箧中所记载之事，问彼能否为之。尤须告吾儿，吾非迫彼所为，由彼自择。今且议及君我交际之约，吾每年入款可二千二百镑，此进款载之愿书（即遗书——编者），半以属汝，尽尔一世。书中详载尔能为我饲儿，其名目即所云酬谢耳。尔尽可弃置百事，但教吾儿，内中年以百镑为儿读书费，余则为儿储积。至利武二十五岁时，则为费不资，能副我之所求，亦不患艰剧。"余曰："设吾不幸中道逝去者如何？"病人曰："然则此儿为公堂喂养之儿，付诸造化已耳，唯当记取。君若不幸，当以愿书授吾儿。何利听之，此事万勿却我，尤当信我非诞，则尔之受益亦多。汝于世落落，何能依人而食？果不得资，汝当抑抑不能自聊。余数礼拜后者，汝当为学堂中特别之学生，可与国家之赐，合我所遗留之物，则尔当尤释然无所顾虑，肆力于学问之途。不时亦可行猎，用肉怡养，性情不宁适耶？"

　　病者言既，二目耿耿注余，专俟余诺。余见吾友血诚，且所责事至奇诡，心愈骇然。少须复呼余曰："何利，但以分谊言，尔我可云良友。今病且死无言，仔细更部署吾事矣。"余曰："必不得已者，当如君言。且虽奇，而实则不过托孤而已，何为弗诺？"乃置此书封于铁箧之前。客曰："谢君见爱，当托上帝之灵立誓，若必许为此孤儿之父，如我遗嘱所言。"余肃然曰："如约而誓。"客曰："可矣。然当记忆，必有一日吾将叩尔以誓。盖吾身死而吾灵存，尚耿耿思此事也。何利，当知人间安有死，特皮囊变相耳。即尔后来必有阅历之时，唯吾为形骸所迫，立时变相，或且阴灵不爽，尚凛然如生。"语至此，嗽急且喑，及止，复言曰："语止于是，吾行矣。汝受此箱，并受吾书，吾愿书即在封中，但问此间守土之官，即可得儿而承管。何利听之，为值亦非薄，唯尔谨愿有胆力，吾故不能忘怀于尔。果尔中道弃蠲，吾将借上帝之力为厉以绊君。"

　　余闻吾友言语至渺茫，亦不能猝答。此病人取灯临镜自照。余观吾友虽病，丰仪犹嘉。友曰："如此躯干，后此一一供彼蝼蚁之腹，天下至奇之事，无如生人。今方侃侃而谈，不移时已僵如冷石。嗟夫！世路已周，小剧毕演矣。何利听之，吾固有生命，乃不副此生命之用。果使有人爱我者，其人尤无谓。幸我生都无爱我之人。但吾儿利武之命，或贵于世，果能恃其勇略，仗其忠信以前，则此生为不负矣。呜呼！良友，姑拜，姑拜。"此时作温柔和裕之态，挽余颈而亲余额。亲后即决然出。余曰："威英西去何匆匆，吾意试延医为汝诊视。"吾友力拒余曰："勿尔，勿尔，吾今归尽于家。今此身已类服毒之鼠，槁死在即，不待人之恤我。"余曰："自裁君或不尔。"威英西笑曰："吾言忆之。"余语未卒，人已出户。

　　余受命，自思：吾梦耶真耶？乃人间竟有此事。若如此人言，乃茫无端绪，是必醉中所言，或病狂易，不尔必无是惝恍。但彼言今夕必不能生，又何能自料其至此，顾病深又何由能行？而铁箱绝重，垂死之人乃以力胜，兹可怪矣！况彼所言之事，尤荒渺无稽。余年事未多，乃不审人间固有出人意表之事，在于可信不可信之间，唯如是怪骇之谈，则自有生以来第一次闻者。以理言之，似其人实有一子，第自少已不之视，此又何说？彼自说须臾

即死,世亦决无此先知之人。矧耶稣未降生之前,世胄悠悠,胡能述之历历?吾又新交无证,何以慨然托孤于我,并划其巨产授我同学,世尤无此慷慨者,决无!决无!必沾醉,或痫发耳。箱中严密如是,的为何物?种种幻境,余脑为之纷扰至于极地,乃不能更用脑力。但思少假寐以却吾疑,遂藏其钥匙并书纳诸箧,又纳其铁箱于巨箧中。

归寝立熟,为时似仅数分钟,有人呼余而起,拭目危坐,不期天已大明,近八句钟。余呼曰:"约翰,何事见促?"约翰者,僮也,为余及威英西供洒扫,即斥之曰:"约翰,尔状乃类见鬼?"约翰曰:"然,即不见鬼,亦见尺,较鬼为厉。吾晨起视,密司忒威英西,乃僵卧于塌上逝矣。"

第二章

威英西一死,人人咸知此学堂一时必且纷乱无措,顾乃前知其剧。少须,医生至而检验,言非服药及谋杀事,人始释然。以当日人心崇信医生,医生言死者,即不深究,防究之转生司事者之疑骇,遂肃然无过问者。余恬退,亦不进述夜来之事。当威英西至我屋中,为状亦恒,非骇人事。迨威英西葬之一日,律师自伦敦来送柩,至于坟次。归时偏检物事,逾一礼拜后,音问阒然。余心亦别有所向,向在考事,亦不临穴,并与律师把晤。已而试罢归堂,独坐温榻,中心悦怿,知考校殊胜于余人。少须,复思及威英西事,则自问曰:"此为何意?乃后阒然无所闻,果无闻者,又藏此铁箱何用者?"且思且不得其故。念此死友深夜见访,为状甚怪,预言其死,乃立践,尤忆曾立誓允彼托孤,威英西尤责言践约。至于为厉罚我,此人讵非自裁乎?思之又弥似,但未知所求之事,又果为何,事迹离奇极矣。余脑力非壮,受惊辄震,此时颇省省而忧,不知其所措手。此二十年之事又如何者?方凝思间,即闻有人叩扉,将得蓝封一巨函,视之,律师书也,必于死者所言有涉。启读其书,曰:

先生足下:

仆为威英西亡友顾托之人。吾友在此九号中死于学堂之中,临死时有愿书,命仆二人为行其遗嘱之事。愿书附仆函中,足下试取而读之息悉。如愿书中所言,则足下可有威英西岁入之半。威英西所储款,悉为债票,其半入于君者,以君能将护其独生之子。子曰利武·威英西,五岁儿耳。仆亦不考愿收之书辞,但如遗嘱以行,想书中必了了然,彻于君目。遗书示仆,言愿书中甚详尽。自仆窃观愿书,其事可骇怪。吾思其事必告之公堂,则吾辈之责始轻;或即以公堂之人为证,则后此行事,始不名为虚妄,亦后来可取信于孤儿。至威英西之为人,聪明识道理,人人知之,实则生无期功之亲,足托此儿。今吾辈进与儿事,中心滋弗怿,今当取君进止,以书见示。吾即授君以儿及取岁入之凭据。吾二人即为足下忠信之人。志圳弗利、佐泽同启。

余即展读愿书，其中事初不了了，书词又似有条理，综观颇与临死时所言为合。然则临死之言，实非醉呓及狂易暴发，吾今当收养其儿矣。忽又忆及威英西授铁箱尤縢一巨函，亦发而视之。凡书中所言，则已口述之矣。尚有一语，至再申明，必待利武二十五岁生日日，始启是箱。书中历言教子课程，其主课为希腊文字及高等算学与阿拉伯文字。后又云，设此儿不幸，夭于二十五岁之前，其事固可伤痛，然而署遗书者，又决其必无是事。果有是者，则听足下启之。箱中所载事，果足下之力能至者，亦当代我为之。脱足下不欲竟我志事，则当立毁此箱，不当留遗于生人之手。余更读此书，心中亦不遽了。但书词坦然，深思百无所碍，或不为他日之累。既允吾友，但有作复书与二律师，言愿承此任而已。书中言十日后以孺子来归鄙人保护，遂告之学堂司事者，自承为亡友托孤之人，司事者或以此重余，未可知也。唯既允余请，则当别赁一屋食息，然后始允将护此儿。

余遂出觅舍，与居停同寓，后乃倩雇保姆，为儿司衣裳履袜之事。其第二节，又防得保姆将护，则孺子爱情，全属之保姆，意将不复属余。且儿已数岁，可无须保姆，乃思觅得一苍头。已而得矣。其人肥胖而少年，据其人言，常为人司厩。其主人家时，为年十七，童子多于成人，故恒与小儿习。果利武至时，愿为左右其身。余得此伴后，遂挈此铁箱，托之平日交往之银行。复购得书数种，其书专言长养小儿之法。余遂披读此书，后乃抗声读示新来之苍头佐北听之。

已而利武至矣。儿本属之一老妪，别此童子时，哭极哀。童子乃美秀无伦，为余目中所未见，睛作灰色，广颡而貌乃如玉，五官井井然，肥不显肉。其尤佳者则为秀发，灿灿作黄金色，密密作旋螺状，掩其头颅。老妪别时，童子始少哭，辄止，其状余终身识之不能忘也。童子立处适当窗下，日影适射其金色之发，握其小拳，自拭其目。余适踞小榻，引手招之。佐北立门次，则为母鸡呼雏之声，以慰此童子，则又作骑竹之状，令童子笑悦。童子乃不哭，奔而近余曰："汝貌固丑，吾乃爱汝。"逾十分钟后，则进面包一巨片，加以牛油。佐北始将以果酱加之，余止之曰："书中有言，汝当识之。"时余得司事署诺，能引此童子入堂。堂中之人乃皆喜悦，此虽违背规则，余亦毋恤。于是利武遂往来堂中，一无拘检。以童子住堂中，规约亦为之宽纵无较。然老同学中有人，乃与余构衅（其人今亦死矣）。其人至凶残，恶童子如蛇蝎。余同佐北善伺此儿，时此凶残之人，故诱披童子入其室，授以酒饼令醉，且嘱童子勿告余。余乃不审其命意之安属，佐北则语此凶人曰："君年长，故为令儿进酒饼，碍其卫生？果君持正者，为年已足为彼大父矣。"凶人闻言大怒，力斥佐北。余今亦无暇琐琐叙此乐境中之光明，匆匆过眼而去。

余与利武日益亲爱，世亦无人爱子如我之爱利武者。即身为人父者，亦无人能知余与利武感情之至于何地。利武自幼而童，自童而成少年，与余同度此平安无恙之日月。利武既长，貌乃逾美，心花亦怒开。当十五岁时，学

堂中人争呼之为"美男子",其号余则曰"野兽"。余父子同行时,旁人之称谓立至。一日利武与屠人格斗,以屠人随余后,呼余为兽,利武闻而大怒,力拳之。此屠人力巨无论,乃不胜此童子。余知屠人已受大创,始回顾,令更批之。余明知纵子殴人,失学生之仪范,顾此时亦不之恤矣。逾年利武又长,而附学之生,又易余名为"查伦",号利武则曰"希腊善神"。余之得此名,则亦安受弗辞。以余初无易娘为妍之日,但日增其丑而已。至利武之得佳名,为名殊称。利武生二十一年,长身玉立,果类阿波罗也(希腊之神)。余乃未见世有美男子如吾利武者,无论何人,均无是英特。利武之心,倜傥而光明,又灵警无匹,才力超百人而上,莫与竞者。余及佐北遵守其父之约章而教,为课至严。综言其教育之勤,殊足以对死者。至于希腊及阿拉伯文字,尤超轶凡品。余亦稍稍习之,佐教习而补其不足。五年之后,利武所知一不让余。余生平嗜猎,舍猎一无所好,每交秋令,则挟利武同出渔猎。有时赴苏格兰,有时赴挪威,间及俄国。余精于枪,而利武技乃逾我。方利武十八岁时,余仍归学堂,利武亦至而附学。直至于二十一岁,已得学位,虽非尊贵,然已动人钦仰。余此时始稍稍告以生平之来处,且微微示以彼父之意。利武闻言,愕然深以为奇。余曰:"后此事余亦未知,必有示尔之一日。"

余后此复令其就学于伦敦。余一身以利武之故,乃大费防卫,吾国闺秀一遇利武,匪不加以眷注。余则随在力为沮之,其事猥杂,余亦不能絮絮。盖利武防身如玉,实佳士,余亦不加苛责矣。于是者又数年,则利武年二十五岁,适值其诞辰,即于是日,而箱中奇骇之事,遂发现于吾目。

第三章

即于是日,吾二人同至伦敦,取二十年前所寄顿之箱。其书记尚存,为余出此箱,犹言之历历,且曰:"非仆珍重藏之,猝来颇不易得。"时箱上蛛纲已满,迨天晚,遂以铁箱归康布利,以明日为利武诞辰,不知箱中所命者为何事,辗转不能自聊。迟明,利武已带寝衣而至,言将发箧得书读之。余曰:"何事急急,此箱可待二十年,则亦可待我晨餐以后。"已而九句钟矣。此九句钟为时甚贵,于是草草而食,心绪潮起,误以火腿为糖,投利武茗瓯之中。佐北不知为何事,亦震震然,至碎其茗瓯之耳。此瓯为余纪念之物,心滋惜之。

既而食已,撤餐具。佐北奉余命,取铁箱置之几上,心中如有所思,欲退而出。余止之曰:"果密司忒利武不以汝为梗者,汝留此亦无碍吾事,唯不当妄泄一语。"利武曰:"阿叔言然,纵使观之(余抚育利武成人,故恒呼吾叔或呼曰老物)。"佐北因脱其冠。余曰:"佐北钥吾扉,即吾屋中出吾手箧。"余既箧中取钥匙,匙即利武父威英西授我者,凡三匙:第一绝巨,如常匙;第二匙为制绝古;第三匙则亦不类时制,似以银条为之,其上横一物,有小筊,大类铁路中机械。余曰:"众皆集乎?"其状大似群聚而放水雷者。二人皆无言。余即先取巨匙加之以膏,令滑入,凡再启,均莫发其机,以余手颤也。利武力掀其盖,其中积尘至厚,又藏二箱。余取小箱出,拭去垢秽,则为乌木所制,坚致牢实,四周均裹铁,为状亦古,虽坚木,然已微裂。余遂出第二匙。佐北、利武专心一志注视,至无敢呼吸,盖发,众皆愕然。其中尤有小盒,则为银制,至精,方可十二寸,高可八寸,此决出埃及手制者。四足皆狮身人面之人,其上作穹形,尤有狮身人面之形盘踞其上。箱以年久,银光微黝,亦不周整,然尚完好无阙。余取而出之。众尤无言。余乃以匙入之,久久始启,四周皆有物,作柳条形,如草如楮,究为何质,余亦弗考。去此物可三寸以下,则有一书,封面如近制,其上则亡友威英西所题书:"付吾儿利武,或其人尚生启吾箱也。"余遂授于利武。利武视封面未启,但为手势示箱中之物。余起之,则羊皮之纸,其上封题,亦威英西遗墨,言曰:"此中为吾翻译希腊之书。"余即亦置缄书之侧,既而检之,尤有一束纸,色已黄,展之亦希腊原文,译为拉丁之字。余观书知为十六周时遗迹,更探其下,则触坚物,以黄色麻布厚裹之。余徐徐启此麻布,中现一物,则瓷瓶之破片。余觇之,似古制之瓶,为形非巨,量之长可十寸有半,宽可七寸,厚可二分以上,片之外面,皆希腊文,残缺者半,然尚了了可辨。此铭文似以芦草之笔书之,盖古时常用用此者。珍重珍重,瓶片已半破,特箬之使完,上加铁箝入。瓶腹中亦有书,间杂无定。就其文觇之,似错落,而书非复一时手笔,其文合羊皮纸中所记。

行即述之,利武张皇微问曰:"其中尚何物?"余则一一扪索,复得一坚物,则以小囊裹之。启囊,一小影刻诸象牙之上,尤有一物,似图章,又似符箓,中作一凫及兽,以希腊文读之,曰:"士登西拉。"译之,则"太阳之子",即名为"太阳"亦可。小影则利武之母,希腊人也,睛黑而媚。威英西书其后曰:"此吾至爱之妻。"利武奉小影大悲其母,久之言曰:"且读遗书。"利武抗声诵曰:

吾儿利武知之:当尔读吾书时,生命尚存,庆已成人矣,而余则久没。凡时人之知我者,亦几忘吾名。然尔读书时,当知吾尚存而未死。须知天下无论何物,即没而仍有存者,则托此笔墨,与吾儿通其款曲。即吾自死海中伸手出书,大类坟兆无声中,忽发声以示汝。吾虽已死,无物蓄尔脑筋,生尔纪念,唯此一句钟中读吾书,则吾已蠹立尔前。自尔生时至于今日,吾皆未识尔面,此时尔当恕我之无恩。唯吾之爱尔,较之美人为人所爱,则尤甚。以父子之情,深乃无艺,且爱尔之心,深入肝脾,永永无稍息之期。恨吾不生致其爱尔之情,此则余之愚恩,盖余病决无生理。今死矣,吾心之苦,内外攻剽,不能自堪。今则部署,为小机关,以饲汝长成,一无所苦,唯后有所期,故事前不能不留意。至是设吾事有误者,则当请上帝恕我。吾极力自勉,竟不能支此经年之残喘。

林纾

余闻时，即曰："讵若父自裁而死耶？"利武不答，复读曰：

余今身为人役足矣，至于物议如何，其权归之生人，吾无力自辩，则亦听之褒贬。然随过辄忘，宜如常人之不挂人口，顾我独不尔。彼何利者，为吾良友，彼果如吾所托，则即以尔讹彼鞠育，何利必能语尔以先烈。此箱中所藏物，得之亦足为尔之佐证。似此怪特之事，实即尔远祖事实，悉在瓶片之上。授我此物，即为若祖弥留时，始出此见授。吾极力宝之，力遵吾父之言。余年十九，即决计仰酬父志。细审吾先世隳败之陈迹，然艰难不得自伸其所怀，亦不能历历书之于此。今但言其眼力所及者，为尔言之。在亚非利加之海滨，为当时未经欧人足迹所经地，如森巴西山，遵海而稍北者，有山峰突出海上，其顶绝高，如黑人之头，如古书中所言，大较相类。余即于此登陆，遇一游荡之野人，其人以罪见逐，遂告余入此遇大山无数，厥状均如茗瓯。尤有山穴，四周皆水泽周绕，因探彼间之人，皆作阿拉伯人语。泽外之国，则一白种妇人君之，人民亦罕觏彼面，人言是妇人者权力绝伟，凡世界生死人，均彼司之。逾二日，此荡人以寒热死，乃不能逾此水泽。余以乏食故，亦病，则仍归雇舶而返。自是以后，尚冒险无数，可以勿言。后此碎身于孟德加司加，余幸为人所拯。逾数日，由英舶载至雅典，复归英伦。思更摒挡以图再至，便道至希腊。是间遇乐至爱之母，遂以礼娶之。俄而生汝，汝母逝矣，余亦病，遂归至故乡而死。顾死者良无望，而余尤有望焉。思病少间，即当肆力为阿拉伯文字，当更至亚美利加海滨，践先祖所遗之嘱，为伸其恨，乃绵缀不已。语至此，则余身已矣。此事即于此时收局，若吾儿者，度尔必能曲如吾意，竟吾未竟之志，今悉其所有付之于尔，及先祖累代之手笔，亦一一在此。余意待尔成人，当自决其能否任此。此事是非，当一一加以考究。果古事遗留属实者，则为世界中至奇之事，使尔漫然置之为寓言；果斥之为寓言者，则必先世之妇人脑筋乱，故喋喋言此。而余则万不以为虚也，必欲深究其事，思必一处为世界中所不能夷灭之物，咸萃于是。今世界既有生命，何独无一处保全此生命，可以永永不沦者？我意妄度如是，亦不必促汝行之。但尔深读吾书，自行抉择可尔。设尔欲遵吾遗嘱而行，则亦孝行中之一事，勿疑可也。果以为不然，骇为异事，则急宜毁此残瓦并吾遗书，俾后人不因是而生疑惑，亦保家之一法。须知天下不易知而求其知，事滋可忧，真俗谚所云"妄想者以妄想之故"，楼阁重叠，事滋可畏，凡人溺此，将尽屏世事，乃以一身为牺，而尸于此事之中。尔果能以美秀少年之身，入此万险之中，拔身而出，则当轻掷此时光，易视此祸患，以身试之，且须鼓其精神，蠲此形骸，智力咸无所惜，超乎俗见之外，经此至巨之阅历，则后来安乐正未可量，吾儿幸自择之。彼司世界力量之神，将策尔努力而前，愈行则学问愈进，渐跻于善地。尔身既益，亦所以益其世界。此事若成，凡天下宜阅历之事，尔皆以身验之，然后部署世事，均弹指而平亭之。嗟夫！今与孺子永诀矣，珍重珍重！"书词不签姓名及年月，突然而止。利武曰："阿叔何利，此何谓耶？"置书于案，状至愕骇。复言曰："此事滋怪，今已陈诸眉睫矣。"余曰："汝得无问我以兹事如何耶？以我思之，若父死时，脑筋必有所伤。吾思此事，大似二十年前若父见我时之状态，茫然一无所知。试觇书中语气匆匆，未有归宿之地，此书或近子虚。"佐北正色言曰："主人言当。"利武曰："吾今且觇瓶片中作何语。"遂取其父所译英文读之曰：

余为亚萌纳达士，为埃及佛罗天潢之人，既克立古勒忒之妻，美而多力，盖伊昔斯之僧徒。伊昔斯者，群魔所畏慑而信从者也。吾今在弥留中矣，书此以示吾子趯昔斯亨，曰：吾及尔父逃出埃及国土，此在聂登日波第二时（为埃及未造之佛罗），吾常以爱情感动若父，令背其前誓，违戒律而娶，乃南出绝海而逃。为时可两十二月，均在斐洲利比亚海滨而处。利比亚有山，奇峰突入日轮之上。近海有巨石，一石势大，似伊西阿比亚黑人，半身伸出水际。余即是间以小舟为风漂荡，可四日，舟人或溺或病皆死，独吾二人存，为野人所引，入草泽间，海鸟群飞蔽天。野人引余二人行此泽中十日。十日后，入一山洞，其中有故城已圮，洞中皆穴，不知穴之所穷。野人即以我见女王。女王则以火炙瓦盆，置诸人首。女王盖术者，预知世界之事，其生命爱情，则永永无凋谢之一日。女王见若父美丽，钟情若父，将杀我而妻若父。顾若父爱我而畏王，则力辞以为不可。王怒，乃缚吾二人入诸怪诞之路，逞其妖术，至一山坳之下，山下有古博士瘗于彼间。王言此中有人，其命如铁柱，永不能死。其中发声若雷，则火光轰烈。王独立火焰之中，移时出而更美，谓若父曰：果能倾心向女王者，则亦可以长生不死。唯当杀我，顾我亦美丽有道术，王乃不能杀我，转足与之抗挠。若父至以手掩面，不欲为妖艳所惑，乃不能得。王见状大怒，则施其妖术，加诸若父之身。若父立死，死时王亦涕泣，令瘗之。然我固有术自卫，不能死，则驱我于河次，遂以舟漂荡至于生尔之处，即于是间更赴雅典，道中冒百险始至。今诚告吾儿趯昔斯亨，汝今往寻是人，学其长生之术，乘间杀之，以报父仇，则吾愿也。设尔畏葸，且虞功之不成，则以我言遗诸来叶，后世必有一人，能浴于火中，坐彼佛罗之位。今吾言毕矣，顾虽死而尚有知，非复伪言以愚众也。

佐北曰："伤哉此妇人之言！"余则默然无复言说。第一节，即思或吾友病癫，创为此事以骇众。顾深思之，则又非近人思力之所能至。此事甚怪，无复端兆可寻。思无可释疑，则取瓶片而译，其上书希腊字甚巨，文亦古穆可喜，为希腊中名手所书。余令将原文留之于此（原文不能书），文不可句读，吾以希腊草书译之（亦不能书），至英文则余固已译之于前矣。至译处之能否肖于古文，读者合二种文字辨之自析。瓶片之表，自希腊大字外，于口际忽作赭红之色，且有微凹形，即小印所陷入者，作象形文，则又不知谁

代之文，或为克立古勒忒小印耶，或为佛罗天潢所佩用者。瓶之近底处，亦有淡红之书，写作人面狮身之形，背生两翼。以此标识觇之，似为王族所常用。按天主教门中人亦恒用此。余尝闻之，固不时见。瓶片之底，则作斜上之书，亦赭红色。签字则用蓝笔，书曰："在地在天在海，有物至怪存焉。"其下作"多拉莎威英西"。读之茫然不解所谓。余反其里觇之，则自上至下均签名，或希腊，或拉丁，第一名则为趯昔所亨，其下草书曰："我不能往。"又下右签亦"趯昔斯亨"，似其孙也。间有一二世人，似曾往探其险，则注其下曰："吾道行一半而止，以神鬼沮我，我不能前。"其下书："克立古勒忒告其子，不知其人为何世矣。"又下尚有古文两三行，作横书，字画已漫漶不可辨，非证之威英西之副本，则余固不能读也。以瓦小而年代远，墨迹为人抚摩，又安得存。其上之书强半剥落，其仅可辨认，则近代之名，曰："利恩尼威英西。"余决为利武之大父，又次则签三字母。JBV，又下则仍希腊书，或真或草，为体不一，均不经意书，唯作"予吾儿"三字，则至分明。余觇此遗物，真同宗教之传衣。至希腊书体竟后，则是为罗马之书AUC三字。由此观之，知已迁罗马矣。至迁罗马后乃无日月，意日月填处，为缺处所磨而去。此外空处，尚有拉丁书十二，抵隙而题名，不成行列。十二人中，舍三人不书"威特斯"外，余人均作"威特斯"三字，寓报仇意。此或迁居罗马时，始有此称。犹之希腊书作"趯昔斯亨"者也。迨其后又变为德"威英西"，其最后则但书"威英西"。余乃大异其报仇之心，竟传至数世而不朽。此或在耶稣降生之前，已有此遗嘱矣。今英国种族中，犹息息思报前仇，滋可怪也。

至十二人中用罗马名者，余从史中恒检得之，如麦昔司威特斯、瓦利司马立司、则伊的斯威特斯，及末后女子马克利尼威特斯，咸见诸旧史，度不能伪。其下八人略不详书矣。十二人之下，又阙而不书。至数百年在黑暗时代中，乃不知何以不书名其上，而物尚能幸藏。吾尚忆吾亡友威英西言，居罗马之先世人，曾迁龙巴地，乃查利门来征时，复越阿尔卑斯山，家于不列颠；及爱德华御宇时，遂及英吉利。至威英西何从考索，余则不能知。但瓦片均无此题名，有之，亦仅书不列颠而已。瓶片中尚有十字形，亦赭红色，似为十字军时之表识。又有图章在焉，字作紫蓝之色，署曰"多罗西威英西"。蓝字之下，又作"意迷"二字，题曰"一千八百年"。其下尚有黑字，较上题名为别，彼此交互，作"一行四百四十五年"，与原文之记，乃无系属。自其文中辨之，为近代之拉丁文。又下则英文译为拉丁者，亦作黑字浓书，此字于来书第二束中，亦闲见之，而较之翻译希腊文尤旧，又自庄书，易为草书，其所翻之英文，则为古英文，亦录之于第二束书中。又从英文庄书中易为草书，其最后之题名，在伊丽莎白一千五百六十四年时，跋曰："此为至怪之故事，至使吾父以性命殉此物，赴非洲东偏，觅记中旧踪，小舟为葡萄牙巨舶所触而碎，在马桂屿地，遂没于海中，哀哉！约翰·威英西识。"其尤后者，尚有一人所记，在十八周时，跋语引汉姆勒词曰："宇宙蕃变多，不如兹事奇。"其下曰"荷拉对注"。

余读其人所载，不载年代，似无由知其为十八周时人。盖余家有《汉姆勒词》一卷，实为一千七百四十年著，中有二语即为此词。吾友威英西未见原词，故误书其年月为一千八百年。余考究竟，尚有一事宜记者，卷中另有拉丁文一节，为博学人所译，在一千四百九十五年时。其人为伊门白拉多，在阿斯佛伊斯达学堂为教习，为格路桑之高弟。格氏盖第一次授英人以希腊文者，其人所译之词意，与原文微异，盖伊门博学而精详，为他手所遗漏者，彼则一一补缺此文，载之卷中。读者印证原文，必知其得失也。余读文既，且节节详究之，谓利武曰："此事灿列于吾前，汝所见如何？若我则固有柄握矣。"利武曰："阿叔何见？"余曰："吾深信此物非伪，事虽怪特，为情则确。此物实遗留至三千年之久，此历朝签书之人绵绵，均我佐证。虽其间有生人疑骇者，其事必确而非虚。余之所知只此而已。唯尔远祖之被难，或自书此词，或倩他人书之，则不敢知。然备历苦况，万非伪言。"利武曰："阿叔，当时临命所言，与瓶片中能否印证？"余曰："甚合，非洲海上有山，固甚类人首，居民多习阿拉伯语言，其间亦必多沮洳之水泽。嗟夫！尔父之为此书，正当弥留之时，不能不思此等怪事，为破病中之愁寂，即信为重事。然事隔三千年，乃令尔报仇，此言宁非虚乎？然而世间固有绵远之力，能令此一星残物，留贻数千年不坏，斯亦奇矣！奇事固不数见，即见之，乌能详究其根底？脱非目击其奇，何复敢信？以我意决之，必不能往践前诺，天下乌有以术却死之方？即使避死于须臾，吾亦不复敢信为是。况其中有白种之女巫，居彼水泽之中，管领黑人，有是事耶？佐北，汝意以为如何？"佐北曰："事殊非实，果使精实，亦幸乞利武少主人勿往赴之，彼间决无善果。"利武曰："或阿叔与佐北所言皆确，唯吾心遥遥一无所据，然尚有言者，吾实欲姑探其险。果阿叔及佐北不吾伴者，吾亦独行。"余以目视利武，验其所言何指，且言时曾否出于情伪，若余者亦万不能舍利武独行。余之不舍利武，非为其事也，但以利武生世而论。余于故乡一无所恋，且无爱情，以国中男妇，见余如避鬼物，此设想而知。然而亦非虚构，抑或吾脑筋中落落无朋友之缘？综言之，余实拔身于社会之外，凡人生亲戚故旧之情，一星与余无涉。若利武者，则周地球为最亲我之人，兄弟也，子侄也，朋友也，彼一人实兼之。余初无厌倦利武之时，舍利武驱我者，我焉能割利武而去之？于是利武安适，余亦安适，一无所悔，而尤不欲示利武为余仰赖之身。余此时内虽不欲，然实不欲示彼以降心相从意，则为调停两可之词以答之。

少顷利武言曰："我决行矣，即不得长生不死之妇人，然亦借此行猎。"余乘彼行猎之言，即伪喜曰："猎耶？吾乃百思不之及。彼间必旷渺多野兽，吾恒言于未死之前，必得一野儿，于心始快，吾伴汝而行，非为彼事，盖行猎耳。汝今速决，果欲行者，吾当乞假于学堂，与尔偕行。"利武曰："阿叔嗜猎，此亦其机。唯此行须多金，如何者？"余曰："金安足虑？尔应得之金，积聚伙矣。舍尔应需存贮，即吾所有于岁入中，亦仅耗三分之一，所余

尚有二也。今当先藏吾珍物，先至都下购精枪。佐北，汝亦行乎？此行亦足周游世界。"佐北曰："诺，唯吾不欲目瞩外国，果二主同行，吾亦不愿居守。且伺主人二十年矣。"余曰："佐北，汝良有心，此行固无奇观，但有行猎已耳。今二人均在此，吾尚有言，舍吾家人外，切勿令外人闻之，憎兹多口，而吾之子姓又将与我争产，斥我为颠，极力瓜分吾产，吾不几为康布利中风人耶？"自是日起至于三阅月，吾三人已在大洋之中赴森西巴。

第四章

以上余之居止，较诸是间，其不同处，乃类霄壤。去英国，静穆之学堂及堂中榆树受风之声，白头之乌，长日呼噪，皆不之见。即架上无数奇书，亦尽皆抛撇。今吾所见者，则大海如镜，在非洲黄日之下，闪闪动其波光。温风涨满吾帆，引吾船破浪而趋，淐淐有声，船人尽睡，为夜已午，但有雄伟之阿拉伯人曰"穆罕默德"，立而把舵，望星而前。可三四米中，吾舷之右，见微微一线，则非洲之中岸。船乘东北风向南而行，左远大陆，右见奇峰，峰林立海上，可数百米皆然。夜静风清，虽微噫其气，人皆闻之，而波浪相推，时时入耳。

至及于洪涛扑岸，厥声如鼓，亦隐隐闻之。掌舵之阿拉伯人即引手指曰："星把声也（亚剌伯人呼狮为星把）。"余静听之，果为狮声，声徐而猛。余曰："果船行无愆期者，则明日必见人头之石，即可行猎。"利武曰："可得已圮之故城及火中之生命（女王也）。"余曰："利武，汝以为然乎？汝日中与阿拉伯人言，彼与尔究何言者？彼在纬度中，贩奴已届半世，但问彼曾否至此人头之石下，亦闻其中有山穴及火中美人乎？"利武曰："未也。据舵人言，大陆中均水泽，万蛇同集，巨蟒尤多，凡百猎物皆备。初无人居，且东阿非利加一带，均此污泥之地，渺无人踪。"余曰："何人至彼受瘴，汝试问此阿拉伯后人，其地若何？即彼人亦决不能逐我以往，意皆以我为癫。实告汝，彼人癫，我语乃不谬，吾固类癫也。设后此果能更见故京，则必为人所愕。然吾年至此，死亦无恤。但思尔及佐北以有用之身，乃复为此。此事殆汤姆愚人之所为，两孺子其知之否？"利武曰："阿叔言然，唯吾生本委天命，一无所怯。"利武语次，复曰："彼间云势至恶，适屯吾后。"余曰："往问把舵者，此为何兆？"利武欠伸即问舵人，语后复归，言曰："大风起也，然起时亦适过此，与船无涉。"此时佐北亦起，衣棕色猎衣，为状甚硕，顾乃不适。盖自启程后，心殊弗乐，直至于今，以手引冠，言曰："主人，吾人之手枪及巨枪粮食，均在船后鲸船之中。吾意当下此舟而息，并以看守是物。吾殊不欲睹此阿拉伯人盗贼之状，尤恐卑贱之小人，夜入此舟断缆而去，则吾事败矣。"读吾书者，当知此猎鲸之船。盖吾定制自苏格兰丹墀之乡，其携船而前者，深知此间多小汊港，巨舟不能入，携得此舟入港为便。船身至坚，长可三十尺，中则广阔足以张帆。船腹加以铜板，逐节分堵，即少漏者，水亦不袭他堵。

船主告余至人头之石，如吾瓶片中所书者，言至时即不更前，水激，防碎舟于汱。余即于一日侵晓之时，水幸平稳，则悉余家具枪弹与粮食等事，均纳诸不漏之舱中，盖预制此，以屯吾物。待一至石下，即悉众下船，驶而入港。且阿拉伯船主告我，防所遇之石，多仿佛而过，不如请予注意。盖船一前趣，则不能转帆复返，余甚不信其言，然亦不能不备，故制此鲸船，随时可赴人头之石。此时经佐北言，余亦悟，即曰："佐北，汝言良然，船中多氍毹之属，然尔当善备。目力与月对视，将伤脑且病目。"佐北曰："天乎！即盲何伤，彼阿拉伯人非为月光所扰，均灼灼作贼目耶？此月饱看贼人，亦云足矣。"以佐北深恶此土人之所为及其俗尚也。余于是遂引鲸船近大船之次。佐北缩身如一囊蓣薯，掷诸舟中，余辈则仍坐舱面吸烟。时风力渐肆，船身亦颤，月光尚明彻，吾辈脑筋颇有所震，乃不遑息。可一句钟以后，始微倦。余见利武欲睡，然尚就梦呓而与语，言将引其角，或洞其胸，诸不经之言。

忽闻风声隆然，水手皆惊醒。水花斗溅，如狂鞭拂面，数舵工争集而下帆绳，绳结不能下帆桅，余大惊，引绳自固。见船后有黑云如墨，且成屯，船头尚有明月，然浪头已高至二十丈外。余舟已升浪头，月光射于涛头，白沫泡泡然作银光，而黑云之屯，已驰突而至。一转眼间，见船后之鲸船已升在空际，高浪已及吾舟。余立挽大绳，如悬旗空际，受风而飘。浪花甫过，余在水中可数分钟，实则数秒而已。浪过后，风帆已碎，如创翼之鸟，面风而翻。风一少静，静中即闻佐北呼余二人下鲸船，其声甚厉。余身为水淹，灵性尚存，则力趋舵后，攀绳且下，觉大船受水将沉，鲸船亦拍浮不已，见掌舵之穆罕默德亦潜下吾舟。余亦力挽其绳，狂跳下船。佐北引余臂推之船底，而大船立沈。穆罕默德以刀断缆，逾二分钟后，吾小舟即漂荡于沉舟之处。余大呼曰："天乎，吾利武安在？"闻佐北就余耳大呼曰："少主人为上帝所引行矣。"余大悲，力握其手，自念利武一行，留吾于世又何为者。佐北曰："慎之，浪至矣。"余果回头，有绝巨之浪，盖天而下。我知死期已至，立晕，然心尚了了，似月光已隐，仍有微明，见浪花溅处，浪头有黑物，似为破船之板，趣吾舟而来。舟中海水已满，幸吾舟有隔堵，水乃莫入。一叶漂于怒涛之中，如海鸟焉。在高涛中尚有一物，力向吾舟，余醒，防舟为所触，则思推而远之，引手一推，而手已为引。时余一手握舷，而来物之引我，几欲断吾臂而去，非余坚把吾舷者，势亦下坠。

时余已稳固不为动，而佐北以为余检水上物事，令释而去，余乃不能释。时月黑风高，上下不见。待月光复出，视之，所把者人也，则已引至舷内，视之利武也。利武抱一木板，随波上下，幸为余得，出万死矣，然尚未审其得生与否。佐北弗知，仍曰："释之，释之，舟沉矣。"余一手以器起水，舟中水减而身轻，惟风力尚横。余心已缭乱，然尤力争至于五六分钟。船已少定，无复巨浪推撼。更数分钟，舟浮诸水面，浪力已馁，风力尚雄。

少顷风复大起，余舟在大风之后，复再继之狂飙，但见漫漫之海，浪花四溅，或作阴沉之色，或作白线而已。余舟趁之而袅，乃同燕剪掠波，随其所之。余以阿拉伯语呼穆罕默德把舵，出桨于舟中，并分佐北同鼓。船已逐浪而前，捷过奔马。稍远处，浪头略平，余令穆罕默德把舵向彼处。穆罕默德善行舟，复熟于港汊，二膊绝有力，张目望海。然浪力引舟向右，而舵工则挽之左向，倘船唇稍向右偏，则五十码外即洄洑，且有危矶，触之立碎。穆罕默德张其足趾，践诸船板，绝有力，舵为力挽，已左向。余呼佐北倒荡其桨，船立转，此中殆有天也。又逾一分钟，众之恐状，乃无人能形容之者。但闻海啸之声，如鬼之掠人。少顷船复右转，幸穆罕默德力支之，得不右。已而大浪如山复至，状逾神怪，吾舟竟穿之而过，穆罕默德大悦而呼。此浪一过，舟中海水复满，则力以器泼去其水。未半咪中，浪已远冲，不冲吾舟，风亦旋息，月光大吐。遥见前有石壁，伸趾于海，可半咪，海波尚时时冲激。余思此石趾初势必高，为浪所淘，故蚀其四周，突出其顶，其长可半咪。方余泼水时，利武忽张其目作呓语曰："天晓矣，须着衣赴礼拜堂。"余曰："勿动，且闭其目。"利武如言而止。利武发声时，忽思在康布利堂中，其乐如何，故为冒险至此！自是以来，余愈思愈栗，无少宁矣。

时风静浪微，送余舟者但有流水，因互相庆贺曰："生矣！"然佐北仍不特意。盖余之幸生虽托天意，苟非穆罕默德之善舵，船中之有隔堵不受水，亦必沉溺。时流至一处，水静如油，天清月明，视之知为港口，以内水受激不出，外水受沮不入，为状若积水焉。余乃清理其舟，泼去其水，视利武尚鼾睡未醒，虽以湿衣酣眠非法，幸夜中尚炎蒸郁人，听之可也。即使惊醒，亦无衣足以更易。

已而月落，舟尚容与水上，但有神思飞越，追想前事。时佐北据船头，穆罕默德把舵，余及利武居中枢，积渐见月沉没于天外，而黑幕旋启，繁星满天。已而迟明，阳光甚丽，似易一新世界。蔚蓝之色如沐，涛头甫静，薄霭旋生，迷漫一切。余辈九死一生之命，亦即少苏息于此时，而凶惨之状几忘。时众山递明，各露晓色，渐伸渐远，幽暗之状，易为明丽。海面无微不烛，遥遥已见浅泽及于高山。综言之，凡生死悲欢之状，彻上彻下，无不普照之也。顾境虽清明，而实为予颠顿之境也。是日中余自检人数，昨夕死者已十八人，余者仅舟中四人，余人则随大舟同淹于海眼，萦回海藻间矣。

第五章

阳光既出，群阴皆伏，地球之上，光力热力并生。余坐舟中观日，而舟行不期已近怪石之下。余遥瞩已见，而舟尚纡徐未至。余目击此石，影尚模糊，既为日力所烛，则大愕。石高可八十尺，横径浮于水上者，可一百五十尺，则黑石如人，厥状若狞鬼，度必厚唇、广颐、陷鼻，翘然掠水而立。头颅绝圆，久为风力所荡，俨然类人。其下丛生乱草，为人所照，草森森然如毛发状。余几谓为人力所成，用为纪念，如埃及之肖形，想年代久远，成此像之种人，没垂尽矣，但留其美术，用以示来叶之人，或设此像，用以骇敌，弗令阑入腹地，而吾乃不能剖析其真伪。然此巍石立于海上，无人能近，水陆之路咸绝。或质本天然，加以斧凿之力，故尔为此丑状。坐视汪洋，不知其历几许年代。想利武始祖克立古勒忒已见之矣，即更继以数百世纪，安知其不复如是？余遂谓佐北曰："汝曾觇石人乎？"佐北尚枯坐，答曰："天乎！吾思必一老人蹲于烟际。"余大笑。利武为余惊醒，言曰："吾何事身乃如僵？大船又安往？乞予我白兰地饮之。"余曰："幸托天庇，尚未全僵，大舟沉矣，凡人皆死，仅吾四人独存。其存也，为道亦至奇。"时佐北即堵中取白兰地，余遂述宵来险状。利武曰："天乎！吾乃从是间得生，斯亦奇矣！"时白兰地出，众遂饮之。而日光大出，晨寒已退，以前五点钟，周身皆被水侵湿也。

  利武饮后，置杯曰："噫！此其书中所记人之头山乎？然则百事皆确而非谬。"余曰："此固有之，唯卷中事或不尽然。此人头山，人人称述，即若父亦曾见之，然又安知此山之状，非书中所述？果如书中所言，亦不足取以为证。"利武微笑曰："叔真多疑之犹太人也。吾辈果得生者，安知不能目击其事??"余曰："然，前夕得巨浪，送余舟至此，事亦大奇。"即曰："佐北，鼓桨入港，或觅一路登陆。"时余所入之港，为势未广，以港中余霾未消，左右岸初不了了。盖非洲出口之港，恒有物堵塞，港身绝窄。果岸上风生，港水尽退，即以涉水经寸之小舟，亦不能入。幸余舟入水至浅，二十分钟时，舟已入港。适有晨风送舟而入，晓日大盛，薄雾都消，左右望，阔可半咪。岸上均沮洳，鳄鱼卧于泥滓中，如木兀。迎面如有平陆，则挪舟趋之。更一刻即至，即择一巨木，叶繁花密，舟系树根，花作玫瑰色，垂于水滨。遂舍舟登陆，去衣而浴，以衣晒诸日中，即舟上之物亦陈诸岸上而晒之，吾辈则依树避日，取粮哜之。幸赍粮甚广，彼此互庆。当风起之前，已尽纳之鲸船之中，百物皆备。食后衣干，遂取而着之，精神尚未旺。船破时，躯干亦微伤，然无一人不自以为幸生而喜者。利武垂死得生，幸少年得不死。

  晨餐后，遂登陆望形胜，方知吾人已登一平陆地，长可八百尺，宽可二百尺，一面临河，三面皆沮洳之场，地高于沮洳可二十五尺。以状观之，似出人工所成。利武曰："吾意决之，前此似船埠。"余曰："妄哉！世无此愚昧之人，立埠于沮洳之场，复与生番为毗，且此间果曾居人，谁则知之？"利武登陆望之曰："吾观此沮洳之场，前此或不如是，即居民亦不尽野蛮，试观此地，非临溪耶？"因至水旁，见陂陀之下，均碎石所砌，多人工遗迹。利武曰："此即非人工，亦决类人工矣。"余曰："决不如是。"亦至陂下，见树为风拔，树根尚露，则石状果砌成者，余不能答，但有禽唇作响而已。树为石殒，尚有石灰之痕。余出刀抉石灰，坚实不能动，且不特石为人砌，且有石环绝巨，横径盈尺，厚可三寸。余见状仍无言。利武曰："阿叔，吾决其为巨舟之埠。"余虽欲强辩，则此石环已赫然出，而痛塞予口，似前此有

故城，今没于沮洳之场。利武曰："观此，似吾亡父遗书所载，已见朕兆。且石人之山，亦书中所有，不其合耶？"余默然久之曰："如亚美利加之古国，必有当时剩物，世乃无人知埃及文化之所自始，嗣其后为巴比伦、尼亚、斐尼基、波斯及他种人，似此古国，其初咸有文化，而犹太尚不在此论。吾思此数族中人，其前必辟界于此，为通商之古埠。汝曾否忆及波斯古城陷于地底？几罗洼领事曾指以示众。盖波斯古城本近几罗洼，在亚美利加海滨东岸，为圣西巴。南向四百米有危崖，近数址年为波所淘而去。崖顶多波斯之基，此在一千三百年之前，年月尚可于墓中得之，墓下则多故城零星之物事。更下第二层，尤有一城，较波斯之城尤老。又下复有城基，乃不知其年代，然往往拾得磁器，其状甚恒而无奇。此磁器今尚在勋爵约翰柯克家。"利武曰："波斯固有城，然则与阿叔适所言乃大不类。"余报甚，即曰："吾今将如何？"利武亦不吾答，遂步至泽上观之。沮洳一望，乃无涯际，水鸟翻飞，飞几蔽天，日轮已高，水泽中湿气为日脚所引，浮起若霭。三人同立如痴。余曰："我观于此，深审二事，第一节吾不能越泽而趋，必为此将中瘴而死。"佐北曰："主人，列状吾前，主人之言，可预决其中。"余曰："今与之为敌者尚有二策，其一策以鲸船趣海，更寻他港而入，其一策则冲流而上，沿浅泽行。"利武曰："吾意则以舟遵小溪入；不必更沿边行也。"佐北仰而呼曰："天乎天乎！以我觇之，吾辈所居，一为鬼区，一为汪洋，二者均可得死。"余心则不以佐北为然，意从利武议沿溪入。

自余见石人之山及此石步，中心颇愧失言，则姑如利武言，曰："吾今日从汝。"因上帆取枪，风适起于海上，吹帆而行。余后此始知凡晨起风必内煽，及日落则风始外吹，深思其故，必夜凉时，泽上浮霭，为露所压而冷，而阳气适越地而上升，故海风得乘隙入。迨日出，地气复暖，海风遂不能入，故反风外煽也。余此时乘此一帆之风直上，可三四句钟。行次，遇河马之群，昂头吹气，去余舟可十余寻。佐北大震，余亦中慑，以第一次见河马也。实则河马无奇，而河马见余，始乃奇耳。余是时，想此河马或至而亲余。利武欲发枪，余力止之。沿路复见鳄鱼数百，曝于土穴之下，水鸟万数。余枪毙数鸟，其一则野鹅伛，其翅□利如刀，顶上尚有劲羽，为目所骇见，若令博物者得之，为增新识。佐北则谓之"独角野鹅"。

中午时，日力炙人莫当，沮洳受日愈秽，众以避疫故，各进魁宁（即金鸡纳霜）。已而风息，众遂力鼓其枻，汗出如濯。停舟不行，泊于野柳之下少息。西日垂落，见迎面有巨浸，则思挪舟而前。方解缆时，忽见有鹿，角作曲形，尾作白色，饮于溪次。余舟隐柳阴中，去鹿可五十码。利武者善猎者也，梦寐皆猎，见之欲狂，状如猎狗，遂以枪向鹿。余曰："枪之。"遂亦自取其枪，谓利武曰："枪当向鹿身，弗致失鹿。"此时栗色之鹿饮水已饱，引首望对岸，卓立溪石，斑色显然。吾枪乃不失所向。吾脑中虽隔百年，亦不能忘此日之景物矣。时四面皆泥淬，目之所接皆然。但有数处为深池，为日所射，作红光沧涟，前后皆水，或伏于沮洳之中，直出浅泽而去。时晚照加以微风，远视无穷，日球正耀于西偏，落诸天末霉气之上。天边为日光所炙，尽作红色，鹭鸶野凫纵横而飞，或作四方形，或作斜行，五色错出不穷。时余三人在此小船，处万静中微语，迎面立一斑鹿，夕阳满身。枪声一动，鹿乃狂跃而逃。利武急继之，则中其股下。余亦继出一枪。时鹿驰知矢，去余舟可一百码。余曰："弹过，不中矣。利武，汝当擦目更枪之。"于是吾辈各持其精神，用示猎人之能。利武曰："阿叔。"忽又大笑曰："贺阿叔，阿叔枪佳，吾不之中矣。"语后登陆至鹿之次。鹿脊中枪已毙，余辈则力刲其肉而去。时溪上尚有余光，遂荡桨行。去岸可三十寻，抛锚，乃不敢近岸，尤不敢登岸而宿，防为瘴疠所中。计水宿尚佳，于是燃灯烛，取罐头之物，备晚餐。餐已遂寐，乃不能寐，虫集无数，意灯光招引之耶？或白种人气味顿异，虫异而集嘬？且不知此虫饥至数千万年，飞来乃绝巨，则尽蚊也。其至如云，嘬啄之力，匪所不具，扬声而鸣。吾辈受嘬，乃欲发狂，熏之以烟，乃逾乐。余不得已，乃以毡自蒙，由顶及踵，然痒不可止，且搔而置。

忽闻有声如雷，自远而近，立止，止而又作，在芦苇中，去余舟可六十码。利武呼曰："老人。"则微掀其毡外视，言曰："蚊乃适嘬吾鼻。"语已复寐。余曰："利武，幸弗近岸，岸上之声狮也。"狮吼甫止，而月上，然岸上狮声尚震。余自庆得生，亦倦而思寐，然不知何故忽引首毡外，或为蚊嘬而然，乃不自知。方余探首时，即闻佐北作颤声呼曰："天乎！命也。试观彼间。"于是余目争瞩月光中，见水际有巨晕，晕中有物作黑色。余曰："何者？"佐北曰："狮也。"佐北语时震极矣，且云"狮来与我亲耳"。余细观决其为狮，目光已凶射水下，第不知何事见引。或且鹿腥诱之，而饿狮乃发狂而前。利武已举枪，余亦取枪于舷次，见离岸可十五尺之远，水深尺余，有一牝狮吼于水次。利武枪发，入狮颈通其背，牝狮立仆于水。牡狮去其牝可二步。当牝狮中弹，牡狮忽以掌扑岸，水纹皆动。狮忽离水趋陆，见一黑物逐狮而行。穆罕默德曰："鳄咬狮足，足了此狮矣。吾见长喙锯齿者，以身随狮行矣。"时巨狮且吼且奔，而鳄鱼尚力吃其足。狮力转其身，以爪扑鳄鱼。鳄鱼立释其齿。遥见鳄已伤目，二物战于岸上，月色模糊中，视之不复了了。少顷见鳄鱼之血溢出，而狮爪尚扑鳄鱼，狮犹奇吼，力扑鱼首。首坚如铁，然狮之后爪，已及鳄鱼之颈，如人之脱手套力拔而出之。少顷，狮首俯鳄鱼之身，作异声。而鳄鱼亦侧其齿，尚陷入狮股。狮腹为鳄所咬，亦几裂。如是战斗，为余生平所未睹者。战罢后，余留穆罕默德坐更，已仍偃卧，第未知蚊喙之能恕我与否耳。

第六章

明日迟明即起，众稍洗涤，立鼓枻行。时甫辨色，余观佐北乃大笑，盖已为蚊所嘬而肿，失其故常，即利武初亦未佳。唯余尚未剧。盖余行时未剃

其髯，髯乃绕颊，蚊喙遂不能入。以利武不髯，佐北多剃，遂饱蚊嘬。而穆罕默德之血似不适于蚊口，得完好无恙。余在数礼拜中，固甚愿如阿拉伯，为蚊蚋所弃耳。

彼此顾笑既已，晨风已至，破裂溪上之雾，飘飘作圆势，凌虚而没。余张帆行，舟经狮鳄之侧，死状赫然，然亦莫揭其皮，但划舣沿流而上。至于中午风止，适得干燥之地，遂登陆，燃火烹野鸭及水鸟饱食之，虽未为佳，幸得不馁。食时亦间以鹿肉，余肉则切之为脯，以南非人恒切肉而风干之也。余即在是间，至于迟明，夜中亦但苦蚊，无他狮鳄之患。行可两三日，亦不遇险。道中得无角之鹿，其状甚异。其尤异者，则道中恒见莲花，花作蓝色，为生平所未见，娇艳无匹，然往往为绿头水虫所蚀，零落无遗，存者三数而已。至第五日仍溪行，可一百三十五咪，遵海而西。是日七句钟，晨飓正起，遇险矣。行可移时即止，以船中人力疲，风亦非迅，余少鼓枻辄倦，见溪回处巨浸照眼，似别为一溪。余所过处沿溪皆树，余舟即停于树下。有高原微燥，即遵陆而行，徐观风物，欲少枪水鸟供晨餐。行可五十码，深溪已穷，但有浅流，溪身略阔，水深可六寸，厥状如潮，仍沿岸归，审其故迹，似人力所浚，大类森西巴中小河芒沙巴。芒沙巴河者，在达那倭西二河之间，此河一通，则达那之舟达倭西矣，于转运为便，即由是河入海，为道甚宽，舟行不至于触石。今兹当吾前者，亦人力所浚，河身固浅，然由此已望见里河。两岸至平，似为引缆之地，然崖亦时崩，盖年代久矣。余在岸上见此里河，水平流漫，深浅一律，其上多生水草，草断处，或为浴鸥所偃，抑水虫啮断之也。外河既尽，势当越此浅湫而入，否则转而出海，然断不能受日光，饱蚊喙，至于被疫以死。余曰："今当姑试吾刀。"利武仍雅谑，佐北则怅怅不欲行，穆罕默德哀乞不当入此，且言彼间决非善地。余曰："当试为之。"

时则日低且暮，船行不能恃风力，于是挪舟力前，荡其桨。已而乱草碍舟，舟不能行，去桨而引缆。二句钟中，穆罕默德、佐北及余争赴岸上引缆。利武坐于船唇，即以穆罕默德之刀斫草，直至天晚始少息，仍饱供蚊喙。至于夜半微凉复行，天明始息。可三句钟仍前。十点钟风飓大起，继以迅雨。余在雨中可六句钟，今吾书中亦不更详此后四日之程途。综言之，生平未尝之苦，此四日中均饱尝之，上抗毒日，夜敌乱蚊，浅泽茫茫，不知所极。其能逃去是日瘴疠者，幸时时吞魁宁及泻药，且长日力作，始幸无恙。行里河中三日，遥遥始见青山，在泽边薄霭之中。第四日舟停，去山可三十咪以内，舟众疲苶已极，手皆生泡，竟不能逾一码之地，但有卧而待死，为状窘极，世无白种人之困苦如余者。此时侧身卧于舣次，一听蚊嘬，复自咎其愚，胡以随此风人至此？前望青山，后觇来路，知置身瘴乡，决无可生。朦胧中，似见破舟之人为厉，一一陈于吾前。将近岸次，舟有渗漏，溪水入焉。想余死后，薄雾往来，舟为水荡，朽骨受水，合此小舟同腐，则人物一体，均付天然沦灭。余梦想之间，似有水声击舣次，人亦微动，余首适与穆罕默德触。立醒,则以深目之眶视余,且詈言:"尔基督教之狗。且触我外教之人,令不得甘寝,何也?"

时余方为梦境所怖,而水上之怖状复在余前,雾中有二目莹然,余心大震,众亦皆醒,争起,斗见矛光。俄顷而矛锋已及余肩际,其后尚林林然皆矛锋。忽闻有人作阿拉伯语曰:"平和,勿遽宣战。且来者何人,乃至于此。速言之,不尔且立死。"言次,矛锋乃逾近。余心为寒,即以阿拉伯语答之曰:"吾为游客,不期至此。"语出,野人似解,即回首视后人,尚蓊于雾中,似发声问其仍留与否。即闻雾中人答曰:"来人何色?"对曰:"白也。"雾中之人曰:"勿杀,吾独尊之王言,有四人同来,即白人也,可引入王居,凡诸所有,亦尽挈而入。"矛人曰:"前前!"遂引余出舟外。余为所引,见同舟者亦然。岸上人数可五十。余借晓光中,见人人执矛至巨,体皆伟硕,赤身,仅以豹皮裹下体。利武及佐北亦见执。利武拭目言曰:"地球中何事者?"佐北曰:"亡矣亡矣!"

正纷扰间,穆罕默德亦至,口中呼"阿拉"。阿拉者,上帝也。再言"阿拉相我"。忽闻有人言曰:"此人黑也。"女王言黑人如何处之,发令者曰:"王不言生死,但勿杀之。"乃呼其人曰:"吾儿前。"有最高之人,徐前与发令者语,其声磔磔然。发令者在黑影中问曰:"三白人咸在乎?"曰:"咸在。""然则汝辈以舁床至,汝辈当尽取来人之物面王。"语未竟,舁床已至。每床以四人舁之,余二人左右其侧,即指床示予令登。利武曰:"佳哉!吾久行,乃得人肩我而去。"利武者,生平设想,多向乐处而寻。余在此知无可逭,彼此相视后,各登舁床。床行至安适,床为草织,厚类帆布,温软可人意。其上系于杆身,余肩及颈皆安适。余未及稳卧,而舁者已行,大呼而奔。余卧床中,可数句钟无言,则回思种种险状,因忆在康布利时饭后与友人语,其情况乃同天壤。余方凝思时,万象起落,觉地球如是纷扰,收局又将如何耶?思极,竟小睡于舁床中,以余自碎舟后初无好睡,至是沈酣极矣。

大致可八句馀钟,以余醒时,红日已当空际,舁我者尚力趋而前。一句钟中行可四咪。予自舁床外窥,则所垂之帘至疏,可以瞰外,见舁床已入平原之中,原草受风如浪。舁床向小山而前,此山是否在船中所见,则不敢知。及问之来人,人人咸不吾告,余此时复视舁我之人,则奇伟无论,无有六尺下者,身作黄色,状貌大类亚美利加东偏森马来人,特其发不作螺旋,但双垂之肩背之上,眼鼻口吻,皆凶突如饿鹰,齿白如编贝。以全局论,为状颇非丑,容止静肃,无和蔼容,亦无笑声。有时出话,厥声如一,类作歌声,不歌则寂然无声,仍作怒容。余自思此等人究属何种,语言近阿拉伯人,而实非其种族,颜色则黑多而黄少。余觇其狞状,几忧而成痗,然犹作奇想。忽见有四人舁床过吾前,帘张不垂,中有人衣白衣,似粗麻所制,衣制不称其躯。余恍然此即岸上发令之人,其下咸称为父者,即此叟也。叟须髯浩然,几拂舁床之外,鼻如鹰喙,二目闪闪如蛇,似有智慧,唯余之笔墨

不能描其奸黠之状。叟作声问曰："新客醒耶？"余亦从群辈称之为父，言曰："醒矣。"冀以尊称崇此古宗教之人。叟掀髯而笑言曰："汝自何国浪游至此？想必至远，为吾国语言文字所不通处而来。不图尔国乃亦教民以礼也。今吾新收之子姓听之，汝何因至此？此地为人踪所不到，汝何为及此？或自轻其命不欲生也？"余即抗言曰："来此觅新世界，吾唯厌弃旧俗，故求新其耳目，盖吾亦自彼海，跃身及此，人亦无知吾国之所在。吾国人恒不畏死，今诚告吾父，吾之来此，苟得新闻于未死之前，吾心足矣。"叟欢曰："或有其事，吾亦不能攻讦；不尔，吾将谓尔为妄言矣。今亦不欲重诘，今年辈所共尊之人，蒙当率彼命令，彼自有言告尔。"余愕然曰："彼为何人，能使共尊？"叟视此舁床者，视后，笑而语尔。其笑也作狞状，余血几为之冷。叟曰："新收之子姓，吾今语汝，行且验矣。汝果能自全其躯命者，即可瞻仰是人。"余曰："何云躯命？此又何语？"叟笑，其状愈狞，仍不答。余曰："此间族人何名者？"叟曰："吾族曰阿吗哈葛，名曰石头之族。"余曰："能否允我问父何名？"叟曰："吾名卑拉黎。"余曰："今将舁我安适？"叟曰："行即见矣。"叟语未已，即以指示舁夫，舁夫舁老人力奔，近及一舁床，则佐北床也，尚翘一足于外。叟见佐北无可语者，复转其舆向利武，追及利武，亦无言说。余则静卧，复沉酣于舁床中。

迨醒，已入石岩之罅，岩畔丛树蓊郁，间有木本开花者。舁床斗一左转，则异景突见，有地可六咪以内，四咪以外，厥状如罗马大剧场。场以外皆石，石上被以花草，如衣锦绣。中枢之地至沃，佳树葱茏，小溪淙淙，绕树而逝。平原之上有山羊无数，杂牛牲，独未见绵羊。余初不审其为何地，后此忽忆必为前此火山之裂口，盖火熄而山死，易而为湖，湖竭成荡，遂幻为此平原矣。余以阅历深邃自许，自决所料之非误，唯有所疑者，似此山羊之多，乃无人烟，此又何也？且彼民所居又安在？则百思不能自释。已而吾疑释颖。路忽左转，可半咪即止。此叟自床而下，余亦下床，利武、佐北皆出。既出，见穆罕默德已卧于地上，似不以床舁之，盖为土人所逼，行此长途，当彼未行以前，为力已倦，矧更行此长道，力愈弗胜。余四望所至，地为入穴之窍窦。窍窦之次，则陈列鲸船中所载之物，蓬桨皆具。护行之土人，杂穴中人围而骇觇。其高无伦，状至英伟，虽黑色之深浅不一。有数人近穆罕默德，亦纯黑，其黄者则又近支那，每人赤身，以小豹皮掩其下体，各挟巨矛，矛光照眼。其中亦有妇人，不以豹而以鹿，则但留其革熏之，色作深黑。其状似别种，睛黑而五官井井然，发蓬蓬如乱草，弗肖黑人之卷发，其色或黑，或作栗色，深浅间之。其衣黄色之汗衫者，略无几人，余人则皆类俾拉藜。此服饰余后此得之，盖品服也，有等差存焉。至其容颜，或亦作笑容，唯不多见。

余既下舆，则纷然争集，如骇如慕。利武之状本美，身又魁硕，群雌皆动。利武脱冠与众为礼，黄金之发灿然。即闻群雌赞美之声，即自其发加以评语，至踵而止。时众中有最美之少妇，衣宽博之外衣，发色在于棕栗之间,似有制断之概,昂然立前,似与人赌采而胜者,无声中以臂加利武之颈,俯而亲其唇。余大惊,思利武将为人妒杀而死。佐北曰:"淫哉妇也!吾决不令其如是。"然利武受其亲吻,但微愕不动,殆谓身适此国,或为前古之礼尚,必如是始名酬答也,于是亦与之亲吻以报之。余此时颇防有巨祸,以旁立之数妇人皆怀愠色。此外老妪及男子则但微哂而已。少须疑乃略释,盖此间土人之性质,与生番略异。阿吗哈葛之民族,男女平权,无复羁縻,谱系乃从母而不从父,母族强者,则足夸示于人。如欧洲之夸其父族,至是有不承其父者,虽其父伟然有声于时,亦不之恤。然每族中仍立一人为族长,则男女并举之,均呼之为父,如俾拉藜是也。俾拉藜者,实为此七千人之长上。俗间妇人若选中一夫者,即在众中与行亲爱之礼。即如此亲爱利武之美人安司德尼者,许嫁利武者也。利武一与报礼,即谓之定情,后此乃永永为偶。唯间有一人倦者,则行离婚耳。既已无所羁縻,似乎累易其夫,顾乃无之。且夫妇之间,亦寡争竞。其至于争者,则夫为新欢所得,虽少争,旋亦罢休,犹之英伦守宪法,既定则无所争,似亦无从申诉其枉,盖个人之不欢固也。然不听之争,则社会亦不为沾染。由是观之,知地球上之社会,各有所辟,成为习俗,大抵各守其宗教,即各成其为社会。或此社会以为无阙,而彼社会或又不然,实天下有至适焉,礼必归于端正,此则通行于万国者也。平心论之,则阿吗哈葛之俗,亦未见其非正,其当众成礼,与吾曹行婚礼者,又复何异?此亦礼中之确证者也。

第七章

众中行婚礼已毕,竟无一人垂青及我如利武者。但见有一人回旋于佐北之前,而佐北诚笃不苟,则大骇不自聊。忽见俾拉藜趋前,招手引余辈行。余莫审所向,幸安司德尼前为余导,问之,乃不答。行可数步,见此洞口乃人力凿成,为余目所触者,则长可一百尺,广可五十尺,其高无上,大类极巨之礼拜堂。由此广洞中,枝出小洞无数,相隔可十二尺及十五尺之间,余思必由此而入小洞。去洞口可五十尺,则日光已没,中设燎,光射壁上。俾拉藜止步,令余辈坐,即曰:"少须有人饷汝以食。"余觉坐处,乃在兽皮之上。已而烹羊肉及牛乳纳诸瓷瓶中,佐以熏饭,用数少女将入饭。余饥极而大嚼,滋甘芳可口,腹乃未果而物已罄。

方余食时,主人俾拉藜则静默坐而觇余,少顷,起言曰:"君辈来此至奇,吾乃未闻不经见之白种人,乃入此石头族之国中。吾族中得黑人亦绝稀,往往自黑人中闻有白人,较吾辈尤奇白,乃能行舟于巨海之中。然但闻其名,初未闻其影响,不期在内河中,君辈竟为吾所见。实相告,吾初意本欲杀君辈都尽,盖国俗初不收新客,实干吾律。已而忽得人人所崇奉之诏旨,谓:"当赦君辈不死,且引君辈至此。"其下则不之闻。余曰:"吾父幸恕我,所谓人人崇奉者,究为何人?所居至远,又何知吾辈突如其来?"俾

拉藜四顾后，知但有吾辈数人，而安司德尼亦已夙退，老人乃作狞笑曰："君国中亦有其人乎？无目而视，无耳而听，今且勿问，彼已知之。"余闻言耸肩而惊，盖老人但言彼人，但言携吾辈至此，下乃不言所部署。且言当往朝人人所崇奉之人，简称其名曰"非野"，亦曰"斐而"，即阿呜哈葛王也。王心一动，虽千万里匪不知者。余曰："王去此为程几日？"老人曰："果星驰往者，五日即可归。但赴王所，当经数咪之浅泽，方及王居。惟吾虽行，已令吾族人供应新客，必无有所缺，敢以上宾之礼款诸君。"尤恳恳言曰："果得王之玉音，必尚可生，非噩耗也。吾今亦不愚君，盖生客之来，自吾祖母时至于吾身，皆烹之。至于死法，吾亦不言，言之恐惊君听。此殆斐而之号令，吾亦莫知。即非斐而者，或众所推尊而然。实则斐而亦未尝下令力卫一人勿死。"余曰："君一人何由能知君家三世之事？而斐而之命乃尤修，至君祖母时已能握国权，吾意君祖母必高年，当时或斐而未之生也。"老人微哂，似轻余言，乃鞠躬而去。

自是五日，乃不见此老人矣。老人去后，余辈私议后来之局，人人皆有危心。余亦不欲面此斐而，睹其怪状。盖新客之来，咸死无免，斯亦忍矣。时利武亦颇惶惶然，心中所有所获者。则"斐而"二字，适符瓶片中之所言，遗书中亦言其事。今闻老人推重，似此斐而必为女王，年岁修而法力伟也。余此时身在坎陷之中，心绪麻乱，亦无暇与利武辨斐而真伪，但促利武出洞，浴于溪次。日来泥垢厚积，不出浴不可也。遂以此意告之侍我之人，其人即老人所命而侍我者。余既告之，侍者亦悟，余辈乃出。余先取烟斗吸之，侍者已大异，余出时，洞口人乃无数，见余口中烟焰冒出，则大呼以为妖术而避，不图一烟之力，乃等于枪炮（盖此间亦出烟，同于菱洲之他处，顾乃不加以火，则用为鼻烟，并代药用之）。余此时迤逦向溪流而行，浴于其中。甚有一二妇人将从观余浴，卒乃不往。余浴后神志大爽。日亦垂落，归时已黑。洞中人满，设燎而坐，即火光中饮啖。洞壁亦燃油灯，灯为土制，亦间有精者。巨灯则以红瓷为之，沃以羊膏，束芦草而焚之，加以土盖。盖中凿空出芦草，不慎，辄并盖而焚，且草尽亦须时时拔出芦草。小灯则用蕉心，有时亦用凤尾草之杆。余坐觇此辈健啖，食时亦不作语。余觇极而倦。天色愈沉黑，余即谓侍者将归寝。侍者不答亦起，执灯引余手，入小甬道至小穴。可五步以外，入一小洞，宽可八方尺，亦凿石而成，洞中有石床，高可三尺，如舟之榻。侍者即指石床为余卧处。洞中一无陈设，余细审后乃大骇，盖余之所居者，死人之穴耳。此石榻即所以陈尸者，思极乃大惊，顾不睡亦无以自振，则力遏其惶怖，出而取毡。

出时即遇佐北，亦为人引至一处，与余所处者正同，颇戚戚于归寝，谓此睡直同生瘗，乃决计与余同寝。余闻言大悦而允之。是夜幸无事，然噩梦乃数见，盖在幽圹之中，宜复如是。迟明闻角声，视之，则一少年吹之。角为象牙所制，促人晨起者。起时，即浴于溪流中。浴既，晨餐已具，有三十许人女人，在众中与佐北亲吻，状乃大奇。佐北震惊之状，不可言喻。佐北者性质如我,颇恨女人。佐北家可十七人,但余一身,殊不欲娶妇以自累。且余为彼主人,惶怖不审所以自处。已而起立,推去此妇人。佐北曰:"吾乃不愿为是。"然此女人以为佐北羞也,复至而亲吻。佐北大怒曰:"荡妇速行!勿溷我。"即以木杓高下麾之令去,言曰:"主人救我,彼复来矣!何利主人幸援我!我自少至此,未尝遇此无耻之事。"言已,立避洞末而去。土人皆大笑其愚。余觇之,初不谓怍,乃此妇人怒甚,鬓发皆竖,更为他妇人所讥,尤激而恼怒,咆哮于洞中,至于躯干皆颤。余颇欲佐北少回其意。佐北所为固善,然吾颈几将因此而受刃矣。更观佐北仍无降意,怒气勃然,每见妇人近其侧,辄避如浼。余乘机与土人言佐北已娶,不更娶矣,以家居不适,故每见妇人辄避。余语后,众亦无言,似已解群惑。佐北或见谅于众矣。时群妇人往劝此三十许之妇人,妇复就座。

　　予饭后,闲行于外,观其树畜。畜可二种,一为有角,一则无角,而牛乳则至佳。尤有一种红毛而肥,不取乳而但食其肉。此种之羊,与那佛克所产者同,惟多一角之长,作旋螺形。有时刺及其脑,故居人少锯其锋,以卫羊脑。山羊之毛则尤长,乳则无饮之者。阿吗哈葛人种艺犹用古法,田器但有一铲,略能熔铁为之,铲或如巨矛,圆而不方,入土则践而下之,因之多用力而寡田功,是皆责之男子,与他生番异。他生番,则劳女而逸男也。此种人独否。且女权尤伟,是间国律吾不得而知,然礼俗实与人殊,余亦莫知所以然。于是闲居者四日,一无所事。此四日中,利武女友安司德尼与利武益亲密无间,自其口中探得,国中乃一无律法,但知彼间有坏柱颓垣,名曰"科尔之城",即为彼所居之处(彼称女王也)。国中先达言是间必有人居。阿吗哈葛,即其种之后人,乃无人敢履其地,以彼间常为鬼神往来之地,国人但能远远瞻觑。且国中尚有殿基数处,凡浅泽隆起之处皆然。至阿吗哈葛所处之山穴,是人力之所成。想凿穴之人,即与筑城之人同时举事,唯无载籍可考。但以风俗为其律例,果有时与风俗反者,则族老即处以死罪。余曰:"死罪云何?"女笑而不答,久乃曰:"客留此,必能见之。吾国固有女王,即斐而也,恒少见人,或一二年之间一见。见必处置重囚,断以死罪。见女王时,王必蒙以衣,故状貌均无睹。伺王者一聋一哑,亦不能告王以何状。或有人言王之美无度,世人乃无其美;又或言女王长生不老,尤能以神力司万物。唯吾识见陋,不审其所以然。恒闻人言,不时必择夫而事,亦生一雌,其夫遂隐不见。迨其女长成,与王宛肖。王死即附魂女身,死后瘗之巨穴,百王实一王也。特此事国人无敢信之者。然举国实无敢不遵其令,王一发言,众当立死。王亦有羽林之军,乃无兵数,亦无可考,唯违其令者匪不死。"余遂问国中之广狭,民数之多寡。女曰:"为族十色,分大小族而言。大族近王城,而皆洞居。此山洞居浅泽之中,无路能达。十族之中,亦间多战斗,迨女王下令停战,众即立止。一为战争,一为寒热之病,故民多物化,为数乃不能增。吾族与他族无属,亦无邻国迩于是间,盖敌虽勇敢,无能越泽而加兵。前此有巨队之兵渡大河而来,大抵来自森巴西,军士死于

浅泽中乃非少。天暮见吾军驻于山中，则力趋吾壁，谓已得吾军矣。乃未至而尽溺于浅泽，余军寒热大作，或饥疲而死，故吾军不顿一棘，敌众皆尽此浅泽，万古无人能入。若非得其机密之道，终莫窥吾樊。"余因思非彼人至而延我，我辈亦决不至。女言后，复言他事，余辈均在四日中一一闻之。此为余辈冒险之开宗明义者，女之所言，闻者不能无骇，全局之事，乃愈出愈奇，与瓶片中所叙者正同。以理度之，此女王绝奇特，亦有人言王雌雄半之。然外人呼曰"斐而"。斐而者，女也。

余惑甚，利武亦惑。顾利武虽惑，自以家藏之古物，初乃非伪，因之颇自负。佐北则坚不谓然。但听余二人作用，初不过问。穆罕默德者，种人虽加之以礼，然亦藐其为黑人。穆罕默德深以为怖，其所怖之故，余亦莫得而知。但见长日蹲于隅陬，呼"阿拉"及其先知穆罕默德辅相其身。余问以震怖之故，穷诘之。则答言此种乃非人，鬼也。是又为妖人之地。穆罕默德言之者数，余必亦颇谓然。

于是已交四日。是夜睹异事矣。余时方欲睡，合二人及安司德尼同坐火次，忽见安司德尼坐而沉思，斗然跃起，以手按利武金发之上，似歌似诉。余至今思之，如睹其状。凡安司德尼所言所行余余皆忆之。安司德尼歌曰：

尔为我所择之人，吾需汝者不知其几何旬。汝貌佳绝而荡余心，何人之发类汝如黄金？何人之肤类汝而玉莹？何人之臂如汝之博而铮铮？何人如汝凛然如天人。汝目即为吾天，其光乃灿灿如星躔，汝面乃欢乐而鲜妍，能使吾心坠落于尔边。噫噫！吾眼见汝，而心无时不为汝而缠绵，即于此时夺汝而处吾之枕边。吁嘘汝兮！汝称吾怀，吾执汝兮俾勿坏。今将以吾发被汝兮蔽阳光。吾今归汝兮，汝为吾郎。为时修兮，地久天长。时孔长兮，行且悲伤。吁嗟汝兮，吾亦不知其所收场。吾将永永不见汝兮，沉阴茫茫。我乃坠诸黑暗之中兮，断吾肠。斐而之力兮较吾强，强而取汝兮神洋洋。须知斐而之美兮，较我安司德尼为良。汝当呼我今兮四瞩而彷徨。顾斐而自恃其美兮，引尔入诸鬼乡。噫嘻！吾至爱之人兮，言之殊长。

安司德尼似歌，复似演说，歌不成声。余闻之赫然而惊，愀然而疑。但见此妇人目灼灼然，石壁上则其影也。歌后复停，则作怪目而视，厥状如画，忽伸手指其影。妇人所指处，吾视无物，而安司德尼则若有所见，震恐失次，立跌于地。利武为安司德尼歌唱作异声，久已震慑失次。余亦莫知所以然，既而少醒起坐，身颤不已。利武曰："安司德尼何为者？"答曰："吾所择之人，吾歌盖国俗，初非无故，盖有预兆存乎其间，但为事尚长，吾何能为尔预言之？"余曰："安司德尼，汝适何见？"女曰："无之，君亦勿问，且何必以神怪语汝，令汝忧疑。"余见安司德尼貌至温柔，复以两手交利武之颈，大类慈母之爱子，且与亲额曰："吾所择之人听之，后此吾离汝去时，则长夜殊有力，黑不见人，汝亦无从得我，然尔当思我。实告汝，吾实爱汝，虽吾分不能为君濯足，而爱心殊不能已。今爱情为天所授，吾愿足矣。

盖窀穸之中，不特无情，而亦不热，二唇亦无相触之期，但有伤心作纪念而已。今兹为尔我聚首之时，至于明日，则不敢知矣。"

第八章

是夜既过，至于明日。唯夜来所见，余心省省然忧不可耐，知后来之遇，必且更恶。忽有人语我，今夕有高宴宴吾曹。余则设辞逊谢，言吾辈守已，不欲与宴。乃闻者咸不悦。余知机，思更辞者必得祸，遂允其请。

西日未落，走伻来告长筵已设，余遂挟佐北行。道中遇利武与安司德尼同至，想彼二人或他适游览。余昨闻高宴，以为不然，及至，乃知果有其事，即彼二人亦未之知。安司德尼闻言，立变其色，知不祥之事至矣。适有人过其侧，即引之耳语。其人发言，女色少定，然较前为胜，尚与其人议论不止。其人似有权力，闻女言，怒甚，即推而去之，忽复引安司德尼之手令坐。坐次适有一人，遂三人并坐而语。

余见女状，似其人少可女言。是夜穴中火力绝巨，火次坐三十五人及二妇人。佐北见妇人复瑟缩不已，时人人咸静坐，各树大矛于其坐处。中间但有一二衣黄色麻布之衣，余人则但着豹皮，如围裙而已。佐北问曰："今夕将何事？乞天赐福，得诸公之力救我，不观狂妇人尚在彼耶？以理决之，或不苦我。我前此已峻拒之矣，唯此景甚使吾忧。众不观今夕穆罕默德亦至此耶？前此调我之妇人，今忽绸缪于穆罕默德之次，则吾自此或期于无事。"余闻言，果见前调佐北之妇人，已近穆罕默德之次。穆罕默德畏葸已极，已为强挽及于火次。穆罕默德大惊，呼"阿拉"不已。盖穆罕默德之来，食之必别遣隅坐，今夕乃列诸群客之间，局蹐不可自安，战兢无人色。余思此阿拉伯人乃不知主人敬客之礼，或且阿吗哈葛伟硕无论，佐以巨矛，乃相形而拙。穆罕默本别坐，竟为妇人所挈，入于群中。余谓利武曰："吾乃不欲觇此敝俗，顾亦不能自脱，则坐而待之，私语汝辈手枪各在怀袖乎？果携得者，幸潜纳子弹以待。"佐北曰："吾果携得枪。"遂启机纳药，利武则但余猎刀，刀亦颇锋利而巨。余此时起而取械，恐不之及，不得已遂就食，以背抵壁坐。坐时，见座人传递瓷罐，内储流质，为芬甚恶，然食之亦适口，则稻米之浆。米非印度之粟，别为一种，类南非洲克西之稻米。瓷罐为式甚古，似制自前代，大小不一，无一同者。此物盖发自石坟之中，各记载以年月，是必埃及当时贮人五脏之用者，似此种人与埃及古种至有系属，而利武则谓是所饲病人者。罐有两耳，最巨者可三尺，小者不逾数寸，色黑而似泽，抚之则稍粗，罐底则作小人物箝之。余生平觇古物夥，未有如是之奇，所箝人物多状爱情，今人欲制此活泼之形，殆不可得。间有跳舞之图，亦有作行猎者。而吾辈所饮之壶，其侧则作数象，咸白色，用长矛同刺一象。其背作一人逐羚羊，羊毛色柔滑。以上所叙，吾文似已离宗，然席间得古器物如是之奇，则不能不为详叙。

众食时，舍瓷罐传递处，另一人添薪增火而已。此时无一人发声言者，彼此但视火中光气，光力适与膏灯相映发，唯贮油之灯则非出诸古制。与吾人相隔处，有物似木盆，其下有股绝短，厥状如宰豕之架。其旁有长柄之钳，左侧亦然。余见木盆及钳，心滋不悦。复见座人皆凝目如有所图，余心悚然而惊，在势吾辈甚孤，盖独立于群蛮中，殊不能料其性质，且莫辨其善恶。既而乃尤出吾图度之外，其凶丑有匪人所思者，吾所图度者为不虚矣。

余方沉吟思虑间，斗然壁隅有人大呼曰："吾辈所食之肉安在？"座人同声而答，右手指火曰："吾肉且至。"呼者曰："其山羊乎？"众曰："羊而无角，且胜于羊，今当烹之。"于是同取其矛。呼者曰："牡牛乎？"众又曰："牛也无角，其值又不止一牛，吾今必杀之无疑。"于是众同声而答，拔矛而复树之。予此时大震，发几为竖。而前此之妇人则抚摩穆罕默德不已，且以"亲爱"呼之，而二目闪闪上交睨视。余亦不知其震慑之所由来，斜视利武，慑乃尤甚。此时妇人抚慰穆罕默德，厥状如蛇，知必有不祥之事，将加其身（后此询得，杀一人而烹之，必先抚慰之以妇人，令垂死之人暂得一时之欢耳）。余此时见穆罕默德周身作白色，似病久失容。忽闻又有人问曰："吾肉宜烹之时乎？"众曰："肉既得矣。"此人又曰："烹肉之盆具乎？"问时如呼如詈，闻之心痛。又问曰："烹肉之盆热乎？"众曰："热矣。"利武潜呼曰："天也！"问者即曰："速具此盆，置之新客之头。"

方利武语次，余未及备，即见有二野蛮突起，取钳纳之火中。妇人斗出布环，加诸穆罕默德之颈勒之。其侧坐之人力扳穆罕默德之足，投钳之二人，即以钳拨火，觅得一物，状如磁盆，极红，翻作白色，立时已及穆罕默德之首。穆罕默德坚不受炙，哀啸如鬼，乃不顾颈上有环，脚为人扳，犹力争死命。已见此红盆加其首，余大呼而起，即出吾枪，向此妇人而弹。此妇人尚在穆罕默德之次，弹中其背，立死。至今思之尚有余快。余后此询得此妇人为佐北所却，愤无所泄，故泄之穆罕默德耳。妇人既受枪而死，余方震震间，见穆罕默德跃起，仆于妇人尸上，盖予枪出时，既贯妇人，乃并贯穆罕默德也。然余初意但死此妇人，不期并死穆罕默德，二者虽同死，然速死与缓死异矣。此时万声皆寂，以此生番初未闻枪声，因而寂然。时近余而坐者有一人，即起拔矛刺利武。余大呼曰："逃也！"即先起趋向洞口，捷步如飞，思在人群未起之先，逃向洞中，知外间已大有人不可出也。余左向行，而利武、佐北咸随余奔。生番亦争起。余越过穆罕默德之尸，见铁盆尚在尸侧，火光尚烛及死者之手，手尚微动，余亦弗顾。

既入里洞，贯出洞顶，顶有三尺高之石台，中列二灯，此石乃不知所用。余三人遂同据此石台，与生番拼命。数分钟后，群番皆集，见余三人立俟，佐北左立，利武中立，余则据右，二灯处余后。来者已无数，虽惨默无声，而状如狞狗。余下顾洞中，尚了了见火盆之焰熊熊然。利武二目作光，面冷如石，右手执猎刀，坚束其带，与余亲吻言曰："姑拜，姑拜，吾至爱之老友。老友之义乃逾吾父，今吾辈决不能自免于禽兽之手，数分钟后，吾辈烬矣。吾唯不哲，引公至于此间，幸怒我，勿加吾罪。"又顾佐北曰："佐北姑拜。"余切齿言曰："此事自关上帝。"方太息间，佐北举枪毙一人。佐北之枪，本非死此一人，顾乃别中一人而死。然生番已渐近，余枪亦发，不听前。佐北及予舍妇人受予枪外，继死者可五人。吾枪始毕，然亦无暇更纳吾枪。而生番乃不知吾更有弹，竟闯然进。见一伟硕者行近石坛，为利武刀下立诛。余亦出刀。佐北之刀乃虚而不中，而腰膂竟为野蛮所拥抱。佐北刀落石间，刀锋仰企，佐北与之同仆，生番之背忽触刀锋而死。余则力与来者战，来者二人幸不挟矛，而吾力不期而奋，尽吾力与之拼命，为势亦暇，一人适中吾刀，脑竟中裂，以吾刀巨，脑裂径至目眶而止，刀合颅骨不能出。尸仆时，余刀亦失。陡见又二人进。方其进时，余已留意，左右各挟一人，三人皆颠顿于地上。此二人亦殊有力，然不如我拳脚交下久。彼此互搏其生死，幸余膊至很戾，几折其胁。此二人则婉转余之肘下，余终不释。来人进我以矛，余即左右抵之，此二人者遂渐渐就死。余神思亦昏，设以此时之战，施之吾同学者，则又将呼我为鬼。时二人已死，余尚未释，防其不诛，释之且复生，又思彼列座之人，必以余三人为同死，遂不之顾。

余则回首视之，见利武已下石座，灯光适射其面，尚强立，未为人仆。顾有十余人围利武，大类群狼取鹿之法，引利武下扑。利武卓立，然已无人色，秀发四覆，如风吹浪，尚恶战不已。观利武死斗，余几不忍正视。忽见利武陡出一刀，立死一人。时众皆昏惘，且矛长不能刲利武。利武既以刀刺死者，刀坚入其胸不出，利武之手遂空。余思利武死矣，顾乃未死，尚奋其神力，力劈诸人而出，取已死之尸，横扫诸人，触尸而仆者可五六辈。辈中一人脑裂不起，起者复争扑利武。利武此时猛乃如狮，不为群狼所噬，力战移时，其神尚定，目注一人力拳之。受拳者亦立死于地，利武以足蹴之而去，先劈攻己者，然后力解其抱腰握颈之人。忽一人呼曰："速以矛刺其喉。更以盆承其血。"余此时罢不能起，亦不忍视利武之死，则力闭其目而晕。忽又闻有大乱之声，则又张吾目，见安司德尼已以身伏利武之上，以蔽矛，且以手抱利武之颈。众欲引去此女，顾女已以股交利武，如藤之附木，百引莫起。众议以矛间入，刺利武死。女终以身拥蔽利武，但受微创，未至于死。众不能待，遂有人呼曰："并死此女！"其声类入座时发令者之声，且曰："此二人之死，正可为二人成婚之铁据。"此时复见一人取矛伸其躯，举矛且下，乃复闭其目。顾虽闭目无见，忽闻有大声发于洞口曰："止止！"余闻后，乃再晕如死，心思此时其果死矣！

第九章

余晕后复醒，觉身在皮褥之上，去火未远，此火即用以炙人肉者。见利武亦卧吾旁，初不省人，其旁则安司德尼以冷水涤利武之创。既涤，裹以麻布。近石壁之下者，佐北也，似无重伤，但有股栗。火次则群蛮因斗而倦，

各觅寝处。尤有横陈之物,则斗死之尸也。余数之,舍一妇尸不计外,可十二尸,穆罕默德之尸则陈吾身次未远,注血之盆,亦在尸旁。左次则多人缚囚,即嗜人者,含怒受缚,状则至辈。众囚之前,指麾驱遣者,即老友俾拉蔾,厥状亦倦,髯须怒张,其视缚人也,如缚牛羊。此时似觉余能坐,则行而就余曰:"尔此时健否?"余曰:"不知其所以然,但觉身痛。"老人遂俯视利武之创言曰:"受刃甚深,唯矛锋未及脏腑,或能立苏。"余曰:"吾余,适于此时得翁良佳,更少延者,当永寐不醒。翁之族类决杀我,如杀吾仆,即指示吾死仆之尸。"老人闻言大怒曰:"吾子勿忧,若报仇之期至矣,吾能使此辈骨肉同焦。汝但坐觇其终局,此辈当缚斐而女王处受鞠。王为大人,足为尔复仇。"因指穆罕默德曰:"此等狼族之人,作如此死法,佳也。唯吾将问尔,何以至是?"余则略举其要。老人曰:"噫!如是耶?此吾国俗,新客一至,必烹而享众。"余曰:"尔族款客之礼乃大悖。"老人曰:"俗尚使然,别无他法,即老夫何尝以烹人为是,且吾亦不欲尝新客之肉。新客戾止,逾浅泽,咸食野鸟,则为味尤劣。兹得女王号令,谓汝数人宜以生命予之,乃未及于死者,盖穆罕默德状类野猫,众嗜其肉甚切,何怪其烹。且尔所杀之妇人良佳,即此妇人鼓荡人心,遂令此铁盆之火,加及穆罕默德之身,唯彼辈公行此事,久之将得美酬。即此十余辈为尔三人所尽,死亦殊乐。若未死者,则当听女王号令,此时女王怒极矣。"复曰:"汝三人殊能战且勇,尔殊类通臂之猿,能以力夹死二人,顾彼非脱壳之雏,死之易易,乃至于此。此少年尤可名为狮,乃能一气力死三人。尤有一人,尚恹恹有气,且死,试观其脑裂矣,即吾面缚之人亦大伤。今夕之战,可云勇战,吾乃益爱汝二人之勇,以吾壮年,颇好斗也。老猿,汝听之,汝面多毛,于猴殊肖,但闻汝辈,胡以身洞一窍?人言汝发异声,声发即可死人,何也?且迎面闻声,尤无不死,此又何理?"余力疾作简语答之,又防不答,将忤其意,彼为有权之人,将以死我,尤不可不备,于是告以火药之性质。老人曰:"果尔当试,即取囚,听尔殊之。"余曰:"得一人已足。"老人曰:"一人何济,汝胡不于此时杀人以复仇?且其事吾甚嗜之。"余曰:"吾国之俗,不死败卒。至于复仇,则听之天讨。"然老人咸不了了。余曰:"待我创苏,当与吾父行猎,验此事之果否。"老人大喜,如儿童之得玩物。

此时利武目张,以方饮白兰地。白兰地吾所挟之酒,今但得余沥,故饮之而苏。利武张目,见余与老人语竟矣。此时老人命人舁利武及于榻,助者则佐北及安司德尼耳。余非防其怒者,将力抱而亲之,谢其有心爱我童稚,已而又思安司德尼为少年之妇,果亲之,为外人所误会,宁不传为噢噱。时余已创,心绪亦恶,况为新客,以睡为上着,遂登榻睡。榻乃如墓,心思吾命尚生,但冀上帝怜我,幸度此宵。又思天下从危局得逃者,但我三人已耳。思深,竟辗转不能成寝,遂生噩梦,已而沉睡矣。至于穆罕默德受烹之状哀惨,乃盘旋吾脑筋之中,复一一入梦。前此搏战之烈,直同观剧,剧场之幕时掀时下,有时幕启,见一绝美之妇人涌现吾前,佳丽无匹,时而张幕，见白骨皑皑，或作异声，字义乃不可解，其声曰："彼辈生者，其知死矣，即死者陈陈，又未为终死，盖人之精神本属无物，即死亦然。故举天下之物永永皆生。"有时特入梦乡，竟为人所忘。余梦醒尚忆此数语，然身痛不可忍。

七句钟后，佐北鳖而入，面作烂苹果色，告余曰："利武已获安睡，然气息仅属。"又二句钟俾拉藜至，手一灯，以伟人入此石室，其首几及屋顶。余则伪睡待之，微见老人髯须甚佳，眼明若鹰，视余自拈其须。余思此须用为英国剃发铺之幌，年可得值百余金。余闻老人自语曰："此卧人殊丑，顾丑中自妍，足肖大猴，称之为猴，名义皆当，吾颇心爱此人。顾世事日变，及予暮年，忽爱此堂堂之男子，里谚有言：'天下不足信之人，即可勿视为人。至于妇人尤不宜近，近之将生灾害。'此二语确哉，第二语尤佳！吾思此语传自古昔，必非虚言。若大猴则真足信且爱，吾不解何人授彼幻术，乃能于人身穿窦而过。女王虽能惑人，亦决不足惑此男子。嗟夫！大猴，汝恶战如此，宜其倦也，顾余多言，防惊醒之。"余见老人蹑足垂及门次，余即呼曰："吾父，汝来耶？"老人曰："吾子，吾不欲扰尔清梦，此时之来，观尔之创剧否。且告尔仇已赴女王就鞠矣，女王曰：'汝亦立时当至王所。'吾则谓尔病未愈，不能首涂。"余曰："今且勿行，待吾少苏，再图面王。吾意能舁我至于空旷之地，吾意殊不嗜此。"老人曰："否否，此间固有霉气，吾尚忆吾少时见一美人，即卧尔所卧处。此妇美极，吾窃以灯临照之，非其人手足皆僵者，吾则甚望其生。此女衣白衣，发作黄色，长且委地，此等人在女王处滋多，但皆入队中，即吾亦不知其所自来，乃天工损坏之力，犹不能于其死后而尽朽之，吾则长日至此观美人，当时吾年尚少，故爱此死美人之态。然美人生时，固仍然一好躯壳也。吾观已，即亲其冷冰之颊，惟不知此尸陈诸何时，其生时被何人所爱，乃莫之知。大猴听之，吾之幸得道术，即学诸死人之身，始知天下之物，在此阳光之下，但有修修一道，行诸渺冥，令人忘记之乡而已。既怀此心，宁非学诸死者耶？一日，吾母见余旷然有离世之思，则逐日尾吾至于此中，窃观美人之尸，防为巫术所迷，实则吾心固已迷矣。吾母且惊且怒，以灯尾吾，则立起美人之尸，焚其发。尸乃大灼至胫。大猴，汝观壁上有烧纹者，即焚尸迹也。"

余视之，果然脂膏尚留石壁之上，似在数十年以前。老人曰："尸既焚尽，且及其足，吾赴救时，但留一跟，吾即断之，包以麻布，纳诸石榻之下，为时至迅。其事及如昨日，此跟或尚存也。自当日焚尸后，吾未窥足其地，今且验此跟之有无。"老人遂探手榻下，即大笑曰："得之矣。"尘封其上，麻布已腐，启之，则白种妇人之足，既坚且嫩。老人作悲哽声曰："孺子，吾言不已验耶？汝试观之。"余遂取此人类之余物，心绪潮起，不知所云。然此足趾甚轻，尚泊以肉，且有焦气，皮亦未皱，且满如常人，不类埃及之木默，唯一二处为火花所爆，已微焦，犹之方死之尸，指甲皆备。余曰："伤哉！此美人之趾，不知留此几百岁，且其貌美如花，今乃为人所遗

忘而不省记,想此女生时稚也,当时为含羞之闺女,今兹焦化,留此半尺之跗矣。此尸特为灵魂之逆旅,一过而不复留,已则并此逆旅亦成煨烬。当其死时,此黑人固时时来视,乃不知死者之能知与否。然此跗乃绝世美人足也,果使仍生于今,则天下霸王皆将俯首而长跽其侧,且无数王公贵人以唇吻亲其绛颊。噫!已矣!"则仍以麻布裹之,此布或即死者之衣,乃藏余行箧之间,深思此地绝奇特。

此时俾拉黎助余起,立扶将以视利武。利武之创尤剧,实则非剧,盖利武肉色皓洁,故创痕益露,似甚于余,所以不支者,身为矛刲,出血过度,因而致此羸状。综言之,幸不抵于危亡。此时觉饥索饭,佐北及安司德尼昇利武至洞外,吸取空气。老人助置洞外林荫之下,昨夜战血及尸,已洒涤净尽,于是数人同饭于洞口,坐而抵暮。又二日咸如是。至第三日清晓,佐北及余已渐复故,利武亦有起色。余为俾拉黎敦迫,赴科尔谒女王,余防利武中道病剧,创痛甫合,行道辛楚,若更裂者殆矣。俾拉黎言非越此而去者,百险且及。余不得已从之首涂。

第十章

余诺后,可一句钟,五竹舆已至洞口。舆夫每四人,更副之以二人,一舆凡六人,尚有五十人执矛为卫,且荷行箧,前三舆则余及利武、佐北,其一则俾拉黎。余闻此老同行则甚慰。此外一舆,余思必安司德尼,因问老人曰:"此一舆非处彼女郎耶?"时安司德尼方指麾舆夫,老人闻言,耸肩言曰:"此亦视其所向,吾国之俗,允否悉听妇人,以国俗崇妇人,听其自由。盖世间非女子不育,亦不成为人世,女子者,生命之发源也。"余因怪初来之时,见女子权力较伟,今觉之矣。老人又曰:"吾辈礼妇人甚至,听其自由。至于不能忍而止,此无世无之。"余曰:"所谓不能忍者如何?"老人微哂曰:"吾辈怒时,则取老丑者杀之,以慑少年之妇女,示我男子本强于妇人。嗟吾老妻,前三年已殒于矛下,此至残酷之事,令人生悲。实告汝,自吾妻死后,吾之生命乃翛然无所窘,唯无女子之见困,故寿命延长至此。"余曰:"此亦美政,唯此阿吗哈葛尚有未发明之理,君辈固自由,恨无人生之责任。"老人闻言不审,余乃一一开示,以人生宜有责任之事。老人颇悟,呼曰:"大猴,汝言当也,吾国何尝尽杀妇人,仍有留者,若此女郎者颇勇敢,颇爱大狮(利武),乃以身挡矛力卫其命。以吾国俗论,则此女已嫁之矣。大狮安往者,女本宜从,非女王不听往者,女匪不往,须知女王之言,足以遏制天下之公道。"余曰:"设女王令此女绝去利武,女亦能屈从女王命令耶?"老人曰:"使大风偃树,树岂有不受偃者?"

余未及答,老人已登舆。十余分钟间,众已在道。山行可一句馀钟,更半句钟,则竹舆已越对山。山行景物至幽清,触目纤草如毡,时时出小树,蓊然成积,则枳棘为多。陂下可九咪以外,模糊见水泽,汪秽如海,瘴气丛起如人烟。舆人下陂绝迅,中午已及泽次,则止而进粮糒。食已,舆经浅泽之中,泽中径路甚微不可辨,兽蹄鸟迹,纵横交纠,至今思之,尚服舆夫之能辨路也。小队中有二人前导,人执一梃,测水之深浅,探取泥之坚弱,似闻泥土时时迁易,不可得路。有时沿旧路行,而路已中陷,入于深渊,泽中清寂凄黯之状,匪言所详。续续可数十咪,浅深初不了了,但见草高于人,百路歧出,深浅夷险初不可别。泽中多鹭鸶及蛙龟,格格作声,一望无际。时见水雾蒙蒙,漫于草梢。泽中生物,但有水族及沙鸟而已。鸟类中,如野鹅、白鹭、野鸭、鱼鹰、竹鸡、斑鸠,累万盈千,杂人而起,其状致怪,然甚驯无机,苟以梃拂,且立得群鸟中最佳者为竹鸡,飞鸣一如英国所产。泽之深处,生小鳄鱼及巨蜥蜴,蠢蠢而动。老人曰:"此二种之虫,均需野鸟为粮,道中见巨蛇作黑色,噬人立死。又有嘘气之毒虺,较黑蛇尤烈。而别种之田鸡,身巨而声洪。飞蚊之大如蝇,螫人成疮。腐草之气绝腥臭,不可近。杂瘴气以熏人,闻之棘鼻。余辈不能不遵是道而出。"

既而尽历泽中,西日且落,竹舆已上高原。地广可二亩,此在群泽之中突出,犹沙漠之得水者。俾拉藜下令,立行帐于此,众乃无帐,拾丛芦燃之,争环火而坐,食糒及烟。潮霉之气,仍随风扑人。余则以烟避之,幸夜气犹酷,然亦时时作冷,如寒热之病。顾余则仍近火而坐,以火近处无蚊也。众遂裹毡而息,而蛙声阁阁彻夜弗止。竹鸡万数,飞鸣空中,亦不能成寐。寐既弗适,则时时视利武。利武方卧余侧,倦极微睡,颜色惨白。又自火光中观安司德尼,卧处正近利武,不时起而伏视利武。余亦不能更助利武矣。时三人口各进金鸡纳霜,用以避疫。仰面观星,星续续现于空际,周天皆满。余一身较之众星,直邈然如无物,于是万念皆寂。以余卧时筋骨不能自守,及见星,则思上帝之力,能布置宇宙品物,林林总总,不可数计,其功力令人不可思议。尤有不能详究者,似我藐躬胡能考白而详? 能详者,或博学而有才者耳。因思人果上智,或为造物所忌而瞳其目;人果多力,或为鬼神所恋而醉其心。愈思愈即虚无,疑人生不可尽悉之端,势当面质上帝,问吾智力胡由莫逮? 可知大智非恒人所及,以人在上帝包罗之中,安能越上帝而逞其才? 人固有恃才而傲人者,乃不知一身特如芥子寄之宇宙之内,故生人乐趣不尽可得,所得者,但有苦趣,听造物之安排。悲凉之剧稍停,得少苏息,此即谓之生人之乐。至于大限既及,则昏昏沉沉归于大暮,其驯如羊,不敢与造物抗也。

余仰见天星,俯视泽中磷火,辗转不能自聊,觉泽中腐气时时浮动触鼻。余恍然悟及生人之理,乃萧索寡欢至是。天之权力判尔菀枯,则一一如命而听受。余终夜脑力咸如是起落,亦不自测胸中之悲恻,起自何时,归于何所,欲呼天而诉,即亦无人见答,即欲细数天星,用自排闷,顾亦不能;即屡度垂垂,厥理亦正难测,思极愈不能。寐回思己之事业,尤极无谓。瓶片之贻乃自五百年前,不期竟得其端兆。且此女王果何人者,权力乃能管此族之百姓? 在文化消灭之时代,而又生长火中,此又何术? 讵别有妙巧,能

林纾

保卫此血肉之垣墉，经火而不成焦烂，并能流传至远，较圹质为尤坚，果有其事，或未经吾耳目所见闻，亦未可料。威英西言："人之生命，固不能续续而长引，世有其事，亦不云劣。唯世界中又苦人满矣，将奈何？脱但一人长生，则似世界又宜归其管领，举一切财产权力，当属彼一人之身，尤能区别日月，成就各种之学问。兹事果确，则女王亦决生。"但吾未必倾信即有其事。女王果有是能，何为尚隐伏此食人野蛮之国土？今勿论有无其事，事乃大奇。其尤奇者，年月历历可考，均书瓶片之中。吾四十年悲乐之事，不知造经几许今日。忽又遇此荒渺无稽之事，则吾生又未尝不为奇遇，颠倒追维，思力已倦，遂息。

及醒，则天已迟明，舆夫卫兵，蠕蠕动于草际雾中，厥状如鬼，将首途。余起而欠伸，受寒而颤，则回视利武。利武已坐，以手支颐，色惨而神定。余曰："利武，如何？"利武答曰："似将死矣，脑中之痛如剖，寒气中人，颤不可忍，为状殊剧。"余知利武寒热发也，则起呼佐北取金鸡纳霜令服，幸所储尚夥，悉藏佐北囊中。然佐北亦病，言脊梁麻木不能自支。余则悉力为之，每人分予十厘之金鸡纳霜，予亦少服以避疫。二人服后，往就老人言二人病状，将何术扶携上道。老人即随余来视利武及佐北，老人呼佐北为豕，以佐北肥硕象豕耳。老人曰："豕，寒热发耶？"然利武虽病，年力尚壮，可以无妨。若大豕者，寒热固小，然必起自脊梁，其毒中诸膏脂，为势至重。余曰："然则二人能同行耶？"老人曰："然，留此决无生法，盖竹舆之卧，较地卧为良。果命运嘉者，今夕可以度此浅泽，则彼间空气，较此为佳。今众可扶携二病人登舆，速行速行。与其吸受晓来瘴雾，为事非佳，晨餐可于道中进之。"

前三句钟均无恙，已而逢祸矣，同行之老友俾拉藜几陷深渊。时所行处，舆夫泥几及腰，盖荷重行诸深泥，为险已极，即旁有二人扶挟，亦不足恃。时同行者迷失道，闻前行者大呼，水声拍拍然，众皆停趾。余下舆视状，则二十码之前有深穴，老人之舆已浮水面，乃不见老人。其所以致陷之故，则舆夫践蛇，蛇反噬其腓，舆夫侧身卫其足，竹舆遂翻入水，三舆夫为此伤腓者所引，则舆身已脱其肩。余至时，既不见老人，且不见此伤腓之舆夫，盖已没水中弗出。顾舆浮而动，老人之衣为舆所引，幸未抵于渊。众皆大呼曰："吾父尚生。"然皆不伸手而援，立水边互视。余操英语斥之，自直抵于深泽，近老人身次，力引而上。老人周身皆泥，大类酒神巴察司衣绿叶为衣也。老人智甚，不极力引余臂，但徐徐随余行，泥之腥腻乃无伦比。读吾书者应知老人此时之作何状，绿泥满身，白须结为长辫，如中国人以油渍其发为辫者，而身尚健勇。既定则大斥曰："群狗乃纳我于泥中，听吾死耶？兹非吾子大猴救我，我决死泥中矣。汝辈之恩，我决忆之。"此时周身淋浪，怒目四瞩，众皆栗然无言。老人谓余曰："吾子可力引吾臂，尔我之交良挚，生死共之，以汝之卫我甚力，或一日吾力亦能救汝也。"于是余助老人洗涤，并起其舆。众复上道，而伤腓者之死，众亦弗怜。

第十一章

斜阳未落之前一句钟,余心乃大悦,时已舍浅泽,而上高原履平地矣,众即小屯于此止宿。余首至观利武病状,病乃逾剧,形益沮丧且呕,至于迟明弗止。余竟夜未息,则助安司德尼调理利武。此女之温柔静谧,供利武,佐北奔走,且抑搔利武。余大感动,力疾助之。时既温和,亦不苦蚊。时去水泽未远,而气候已不侔,下视水泽,雾气蒙蒙,如以白衣周覆一城郭状。余自庆乃出泽国。至于迟明,利武自言似脑球已劈为两矣。余凄然心痛,防其不起,余凤闻寒热之病,终无善局。方余疑骇之间,老人戾止,曰:"众宜速行。"老人谓利武非得安静之所调息之,则此十二点钟之外,决死无救。余无言,但能如今,遂扶利武纳之舆中行。安司德尼徒行,为之驱绳,且防热重发狂,仆之舆下。

行可半句钟,太阳未出,已造高原之上,眼界空阔。迎面已见一村镇,青草如毡,绿叶扶疏,花光明媚。去余所立处可十八咪,有山突出,平原遂尽于此。山趺中多青草,山趺去平原已五百尺。其上尤有方石如墙,度之近一千五百尺。其山旧为火山,作圆形。余但见山之一角,乃不审其周遭为几许。后此闻山之面积不能逾五十方里,似天然之城堡,乃为余生平所未见。境既清寂,巍然欲上亲于天,周身皆云,被之若衣。山之左右云气磊起如羊毛。余坐舆中看山,老人似觉,则令舆夫与余骈行,言曰:"此为女王之家矣。汝读书多,曾有见古今女王有如是之据形胜者耶?"余曰:"王居壮矣,吾辈何由能入。且此山之高,胡以能跨而过?"老人曰:"大猴,汝少须之,今且先观山下之路,汝亦聪明人,知此为何物。"余下瞰有路,其上铺以细草,左右夹以陂陀,余不测老人言中之意,但觉此路甚奇特,即曰:"吾父,此即吾辈所行道耶?果非路者则小溪,为人力所凿耳。"老人如有所思,但点首言曰:"汝言良然,此为小河,前此之决此道,即为前人用为泄水之方。盖万山合沓,中本为大湖,古人乃划成此道,今水泄出无余,其先决小河,后乃拓其洼地受水,想吾所经之水泽,或即湖水下汇之处。大湖即干,可以居人,遂有古族之人。即湖心为城郭。今古城已毁,城名即科尔也。湖心既为平原,人复凿石为洞以居。"余曰:"前迹或尔,后此山泉涌发,则平地不仍为泽国乎?"老人曰:"古人绝智,则另辟水道以泄山泉,导水右行。尔试观四咪以外,有小溪蜿蜒下通者是也。其始必出山下吾所注道,而居人便此道,故另以他道导水。"余曰:"然则入山无路,但有此途耳。"老人曰:"有之,其道绝狭,出于秘密,居人乃不辨。凡牲畜肥时,始驱之人。"余曰:"女王长驻彼间乎?王曾否出诸山外?"老人曰:"无之,王终不出。"

余二人舆上且谈且行,已至平原之上。余观道中花木,乃至爽人心目,树高插天,其大如橡,且多棕桐,高可百尺,凤尾之草,长亦隐人。林间多蜜蜂及蛱蝶,树多悬藤,树间多野兔犀牛之属,间以斑鹿鸵鸟,见人风驰而

示。余不之省,舆中挟手枪,见一鹿方以身泥树,舆中自念:吾枪必莫及,则下舆与鹿相距可八十码。鹿回首视余且逝,余举枪觑鹿背而发。鹿跃起,立殒于地,舆人大骇,耳语为怪,以野人中安得有枪。时卫卒径前取鹿,余则上舆行,众争割鹿取肉,余不之顾。老人行近余前曰:"大猴,此乃大奇,汝貌虽丑,其能可尚,汝乃大有力,能死此鹿。汝前不言教我以是法乎?"余抗言曰:"必教无吝,此弋弋者耳。"遂一一示以纵枪之技。于是复前行,天且垂暮,及于旧火山之下,至于石墙之高峻,余笔亦不能形容,但觉身入清严之地,不期而栗。舆人一一舁登高陂。夕阳未落,天朗气清,已而阳光渐缩,众遂行石洞之中,且行且深,乃不知人工所极与其年数。当时初无炸药,乃不知其所以然。斯则是间之奇迹,思必科尔族人合倾国之力成之。今其人已尽渺,乃有类埃及之金字塔,闻此间凿洞,实合数千万囚人之力成之,不知历几世纪,今其人又安在者?

已而舆穿石洞上危岩,下视尚有一洞,其状大类十九世纪工程师所凿火车之洞,洞口流泉涓涓然,竹舆即沿溪行。余书初言有溪下泄者是也。溪半出天然,半归之力,然终以人力归于天然。余既及洞口,皆止而不前,各燃纸灯。老人即下舆言曰:"奉女王之命,蒙我辈之目,勿令此中机密之路,为凡夫所觉。余不能不允。"时佐北已愈,殊怏怏不欲蔽其目。余思佐北之意,复患更烹,则仔细婉导之,使勿栗栗。时利武在舆已稳睡,则不加蒙翳。余辈则翳以黄色之麻布,此布为阿吗哈葛用以裁衣者,其来恒自古坟之中。余初以为土著所织也。布自目缚及脑,后结其端于额下。安司德尼则亦蒙其目,似防以秘事告余。众目既蒙,遂入洞。但闻舆夫足音,与细泉淙淙之声,心度入洞深矣。然久在难中,即亦无畏,则静数舆夫足音。忽闻舆夫作歌,其歌似余初受缚时所闻,音吐既怪,笔墨亦不能形容。渐行空气渐寡,但有土气,喉为之哽,微觉舆行数转不穷,泉声立止,空气亦佳,然犹转转不已。余目既翳,则仿佛如入梦中,思隐忆其转折处,顾终模糊不可辨。更行可半句钟,似至空旷处矣。余自麻布中微微见天光,且觉有空气扑面而来。可数分钟,舆止矣,老人发令,令安司德尼去幕,且令为诸人去之。然余已自解其缚,流目四眄,似吾辈已穿过石墙之外。回望高岩已在背后,亦不觉高,但觉高类平原也,一身已在石穴之中。山势嶙峋,如园亭中叠石而成。牛羊之属,亦各有位置。穴中或小阜隆起,多生纤草。中有古城一区,久已残毁。余方欲更瞩,而土人已麇集余侧。穴中人与外人无异,但言语少别。忽见有卫兵合队,一将弁领之,人执象牙之棒,转出岩隙,如蚁之出穴。兵及将弁咸衣豹皮,余决为女王之羽林将领。行近俾拉藜前,以象牙棒横之额上为礼。俾拉藜亦作简语报之,羽林遂向岩隙而去,余队亦尾其后。

至一洞门,门高可六十尺,广可八十尺,老人下舆,呼余及佐北随之。利武方病卧不能行,余则从老人入洞。洞门甚高,日光射入。日所不至者,有灯远燃。其道甚修,灯光隐约,似伦敦之煤气灯。壁上多雕刻为男女爱情状,或作行猎及行刑状,又次则作烹人之惨状,余始恍然国俗之流传,盖本此也。图中无大战,但有较武,乃知此中初无仇敌来攻,或地偏而人不至耶,或太强而不敢犯耶。图中有书,既非埃及、希腊及斐伯来阿西利亚,乃微肖于中国。洞口书画,漫漶殆尽,唯入洞则逾新,有一二处似刊刻自昨日者。卫余之兵至此止,作两行,让余肩舆行。入时有白衣人迎迓,为礼甚恭,不作一语。后此乃知其人聋且哑也。余直入至二十尺以外,始转见小洞,洞中尚通二穴,穴次有二卫卒严守。余隐度或为女王之宫。右次之穴则不之守,哑侍者指此不守之穴请入。余下行,可数码之远,灯光烂然,草帘下垂,尤有一人引余入。室亦凿石而成,光自岩端而下,是中大有空气,陈以石床,积水数盆,以备澡浴。榻上加豹皮甚厚,余辈背利武入室,利武尚浓睡。安司德尼则留侍其旁。哑侍者张目视此女,似怪其入,顾乃不能语,复引客入别室,佐北遂留。左右复见二石室,一居余,一居俾拉藜也。

第十二章

余及佐北第一节即顾视利武,次则澡而易衣,以余衣自破舟后均未易。余书曾方随身行箧悉在刺鲸之舟,故幸获全,鲸船既入泽,行箧亦未损失。至于伪珠小刀之属,备以馈人者,则尽失无遗。余所挟之衣,均荷兰绒所制,厚而且温,在石洞中为宜。半臂汗衫及二裤,称之,仅二磅以外。盖挈物事于热带中,多则不胜,唯绒衣最佳,既足以御日光,又足以祛寒气。用此者之蛮荒中为尤宜。余此次澡身易衣,其爽利于吾身者,乃永永不能遗忘,所微憾者,胰皂已罄,于去垢之法,尚未周备。寻侦得阿吗哈葛人种乃亦好洁,取已毁之土用代胰皂亦佳。余始用之颇格格,既而纯熟,乃与皂无复甚异。余既浴而易衣,且刷其发,剃其髯,较之未栉沐之前,为状大异,宜乎老人之呼我为大猴也。余此时觉饥矣,顾未语人。

忽见帘开,有哑女人示余以状,以指近吻。余立悟,随之出别室。既入,见佐北方瑟缩,疑引此受烹。此女之来,亦如野蛮之诈,即呼余曰:"先生,此等人怀诈,势将烹我,非礼我也。"余视此室,宽绰倍于吾之卧室,见石案陈于壁下,隐隐皆作人形,似此室为灌尸使不腐朽之室。石案宽可三尺,高可六尺,亦凿石而成。案上有槽,以备纳尸于其中受灌。案前有小石榻供人坐,室无空气,乃凿壁引之,其上亦隐隐作微光。余瞭此石案,大小各殊,知此室决非食堂,直灌尸之所,以案上人槽及石枕,固已了了动目。自童孺及于成人,每槽有次。且有窍窦以泄尸液。墙上镌刻如新,皆作灌尸之模范及尸形。尸中有长鬣者僵卧,多人舁入一处,为状非王者必大臣矣。第一图为长鬣尸像,如卧小亭之中。亭檐咸加以缯,缯中似有文字。其旁列子姓十余人,作哭泣状,发皆纷披其背。第二图即灌尸矣,陈尸槽上,与壁下所列者同。三人灌之,一人指挥,其人似以铜管纳尸胸,其上有利刃,似启胸入其香料之属。余一人以物纳铜管中,其立绝高,物似流质。此

林纾

二人皆以手掩鼻，或尸腐臭耶，或药臭熏人，则不可知。此三人方灌尸，则咸以麻加其面，但漏二目。至第三图，则此长鬣出殡矣，尸僵卧，似衣麻衣，睡于石床之上，自顶及踵，燃二灯。尸旁列数瓶，其制绝工，余疑瓶中盖蓄死者之食，送者无数。亦有奏乐者，乐器不可名，间有张七弦者。尸下立一人，张巨幕，将幕其尸，图之刻镂至工丽，余笔乃不能达而告之读者。既详尸形，复备丧礼，栩栩皆如生人。余思此等古物，恨不归康布利学堂中，与好古之人谈此遗俗，正恐余之所言，必不见信于彼辈，设以考校古史，以实吾言，势将谓余为杜撰。

此时余揽古竟，遂踞坐而食。食亦皆牛肉及山羊肉，鲜牛乳及肉臛，盛以木盘。食既，归视利武。老人曰："吾在此正守候女王号令耳。"余视利武病势复剧，作狂吆不止。余入时，见安司德尼力按利武不令动。余呼利武，利武似觉而少定，余仍以金鸡纳霜使服之。坐可一句钟，天已垂暮，利武面作黄色，裹以厚毡。忽见老人匆匆入室，言曰："女王召君矣，此至显荣事，恒人不多得也。"余淡泊应之。老人则大愕，以为反常。实则余心亦思见此黑种之女王果为何态，无惮其尊显，一则亦以利武垂危，欲面女王卜其凶吉，不期徐徐而起，随老人行。未数步，忽拾得一物，此物何名，想读吾书者必能忆之。此在瓶片中有小印作鹅形，书曰："太阳之子。"印乃甚小，利武则镶之金戒指中，用为图书。想其背入时，遗落于此。余思不藏且患亡失，则加之小指之中，留佐北及安司德尼侍利武，遂出石室。

屡转甬道，即前此所见之洞门，二卫士立如石像，余至时，始鞠躬为礼，横矛于顶上，而军官亦以象牙之棒为礼，如卫士。余入时，屡下阶级，灯光照耀如昼。行次遇四人皆哑，凡二男二女，女前男后，导引而前。遂历数门，皆芦帘跪地，后乃知此间均侍女所居。又数步，复见一石室，似为道之尽处，复遇二人衣黄白之衣，亦羽林卫士。掀巨帘而入，为一广殿，长可四丈，中有黄发女侍十人，亦有妙年而俏丽者，坐重茵之上，执象牙之针，如有所纫，似刺绣者，女侍亦聋而哑。殿侧有扉，似有复室，绣帘有东方所制，较诸入时所见者大异。帘外二哑女绝美，以首垂胸，意态至温驯。哑女则为余启帘，余见俾拉藜已跪，加肘于地，髯亦扫地，膝行而入。老人微语曰："大猴吾儿，汝亦俯伏而膝行。此女王殿也，苟不敬者，王将大怒。"余闻言亦震，不期而欲跽。既而自思：吾为英人自由者也，胡为兽行而跪此野蛮之妇？遂决计不跽。况非生命之所系属，果此次兽行，则后此亦非兽行不可。然则吾不期自沦于卑贱，且吾国权，与叩首反背，吾亦不能不率吾国俗而行，则仍纵步而前。

已而复至一室，较之初进之石室为狭，其中多帘幕，绣丽如前，心疑宫女所织者即为是物。室中列榻，为乌木所制，镶以象牙。地上皆氍毹，壁上有凹处如龛，亦垂以幕。幕中似有光力，余皆无物。老人此时徐徐匍匐，余随之亦不能疾。余观老人之兽行，几如蛇之以腹就地。余少行辄止，老人亦数步而一息，大类剧场所演苏格兰女王马利亚临刑时状。然俾拉藜之膝行，较诸少年为尤艰。余随之不能自耐，几欲以足蹴之。此礼大属野蛮，厥状如阿尔兰人之逐豕，几欲失声而笑，则力遏其笑，大宣其鼻息以止笑。老人闻声，回首怒视曰："伤哉！大猴死矣！"已而近帘次，老人以胸贴地，余愕然不知所为。未移时，似帘下有人窥我，乃不辨其为男女，心颇瑟缩，然亦不解其所以然。实则地为妖异所居，虽绣帘明灯，无能止我恐怖，乃不增华而增悄。此时老人伏地如尸，而帘隙中香气蓊勃，而出满室皆馨。帘亦弗动，余心几若沉迷，毛发皆耸，汗溢出如珠。少顷帘动。余自问帘中果为何人，讵赤身之野蛮女王在是耶？女王讵消瘦类东方美人耶？或为十九世纪中鲜妍之女郎，在午茗后作晚妆对客耶？余百思不能得女王之真际。

已而帘动，出玉手如霜雪，指尖白而指甲红，搴帘而出，作娇柔之声，如金玉，又如空山细泉之声，作阿拉伯语呼曰："新客。"其声类阿拉伯中上流人语。语后复呼曰："新客，汝何恐之深？"余此时果恐极，则矫为镇定之容。女王既发问，余尚未答，而帘已大敞。忽见一修长之形卓立吾前，王方以白纱周裹其身，至于面目，亦咸不了了。余初见直如冢中之尸，顾余眼力所及，已备见女王之血络。余思王之为此，殆有奇术用以骇人。余此时直如遇鬼，毛发皆竖，如有物蠕蠕以附吾身，又如陡见怪物，为生平所不愿见者。虽然，立者虽如尸，而体貌则至可爱，筋骸肢体，寸寸皆美，柔艳夺目，至于无可比拟。凡手足微动，则全身皆动，不能俯仰。又问曰："新客何恐之深？"此时较仙乐为尤美，予不期色授魂与，无能自持。王又曰："如我之身，乃足以震恐一男子。然则今时之人，较前此为异。"王语已，遂为媚态，自伸其臂。见黑发四披，黑乃如漆，散被白纱之外，直委之地，及王木屐之次。余曰："臣之所震者，震王之美貌，为人生所不经见者也。"

余语时，老人伏地言曰："大猴乃善为赞美之词。"王曰："吾知世之男子，乃能用伪言以愚女子。"语已大笑，厥声如银钟自远而闻。王曰："新客之所恐者，恐吾目力直射尔心，所以戚戚至是。然而吾仍妇人，许尔作伪语，语伪亦衷于礼。今我试问尔，何为入我穴居？此族为泽国，特死人之薮，汝何图而来？且汝何自轻其命，至此荒寒之地，为朕所管领者，此管领之人即为女王，为世所推尊者。矧朕所言，汝亦何由悉之？言为古族所操，是西利亚之遗音，此等语尚留之世界之上耶？汝来知我穴居与尸身相处，人世之事，一不知，且不求知，嗟夫新客！吾命之能生，犹古物之足令人纪念者，纪念无已时，吾生亦无尽时。人已视我为冢中之物。"王言至此，声颤而嘶，言曰："质言之，此皆人世薄幸之夫，遗留之残孽。"语后，以目视俾拉藜，色乃少定。言曰："老人亦在是耶？汝今告我，尔族人何事致哄？或吾客戾止，致尔族凌竞。我知尚有一人，为尔禽兽之子孙，烹食之矣。设非客善斗，则肉亦俎上物耳。即我蓄道术，亦不能取其已残之躯而活之。老人，汝族人之为此，究何用意？汝今尚何言以语我，朕不尝言报仇者用此法耶？"王且言且怒，石壁为震。余自白纱之中见女王二目耿耿作光。

此时老人震恐失次，战不可止，呼曰："女王。"首低至地不敢举。且

曰："王神力弥天,幸乞垂悯,王但有言,臣匪不从。且烹客之奴,非臣之过,实不肖之子弟为之。此时祸始者为一妇人,有客曰大猪,为人所轻,遂沿古俗食新客,并大猴及病狮咸嚼之。其嗜大猪者,以王令曾未及此黑种大猪不可食者。此大猴及狮,见人烹大猪,则起而击死此妇与妇人之侍者,拔出大猪。噫!此不肖子弟,直为谬种之流传,乃不可教训至此。此等嗜血若狂,见大狮、大猴及猪,馋涎下流。顾大狮及猴战斗甚力,格杀多人,能自支其命。臣适于危难之时,至而救之,已将为恶之人缚置于科尔,待大王处决。"王曰:"老人,朕知之矣,明日御殿,将施以公道,汝勿栗栗。至尔者,已在赦令之中。汝不自努力保其家族,乃纵子弟杀人耶?汝今出矣。"老人叩头,为意至得,白鬣扫地,仍兽行出,留余于女王室中。余乃大震,然仍为艳色所迷,留恋不能去。

第十三章

王曰:"此白鬣愚叟出矣。嗟夫!生人之得知识难哉!彼年长,积其智力,乃同岩滴然,受之辄漏而不留,果使能蓄而不漏,又何至历代咸育愚人。汝不觇其憨状,令人欲笑耶?朕今问尔,彼呼尔为何物?"余曰:"称臣为大猴。"女王大笑曰:"此果为野蛮之称,彼脑中不能有别思,所有者,但在诸庶物之中。今问新客,在国中人呼尔国何名?"余启曰:"敝邑之人称臣为何利。"王亦称余为何利。既而曰:"何利二字何所取义?"余曰:"多刺之树耳。"王曰:"汝须鬣如棘,健而多力且丑,设吾觇人能精者,汝心良忠直足恃,如人之倚仗焉,且有智力能思。何利,汝且入吾室,与我同坐,吾殊不欲令尔膝行如奴辈状。即朕亦厌倦彼奴之畏慑,朕每见其尊崇,几欲尽举而歼之。其不杀者,甚欲其易为白种,不止白其外,亦正欲白其心。"语后以素手掀帘,引余入室。余悚然而入,余心亦不期其胡以畏慑如是。

帘中深可十二尺,广可十尺,中陈一短榻,陈一长案,生果陈陈,储清水一盆,光可鉴入。案侧复有水一石筒,亦清洌动人。灯光灿然,皆积油瓶中。瓶之奇丽,人世无匹。室中空气,皆作芳馥,似出其发际及其衣袂之上。余神思已惘。王指短榻命坐,言曰:"汝无因,胡栗栗至是?果可惊者,吾力讵不足以杀汝,不杀则不足惊矣。"余闻言,依榻而坐,乃近筒水。王则坐榻之西头,问余曰:"汝何为能操阿拉伯语?阿拉伯朕之国度,且为古族之阿拉伯,亦称曰'耶剌伯',即加登之云礽。朕生于阿沙古城巨镇之中,城属耶蒙中之安乐国。今尔所操之音,乃与我当日所言,微有不同。吾当日之音,乃出金石。尔言尚不及烹米野也,且字音亦异。即近日之阿吗哈葛,虽习其言,亦杂以土音,均非古时阿拉伯之言。朕已长此方,亦但操此种语方,他无术矣。"余曰:"臣习此已久,此等语埃及中有之。"王曰:"埃及至今尚未灭耶?谁为佛罗者?是否仍波斯阿察斯之后,阿清米迷亚之族燔乎?此族较之阿察斯为先。"余曰:"波斯之去埃及已二千年,自罗马波,利迷入时,波斯之族已立逼尼尔河边,新国之萌芽者至夥,盛衰倏然。且王何由知波斯先代之事?"王微哂不答,久乃曰:"希腊之古国存乎?吾心至爱希腊,当其盛时,乃灿如阳光,国人皆慧敏多智,唯残忍且轻佻耳。"余曰:"希腊尚余残喘,已不如前之盛,某状乃大类凌夷,自毁其家声,若故作劣状以玷辱之者。"女王曰:"然耶。希伯来人如何?仍国于耶路撒冷耶?时有甚智之王,手盖一巨庙尚存否?果此庙存者,其崇奉之神又为何神?此时米遂亚来乎?然米遂亚未来之先,影响已遍天下。及其来时,曾以大力司此世界否?"余曰:"犹太人已消亡垂尽,遗民则散处四裔。耶路撒冷终非希伯来矣,至斐律王所盖庙。"王曰:"何名斐律?我乃弗知,今汝且言之。"余曰:"庙为罗马所毁,罗马之鹰,已扑此衰残之裔胄。今犹太成为沙漠矣。"王曰:"噫!竟至是耶?然则罗马为巨族之人,乘佳运至底,国徽为鹰,其人亦如鹰之善扑矣,顾其终亦萧然无闻。"余操拉丁语答之曰:"彼扫除天下,令清寂如沙漠,自以为承平不足羡也。"王曰:"噫!汝乃能作拉丁语,唯其声亦异乎吾前之所闻,然尚无甚参差。彼留贻此文字者,又属何人?顾吾乃不尽了了于此学。由此观之,吾今日乃遇一渊博之人,世界中学问,汝咸一一阅历。且汝亦能作希腊语乎?"余曰:"能,尤能作希伯来语,但恨不工。此等文字,世界中咸谓之死文字。"王闻言大悦,自扑其手言曰:"汝丑树着花,乃得善果。何利听之,语及犹太,朕甚恨之,彼乃斥我为异教,以吾当时语之以哲学,彼乃怫然。我问汝来遂亚(即耶稣)至否?"余鞠躬答曰:"至矣,其出世也,至贫苦而卑贱,众乃不承其为米遂亚,针死于十字架之上。然是贤之言行,仍炳若日星,盖是贤为上帝子,所司者半世界之事。"王曰:"世人之残忍,乃狠如狼,此辈宗多神教,贪酷无伦,足以废乱世界。吾今日闭目思之,尚仿佛见彼黑面之人。米遂亚何辜,而致之横死?其事足信乎?然以理卜之,果可信也。彼为上天至神之子,何必以至理被之愚蒙。须知不挟威权,则教力亦必不行,徒以空言动众,众何能动?彼辈称天帝曰'耶和华',尤有崇奉巴尔及阿司拖勒种种外道,不一而足。苟能令之致富,无不五体投地。其钉死米遂亚者,必以出身微贱,故敢尔尔。上天示罚,已令之流离失所于天地之间,果吾记性非劣者,先知有言,此辈收局正宜如是。唯言及此事,朕心几为之碎。但一触犹太之人,几使我视天下人皆劣。彼乃驱我于是间,此间立国。在彼有国之先,是古族人也。当日吾行教于耶路撒冷时,彼辈以石掷我,即在彼大庙之外。彼教之老人长鬣而行恶,鼓舞百姓以石掷我。"因自褫其纱示余曰:"尔观之,此瘢痕尚存。"

余视女王肢体如玉,乃有朱砂之瘢,不期大震,即曰:"王幸恕我,此事在二千年以前,米遂亚钉十字架于格格沙时,王在米遂亚之前,何由传哲学于犹太王?又为女子,非天神,既为女子,胡以二千年尚生存如人?王岂非愚我?"王闻言,以背就壁,以目瞩余,似忖度吾心,久乃呼曰:"男子,世上固有机密之事,汝不之知,汝所知者寡耳。汝谓世间之物皆死乎?然则亦如犹太人之用心矣。实告汝,天之所造,永无死时。世亦无物称为死者,

但称为变。汝观墙上之图，在六千年前，有巨族人刻此图。此族人均以疫死，实皆未死，仍生而存，或其神于此时尚与吾接。"语后四顾言曰："吾闭目时几如见其人。但在此世界中争指之为死，死特一片响之间，轮回而复生。既生复死，转转无穷，不足异也。朕之名曰'阿尔莎'，其生也，待吾所爱之人更生为人，因逗留于此，待其来访。此更生之人，亦特能于是闻见我。但未知汝何由信我之有权力，即吾之形貌，亦不过同希腊之美人斐冷而已，但智力略微过于所罗门，尤知世上有机密之理，及地球中所产之物。神思一动，取携无忌，尤能辨析死之非死，但名为变。汝今试思吾何为居此禽兽之乡？"余曰："智力短劣，不知王之高深。"王曰："吾之不死，盖别有待。或吾命蹇不复如愿，实则菀枯之事，人亦不能了了，故吾恒欲就死，以魂魄就其人，然究不能死。或即死矣，近其人矣，其间忽生大梗，不能偶合，亦正未可知。唯其虑此，故中心忧郁不可自宁。况魂魄冥冥，在宇宙中不值一芥，而又何从觅我情人？第久待必有一日之逢，或更待五千年者，即亦非吾所屑。须知五千年之过，亦等诸晓云之变灭，又安知近在明日？吾所爱之人忽生于人间，以世人冒险至而求我，并于此地曾亲吾颊者，一时见我，心胆都醉。虽前此与吾有隙，今亦不能不醉吾美。而前因后果，皆属模糊，但有爱我。爱我者安知非爱吾美？"

余闻言不知所对，以王言太属渺茫，余之脑力，无从鉴别其真伪。沉吟既久，即曰："人生果有轮回事耶？而王胡以能长生，不类吾人？"王闻言亦愕然。余曰："王今终不死。"王曰："或亦侥幸使然，实则由于学问。吾幸得秘术，既有人之生命，即能使吾生命永延。譬如加以十千年，二十千年，或五十千年，于吾命亦不见为异。汝不观雨冷风扇，而山上之石胡乃不能少耗。吾居洞二千余年，景物未有少变，但生物及人变。须知人即人物，故变态至迅。汝唯不知故震，能知者何震之有？生命固至奇，即增修其年而亦何奇。天之司命固有其神，神亦如人，谓人能是司命之神，则其寿实与神同永。唯神亦有时而死，试观之月不已死耶？死亦非死，特名为变。吾今亦不更言玄妙之理，但作迩言。且即尔身言之，汝独不怪骇我能预知汝之至是耶？我力尤能使尔不至于烹灭。"余微对曰："然。"

王即起而面水，以手入诸水中。余亦起而观之，水色立黑，徐复成清，见水中现小艇，即余来时之小艇。利武方卧艇中，以衣被身而避蚊，面目无睹。余与佐北及穆罕默德方引缆于岸上。人们大惊而呼曰："此为巫术！"王曰："非也。此理汝特未知，天下安有巫术，特别有学问，足以泄造化之秘。此水即吾镜，即镜中能阅时光景物，凡欲前知，咸就是中觅取。过去现在，咸瞭如指掌。国中有事亦必知之。至汝所已知者试之，其中亦可辨认。汝思何人，人既现形，心之所思，状亦立见。但吾学浅，尚未能前知其久远耳。此学亦传自古人，非吾所创。此等学问，在阿拉伯及埃及数百年前已有之矣。吾一曰思及古河，此河吾在二千年前曾荡舟其中，思一见之，既临水，遂见小艇，有三人行于岸，其一不之见，知为贵族之少年，方睡于船上，吾乃发令拯尔而来。今兹语止矣，汝可以出。唯所谓少年者，此老人谓之为狮，吾将一面其人。如尔所言固病寒热，且与人格斗时被创，然耶？"余曰："然。王能以药力少苏之否？"王曰："可。唯尔发言胡由愁惨如是？汝亦爱此少年乎？此子曾否为尔之子？"余曰："是为寄生之子。今王许否引见其人？"王曰："缓之，惟此少年病几日矣？"余曰："沉顿已三日。"王曰："卧一日，当自祛其病魔。果寒热自祛者，较我治之为良。以我之药力猛，彼荏弱者将不能堪。今当俟明日，夜间寒热再发不已者，吾当自临治之。今但问看护者为何人？"余曰："有所谓大猪者，为白种之奴。尚有一女，为土著，名曰安司德尼，美人也。第一次见此少年，即与亲吻，自是以后，与同卧起。吾闻此为王之国俗，不审确否？"王曰："汝勿言为吾之百姓，是皆吾之隶圉，非萌庶也。其人如狗，唯吾所嗾，待吾情人至后，其事始已。汝所云俗，为彼之俗，与我奚涉？汝且勿称我为王，但曰阿尔莎可尔。此声吾乐闻之，与吾耳其习也。且所谓安司德尼者，果为何人？是人吾曾预告之，不宜与我为难，得无汝所言者即为其人？须之须之，此女敢与我抗耶？今当详审其事。"言已复至水筒之次，以手入水扬之，微语曰："汝试观近病榻者即此女乎？"余临观，水光如镜，水中见安司德尼虽黑面，乃甚美。女王则鞠躬观此女，发皆下垂，注目不已，作柔婉之声曰："即其人乎？"余曰："然。彼方侍利武病卧。"阿尔莎愕然曰："何名利武？此为拉丁之言，曰'赖安'，狮也。当日老人之呼彼为大狮，当矣。此事乃至奇，此病人乃至肖吾意中之人，世间岂有其事？决非！决非！"

此时阿尔莎不欲更视，以手扬其水，水色顿黑，已无所见。但见灯光射水，水复明净如镜。阿尔莎沉吟如有所思，久之呼余曰："何利，汝于未行之先，尚有何言？想尔洞居于事甚窘，以此间人均野蛮不审文化，国中人之何以自度其生，匪特尔也。即我亦颇怏怏。汝但观吾所食之物。"因指案上之果曰："经吾舌本所经者，但果子及干糯与少水而已。虽宫妾繁多，然皆聋哑，此等人不泄吾事，吾故留之。与之语言，但作手势示之自觉。吾自少抚之以长，但用此法，历数百年以来，为力殚瘁。前此亦曾饲育一群人，顾黑丑无伦。今则不尔，人人均美丽也。前数百年，又曾育一班人，均高大，寻乃沉瘵以死且尽。凡余所言者，如此而已。汝今尚有何问？"余鞠躬曰："阿尔莎，小人尚有一言奉渎。"余亦不知其所以然，忽余曰："今必请观阿尔莎之玉容。"阿尔莎大笑，声如银钟，言曰："何利，汝当坚定以思，汝本有学问之人，希腊中有寓言，谓列仙中有阿替韫，以觇美人多，遂昏愦以死。设吾以色身示汝，汝亦将昏愦而死如阿替韫，汝必不能制尔之私欲，又当知吾之美貌，非伺汝者。吾心不属他人，但有一人，今其人尚未至。"余曰："阿尔莎，吾必请见。吾平生遇柔丽之美人，直同空花，未尝有动。"阿尔莎曰："尔勿轻言，尔心火初未全熄，以我之美，入尔眼中，万不能咄嗟即已。须知吾貌之入人心，犹吾年寿之永。汝鲁莽无识，必欲见我者，则情欲之炽烈，足以自殊其身，幸勿罪我。汝之情欲不能自制，犹埃及人之调恶

林纾

马，随马所向，不可御也。盖吾一生未尝去我面纱示人，一示人，将为人印之脑中，故虽在野蛮国中，仍如是躬自遮蔽，防以是炫人，将生奇祸。尔今必欲瞻我矣？"余此时决然曰："必欲一瞻玉容。"

此时女王出其二玉臂，莹白如玉，且圆。徐徐去其面纱，忽而纱幕都脱，如委蜕焉。余上下周视女王之身，其艳乃无伦比，天然部署，乃非凡人。足履木屐，上加金钮。腰下有金带作双蛇形。躯干儵然，直出尘表。酥胸如玉，二手即叉于胸际。余自胸际上达其面，觉二目为美艳所夺如瞠。夙闻天上仙人，今日乃果见之矣。顾其美乃绝人间，望之生怖，似极美之物，乃同极恶。则将以何笔形其美貌，顾自问吾笔实不能达，又不能以凡人之口吻，称述此美人之状，流播人间。但云吾眼界为之一变，其高无上。略言其状，樱桃不能斗其娇艳而已。眉目之佳，乃逾言者之量至于万倍。但综言曰：极言不可状，如接仙人也。仙之状，如五彩之云，流转天宇，不可测度。即余前此妄为忖度一美人之状，亦不能举此女王以实之。貌似未逾三十，体壮而柔，如破瓜以前之年光，葳蕤未吐。尤有郁郁相思之苦况，含诸眉黛之间，顾虽艳丽，亦不能遏其春愁，遂一一露诸眼波。而波光又晶莹，而含婀娜，似以目骄人，作眼语曰："汝试观吾貌，吾貌非人间美人所及。既已长生不死，又为鬼仙，数千年事，一一蓄之胸中，无遂意恣情之一日，因而日无聊赖，冥冥坐候情人。"余睹女王时，注目如丧魂魄。而女王秀媚，如有神怪夺人，余几晕于地。

女王忽浅笑与余点首，此状尤足魂销，比之情神维纳斯，尤有吸力。女王曰："汝鲁莽人哉！汝乃甘为阿替韫也，慎之慎之，勿强死如阿替韫。吾防汝前此慎密之防，至是将糜碎无复完全之一日。何利，汝听之，吾为贞洁之女仙，未尝为男子勾引，意中固有一人，其人乃非汝，今汝观我足乎？"余作喑哑声曰："足矣。吾目且瞠。"言后以二手自掩其目。女王曰："我不预诏汝耶？丽容本如电力，然能毁物。"其笑乃尤厉，语时果笑言曰："何利如何？"王语已少默，余自指缝中窥女王，女王颜色忽惨变，眼中似有所慑，似有无穷希望发诸脑筋。可爱之容，忽成严厉，其立也乃如僵柳，颤声言曰："男子。"语时似有所触，又呼曰："男子，汝戒指中之符信，得自何处？速言之，不尔，吾一吹气，汝即立死！"王徐徐及余之次，眼光乃如毒蛇，且类烈火。余大惊，如作吃语，即曰："王少息雷霆。"王亦自按其胸曰："少静。"怒容少霁，作柔声曰："汝幸恕我，我性乃过烈。然数千年之忍，不能不怒发于心。且此事本如死灭，而我熟识于心。今问尔，戒指中之符信作蜣螂形，来自何处？"余期期言曰："此物得自利武之胸间。"女王曰："奇哉！奇哉！此符吾曾相识，悬之吾情人之胸间。"语时甚悲。更观，则幡然一老妪，非复美丽之状。王复曰："果如是者，来者即非其人，固甚似矣。然吾之符信，非在戒指之间，此状胡又不同？何利，汝且行矣。实告汝，汝当速忘阿尔莎之美。"语后即归榻坐，以手自掩其面，似思前事。余此时已迷乱，至于何以能归吾石室之中，则不自知矣。

第十四章

夜中十句钟时，余甫就榻，思日中所见状，愈思乃愈乱如乱丝，自疑为癫且醉与入梦，及为人以幻术播弄，辗转不能自解。余自信为有学之人，古事匪不周历，至于荒渺之言，余皆知其谬。独此数分钟间，乃亲见此数千年尚生之妇人，与之语无稽事，事岂有真际者，似吾果为幻术播弄，究则奈何？彼妇乃能于净水之中，征取已过之事，所论列事，又不为无征，此又何也？且此女之美，乃为人间所不经见之色。即其语并其行迹，又大异于人寰。女果凡也，其美必不至是。其告余也，谓将昏惘而死，言又似实。吾生本具铁石之性，见色未尝偶动，当在少壮之时，已百炼脱此樊网，不图定力所在。至于今日，乃消归乌有。然则此女良怪物矣。思极而栗，谓此女生已二千余年，是得何秘诀，乃长生而不死？果其人有嫁夫之心，则无论老少皆爱怜之。余生而奇丑，在学堂中人人目我为不近女色之人，今已近中年，乃为此女巫所蛊，不可自持，其事乃大怪。顾此女曾力沮余身，不宜平视。余则力复其谏，伤哉！凡人竟不能自制其欲，必令此妖艳者见其色身，是岂人生赋性本有是耶？或身交否运，始至于此。胡以天之生人，不令男女各全其生，不相牵恋？据彼自云，为绝世丽姝，然已为陈人，吾何以不惜其躯命，为之迷惘？

思极而怒，则自掣其发，踊自榻间，自言曰："今兹非以他事自乱其思，则思且成痫。唯此女必详余之戒指，其又何说？此符信之蜣螂，为利武物，非我也，物留贻自威英西，事在二十一年之前，讵瓶片中所书，一一非伪言耶？果如其言，则女王所待之情人，即利武矣。然则死人果有轮回之事矣！如是设想，有类狂易，本不当思。虽然，如彼之言，二千余年，尚姣好如恒，则更生之事，又复非谬。一事非谬，则瓶片中种种决必非谬。即我之投身此间，不先不后，或亦前生一段公案中人。第我不幸，不能忆及前生，兹为可恨。"思极不期失笑，则回盼墙上所刻之像，呼曰："老友，汝知我生前乎？或我即尔身之魂，尔即我身之体。"于是大笑，觉四壁间亦类有笑声应我。忽思及利武病卧，当往省之，则取床侧之灯，着履出余石室，往视利武。

洞中风动，帘幕为开，似有鬼物凭附。时行及利武卧榻，睡中寒热大作，胸际起伏无时。而榻外即安司德尼伏而执利武之手，且半睡矣。利武颊赤而目眶黑，气休休然，病状至剧。余忽大惊，计利武一死，则余决成奇零之人。顾利武果生，则以阿尔莎之故，余又将生其媢嫉。然以理卜之，利武即非阿尔莎意中之人，余亦决不能与争，以老少不侔，美丑非匹。思时，忽悟余灵性尚未漫灭，能发此想，于是即祷天曰："天乎！是人不特不宜死，且亲逾吾子，乞上苍佑其更生，此子即属阿尔莎意中之人，令偶女王，余亦无惜。"祷已，蹑步而归，归时仍不成寐，心忧利武，毛发皆耸，似以利武

之疾，为我醒睡之方，更焦然不能睡。倦极血为之沸，百思猬集。俄顷中立生幻境，或数十年前事，亦一一潮上心头。而此绝美之女王，尤交纠吾心，不可遽释。徘徊穴中至久，忽见壁间有凹，似更有穴，则以灯烛之，其中阴阴见一甬道，计有是甬道，必可通人，姑一入探。行时有梯级下趋，梯尽甬道复见，其深如窀穸。余去履，践之以袜，行可五十码，触石壁，左向又得路，洞风森然，灯亦立灭，余身陷地心之中，然亦无惧，仍急步前行，终以不得火为虞，思更归者为路亦远，尤不能立此竟夕。时四顾寂然无声，洞黑无见，遂决计前行，微微忽见灯光，则扪壁而走，觉渐趋渐下。余防坠入深穴，行可三十步，已见灯光自帘隙中，又五六十步仍未至。已而近帘次矣，自帘隙内窥，甚似古圹，中有火作白色，乃无烟焰。左次有石床，高可三寸，其上似陈一尸，有白幕盖之。右次亦然。白幕之缘，乃有彩穗无数。火光中有女人之影，二目如电，深注此火，女侧立适面火，且面对床之尸，衣黑衣如女冠。余则静窥其所为。女似以力坚挺而起，去其外衣，视之则女王也，有衣非裸，厥状如披纱见余时状。时外衣既去，中露白衣，袒其胸际，腰束双蛇之带，发黑如漆，下垂委地。余思此妇人之面，足以令人通夕不睡，不意复于是间见之，则大骇不可自止。

时女王之妖态仍存，而玉容似有所恨，泪睫惨黛，余亦不能形容其态。此时举其二臂向上，白花仍垂于半体，状仍可人，但愁容可掬，则不知其所以然。余又自思果为所见者，殆矣，遂屏息不敢动，知动息皆死。又防嚏发，或帘开，及为妖术所前知，则在在皆可死，遂亦听之不计。时女王方握固伸之空际，凡女王举处，而地上之火焰亦随之同伸，白光映射，女王色乃惨白如死人，即壁上镌刻人物亦了了可辨。女王玉臂伸缩无恒，口中操阿拉伯语，似作短歌，声极靡嫚醉人，似言其人宜罚，且永永受罚。女王歌已，手下火焰亦随之下。女王且歌且詈埃及，言永永心恨。且曰："天将罚尔尼尔河边之女，汝奈何以美貌迷人。此女乃敢以巫术抗我，夺我情人。"咒后火焰缩小，女王遂以手近目，大呼曰："吾申申詈如是，其神焉往？彼得利益遁耶？"则尤大怒逾恒状，曰："彼安往？吾即随其所在罚之。今余举所咒之词，加诸尔身，令尔弗得自宁。且以空气传吾诏，令彼觉之。此女之影，宜先受吾罚，穷其所向而止，即使藏诸幽暗之地，余仍能觉。即使潜身深穴中，久久亦将为吾得。"时火光渐渐而委，女王仍以手自掩其目，大哭曰："愚哉尔也！彼在天工之下，汝安能遽毁其身？吾乃无力足死其死。"则又力伸其臂，作咒词曰："汝死即能更生，吾咒仍未已，罚尔至于无穷，生生不已，此时则吾胜之矣。"然火焰仍随其臂伸缩不已，声磔磔，且咒且厉。余亦不省其所以然，声沉复起，火委复燃，但见火光所烛，二尸榻中咸了了。已而女王少倦而息，自理其发，哭声甚悲，言曰："二千余年守此间，历百年矣，而又百年，人仍不至，第吾记忆其人，如引绳愈引而愈长，希望乃不终遂。伤哉吾身！忍情欲至二千余年，周身几为情欲所蚀，吾命将以何时已耶！须知吾之坐待，厌倦已极，而人仍弗至，则所望讵有穷期。嗟夫情人！

嗟夫情人！胡为以新客垂毙之身及于吾家？吾五百年来未经此窘，设吾有罪见忤尔身，则吾眼泪如河，宁不见赦于尔？不来就我耶？今我将奈何，或为彼埃及女郎所窘，极力靳余欢会，此又何理？当时深悔杀汝之时，吾不自杀，欲死不死，乃淹滞至今。"则纵情而哭，哭续续不已。

余在帘隙私计，知女王之心且碎矣。而女王忽起，自理其衣掠其发，行近尸侧，呼曰："克立克得。"余闻声骇然。女王曰："吾今日尚欲观尔面，自杀尔后，不审历无数之年，乃不见尔面。须知汝之死，吾杀之也。"则颤不可止，力掀尸幕，二目下注甚久。又作数语似极震恐，且言曰："我今将扶汝而起，立我之前耶。若扶尔起立者，我尚能之。"则力掀其幕起尸，女王颜色立变。余观之毛发皆耸，似见幕下之尸，策策而动。女王立缩其手，尸动复停。女王复怒曰："即起此尸有何用者？吾但能力起其尸，不能更举其神，留尸遗神，于我何益？即使起立，亦但能如我命令，一无所用，则亦我之道术使然，非复克立克得真相矣。"女王言已，尚痴立不动。已而长跽尸侧，以面亲白幕而哭，其声至悲，较诸初来窥探时尤栗，则不忍更视其余，作兽行扪索而返。此时所见似在地狱之中，且行且不知其所以然。及于洞之转折，辄触石壁而僵，以无灯不可辨路。行可二十余分钟，始及于梯级之下，神疲乱竭，震恐失次，遂晕于阶下。及苏时，微觉有日光射入，余遂循此光而上。及诸石榻，颓然而卧，乃不知其晕也睡也，实则一无所觉。

第十五章

及醒时，似昏昏中见佐北在余侧，寒热亦已，方为余治衣，以匆匆不挟衣刷，则但洁其领而顿之。顿已，叠诸石床之侧，复启余箧取新衣。时行箧已置余之榻下，复左右移置。既讫，则起而索水，而水筒已列余前。闻佐北叹曰："野蛮之乡，乃无沸沸。即有沸，亦但备作羹而已。"佐北频频叹息。余即曰："佐北何事？"佐北曰："主人恕我，以势度之，似昨夕失眠，在理宜睡，以主人神情度之而知。"余呻吟答之曰："汝言良然，似此境物，诚不欲更睹之也。利武少主人今如何？"佐北曰："病态如恒，计亦立尽，唯安司德尼将护良殷，大类基督教门中人行善而拯人者。此蛮女力支其神，永夜侍侧，吾偶入视之，厥状甚奇。女髻发皆立，且咒且詈，语虽不可解，然似咒詈之状。"余曰："汝观时如何？"答曰："奴子进而慰勉之，曰：'少女如此骂詈何为者？即侍病之责，责在我躬。焦烦之状宜属我，不宜属尔。徒焦然为无用之激语，又何为者？'女不答，且咒且急。尤见于寝衣匿一利刃，作新月形。奴子见此女痴发，疑将图不利于少主，则亦出手枪备之。少顷，女忽大笑而止。综言之，吾辈基督子民，安可托之蛮女之手？即美丽又为何者。主人为计太愚，胡为投身入此？"语时至激烈，斥余二人至此为无用，以为天罚。且言天罚未已，行且有殃，殃至则三人同尽于此。今居禽兽穴中，夜则邻鬼，昼则邻尸，人生至此，尚复何言！今复往观少主汤液，能熟

而适口否。今兹已九句钟以外，主人亦宜起矣。"余自思宵来所见已奇，日中更益以佐北之语，心尤弗适，似佐北所言，已符夜来之事局。知欲脱此难，决无其事，即利武病已，女王能否允我归欤，此事尤在不可知之列。纵使喜而遣归，力沮蛮荒，不将吾三人烹噬，然亦安能渡此瘴疠之浅泽？此浅泽实为蛮荒金汤之卫，非复人力所制而成，不舟不楫，又何逃者？今但有拼此一身，在此至死而止。若在我一身，则觇之亦滋适，事虽涉巫，然以一身好奇之故，即死于此，亦不为非幸。即有人嗜神学，欲目击女王荒怪之状，其能如余之阅历耶？

此时余起，神思昏忽，以夜来震恐之后，余憷尚留脑中。而又为美人吸力所摄，即使夜来异状，然尚不能舍我慕爱之情，则深悔自投于坎陷，息息未尝或忘，着衣既竟，遂至餐堂（即灌尸所），肴馔亦哑女所供。食已，即往视利武。利武尚不省人。余问安司德尼以为如何。女乃大哭，似已无幸。余思往请女王临观，以女王多智而蕴术，或能已利武之病，且夙有言矣。此时俾拉藜入，见利武病状，即摇首曰："交暮必死。"余曰："吾父，天意或不如是。"即回首不观利武。将行，老人曰："大猴，女王将见尔，此行当留意。吾昨夕思女王定将教尔朝觐之礼乃不如我，乃幸免矣。今日将坐广殿讯鞫罪人，科其图杀大狮及尔主仆之罪，速来！速来！"

余乃随老人入面女王，至广殿外，见野人无数，或衣或不衣，但束豹皮。余遂杂人丛中行入。见殿中四壁皆镌刻古事，每于壁间二十步之远，即有小甬道，其中皆瘗古尸。老人言已无人入省矣。余好古，思少暇当入观，考其时代，编而为书也。殿身至广，其上有石坛，如祭神状。余思是必此国中崇祀妖神，又似瘗时所用。坛之左次尤有小甬道，老人言此中皆古尸，洞中几于无处不尔，坛前集人甚伙，男子半之，皆矗立无言，似此数分钟中，即为彼之死期。坛上有黑木镶牙之御榻，榻上列草茵。坛下有一阶级，似足凳状。忽闻众声皆大呼"斐而"声已，同时并跽，厥状如状尸。余挺立若监杀之官。时羽林之军分裂，向左而趋，徐徐向台右立，移时哑童二十余，又哑女之数如之，各执明灯，躯干皆修伟。哑人尽后，有一长影出，较哑女为高，自顶及踵皆蒙以白纱。余识即女王也。升台而坐，以希腊语语余曰："何利，汝前坐吾御榻之下，觇吾鞫此死囚。唯吾操希腊语未精，汝幸勿笑。吾久久不闻希腊音，故舌本亦搞。"余鞠躬进坐坛上。王曰："何利，汝夜来之寐如何？"余曰："睡未安帖。"语时至惶悚，意吾事为彼所知。王哂曰："然耶，吾夜来亦至反侧，且多妖梦，以我思之，是必尔之弄我。"余曰："阿尔莎何梦之多？"王曰："吾梦见所恨之人及所爱者。"语后遂以亚剌伯语语将领，令引上罪人。将领闻命，即行取囚。众皆寂然待女王玉音。王以手扶头，如有所思。然观审之百姓，则均以腹抵地而跽，侧目仰睨。余知女王之御殿为时甚寡，故人人窃视，皆若不惮死而仰窥，顾所见者特白纱而已，均不如余之亲见颜色。俄而灯影荧荧自外而入，引囚二十余人，均含怒而入，列于台下，咸将伏地。王曰："汝辈勿跽，吾思尔跽我之期暂也。"言已而笑。囚皆失色。虽凶毒无艺,余仍心怜其人。可数分钟外,女王点首,即有人往检囚人之身。王以柔声语余曰:"吾客,汝识此辈乎?"余启曰:"女王,臣则皆识其人。"囚闻言皆睨余。王曰:"何利,此囚何因掊汝?试述之。"余即以简语述此辈烹人之状。余语时,众皆无声,王亦点首称可。王即呼曰:"俾拉藜安在?"老人仰首听命,亦述其烹人之状如余言。王亦不调他证,即曰:"汝辈均闻之矣,吾夙已诏尔叛人矣,汝今所犯如是,吾安能默然不加刑诛!"

众皆无声。少顷,有一人眼鼻凶露,抗言曰:"王之命但云勿烹白人,初未闻不烹黑人之令。且此事之胎,由一妇人。今其人亦已死,其人怂恿吾种人烹客,实则亦故事耳。至于格斗事,实出不意。今欲女王免吾罪戾,乃再三乞宥,且请充配瘴乡,听其生死。"余观此人之颜色,似亦知其无济。王亦不答。但见明灯四照于殿壁之上,景至凄暗可怖。时旁观者咸俯伏,不知其数。王之座前群囚挺立,震极而强自支厉。左右皆羽林,衣白衣,执巨矛,悬短刃。哑人及女,则咸张目视囚。王高坐,余即坐其足下,虽在阴风凄厉之中,余心尚以此女王为可爱。久之,王小语曰:"尔辈如瘐狗,如毒蛇,为食人之恶物,躬犯二眚,第一节环攻白人,且杀其仆御,但论此罪已足酬尔以死,然尚可言。至敢显违吾令,殊不可测!吾不尝下令俾拉藜为尔族之长,嘱尔厚款新客,奈何充耳不闻,竟争起而欲杀之,设非彼勇而多力,则尔辈宁非欲得而甘心耶?尔辈自少受余教育,告尔斐亚之法律,无论何人偶犯此律,罪死无赦,宁乃弗知吾出言为宪?奈何弗知尔父尔母长养教训,竟不举此例以语汝,此又何说?犯律者即类移山自压,势无可生。律可恃者,太阳亦可倒行。吾所发之令初不一旦,事乃尤奇。汝明知故为,则真无可救药。树蠹伤心,人恶伤其天良,其势若飞泉之涌出。须知尔族之微,由尔自相残戮,非我嗜杀,汝知之乎?今余原情定罪,律尔以杀客之罪名。且显违吾令,汝命其自是止矣。余躬行天罚,不为轻重于其间,汝今赴死狱中,以狱卒了汝。明日太阳出时,汝已不生,其死状即如尔之虐我客奴。"

女王语后,众声喁喁,满殿皆然。囚亦自知莫救,则长跽哭泣求免。余不敢正视,亦代之求。王坚如金钢石,屹不为动,以希腊语诏余曰:"何利,此决不汝从。设吾以慈悲心加之豺虎,则尔命必无一日之安。且汝未知其人之阴毒,凶乃如虎,吮血为生。即今日之日,尚欲甘尔为快。汝知吾之治此民乎?吾亦有羽林一军,唯吾令之从。初不以力,但以术震之,所执之国权,如心而出,初无成宪,即以刑戮论,骈诛数十人,亦偶然事。似此蠕蠕者,即以非法施之,亦不谓忍。汝当思吾即杀彼,于我何益?须知长寿之人,安有暴嗔猝怒之事,非事出于不得已,决不为此已甚,不知者,恒谓吾以怒杀人,为状甚厉,究则不尔,此中大有理在。尔不见太空之流云,彼此漂泊初无所事,实则有歪风以驱使之,不能无因使然。此事即仿佛吾今日之虑囚,即如流云受风,安有成心为此残虐?风由彼起,云自吾飘也,此囚决死定矣。"即向将领曰:"吾言已罄,即如是施行也。"

林纾

第十六章

囚既鱼贯出,王麾之以手,观审者咸兽行出殿,厥状如羊。去殿少远,始续续起立。此时殿中但有女王及余与哑侍者及数羽林大将而已。余即将以此时求女王往视利武,因述利武病状。女王夷犹不行,言曰:"彼傍晚决未死,凡寒热之病,决无死于日中者。且使其病以次遍及肢体,勿中道止之。"余闻言且起。王曰:"勿行,且随我入殿。"且指余以洞中古制。余心已为美人情网所罥,不能自脱,欲言不往,乃不能出口,即鞠躬如旨。王起,示手势于哑人,徐徐下座。四宫妾前引执灯,二前二后,余人及羽林皆散值。王曰:"何利,汝欲观是中秘物乎?今先视此巨穴。尔生平曾一睹乎?匪特此也,尚有巨于此者。彼古族人以力辟此洞,即洞居于此。盖科尔之人,乃大类埃及,死后能令人思。逾其生时,尔试思此插天之石,能凿而成洞,为人当几何也?"余曰:"亦数十千耳。"王曰:"然耶。汝乃不知此古族之人,尤先于埃及。墙上所镌之文,余颇识之。文字之义,余亦略知。试观此处为最后成功之洞。刻像中有老人高坐,执牙棒于手。"余观之愕然,此人即餐堂中受灌之老人。其下有座,如女王听判决之御座。座旁尤有铭词,作寻常书。铭中事实,余不复省记,字类支那。阿尔莎译以示余,语格格不复联络。其文曰:

自科尔之城造立后,至此已四千二百五十九年,城为科尔王特司奴及其臣民合力而成,成时已历三世,尤为后来民庶葬身之地。幸蒙上天赐之以福,功乃幸成,留为特司奴王长眠之陵寝。特司奴者,天下万能之帝王,及其群臣百姓,安乐寝处于是,以待更醒之年。然亦多隶圉之栖,或继起之孙曾,亦归体魄是间,用袝其祖,以首枕石,沈酣无恙(文至此止)。

女王译后,即曰:"何利,汝观兹百姓力造此城,与平原阻隔已四千年。然吾瞑目追视,二千年事仍如今日,则此城之岁月,可以想矣。汝今随我而行,吾随路指以示汝,此族之民种何以消亡之状。"言次,引余至于穴中。

女王少止,中有圆石,其中又有穴,似英伦市中设坎以受煤屑者。女王曰:"汝试语余是何物者?"余曰:"不知也。"女王遂行。向穴之左,似更有路内转。女王示势于其哑仆举灯。余见石壁上书皆作赤色,似特司奴王身下所镌之铭字同也。女王复译以示余。观其字颜色尚如新。文曰:

吾为周尼士,为科尔大庙中神僧,今兹镌铭于穴,时为四千八百零三年,在科尔城成立之时。嗟夫!科尔亡矣,华堂广宴,无有其时。而科尔亦不出其威力以管摄天下,即其船舶亦不能通贸易于他国。科尔没矣!没矣!大功告成之城及诸名城,亦皆随科尔而亡,并及于其海口沟渠之属。但有封狼巨鹰、野雁生番窟穴于是。时有大风吹云及吾科尔,罩及科尔百余城。云中皆挟疫气,百姓尽为屠戮。老科尔人咸歼,无有子遗，尸身皆作正黑色，辗转以死。壮者羸者，男者女者，贵为王公，贱至奴厮，疫气次第行戮，昼夜不息。苟能逃出疫气之外，亦槁饿以终。于是科尔后人不能留其残骸，则尽投巨坎之中，即此穴也。残黎之幸存者，为世界之遗光，则奔赴海壖，以舟北趋。吾身为僧侣，独留是间。至于他城能遗与否，则不敢知矣。吾之书此，在未死以前，执笔悲不可止。悲此绝巨之科尔，忽然没矣。后此亦竟无科尔之民，礼此巨庙。即巍巍宫殿，亦成荒墟。贵族王孙、商贾农工，合倾国之丽人，亦蠕转于地球，奄然都尽（文至此止）。

余闻之浩叹不止，觉凄寂之形，俄顷莫耐。以林林总总之众，乃沉于幽暗之区，无复更见天日。然余尚隐隐见周尼士枯腊，庞然大也。因思当时垂死间，乃草草以笔书石，括其全国之历史，不忍垂烬，居心之良，已可概见。其人盖亦长于美术，无论何人见此，皆必追念其当年。女王此时以手按余肩曰："何利，汝何思之深？汝当知科尔遗黎以舟北趋，或即为埃及之鼻祖。"余曰："吾不之知也。然埃及之世界亦留自古。初非此遗黎开创。"女王曰："古耶？然亦甚古，实则一国亡而一国兴，皆能富强而具美术。第飘瞥而过，令人忘之久矣。世尤有无数陈迹，咸出凡人意想之外，今兹土特古来遗念中数分之一耳。以世人创垂之迹，咸为往古今来之时候，吞蚀而尽，苟能启一大穴如科尔人聚骨之所，其迹倘尚能存，实则纵有此穴，安知不为海波所吞，及地震并穴而陷？世则何人能历历知往事明往迹者？又何人能识后来世局之如何？希伯来哲人有言曰：'太阳之下无新物。'以吾思之，科尔之遗黎尚留而不尽归于毁，此间尚有遗迹在于他城，其间亦微有残黎。南服之生番，或即阿拉伯人至是，夺取其妇人为偶，演为阿马哈格之族，或即为科尔之遗种，乃与其先世瘗骨之所同居。至其间底蕴，吾亦莫得而详，则更无人能识之矣。吾无远识，不能烛已往黑暗之世界，但知是为巨族之民，凡诸属国尽为剋复。武力既究，乃据此石穴，并其臧获同居，凡吹箫乞食之夫与美术之匠，亦来居此。人皆多妻，亦互为贸易，且时争斗，亦时会食，食取诸猎，眠食皆在穴中，为乐未央，以待令终。何利汝来，吾更指一穴示汝。即壁上所记者，汝觇此状，当为生平所未历之遭。"

语后，余即随女王行仄径而入，历级下一盘旋之道，深逾六丈以外，空气所通，不知通于何穴。行及地底，女王止步，然王已预诏哑婢留灯于此。余觇之骇然，上下四围，僵尸植立，螺旋而上，其巨如保罗礼拜堂之藻井，为数不止亿兆，崟然骨立。余不禁毛戴。其尤骇者，骨上槁发飞立，僵者尚留枯睛，作碧色视人。余失声而号，回声震于空穴，觉应者四集，而高处髑髅为回声所震，斗然坠落，腾掷而下。他骨为其所触，万骨皆动，似万鬼咸来吸余。余呼王曰："行也，此骨丛，其即为凶役所杀者耶？"语已历阶而上。女王应曰："然。科尔之民亦长于灌尸，如埃及人，工且过之。埃及灌尸，必剖尸腹脑筋，为之易响。科尔则以药灌其血管，无部不至。"又呼余曰："汝且少止。"见一小门外通，即以势示哑婢，入一小堂，似余初至所寓

林纾

宿舍。堂中有两灌尸之床，一床之上有物偃卧，以黄色布盖之。布上琐琐铺细尘，历时已久。实则非尘，以是间隔世罴远，故尘土历时，仅有此耳。床间地上皆镌花绣，此外别无他物。女王曰："何利，汝试启此布。"余既前立，却欲举不敢，防辱及神灵，实则处此死窟之中，胆力已馁。女王见状而笑，则自揭之。

黄布既揭，遂使余猝见数千年之冷物。其尸女也，年介三十五之间，美艳殊绝，但以僵尸论，而面貌尚如生，眉亦纤细，眼光澄彻，面白如象牙，在灯光闪烁中觇之，美乃无度。衣白衣，秀发四垂，作蓝黑色，不知其长眠于此几何年。伏其玉臂者，则一小婴，温美可爱，虽在寂寞之区，尚有生气。余见其母子相爱，不期为之流涕。余因追思数千年前科尔子民人家相亲之乐，不期瞥然而亡。而尤羡慕此女颜色之美，享用之丰，竟携其爱子同莅是间。此二尸横陈吾前，是明明白白为前人之历史，较诸笔述为真，余遂掩幕叹曰："天下之花果，能永永不谢如是者，是亦佳事。"回面至对榻揭视，则一丈夫，年高而鬚长，亦衣白衣，似即对榻妇人之夫。夫生年过于其妇，终极亦同卧于此。

余觇已而出，果尽记其所见，为文追修，似患尾大。唯此穴历五百年而成，则填尸自满，似诸穴中一如是间。果余尽记穴中之尸状，则为书当成一巨帙，为词亦患重复。综言之，穴中之尸，灌之至工，故完全至于今日四千年之物，视之乃不逾千年。幸无恶物至是残毁，热度不至，冷气及霉咸不侵及，且香料药力皆厚，或永永万无消灭之时。其中仅有一二处，外觇似完，触之即朽，抚之但一灰土。女王谓余曰："此等之尸，灌或未工，且水力不及，肌肉未与药附。"余听后，复涉他穴，则二人同一石榻，亦揭其幕，一青年之夫，及一垂髫之女。女以首枕丈夫之臂，丈夫之唇近女子之额。余解丈夫之衣，胸前见一巨创，似短刃所中。美人之胸亦被一刃，似立时而逝。其上镌曰："死后成婚。"至此二人之历史，余乃不之知，瞑思之故，以描摹此二人之情愫，颇有意味。似见此女见形吾前，黄发垂其雪衣之上，温润之胸色，较白衣尤白。黄发一为白衣所映，色如灿金。又仿佛见壮士无数，长鬚而披甲，列于女王之前，以待判决此女之冤。其旁尤有一人似法司，宝星罗其胸次，似司刑宪之大臣，立侍女王之侧。左厢又出一紫衣郎，环侍以宫嫔之属，歌合婚之歌，其声嘤然。白衣女植立女王之前，色较诸嫔为媚，素洁之状，乃逾白莲之花，初经晓露，沉寂无言。白衣之郎既至，女颇栗惧。人群中斗出一少年，作黑发，引臂抱白衣女郎，既而亲其素面。女颊立绛，如天际立亘红云。此时朝班大乱，刀声琅然。壮士力前刺少年，白衣女郎嘤然而呻，力夺壮士之刀，自刺其胸而死。众皆大哭。余为众声所震，恍如梦觉。吾梦之幻，留待读吾书者推详之。

余此时神识已定如平时，不知此过往之事，何以忽现吾前。思及后来之局，讵亦如此等之幻形乎？天下幻相之来，必有往事之陈迹，印我脑筋，而灵魂立为之眩惑。已而万想皆寂，女王即揭二人之尸幕言曰："人之结局，半多如是。"复抗声曰："结局即在奄岁，而奄岁亦移时而灭迹。我虽长年，亦正尔尔，更数千年者，其又焉逃？即尔何利身后之数千年，其关亦出于此。澌灭之速，直晓霭耳。长生亦何益处？吾之能生，盖以人夺天，又岂能无死？纵使万年及十万年，亦同归于尽。晓雾触彼阳光，弹指旋没，虽享大年，不过一觉，其融化易于冬雪也。嗟夫！人之收场，不过如斯。尔我为时光所迫，长眠之期亦迩。唯吾死尚能更生，生而更死，续续而下，长短时光，节节而过。由此世界流入彼之世界，非此世界亡，及彼世界同亡者，则万物皆渺，但有神存，神即人命。今尔我同立于此，较之已死之人，非死而更生者耶？须知死者生之夜也，逾夜即朝，朝复入夜，日夜生死。以此匆匆轮转而过，生胡自来者，死亦胡自往。何利，汝以为然乎？天下何人能穷造化之端，即我亦复何论？"女王言已叹息。叹后言曰："新客之游观足乎？客尚欲更观吾穴中之宫殿否？果尔欲觇其竟，则余当引尔谒特司奴王之尸。此人即科尔万能之皇帝。此间之穴即特司奴成之，王能为如是之巨制，似世界中百不及其能，似世界绵绵，而此间终不湮没，竟使百世之人服其伟识。"余曰："观止矣。盖臣之眼中历观无数之尸，惨不可状。且人类之性质至弱，如此幽惨之境，久视将不能堪。矧此局安排待我，尤臣之所深悲，愿王引臣他适可也。"

第十七章

余此时随哑奴之灯影而前，灯置诸群尸之首，或胸际，荧荧若动。行及女王外室，似同俾拉黎当日所经行之处。欲与女王为别，王不可，令同入室，且曰："汝能与我同行，我心乐也。何利，汝试思吾二千余年居此，乃无一人足言，舍吾奴隶及吾灵魂之外，一无他士。虽吾脑筋至灵，亦无发泄之处。且悟彻万理，既无旁证之人，则亦倦而不思，颇恨一身为独立之社会。以天下过去之事，饲我脑筋，用代食物。然饫之至以为苦，且日生厌。但愿万事之来吾脑筋中，若有齿牙以咀嚼之。今尔之脑筋脆而无用，为年且少，然行成人，而思想亦当刻入。今余质言之，一自见汝，令余忽思及旧事，此事盖余曾与雅典古族所辩论者，及阿拉伯古族毗卡之议论。汝生质既丑，人亦鄙俗，大类古希腊中之愚昧人所托生，脑筋挟龌龊之思想者，今且勿论，但掀吾帘幕，坐食生果，言人生乐趣，吾今将又见其色身矣。汝当镇摄，勿为吾惑。汝必且称吾为美中之极美。"

王言后，纱幕已尽下，肌之洁白，几如发光之蛇鳞，然肉色亦不类生人。目作异光射余，几似以美丽之力，刺入吾心。且作巧笑调余，声音之润，如调银钟。此时女王情态至异，淫荡之心，流露于外。余都无鄙恶之思，较在尸次谈理时死趣，异如天壤。亦不同在审判场中之严厉，降尊削威，犹情神恋人，为人所降制者，神态之妖异，举体皆足媚人，柔声叹息，时止时发，微摇其首，发乃四披，室中均作奇香。以足践履，微歌合昏之

曲。眼梢流露媚人之状，犹晴电之闪于斜阳间也。王此时情状，较诸登坛摅囚时，已不可以道里计。但觉冶淫之态，较荡妇为甚，人间几再无人如女王者。王忽曰："何利，汝远观吾态，或不了了，当就吾旁观之。汝当省记汝身属汝，幸勿责我。汝之生爱慕心，咸汝自取。汝胆力操守都隳，亦汝之过，我不惑汝，汝今来前，吾非促尔赞我，但曰吾果美与否。且勿即言，言之无味。汝当逐处详观，观我形体及我状貌。余手、余足、余发、余肤，一言蔽之，汝亦曾见人间有美人如是者乎？勿论其他，但得吾之小部分，已为人间绝美。即以眼波论，但得一线之光，及吾耳之轮廓，亦为不可多得之艳态。吾美足以悬灯自标为绝世美人，有是事否？至于吾之腰围颇巨于人，似吾腰不胜乎？实则非是。吾金带微巨，不能显我纤细之腰围。然此带过小亦非美观，汝今试引手按吾腰之四围，但以指入我带围中探之，即知其小大。"

余此时不复能更忍矣。余为人间凡陋之男子，而王之妖冶，逾胜于人间之荡妇。于是长跽王前，口不择言而发，心思大乱，膜拜求欢，几愿以未死之灵魂，与之为婚约之契。此无论何种之人，一皆沉惑如余矣。王见状骇然，则失声而笑，以手相仆为乐曰："至爱之何利，汝胡变态如是之速？吾初念以为必有数十分钟之久，乃足致此。孰知不然，吾不知历几何时，未见男子之乞哀如是也。我思人间妇人，见男子长跽，其心必以为乐。即知识及其时光，亦万不能夺此奇异。汝今尚有何言？吾颇知汝之心，亦不自知其所以然。汝不忆我之现色身，非为汝乎？我心但恋一人，其人非汝也。况汝有知识而灵敏，奈何愚昧至是，且尤愚昧中之尤愚昧！汝今且观吾目，一觇吾目，必将亲余。何利，汝试观。"王遂俯其躬，以眼波射余，且观且言曰："汝可以亲我矣。亲吻者天公所制之妙用，但铭诸心，外观初无痕迹可寻。然汝苟亲我者，则当以相思死。"王且言且低其颊，至妙发垂吾之眉，呼吸之气，及于吾面。吾魂魄丧失，体羸不举。忽张臂抱之。王挺然立，乃不能及。此时似有冷水浇吾背，吾神立定。王作庄容言曰："此恣肆之剧演止矣。何利，汝尚忠厚，吾今恕汝。天下女子之能纵人出于情网者寡矣。吾固明言，初不爱汝，汝之思我，当如飘风掠物而过，种种妄念，沉诸深渊，为绝望之思则尤妙。何利，汝不见吾十句钟前之毅状乎？吾威力发时，汝不尝战栗于吾前乎？吾态盖百种不可测度，犹之盆上之水，足以澄观诸物。然水态沉静如恒，吾即此止水也。水白水而吾白吾，吾心镇静初无所爱，汝幸勿以吾所幻之态，用萌妄念。且汝果又知吾为何人者，更萌妄念。吾即更幕吾身，尔永永不复见吾矣。"

余闻女王责言后，大惊而起，卧于榻上，久之妄想去余远矣。方其去时，余颤极，如秋叶之垂下，亦不敢语王以所见之妖态，与潜窥王在古尸之前散发作禹步者。王忽曰："汝即进果，此果为凡人养生之用。汝试语我以希伯来美帅亚之言，此人以宗教管摄希腊、罗马、埃及至于野蛮之国。美帅亚自侈其妙理，顾在吾生时，乃未见有此宗教。此时人民恒嗜饮而昏醉，聚而争斗，此当时崇尚也。"余闻王言，知觉已定，自恨巽懦不振，乃为王迷惑至是，于是发扬基督之道，但不言天堂地狱事。王不之省，但问孰为传教之人。余又告以阿拉伯中先知曰穆罕默德，创为新教，有数兆人崇奉之。王曰："然则又二教矣。余生时知宗教无数，想此外尤有他教。以吾高隐科尔，乃不与人间事，实则人心良异，乃欲问天以将来之事，然皆不图公益，而求私利之心。实则宗教之门户，实各怀私意，私意者，宗教之根芽。何利，汝听之，每教之人，咸侈言其后来之佳处，以煽惑人，谓信教则祥，不信则殃。乃不知信教之人，其视大道，直鱼在水中仰视星光，光何能巨？然一宗教灭，一宗教复生，一文化过，一文化复来，无一物能支持其成毁，能者其唯世界乎？嗟夫！人果能知天下希望之事，本诸中来，不由外之感触，则极力自判，即为援己之人。须知人在世间，有呼吸即有知觉，区别善恶，处之者又属之己身，则当主善而怯恶，镇以妙明之心，勿泥首于不知谁何之妖神，乃不知所祀之妖神，其蠢蠢无知，一犹诸媚神者之人。今欲救其生者，当以精明之脑筋，力祛妄念斯得矣。"

余闻女王言，细味其理，颇陈旧非复新得，然亦一节性理学之要旨，凡诸所言，余在十九世纪中固已闻之熟矣。综言之，王所论列，乃殊弗惬于余心。余亦殊不欲哓辩以干王怒。第一节余所亲历之境，中怀积秽，无暇更作喋喋之言，且言之亦未必有利。王之自信已深，余即欲贡其诚亦无从贡。且王为二千年以上之陈人，见理既明，阅历又广。余孤生小儒，亦何由取胜。但觉吾有忠言，思欲感化其心，或转为王所感，不如嘿尔为佳。然尚欲有言，乃强抑之不听出，则细细味王所言，觉王之名理吾已彻其中边矣。

王曰："何利，吾之百姓亦颇有先知，以尔视之，似此种先知皆伪乎？究之尔亦莫知其所以然。然在吾之先，阿拉伯中崇奉多神，如阿罗也沙罢也。沙罢为天之主宰，及他石制之偶像，不知杀人几许以祭之。吾亦不能殚述其事，伤哉愚也。当时吾颇聪敏，思欲启发其迷，幸乃未言，言当蒙辱神之罪，行且不保矣。"女王言次忽止，而谓余，曰："何利汝厌我乎？胡嘿嘿处，此讵恶我以哲学之理话汝耶？然吾心所蕴者有至理，苟无至理在胸，则教人，人亦奚服？何利，汝果不厌我者，我将以道授汝，为我门徒，则后此辩论之言，亦可演为学派。凡天下杂家之理，吾可以吞蚀而尽之。天下人心无常，易于移易，滋可悲叹。何利，汝今跽此，约半小时，研究跽我何益？汝究当发誓，曾否有爱我之心？言至此止矣，此外将何作？噫！忆吾及一事矣，且同尔往视此少年卧病之人，俾拉藜谓其人为大狮，即与尔同来者，闻卧病且急，是乎？吾思彼寒热之度已过，苟垂毙者，吾亦能生之。何利，汝勿恐，吾非仗妖术以惑人，天下又安有妖术？谁敢云，人有权力，能与造化为难。行矣行矣，即吾之药饵亦备，即随尔行。"

王言后，余举步往寻佐北及安司德尼，二人咸为愁惨之状，言利武已濒于死，方觅余不可得。余闻言狂奔至利武榻下，气息仅属，知觉亦泯，呼吸至急，唇亦狂颤，不时筋瘈而体动。余颇知医理，知一句钟间，地球上人力无有能助之者。或五分钟而殒，亦未可定。大痛自挝，恨余无识，乃与阿尔

莎絮絮作情话，置利武不顾，坐听其死。伤哉伤哉！须知天下即有良士，一为美人眼波所醮，立时改行为恶。吾之坠行，真擢发难数也。且半句钟，余方沉迷于女王，几忘利武弗顾，亦不审利安为余最爱之人，同住二十余年，情趣甘密，而今已矣。于是以手自握，引首回顾，见安司德尼坐于榻上，二目凝注，凄然无主。佐北哭不可抑，凄楚之形，余几无笔足以写照。佐北方拳曲伏于石室之隅，及见余注视，走出门外，避余眼光。余百凡绝望，所望者但阿尔莎一人，足以挽救垂危之身。果女王言伪者，则利武亦无望矣，决计往延女王。

方举踵，忽见佐北狂奔而入，发皆飞立，期期言曰："天神救我，此间有一行尸至矣。"余愕然，已而立悟，知阿尔莎至矣。衣窀穸之衣，动时瑟瑟有声，其行如僵尸，初见之必以为魅来扑人。已而女王入石室矣。佐北愕视，颤声而呼，以首匿诸屋隅。安司德尼亦不辨为何物，以手自掩其目。余曰："女王至此，刚值其时，吾假子方垂危且死。"王曰："确耶，果未死者，事尚可为。何利，吾力能使之生。此屋隅之人，尔奴乎？尔国俗，凡奴厮见生客，咸如是乎？"余曰："奴见女王衣窀穸之衣，其来阴气扑人如行尸，故震越失次。"王失笑曰："此女为谁？或尔前所语我者。今且令此二人出，听吾验病狮危状。吾不欲凡人窥我智力。"余遂以阿拉伯语告安司德尼，又以英语语佐北。号令未出，佐北已极乐闻，盖不能久经恐怖也。唯安司德尼独不尔，微语余曰："王来何为？"语时虽畏女王，然亦不舍利武。言曰："身为人妻，见其夫方死，理宜侍诸病榻。大猴听之，吾决不出。"女王怒曰："此女胡久不行？"语时尚引目观壁上镌刻。余曰："此女不愿离此病夫。"余脱口时，女王大怒，指安司德尼曰："行。"其声甚厉且猛，闻之使人震摄。安司德尼失惊仆地，兽行而出。王大笑曰："何利，汝试睹此态，此等人宜令之知何者为顺旨之事，彼乃敢抗违汝令，尚未知吾法令中，处抗旨之人，以何刑律。幸彼已行，吾且观此少年。"于是直前视利武。

利武方以面向壁，王观其侧面，曰："壮哉此夫！"即伏而视其面。一秒钟中，王大颤，立趋倚于屋隅，状如中剑。以背就壁，立作厉声而呼，为余生平所未闻者。即曰："阿尔莎，吾利武死乎？"女王跳跃近吾前言曰："狗哉！汝胡久匿此状，不令吾知？"即伸臂擒余。余亦大呼曰："王何为者？"王叹息曰："汝必未知其详。何利汝听之，彼间所卧者，即前此所云克立克得，今仍归我矣。我深知其人必来归。"于是王载哭载笑，厥状大类寻常之女郎，口中微呼"克立克得"不已。余心嗤其谬，乃不敢言，心但危悚利武之病，并忘前此瓶片中所书之言。但思利武已死，而女王感为厉气，故举止失次，厥状如疯。久之言曰："阿尔莎，今兹舍吾王能助彼生者，此克立克得之声，亦无从呼，吾利武死矣。"王闻言愕然，曰："噫！吾胡以不夙至，吾今心颤无已，即吾腕亦甚战，幸有药在，此间有小瓶。"王语时，即从衣囊中出一小磁瓶，言曰："汝以此水，倾其口中，果未死者，得药必生。速为之。此人死矣。"余观利武已无生气，面渐渐作灰色，呼吸亦巨，且不续，喉间格格作声。磁瓶之口有小木塞，余以齿去塞，药沫溅余唇，既甘且香，有薄雾氤氲吾前，少须即渺。余以瓶近利武。时利武之气方垂绝，金发四散，口微翕张。余呼女王助余抱利武之首。王身颤，手足并悸动，如垂落之秋叶，且如受惊之马。余以力启利武之唇，用瓶药灌注其口。药入，有气奔腾而出，如人挽硝镪之水，气立腾上，顾尚未效。其能定余之神者，但有一事，觉格格之声立止。然仍思利武已矣，谢去人间矣。已见利武之面幻作菜色，叶肺已微动。方未受药时，动息极微且歇，药入状乃大变，眼帘尚未合。余以目视女王决吉凶。此时女王方被大惊，威力全隳，尚以手扶利武之首，颜色灰败与利武同，惨戚之状，笔不能述。似女王之心亦不辨利武之能生与否。

　　五分钟中时光至缓，女王亦似失望，玉颜无主，以中心悲惨，二目亦内陷，珊瑚之唇，亦为惨白，与利武病状无异，但有战栗。余为悚然恶惨极矣，较以女王，悲乃逾余。余呜咽言曰："下药晚乎？"王以手掩目不言。余亦他顾不视。转瞬间，闻榻上有嘘气声，俯视利武，血光已上脸际，续续转为人色。吾宿计其人必死，竟复得生，即微语女王曰："王见之乎？"女王喑而答余曰："生矣，吾初念以为晚，然苟过一线之时，……"久乃曰："行矣。"于是，女王大哭，泪落如绠，肝胃都碎。顾王虽悲哭，其美倍于平时。已而哭止，言曰："吾至爱之何利，尔当恕我妇人之心荏弱也。汝当知吾为妇人之身，汝晨来言天堂地狱，不知人当危难之交，种种即类地狱，且讹误怖怛之世事，生人经之，无不动其心志，使不得宁，且至使人绝望。吾之处此境界，已历二千余年矣。据尔人世中长历，已六十有六代，且夕听地狱中熏灼，无复遂意之时，既无同伴，又无安乐，又不得死，似行倦罢之路，永永不息。前望但有微光，灼如萤火，时荧时灭。顾吾之脑筋中，似有鬼神来告，必有一日遂意之时。何利，汝当知生人必无此情状及其事实。即予尔以十千年之生，亦决不睹如斯之境遇。汝当知将近收场，而意中人至矣。吾为彼之身忍死以待，不知所历何世，今日始至。然其至也，亦吾之所预料。盖吾之智慧，料其必至，但不知至自何时。何利，汝当知吾望奢而力薄也。彼病垂危，吾何不觉，然待之二千余年，至时竟惛然无觉，是又何也？今兹得矣，而所见乃为此状，可胜悲涕。且不过一发之微，生死尚未可卜。设为时稍早，吾尚决其必生。今兹以壮果之身，乃厉诸死神之牙吻，吾亦无力足夺其灵魂。彼果不讳，则吾复将守此地狱之中，更换此沉深之世纪，待之不已，寻且复来，抑晚矣。今兹进药，不知五分钟后，此人生耶死耶。吾视此五分钟中，直不啻六十世之久。今五分钟度矣，病人尚无再生之兆。虽然，吾药果无灵者，则俄顷之间，即可奄化，胡以尚无死兆足征？且吾之制此药，其中甚有学力，果不奏效，则斯人必逝。斯人果逝者，是聚数千年之苦况蘸于矛头，逐渐刺吾心坎。嗟夫吾失！今复已矣。"女王语后，复曰："彼吁气矣，生矣。吾果见其生矣，是药果能支拄，则断无不生。何利，汝试观之，此药不既灵乎？由此酣眠，当以十二时为度，一醒则诸病皆怯，竟留此

生命与我。"

女王语止,以手接利武之首,俯亲其额,状至温媚可爱。余观,不期嫉妒之心斗起。

第十八章

于是彼此无言者可数句钟。寂寞中细审女王颜色,直媚如天神,似神志皆满。然凝思间,忽而不悦,即谓余曰:"吾几忘一事,彼安司德尼又安在?至安司德尼与吾夫何属讵?"时声颤不已。余曰:"知之,此女已按阿马哈葛国俗成礼,二人情愫则不之知。"女王颜色斗变,如阴云四合于晴天。余思:阿尔莎以二千年以上陈人,妒心乃未已耶?女王曰:"如此行事,此女已矣,且死在移时。"余战栗启王曰:"此女何罪至死?女爱是人,是人亦甘受其爱,于王胡涉?而罪又安从来?"女王怒曰:"愚哉何利!汝问彼罪乎?彼罪即制我情欲,吾力尤能夺此丈夫,勿令亲彼。吾亦深知地球之上,无人抗我权力。且天下情之所钟,但视其热力如何,即足引之而去。凡人为七情所感,甚于妇人之嗜金玉,人之脑力,又安能与情欲抗?汝今当信吾言,天下陷人之事,均启自妇人。甲貌愈于乙貌者,其陷人为尤甚。古今男子输心于美人颜色,靡其生平者何限!虽然,金钱多者,亦足市天下美人之心。以上所言,均吾二千年以前之事,即至今日极于天荒地老亦然。情海中亦不过一市场,孰能以重价购者,即立得之。"余闻恶劣之言,心为悚然,即曰:"以吾所涉之世界,殊不尔尔。结婚自由,多金亦不能市。"王曰:"今且勿举是言,与我竞其智慧。且尔何以屡与吾辩,汝岂近世之博士耶?"吾亦不复更诘。"但此妇人在法已无可赦,即为彼情人,吾固能夺取,不令其爱。一留此女,则男子必有余恋,吾安能忍?吾万不令天下别有妇人居吾夫脑筋之上。吾既一统是间,世界中事,悉我有之。且彼得须臾随倡之时,在愿亦当云足。今天晚矣,剧场下幕矣,彼尚何恋之深?"余曰:"不可,此举为人间极恶之事,因恶而生祸,未可知也。吾为王计,不宜启此杀机。"王曰:"愚哉伦也!此即名为罪乎?是不过去余胸间之沮梗而已。果名为罪,则吾去悠悠,罪过又宁可数!矧吾生之日,恒毁物以自养,以此世界中,亦唯弱肉强食而已,功罪胡言者?彼荏弱无用之人,势宜销歇。须知此地球中务留以居强健之人。尔不观果树之实,更二十番之实者树且凋。唯强健之人方长食此果,且能以强健之身,欺彼荏弱之人而夺之食。彼荏弱之人不得食而死,其事又何与我?此天心安排如是,夫何待言?今据尔所言,蒙大恶者似得奇罚,然足见尔之无识,不知于无数罪恶中,后人或收其益。若煦煦为仁,而后果之不善,正隐伏其间,未可料也。古固有残忍之霸王,树恶种种,见者寒心,而后此永永之子孙,长受其福。若温裕如僧之流,民初便其政,而国人俄顷将悉化为奴隶。吾人亦恣吾性所为耳,又何遏抑使人莫逞?盖彼之恣欲时,初亦不计后来之收局,亦无鼓励之人,譬如一拳之下,中与不中,或触坚物而创，咸不之审。尤不能以绵渺之思，细审其变局如何。善也恶也，爱也恨也，夜也日也，甘也苦也，男也女也，天地中既生此物，则彼此牵掣，联络生灭，互见不穷，谁复能预料其所以然者？实告汝，人但乘气运而行，荣枯之事，循此一线而行，故吾辈深不能辨析其事之善恶，既不以长夜之漫漫为恨，亦不能以白日之昭昭为爱。世固有别具之知识，以恶事为善，以长夜为旦，反人之所为以称慊，汝亦闻之乎？"

余觉女王之坚忍怙势，万不能析之以理。果如王之言，则地球上之人类且尽，原不足辩，但有寒心而已，吾又安知世上即无是以恶为善者？然亦良有分际，则吾方寸之天良，如筑一严城自防，即人类与生物之所由别。吾此时颇极力思救安司德尼，勿令落此巨仇之手而复其命。复为安司德尼缓颊曰："阿尔莎，王之狡狯，吾实无力与王驳辩。唯王曾语我，凡为人身，当有生人法，则尽其天良为之。王今何独无悲悯之心，竟夺彼所享之利益？请王自思其言。吾言固不足听，然尚有请者。此病人为王所久慕者，今既造谒王居，王复能救彼出于万死之中，可云美满。然王媚其人，乃先杀其媚彼之人者，谓王之媚彼得乎？况利武未病以前，又甚爱其人。其人在利武未病之先，已曲全其命，全其命即所以与王。当日王之百姓方争烹利武，非此女子者，利武死久矣。王又尝言，前此误杀其人之前身，正为埃及之妇人，因妒生悲，王尚忆之乎？"王愕然曰："噫！汝何由知有埃及妇人事？吾亦何曾语汝者？"语时坚执余手不已。余曰："是殆闻诸梦中，吾居此穴中，乃得噩梦无数，此梦讵少有影响乎？且王杀夫之后，罪状如何其苦，候二千余年，宁非上天之示罚？今王欲造此孽，将更守二千余年之孀独乎？王意如何，吾不敢触忤，唯吾意则谓造孽必且得报，天下唯善事得善果，恶事则否。天下未有行恶而得善果者，凡弥天之恶，必有恶根，灾害必丛其身，及其来世，吾固述米遂亚先知言矣，其事至确。实告王，王果杀此无辜之妇人，则王将永被天罚，亦不能于爱情树上，摘取爱情之果。王心究何属，请仔细图之。此男子胡能以彼患难相随之妇人，经王所杀，乃转爱王杀人之血手，有是理耶？"王曰："若云杀人，吾固决杀之矣。我虽未尝杀汝，汝又焉知己命之何若，乃哓哓为此妇人乞命？汝安知吾终不杀汝者？虽然，尔言亦不无可采，第吾心自有刚断，果此妇人无死法者，吾亦不杀其人。且吾不尝语汝，吾非残忍之人，有时亦出恻隐，不欲使人以难耐。今当令此妇人面我，速前速前，吾此时怒气尚未勃发。"语已，引幕幂其面。余大悦，知所言已效，即出甬道呼安司德尼。

数码以外，安司德尼蹲于灯下，闻声而趋曰："吾夫死乎？嗟夫！幸勿言吾夫之死也。"语时，以面向余，泪被其颊，望生之心至切。余亦悲不自胜，即曰："生也，女王已以药苏之，汝且入面女王。"安司德尼入时，兽伏于地，遵国俗也。王厉声曰："起！来前！"安司德尼即俯立王前，久之无声。王指利武曰："此何人？"安司德尼曰："是吾夫也。"王曰："何人以彼夫汝？"安司德尼曰："儿遵国俗而夫之。"王曰："妇人，是乃大谬，乃敢夫

其人，其人非外国人耶？与尔族殊，若云国俗，谬乃逾甚。汝今听吾令旨，果汝无知而行此，罪尚可赦，否则立死。今汝安归尔家，永永不令汝与彼私言，亦不令尔眉棱眼角之间向彼，彼非若夫也。今余尚有第三语诏尔，尔敢违背吾旨者，无论何时，当立置尔死地。"因呼气曰："行也。"然安司德尼仍矗立无动。王又呼曰："妇人，行也！"安司德尼始引首，然已怒形于色，即曰："儿不欲行，是人为儿夫，儿爱之甚，爱之甚，决不舍之去。今问王以何律令儿舍吾夫而去？"余此时见王已大怒，颤不可止，知有后命，即曰："王当慈悲，此亦生人应有之情愫。"王亦以拉丁语报余曰："吾尚有仁心，不尔者，死久矣。"语已，复谓安司德尼曰："妇人，汝仍行，且速，勿待吾毁尔生命，尔以何地来者，仍返于何地。"安司德尼曰："否，不行！"且大声曰："彼为吾有，吾得之为夫，且拯其命。王有权力，固足毁我。我决不以吾夫及吾生而许王！且永永弗许！"余瞥然见王似以手抵安司德尼之首。而安司德尼已颠顿，发际现三指印，深陷作白色。女以手自抱其首，状如中恶。余呼曰："天也！此非人所为。"王不语亦不怒，少须言曰："哀哉无识之伧父！汝胡不再思，我讵无力足以杀汝？汝试取镜视之。"时利武床上固有剃发之镜，王曰："何利，汝以镜授此妇人，视发际为何物所击。"余即以镜近安司德尼。安司德尼视镜中，立偃于地而大哭。王微哂曰："汝行耶，抑待吾作第二击耶？试观吾已有指印在尔额上作白色，即待尔发白如银，而此印吾尚能辨识也。设吾更见尔面，则尔之骨，将较指印为尤白。"此时女王神威毅然，令人起栗。而安司德尼悲惨万状，兽行而出。

王曰："吾至爱之何利，汝无须恐，且待彼行，吾再告汝。吾实无妖术，天下亦决无所谓妖术者。是盖吾之权力，为尔所不能知。须知吾以指印加其首，即印其心使之戒惧，不尔，吾早已斩决之矣。今兹以奴，将吾夫至吾卧室之次，吾始能旦夕伏侍其人，且摒挡物事以待其醒。汝亦同行，并尔之仆。然须留意，勿泄吾之生平及语吾夫以安司德尼安往。即吾身世，亦当少泄，勿复喋喋。凛之凛之，汝性命系属于此。"王语已，跳跃如行尸而去。余留石室中，厥状如痴。盖安司德尼之行，及王之武怒，深可畏怖。余遂自念，殆吾痫发乎？余方抑抑间，而哑婢已群致畀利武，并余之行囊，状至佺偬。利武所居室，即在女王卧房之后，余似曾窥见，知女王卧室必去此未远。余是夜即宿于利武榻下。利武瞑然如死人，睡味至浓。余则乱梦叠出，凡所历之危境，历历皆见。而最所震慑者，则王之凶扑安司德尼，如巨蟒之啖人，指印俨然可辨。而余惊悖之状，直印中心。至于今日临池著书，尚觉女王怒目凶视，使此安司德尼觳觫如死人，离此行尸而去。其次所梦，则身在万骨之中，似此尸岕中，鬼皆起立结队而行，状若巨镇之兵，阳光激射其胁，色皑皑然。群髑髅列队入科尔之城，绳桥立下，骨声锵然。渡桥入城，街衢至广。髑髅周历宫阙，其境象万非凡人所睹。唯髑髅入时，乃无迎迓之人，而重楼远阁之中，亦无宫嫔出入，但闻有啾啾呼詈之声，谓科尔亡矣。群髑髅既穿贯此城，仍遵大道复转至绳桥之上。夕阳已落，群骨复入坎陷。

二目深绿,为斜阳所照。状如蛛之多足,渐渐旋入坎中,重叠而下。余已惊醒而颤,见女王已立床下,俏影极修。余复交睫,睡乃至酣。

及于迟明,精神稍长,而女王所言利武宜醒之期亦至。女王复蒙纱而前言曰:"何利,汝不见彼人将醒乎? 醒时则寒热尽祛,病亦尽去。"王言未竟,利武已欠伸张目,觉有女人俯视其上。利武即抱而亲之。余知利武必误以为安司德尼。而利武果作阿拉伯言呼:"安司德尼!"且曰:"尔胡为以纱蒙面,讵齿病耶?"语后操英语曰:"吾饥甚,愚哉佐北,胡不来? 且吾身近宿何所?"佐北曰:"吾诚欢诚喜,面此小主人。"佐北此时放胆犯女王之前而告利武,觉女王阴气凛然,矗立其前。佐北曰:"利武主人,勿更言,大病新愈,不宜多作口语。果此贵人能少敛避者,吾即以羹汤上主人。"

时女王尚立榻下,利武愕然注视女王不已,即曰:"何也? 此非安司德尼? 安司德尼又安在?"于是女王第一次发言,答利武矣。然第一言即作妄语,曰:"彼出寻一人,吾令即代其人为侍儿以事汝。"然以阿尔莎挺然如尸之身,又作颤声以答。利武斗然已醒,顾尚饮汤未言,饮即复卧,直至薄暮更醒,乃始见余。即问及前此之事,余力抑之不为答。然利武精神已大定,余遂略言病状,及所阅历事。女王亦在侧,余遂不更言,但曰:"此为国都。女王实以殊礼见款,至以纱自幂,则素性尔尔,不足怪也。"凡此之言,余不敢操阿拉伯语,但作英语。且出之雍容,防王见疑。盖余凛王预嘱之言,故不敢率意以逞。

明日利武病起,一切均如恒状,创痕亦瘳,以年少气壮,虽经巨寒巨热,初乃无损。益以女王灵药,病已立祛。质言之,为期亦未久,故亦不至沉瘵。忽忆及曾经浅泽之间,精神昏忽,得安司德尼左右其身,则心感不已,时时向余索安司德尼迹其安往。余不敢猝答,以利武第一次醒,女王即呼余入室,以严厉之词诏余曰:"凡诸琐语,必匿勿告利武。且多立诚谎,知少泄其秘,祸且不测。"未几又呼余诫饬,只三数语答利武,俟彼宜言之时,自当以至情告利武。此时女王情态都变,一如凡女。余知女王将追迹二千年以上之情人,与之俪合,但未知其期为何时,则不敢预料。第以目前觇之,初无逼切之状,宁静温柔,卑下如媪婢,较诸前此狷傲之状乃大异,低声柔气,足恭无伦。长日匿近利武之旁,示其亲爱。余窃窥利武之意,疑骇正与余同,则张目注视女王不已,似不审女王之所自来。余但曰:"王美足以爱弄。"实则吾不待言,而王之贡其媚态,已足使少年之利武濒于极险之地。其不能自制之心,与受病时无异。然又分心及于安司德尼,则两情互激不可自止。然利武之心实偏安司德尼,谓此女义而有情,足以铭诸胸臆。设非此关怀者,久已为女王所罗,入诸情海。然利武虽爱女王,实怀虞心,厌状亦如余。又疑女王行状,大类瓶片中所叙者,则时探余以状。

至第三日着衣时,出言如暴雨倾注,余力推不答,但令其面质女王。至于安司德尼事,则矢言不知。是日晨餐,利武健啖不已,遂同往朝觐女王,以王有前诺,无论何时均许入觐。入时,王方偃卧石榻。余掀帘,女王立

起,张臂迎余,实则非迎余,迎利武也。余此时与王甚落寞,但以冷眼觇之,亦良佳。女王行不成步,状似跳掷,力奔此英国少年之身。此少年病起,方衣荷兰绒之衫,虽半为希腊之血,若英种中论之,再无美似利武者。利武初不类希腊佻达之少年,虽乘母气而来,然媚中带肃,身既高硕,胸复壮阔,无荒伧之容,面目尤英伟动人,阿马哈格人称之为狮,其喻至肖。此时女王作媚声曰:"吾欢迎吾夫,且为新客,尤喜尔今日尚能骈足立于地上。且尔当信尔病之危,实吾援尔。苟非我者,汝焉能直立于此?今大险过矣,均吾卫汝之功。"王似尚有言,即改口曰:"汝今如何?"王意欲令利武作致谢语。利武闻言低首,作阿拉伯语谢女王曰:"王仁慈恻隐,拔此垂死不相识之人于病中。"女王作媚声曰:"否,当怪天公之不道,乃留此美少年,括天下之美注之尔身,吾尚何力之来?唯汝能至此,吾乐臻于极地。"利武忽作英语呼余曰:"老友,此名姝温雅极矣,吾身似入丁香花网之中,老友亦闻得此香否?噫嘻,天乎?此一双玉臂,世乃无复此匹。"余作势示利武使之镇静。余已见女王二目莹然,疑利武讥讽之,旋即言曰:"吾敢信吾之厮仆,侍奉君子必且无阙。果此鄙陋之躯,能以物安君子者,吾无不祗候。今君子心中尚有何嗜?"利武曰:"女王,吾敢请问彼女子安在?彼女长日侍吾,胡久不见?"女王叹息曰:"彼女耶?吾已见之,唯不知其所往。彼女但告行,行又焉测?或归或否,均未可卜。至于躬侍一久病之夫,为事良苦。矧此野蛮之妇人,心性匪定,又奚足恃!"利武闻言愀然,即作英语谓余曰:"奇哉!"即面女王曰:"吾乃不知其所以然。此女子与吾相依久,情颇系属。"女王微哂作娇态,乱以他语。

第十九章

言次多絮语,余亦不复省记,意女王自秘其情,不欲尽吐悃款。已而告利武将有跳舞之事,用娱上客。余闻言愕然,知阿马哈格一族凡有跳舞之事,动必杀人,良非佳事。即不杀人,亦必异于恒状。语既且出,女王曰:"利武,或且欲窥吾洞中奇景乎?"遂起行,且召佐北及俾拉藜。

行次所见,则大异于前。所历者洞孔,孔如蜂房,顾大小不异。余即万骨中更历一甬道,通一穹门,似即科尔之城,而平民骈死之骨,乃大异于贵族之灌尸,间至无片麻以盖体。每一穹门中,积古骨可五百余具,其状如受戮后为京观者。利武觇之爽然,谓天下更无奇观逾于此者,尤能使人警醒血肉之身,知将来收局之见状。而佐北则木然如无见,以身历万险,惊悸已极,故亦麻木不之视。且见过去之人身,舍世界而长眠于此。俾拉藜则从旁温慰,请其勿怖,谓吾辈之躬,不久亦同此状,且曰:"先生,凡吾所言,初非昧理。"吾即译俾拉藜语示佐北。佐北曰:"人类收局固尔,然生番之食人者,尚留骨乎?"余笑曰:"然。"佐北叹息不已。

寻归而就饭,已下午四句钟以外。余亦苦饥,利武尤甚。六句钟时,余同佐北候阿尔莎。阿尔莎忽示佐北以水中现相。佐北愈恐,盖女王夙闻余言,知佐北有同怀十七人,物故其十六,即令佐北瞑思兄弟姊妹生前之状。思已则面水而观,且令就水次凝思前此兄弟姊妹死病状态,忽见其兄弟之状,其记忆清醒者,则形貌都存,或殇者小儿,水中已长成作伟形,或思力模糊。而水中之影亦不可辨认,但能略具其迹。盖水中幻相随脑力而幻,凡脑力所不至者,见形亦寡,虽以女王之诣力,至此亦不能于脑力不审外,极意求多也。即欲水中鉴人,亦必人至而后得之,不能虚构而成像。即如前此余舟至时,而王适思前夫,仿佛中已睹来舟。第此术王自神会,不能使人人皆会。综言之,王之能力亦不过如此而已。至于吾国议院之巨,教堂之伟,一一告王。王极力思致,皆不能于水中得之。即余于水中觅影,亦颇模糊不可辨认。综言之,空中楼阁,王亦不能造影而成形。佐北不审此中之妙,木然以为妖术。然佐北之能见其骨肉之残魂,余至今尚犹忆之。方佐北见鬼影而号,而王女则惊笑不可止。唯利武颇不悦兹事,以手掠发,深疑其故。于是者可一时许。

已而佐北先行,哑婢已入,作势示俾拉藜求见。女王发令,令兽行以入。俾拉藜匍匐入,言舞场已备,守候女王及新客临观,众闻言皆起。女王以黑衫加白纱之上,此即当夕窃窥女王对火而咒誓时所衣者也。舞场据大石岩之上,下临大穴,众迤逦向石岩去。洞口数步之外,列三高座,余及利武与女王同坐,四瞭无人,夜色颇黑,月轮未上。余私疑何由得见跳舞之人。女王笑曰:"少顷当见。"王言未已,忽见四周皆人影,似秉火炬,其焰熊熊。然人影出时,而火光去其手可数尺以外。数可四五十人,状如地狱狞鬼。利武一瞩已知,即呼曰:"天乎!此焚尸也。"余闻呼细审,果为枯腊,其发光于外,即焚穴中旧灌之尸。此四五十人已麇集,去余座处可五十余码,聚尸大焚,厥声烘烘,天下竟无膏油之力,足抵此久枯之腊。余忽见有一壮夫,舞人断臂,投于深黑之处而止。盖以人臂燃洞口之灯。灯亦非灯,则挺然一妇人之尸,死发受火立燃,以次联络而入,可十余尸,口鼻之间皆吐凶焰。盖发既受火,而腹中所灌之药料,亦立燃如炀竈,幽光直冒洞口而出。余思女王此举,即同古之尼罗王虐待基督教民,烧以为灯,四照园林,今夕之状亦殆类此,特非生人耳。若形容其凶惨之状,余亦无笔足以叙述其状,述之适以戕灭生人之仁。综言之,但曰"可怖"而已。今夕合往古之死人焚之,以媚生人,匪特死人非益,即生者亦何乐之云?果如今夕之结局,则古之亚历山大,至于此际,亦不过煨烬而已。由此观之,吾辈身后,亦正茫茫难料,使人生鄙薄后人之思。后人果受抚育之恩,异日皆如此以报我者,又将如何?虽然,为事野矣,但以见状觇之,亦不无少悟。吾读其洞中之碑,此科尔族人,其兴也勃然,顾其澌灭,亦不旋踵。果非人数多者,经女王二千余年之跳舞,胡乃未尽。

时余尸积渐成灰,成灰亦仅二十分钟以外,一焚至踵,即取而掷去之,复取他尸,补入其数。焚至骼节,爆然作响,射焰至数丈以外,自烈焰中直

彻洞之幽处。黑影中见阿马哈格种人往来移尸，大类冥曹之鬼隶。余二人相视失色，心颤而魄震，此盖为余生平所未经之阅历。此时心摄洞中昏黑，目则翘盼空中，似有无数阴灵，号烦冤而求复仇者。阿尔莎大笑曰："至爱之何利，汝以为异乎。"然余此时尚能支拄。阿尔莎复呼曰："试更观之，此吾作后来之局以示尔。世有何人能测身后之如何，但幸生一日，即一日乐耳，岂朽骨委诸重泉，即为收场之日，又安知无人取而焚毁之者？汝试思此种久久为人所不省记之贵族及其命妇，当其生时，华耀震于一时，人人皆柔脆之身躯，又乌知留为野蛮膏灯之用？汝不观加面具之舞人至乎？今烛光四灿，优伶登场矣。"语未竟，余果历历见舞人作二队入，据火光之中，男女各作列，列数可百人，所衣者均豹鹿之皮。列队上时，严静无声，双行相对而立。已而作髑髅舞，阴风飒然。余口不能宣，但笔之书曰："二足高下而已，行列既乱，不能谓之跳舞。盖此族人长年穴居，颜色既异，性情亦别，凡戏剧之事，要皆阴惨之状态。第一出作杀人状，第二出即生瘗杀人之罪人，罪人觳觫不甘受瘗，厥状令人生其憎恶。跳舞垂已，则争围此生瘗之罪人。而罪人蹲于火次，忽而变调。场中闯一多力之妇人，在舞人中状态颇伟，如发狂易，且行且呼曰：'我欲得黑羊。'众趋以黑羊来。语已卧于石上，白沫喷出，仍呼羊不已，要求至切。于是众争集视，犹有在静处仍作跳跃者。众中忽有人言曰："此妇人鬼也，吾辈趋投以黑羊，鬼乎当静候。'少选羊至矣，然此妇人仍呼曰：'羊来羊来！'复有人答曰：'鬼勿号，羊立至。'如是久之，即有人在牧场中引羊。羊亦作声而鸣。妇人呼曰：'其羊黑乎？'引者曰：'然，其黑如夜。'众且骈列，勿令鬼目所瞯。此羊多白点，腹中亦间有之。鬼且更候一小时，即来割羊，即取盘承血。妇人呼曰：'羊哉！趣饮我以血，我之嗜羊，汝不知乎？且赐我以羊血。'众忽大呼曰：'羊死矣！'即有人以血饮鬼。鬼尚吐沫，夺而饮之，狂易立止，一如完人，乃不知病之所自来，张手而笑，入于舞人之群，复跳舞于火边。"

余舰久不能耐，几积而成痗，方欲辞女王，忽见一人作巨猿勇跃以搏狮。复见一人衣羊革，一衣牛革，其次则鹿也，羚羊也，及山羊与他生物。其后随一女子，衣褒衣，有光照人，曳长裙于地，乃更跳舞。众兽亦皆作声而和，久而未已。跳舞酣时，余启女王曰："能否许吾往观人膏之灯？"女王许可。余与利武遂行，乃左转，受焚者但有一二尺。观已，惨然归座，忽见衣貌革者踊起，入黑暗中，出于二尸之间，余异而聚之。豹忽人立，作声呼余曰："来！"余甚审其音，知为安司德尼也。利武不告之余，从豹人入诸暗，余亦随行。

第二十章

安司德尼语后，女王抗声而答。余栗然不敢正面。时女王已立伸其两臂指安司德尼。安司德尼颜色顿变，战不可止，张其双目，仿徨无主，鼻掀唇白，而女王仍不言，但以手指之，即王身亦颤，白纱簌簌，如落秋叶之声。王目长注此女，安司德尼忽以手附其首，轮转不已，立仆于地。利武及余驰视，安司德尼僵矣，死状若为电力所震，抑或女王有禁勒之术，则不可知矣。利武愕然不知所出。移时略定，而怒色勃发，为野蛮之谩骂，趋击女王。然女王已前备，以手指利武。利武立仰跌余怀，此时非余止之，且立癫。后此利武告余，经王指时，胸际如中巨拳，魂魄不期而震。此时女王作昵声语利武曰："客幸恕我，虽少加惩警，是亦存吾之公道。"而利武以手相扑言曰："吾能恕尔厉鬼之妄杀人，以天理言之，吾有能力即当杀尔。"语时长叹。

女王复作昵声曰："客安知事理，吾之留尔，正客宜修礼让之时。客为我情人克力克得，为世最美之人。吾留生命至二千余年待客之至，至于今日乃复面吾。"言次，指安司德尼之尸曰："此死妇乃敢介我两情之间，故纳之土，吾夫亦解之乎？"利武曰："伪哉！吾名非克力克得，盖威英西利武也。先世有人曰克力克得。"女王曰："然，尔祖果克力克得，言出尔口矣。然则汝固尔祖轮回之身，即吾至爱之亡夫。"利武曰："我非克力克得也，克力克得固尔夫，或与尔有涉。若我果为克力克得者，决不需尔。但得地狱中沉滞之幽魂，当较汝为胜。"女王曰："克力克得，汝果如是乎？汝唯不见我久，脑筋中乃不审有我。"克力克得，须知吾貌非恶也。"利武曰："汝为杀人之人，吾恨尔已深，不愿更觌尔面。且尔美何涉于我？我恨尔深矣！"女王曰："但一小时中，汝当长跽吾前，且矢言爱我。"语次咯咯而笑，且曰："来世无更佳于此时者，吾今即在此死妇之前，请试验其事。克力克得汝来。"女王轻耸，白纱尽落，留其半襜，束以蛇带，奇光焕发，艳乃夺人，如爱神凌波而立，又如葛立塔停于云母石之上，又如美从之艳魄出诸愁台，以眼波正注利武之目。

利武握固立懈，怒容亦立释，始而愕，继而悦，已乃赞美，似迟迟有所思，觉女王美色之力，直贯入利武心房，引之而出。余固知女王之媚力，亦曾为女王所困，不能以年事稍长以自制，果有时更为彼所迷，亦将再贡其丑态。唯王之艳情初不属余，而余心讵能置之勿思。质言之，余此时中心亦裂，如发狂易，嫉妒不已。果前与利武竞媚女王，自问不亦耻乎？盖此妇人之力，几足毁余素行。凡人经女王一注，匪不眩惑。以女王之美，诚有过人万万者。然余亦自挣，俯视地上之伏尸。

闻利武大呼曰："天乎！汝乃人世之美妇人也！"女王曰："谅哉，此妇即尔之妻。"语时以两臂加利武之颈，媚乃无伦。利武注视不已，且行且近。斗见地上伏尸，心复耸然，却立弗进，嘶声言曰："吾何由有此？汝非杀人之人耶？地上之尸，真爱我者也。"余见利武语虽如是，然旧恩已渐忘矣。女王曰："彼何足惜！"发声如温风之微振林叶，再言曰："此亦何尤。即吾有罪，何妨以吾之美貌，乞吾夫赦我，即云夺人情爱，其端亦肇自尔，罪盖由尔。今悉取此罪，归之吾身，且置此勿念。"复引手加利武曰："来。"数

林纾

秒钟后，两情已洽。然利武尚欲倔强逃此情网，顾女王之眼波较铁网为严，美而且妖，以深情直捣利武之心，抑其心力，不令更逞。且即在亡妻之侧，以百身代死之人，行此无情之事，发之为终身之玷，而利武乃不恤人言，若罪恶交纠其身，令之为不义，则此女妖引人为恶，较诸宵小为有力。且其美倾人，世无其匹。余复引首视利武，见女王已投身利武之怀，唇吻相接。利武已贡其全身于杀人之人，自是夕为始，永永鬻诸女王，不留寸肤矣。大类忠臣舍身为国，尽隳其所有，而唯国是为，并舍其灵魂，填彼欲窟。犹树艺之求收获，情欲之华，纳诸女王手中。

此时女王起脱利武之怀抱，自矜其胜着，且指女尸曰："克力克得，吾不言乎？但一小时，汝已屈膝，有是事耶？汝计其时，为时岂久。"利武无言，羞赧已极。然虽羞，而心仍属。余于此夕乃洞晓物情，增无穷之阅历。于是女王第三次笑矣，复蒙其纱，示势于哑婢。婢方停睇不瞬，承旨而退。少顷复入，随二奴。女王示势，于是一婢二奴挽死者之臂而出。利武目送其尸，遂以手掩面。余见状而骇，似安司德尼之尸尚张目以视吾二人之所为。女王正色言曰："尸由此出，彼妇已矣。"尸出帘垂，室中一无所见，女王复脱其纱，则歌阿拉伯新婚之歌。声至□婉，以英文译之殊难。实则此歌宜编入乐章，不但讽咏而已。歌凡二节，一为泛词，一为切己之言，余约记其词曰：

爱情之灼灼，如沙上之华兮。华由阿拉伯，芦茎一开，即落如麻兮。花开斥卤，似无生之气兮。光华四烨，若孤星之明天际兮。上有太阳为吾神兮。更推而上则为上帝之灵兮。回声之来，情华萌芽兮。嗟夫情华！尔今果萌芽兮。谁过吾前，情华向彼而倾斜兮。采兮采兮，花房之上，蜜交加兮。渡此沙漠，归尔家兮。沙漠止兮，情华死兮。遥遥天涯，但有爱情无时已兮。清光笼雾，彼何物兮。爱力成华，华簌簌兮。长夜漫漫，望唯独兮。独望何为？爱之笃兮。舍此爱情，情皆虚兮。虚情犹影，过水而徐徐兮。风兮空兮，我何所思兮？孰知爱之轻重，定何如兮？根诸己心，以神为居兮。即此二者之间，觅得安乐而求舒兮。美貌如星，光斗墟兮。美之为用，均有余兮。何人能知星之起何向而落何趋兮？

曲终后，女王以手附利武之肩，复变前调纵声而歌曰：

嗟夫！吾欢，吾爱欢之心，久久而不忘兮。天乃输欢于我，寘我旁兮。吾曾见欢，谓可永相望兮。胡为见夺，去堂堂兮。吾寘心性，俟欢于阴房兮。曝我相思种子，于云中之秋阳兮。灌之滋之，凭我酸泪之汪洋兮。达之宣之，导以学问使毋伤兮。今滋萌蘖，行成穰兮。实且硕大，俾我尝兮。沉沉幽宫，长毫芒兮。千截万鬌，独秀挺而延长兮。余惟积思成痗，乃获此庆兮。死而更生，复出而徜徉兮。余乐自是且无央兮，弥望苍绿，咸垂杨兮。与欢携手，行乎纤草之场兮。见曦出夜，天苍苍兮。山峰叠翠，亲曙光兮。嗟夫吾欢！相将同行。过春日而揽春光兮,其荣乃如加冕之帝王兮,凡今之人咸我望兮。既惊吾艳且震吾才,朣其目眶兮。自兹以往,吾辈威力如震雷之起于大荒兮。又如骏马在御,驰康壮兮。争唱凯歌,喜如狂兮。笑声腾起,若初日之旭于高冈兮。歌声相续,耳洋洋兮。吾力所向,直逼于扶桑兮。前乎前乎,炫荣耀宠,如锦衣而绣裳兮。永吾日之昭昭,终至于夜色之茫茫兮。

歌已,余韵尚袅于石室之间。余闻歌至不能自忍。女王曰:"吾夫或不信吾言乎? 又或以吾为戏术以惑汝? 并无所谓长生,即尔变无更生而寻我之事,今不当作如是观,请祛其疑团而去之。吾今决不讳己罪,知前失之出于无心也。唯恒人之冒罪丛过,为白日所沦,久亦顿忘其非。而吾之灵魂虽久,独不敢作妄语以愚吾夫。脱使吾目尽朦,寘诸黑暗之中,或加以樊笼而不塞吾耳,则目与耳之所接,咸能悉尔之音容。自尔声出,能使吾灵性顿启,如龠箫之喧闹。即使更塞吾聪,复命数千人争附吾额,吾皆知其非汝,即置尔于千众中,吾皆能扪索而得。即使感觉都泯,盲也,哑也,聋也,脑力亦亡,然一线之灵尚在,尤能自呼其天良,谓'吾夫来也'。吾夫识之,彼视尔之人,长日亲尔,直至于夜色向晨而后止。即尔在夜景之中,而吾心亦若晨星之朗照。"女王语后,少息复言曰:'吾失之心果尚有疑乎?吾则尚能取证于外。唯此证太怪,将令尔生其疑骇。顾虽足骇,果立索亦可立得。吾至爱之何利,即尔亦可寓目,尔二人各秉一灯且随吾行。"

余此时不知所对,知万状皆奇,亦无奇之足骇,遂惘惘取灯。随女王行过广厅之后,启一幔帐,其下有梯级,此石洞中恒状也。余随行履阶级,石经践踏久,乃成洼至六七寸,他处则否,心中颇以为异。久立睇其洼陷处,女王觉,即曰:"汝殆疑此石洼,何人所践而成乎? 噫! 此即吾步履所经也,或二千年,或逾二千年,吾每日必莅,如此坚石,皆为吾履蚀矣。"余骇然不能答。天下有柔软妇人之纤步,能穿石耶? 是必百万千次之践踏,成此状耳。阶级尽处复见一洞,帷幔下垂,即余当日偷窥女王炼火之处。因帷幔而栕触往事,于是大惊,仿佛似见女王炼火之怪状。此时女王入洞,洞直一圹,余亦同入。余将细审圹中状,而又虞其终局之足以动人。

第二十一章

女王曰:"汝辈试观此为吾二千余年卧处也。"遂取利武之灯自高而照。光线下射,中见一窟,即问曰:"生火之地,今已烬矣,其旁有石榻,其上有尸僵卧,尸卧处适如榻之长短,尸榻之迎面仍有空榻,与尸榻相距,乃未甚远。"女王即指石榻曰:"吾即卧是间,历无数年代,但有巨衫一袭,被吾体。吾竟不死,如已死之前夫。于是夕复一夕,乃与僵尸为伴,而阶石竟为吾履所穿。然则吾待尔之诚为何如? 嗟夫吾夫! 即尔长眠,吾之事尔犹如是也。今吾夫复生而睹怪事,以生身而面前世之尸,须知年代虽久,吾之事尔,则竭诚而尽忠。"因问利武与余曰:"汝辈心定乎? 吾将以尸示汝。"余

与利武咸无言，相对栗然。女王语已立前，以手引衾言曰："汝勿怖，虽尔视为奇，然生人之结局，终不免如是。盖太阳所烛，时见新人，实则人人皆轮回而来，第人人脑筋中，不能忆及前生事。且地上所用之物，渐以假吾，久乃尽沦入地，盖无人能从窀穸，得其享用。世上仅吾一身，以吾之学问，且借鉴于科尔无数死人之诣力，自尘土中取还吾夫。吾夫蜡制之美丰姿，永永存吾眼眶之中。此丰姿本同面具，吾一一能识。唯其能识，故能力挽已过之汝，行且复来，盖皆吾脑力助吾之功。今日死尔与生尔相遇矣，遇于时光大海之中，果物同者，而时光虽久，亦不能毁之使异。但有长眠中日月，藏无数之历史，凡人世悲伤之事悉泯，使灵魂轮转而托生，均不自觉，实生死之尔一也。盖已过之尔，与现在之尔，合一而无间，如山雪之经阳光而融合。前此之笑啼，与今日之笑啼，犹隔无数高山，回声而相合。吾夫听之，尔为初生之雏，视已过之躯壳，亦不必震怖。吾之示尔，特示一世之历史而已。尔今且观。"女王忽掀其衾，赫然见尸。余大震而却步，而女王所言，则诚不欺吾。石榻上衣服整整，即威英西利武前身也。余视榻上之尸，及榻前之生利武，毫发皆肖，唯卧者稍老，余则无有不肖。至于丝发之蜷曲亦然。更观之，此陈尸之面，尤肖利武平时之睡状。余曰："天下断无生人与死人天然无二如此者。"遂移目觇生利武之视死利武为何状。

利武注视此尸至数分钟之久，期期言曰："速盖此尸。"女王曰："否。"余见女王不类凡艳，直同仙姝，以银灯照其风貌，即榻前比较生死之利武，其声铿然。余爱极几不能制。女王曰："少顷之，吾有物示尔，盖吾不敢自掩其罪过。何利，汝试启尸之胸际，吾不呼利武者，防吾夫忌触其前死之尸。"余闻命颤极，似嫚神媒圣状，乃敢启生人已死之襟。然不得已启之，则心坎有一创痕，似矛锋及小刃所刺。女王曰："吾夫听之，杀汝者即我。自尔生命立寘之死，当杀汝时，因一埃及妇人为尔所昵，汝为彼所惑，以心向之，吾乃不能死此妇人，如杀安司德尼之状，以妇人之权力视我伟也。吾愤极，不期剚刃尔胸。自是以来，永永悲慨，至于今日以待尔至。尔果至矣，今乃更无一人格我。质言之，吾自尔长眠中，更令尔生，但不能永永长生，以长生之术无可传授。唯既死复生，则辗转皆少年之时代。夫唯少年得永日，故能壮而得产，百事皆美，似此韶光，凡人所未历者，汝皆历之，即后人亦不能及汝。然必有一日之息，既息而复起，则更为一少年，宁不佳哉！汝试觇此尸即尔之前身，不知历无数世纪，为吾冷淡中之伴侣，今不更用是物矣。以生者在前，何须此物。然特留此为纪念，防余之不省记。汝试觇之，吾今方坐享欢乐之韶光。"

女王语后，即自榻中出一物。物为双耳之瓶，其上有幕。幕启，女王即以口亲僵尸之面，倒其瓶中之物于尸上，不敢溅沫及于余身，留其余沥倾尸之首，立见烟焰斗发，满室皆黑，一无所见。深思是必硝镪之水。闻石榻尸骨，咯咯有声，药力已而声始息，尸乃立化，但有微烟结团未散。少顷渐灭都尽。夫以陈尸至二千余年之久，今乃仅见微灰。而石榻亦为之陷。女王蹲于地上，把其尸灰散诸幔外，叹曰："灰复成灰，自无至于无无。吾夫死矣，今乃复生。"时尸灰散落满地，余已噤不能言。女王曰："留吾于此，尔辈思睡者听归寝。吾今夕尚当静守一物，明日当远行，为时甚久。"

　　余同利武与女王鞠躬而出，行经佐北卧室，潜窥其作何状，以佐北觇跳舞时已先归矣。时佐北沉睡甚酣，余思其人乃忠笃而淳厚，其人似未受教育者，乃随余尝此奇险。已而入吾卧室，利武自见前身后，迷惘尚未清醒，至是不期失声而悲，则万不能自拄。其悲甚于安司德尼之死，安司德尼生时附利武，急如束湿，斗思及此，则大怒不可遏，寻复悲悔，谓己身相对，乃见人亲杀其妻而莫救，则自责备其身，并怨不应启视瓶片，乃凭一瓶片之中，竟生此厉阶，不能自拔于尤悔。唯女王则不敢痛詈，防为所闻。以女王之灵，方谓将守一物，疑即守利武耳。利武忽作呻吟之声曰："老伴，吾将奈何？"时以首枕余肩，状极悲梗，言曰："吾乃任人杀安司德尼矣，匪特莫助。即五分钟中，吾乃自亲杀吾妻之凶手，并跨安司德尼之尸而过，宁非卑贱之畜生！"复微语曰："惨哉女王！然明日见彼仍作前状，盖吾已处彼权力之间，无可免脱。设吾能永永不接其人，则此生亦不思他美，大类磁石之引铁，息息不复相离。即使驱吾出此，亦决莫可，吾又安能舍彼而行？盖非吾不行，实吾足不为吾用。然吾心则尚了了，颇恨其人，即使未恨，而恨端亦时时而起于吾心。噫！此等情景，令人生怖，是又何故者，殆即吾生之冤孽，至束身自投。而彼即以我之灵魂，用酬彼美。"余闻利武言，始少吐吾隐，谓余心亦几为之乱。利武亦恕余，不加以嫉妒。盖美至于斯，尽人皆惑，直无所用其妒。余此时试挑利武曰："逃乎？"既而彼此互商，又以为无益，以余及利武均莫能遽舍阿尔莎而去。纵使天公以摄力出吾于此，则吾心亦未必遂甘。其不去者，又大类飞蛾之扑火，明知其死，顾终不行。又类芙蓉之瘾，终日沉迷不可警醒。

　　方二人纵论时，虽明悉其非，幸皆以理自解。而推之夙心，则又不然。勿论天下何人，但于女王启幕之时，闻其天乐之声，宣其隽妙之语，乃能引人入胜，沉诸欢乐之海，与结不解之缘。余之奇丑固不必言，揆诸利武之少年美丽，又何怪其入此情窦。女王良特别之尤物，恒言有无数之深情，眷注利武，乃忍死二千余年相待。既听其言，胡能不委身以报其厚爱。亦知此妇非良，且明明以术杀安司德尼，顾谅其精实耐久之，则又可恕。律以男子性质，往往以"恕"字待其所欢，其尤美者则科罪尤轻，谓种种罪过，皆用钟情而起，如是不可解之形状，则并诸利武之身，利武又将奈何？在法唯有贡其心情，与之联合为一气，即性命亦不遑恤，譬诸恒人新婚，爱尤加笃，脱以平情论之，恒人亦断断无此香福。余今亦无文字足形其美，但云其美大足怖人。彼以天人之夙知夙能，宜有神力绾人智慧，而地位权力又足以胜人，自能以冕加此少年之首，为夺而去。综言之，利武之落此坎陷，初亦无奇，即他文人遇之，亦断不能自拔。知美人之力，大足动人之倾倒。即余亦然。至于今日，犹有一丝之系属，果能与彼同处交欢至一礼拜之久，较之白首相

依，尤有甚焉。推而言之，苟有人闻我絮絮之言，断必以余为愚妄，脱亲自启女王之白纱，为彼眼波所射，则其人之骨醉魂酥定必如余。余言盖普通之言，初无他意，即于女王，余亦一无所利。即女王之高拱于上，亦未必使人以媟渎，恒自言不愿惑人而蛊人，用自贬其声价。

余于此两三句钟间，恒与利武谈论奇诡之事，明白相语，乃同入梦，又如闻荒渺无稽之小说。何人能信瓶片中所书，乃使我二人以身试其险。初从荒渺中寻其证据，不图此美人乃静候万骨之中以待余，余二人亦径至科尔穴中矣。吾思世间，决无人能信利武遇此美人，此美人又历无数世纪静候利武。又孰知二千余年前灵魂所宅之躯壳，竟保全至今，为吾目所亲瞩，然固明确也。且为四目所接，余又乌能不信其事？于是几自咎其躬，谓知识短浅，乃不悉宇内有是奇事。然则世言奇事固有奇，不尽目之为诬，须知人之寡于见闻者，直同沉睡百无所闻，守者但有上帝而已。人既无知无识，上帝则微启其幕，使善恶之光线，闪烁于吾前，令吾自加辨择也。

第二十二章

明日九句钟起，佐北战栗入而呼余，见余二人尚生，则大喜过望。余遂告以安司德尼之横死。佐北言二主人能从万死得生，则尤幸中之幸。佐北者为安司德尼所鄙，而佐北亦轻安司德尼。安司德尼恒以阿拉伯鄙薄之言称佐北为豕，佐北则以英语斥为贱品。迨及患难之交，佐北竟不计其旧憾，盖女王权力之伟，佐北魂悸魄振，不知所为。余述安司德尼死状后，佐北叹曰："吾亦不欲为败兴之言。彼女王者，盖古之凶人，否则为凶人之妻，决非善类，不然，凶祸亦断不至此。且合此洞窟之人，决无一人能类《圣经》所云。吾谓此洞，盖鬼国，王则恶鬼之魁渠。吾辈果能脱身出此，真属希望以外，然实无路以逃。想此巫精，必不允美少年如利武主人者，使之兔脱而去。"余曰："佐北，汝听之，利武性命实为女王所生。"佐北曰："然，巫精之救利武主人，即将取其灵魂，以为酬医之具，亦必以术化之为神巫。兹事非佳，似不宜与此凶人结纳。先生听之，吾昨夕就寝未睡，即取吾母所赐之《圣经》，就检女巫事，读之惊惧，发为之立。天乎！若吾母果生，必且瞠目以观佐北之安往。"余曰："佐北，此间固鬼国也。"

时余虽非迷信如佐北，而中心亦为震慑。以此种事，以寻常物理衡之，实奥不可测。佐北曰："先生言鬼国，然也。果先生不以我为愚，尚足贡其微忱，幸我利武主人，不在于此（此时利武已游散于外）。吾翱翔天下，知此间为世界最穷末之国。吾昨夕得梦，梦见吾父衣寝衣，类此族之人，手中执弱草，如羽毛，似拾诸地中。以咋昨日在洞口三四百码外，曾见此草。吾父貌严而状泰，言曰：'佐北，为时竟矣，吾乃不期于是间得汝。噫嘻佐北，似此凶灾，吾乃至此，贯尔鼻令醒，大非佳事。尔老父奔波至此省尔，尔今勿恤。彼坠行之人，在此为科尔国众所承迎。'"余闻梦兆，即曰："此若翁第令人谨慎耳。"佐北曰："然，吾父所言，正令吾夙备而戒慎，勿令为人所烹。吾思彼人以铁盆加人之首，其事可忧也。"佐北语时，知死期垂届，坐而默思梦中所言。余罄数日之力，排遣佐北，乃不能已。已而谆勉之曰："汝特梦父，非梦父即为死征，脱梦其外大母者，又将如何？"佐北曰："先生何为见谑，实则未知吾父之行藏。若吾见吾姑氏麻利，姑氏亦断不为无实之言。矧吾父泉下有十七子奉侍，何为涉远道而寻我？我知之矣，天下无论何人，终有长行之日。第死此尸窖之中，已属非幸，况为基督教人。且吾平日为忠实之事，求践其职，苟不为死父所斥，则死亦晏然。盖吾为先生及利武主人之义仆，在理宜得天眷。设吾有日得脱是间，当永永随先生左右。至于先生及利武主人，吾父梦中未言及此，或能脱此幽囚。果幸脱，尚望拓少时之思，思我横陈白骨，勿更寻瓶片，为苟且之幽探，此盖吾畅所欲言者，幸先生恕我恕我。"余曰："佐北，此皆无稽之言，勿以无凭之思虑，乱尔脑筋。吾生所见，类此者多矣，甚愿托天之福，超兹幽隐。"佐北曰："否，吾言非妄，自审为垂死之人，百凡皆局蹐不可自聊，亦不知所终局，譬如饮啖遇毒，乃强食之，如何可堪！今设身入山穴中，而穴中面面皆刃，虽不触刃，已先毛戴。况为必死之符，如彼惨死之安司德尼非耶，彼女固已死矣，吾今亦历历叙其苦况，虽未敢谓安司德尼之嫁利武为中礼，亦颇怜其死之冤。"言次复曰："吾固知死所，但愿不至于烹。"余怒曰："何至是！"佐北曰："不至是亦良佳，吾非过忧，唯先生所向，吾必后随，则吾死期至时，尚能目睹所事主人之风采，视我主人，亦足慰我收局。吾今且治饭矣。"

佐北行后，余心焦辣至不可忍。盖此老佐北，自余目中所见，实至敦厚之人，匪特为奴，且可为友。彼若有险，则直以物鲠我喉际矣。时与佐北辩论久，佐北历历自信得有死征，虽其事未显，然如初弦之月，佐北则确信其有圆满之时，以身入死地，已拼此身为牺，无得生路也。余自经佐北一言，环觇此间风物，中心亦为之寒栗。无论佐北凶征能验与否，以势决之，终非佳兆。已而饭熟，利武亦归。佐北佯欢自解其忧曰："吾乃能目睹二主人欢乐，使我无聊之思，少为解脱。"饭后复出散步，觇土人布种种稻，用为俾酒，其状甚趣。人以羊皮为囊，束诸腰膂，行于田中，播种于田。此在余惨怛中，得见农夫，自谓尚有生气。觇已而归，遇俾拉藜于洞门，言女王传见。余遂入面。女王虽凶傲，色良霁。余见王亦如常礼。侍者出后，女王去面纱，引利武与之亲吻。利武夜来固悲酸，及见女王，则亲爱逾恒。女王以手按利武之首，眼波注视，厥状甚亲，且曰："吾夫，尔心独不疑骇乎？吾力能令尔我不分，我即是尔，尔即是我，亦信之乎？第一节能令尔身如我，永永不死，以我非能死之人也。唯此等事须与时光力争，而时光之迅，本能贯人性命中之甲胄，令人立死，由之太阳光力直射水中。今日尔我尚非同类之人，但吾微泄身上之光，已足焚尔至死。即尔之视我亦不能久久，防目光为我所烁，亦足致病，且消没尔之灵性。吾所以移时，即闵其面纱。"复曰："少顷少顷，更听吾言。尔当于火性未发时为之请，即以今夕为发轫，俟太

阳未落之前一小时，由此启行，至于明日天晚。果道行不迷者，自能至于长生之世界，请尔浴于火中，罢浴而出，必大有光荣。盖自吾夫之重来，凡为人所不能者，吾履之，履之自吾夫始。此时，则我身永属尔为妻，即吾亦永永尊尔为夫。"

利武喃喃若有所答，似讶女王所言。女王笑而面余曰："何利，汝亦当往，吾亦授尔以长生之术，则尔将葱翠为万年青。此事自属在我。我所以如是者。以尔平昔行事咸能悦我，即尔亦复非愚，不类凡猥之子，蠢蠢无复知觉。且尔脑筋中储古事无数，然亦能善媚妇人。"利武呼余曰："阿叔亦能以术悦妇人耶？实出吾意料之外。"余不答，但正色谢女王曰："蒙王惠我，竟有此言。果彼间有长生不死之术，如王所言，则彼中足以不令人死。须知死之取人，辄出人之不备。此第道路，吾百觅乃不之获。然遍观世界中，实未曾有安乐之窝，高卧其间，娇柔至于万襀。至吾人所处之地球中，则直类一铁石人心之母，长日以石块喂其幼子，用代面包，渴则饮我以苦酸之水，二者称为滋补之物，何人能忍此残酷。即长生不死至于数千百年之久，则其背中必负无数之爱情。至于左右四邻，伤惨之事，以我长生之故，亦累瞩不穷，日加无已。阅历既深，何能力为开拓，用以自慰。至乘化归尽，固属惨怛之事，然以人之躯壳，乃消缩而渐渐灭，而其来无端，不肯预以告人，使为之备，大类有帷幔以壅蔽之。虽然，死固如是之悲，即生亦不能畅遂，两者皆难。树叶之青青，似尚动目，乃不知中心之已朽，犹之人生似有虫蠹剥蚀吾心，令之腐坏也。"女王曰："何利，汝更思之，凡长生之人，权力至伟，人又美丽逾常，似此三者，则力足以胜万有，斯尽人所欲者。"余曰："是果尽人所欲者耶，然亦幻泡之旋生旋灭耳。天下何者为贪？贪即直上无穷之阶级。匪生人之力所穷，谁能登峰造极以尽之？此阶上而益上，初无偃息之区，层累之数，不可计核而知其量。即使财产充盈，亦皆憎人之具。财产愈多，匪特不能称意，而且大忤所怀，使我宁静无欲之心，悉为所夺。天下尚有何等知识，足以胜此者？如再深言之，则愈思愈彻。顾虽彻上彻下，亦不能更觅一不识不知之地位，使逸吾生以救吾失。纵使更生十千年，亦必未能觅一良法，剖析天上太阳无穷之奥理，并太阳以外无尽之幻形，且推求孰以巨灵之掌，安排此无数太阳于天空之中。即使知之，识见日增，而烦恼亦日数，又何益于吾身？矧长生跧伏于此，又何异身处深洞之中，见理如微光之荡漾，纵日烁日明，亦但照见凄凉之境耳。由是观之，众没而我长生，亦何裨于欢乐！"女王曰："否，此中尚有爱情，唯有爱情，则百凡皆美。汝当知呼吸由爱情所发，则气焰至巨，凡尘壒中事，皆由爱情而过。果如是者，长生亦何不利之有！犹之最高之乐器，音节洪亮，能动人心，心为乐动，似化为巨鹰张翅翔于九霄之上，俯瞩尘凡琐琐之伦，为心适也。"余曰："世间或有是事，唯我爱其人，而其人无情于我，若荆棘之刺吾心。纵我恣其爱情，而终无所得，又将如何？则是人抱此无着之情愫，将镌之于石耶，抑投之于水耶？女王听之，吾愿安吾素履，享我应有之余年，以待天之所命可耳。以我思之,王自侈长生,而较之汲宇宙之岁月,则王亦一无名之指耳。以我思之,长生之术,不过使人日丧其精神,濒于颓废。须知以血肉之身,揸拄人间哀伤之事,罪恶之来,当节节受之而不能祛,必有一日肉消而骨朽,则灵魂飞越,如彼光明之衣,始名解脱,亦无淀浊之气,触我鼻观。而下凡祈祷之清香,咸袅袅过于吾前,不宁乐乎?"女王曰:"汝乃慨世过深,言之过刻,令人寡味。以我思之,汝所演说,不过至于终极而已,犹剧场下幕,以下无见,此亦偏信之过。且尔眼力过瞀,烛物非真,凡死后灵魂之受福,或为轮回之说,皆属设想而然,未为笃论。天下人心至幻,乃无一人思致相同者。今且勿论,但论既不长生,则衰朽之状立及,使尔脑筋中日就昏耗,始追悔当日有人导以觉路,乃不之请,为时晚矣。然世事往往如斯,宜然而不然,思有更进于此者。由之以灯照人,出诸黑暗,眼前道路坦坦,置之不行,斗然歧路微光,以为有大星在彼,趋而即之。呜呼!遇美貌不以为美,思更得其尤美者;拥巨产不以为富,思更得其尤富者;收名誉不足不名,思更慕其尤有盛名者,此语即尔之本意。吾即用是以难汝,汝梦中似扪天星,吾断以为不能,则甚惜汝掷引道之明灯为失计也。"

余不之答,以利武在侧,不欲过于激辩。且余亦爱其美貌,不欲违忤其意,尤不欲引彼作绵绵之情话,留我脑筋中,使利武知之,生其嫉妒。今兹事过境迁,此景犹历历在目。女王此时忽面利武曰:"汝试告我,何由能间关至是而寻我?尔昨夕曾言死者为尔先祖,此又何理?今胡不质言,乃靳不我告。"利武见女王穷诘,遂叙述瓶片事,并言遗墨为先祖母所手书,因是始历险阻至此。女王倾耳而听,迨利武言讫,忽面余曰:"汝不尝语我以善恶之事乎?迩时吾之情人方在病中,吾曾言善中寓恶,恶中有善,非耶?彼播种之人,乃不能料及收获,且殴人以拳,讵必中人要害?此埃及之妇人,实为王族之裔胄,乃甚恨吾,即吾亦甚恨彼,彼实有意仇吾,然乃幸胜。然以彼留贻遗墨,复遗彼情人卧我臂腕之上。然实因彼之故,刺杀我钟情之人。今复由此妇人千曲百折,使此情人复践旧时之诺。此妇人初意本欲陷我,乃种彼毒子,冀我获粟得稗。今试观此妇,乃锡我以分外之获。此间有四隅之方围,其中却蕴离奇之理,使人推测。何利听之,事果如此,彼埃及妇人乃遗命其裔孙报仇,以吾曾杀彼夫。今利武既为死者之身,复为其云礽之末,汝今但报尔仇,可以义责尔极远之仇雠,其人即我。"言已长跽,自启其胸,其白如象牙,言曰:"此间肺叶方跃跃而动。近尔立处,有长刃一,既重且利,此即吾将用以杀埃及妇人者。今用以杀我,当尽入其刃,此则汝宜得意矣,则汝之余年皆属欢乐。以汝为人所误者,今悉反之。且从尔先世之命令。"

利武注视久久,忽以手扶女王,愀然言曰:"阿尔莎,汝起矣,汝盖深知我决不能杀尔,即喻我报杀安司德尼之仇,即亦无力。盖吾已入尔权力之内,为尔奴隶,决难剚尔以刃,正恐杀尔,即转以自戕其身。"女王笑曰:"然则汝爱我矣,今且述尔之言,汝之国度如何?是否大国而多民

庶，如罗马之霸业？以吾思之，汝必归国。吾亦不欲尔长处此科尔之穴中。果尔能长生如我，则我将尔同行。汝且勿怖，吾必有路以送汝。至于是时，当同造尔之英吉利。须知吾二千余年久待于此，目睹此可怖之巢穴，及不类之人民。今兹乃有佳日，吾心踊跃而受，此犹学徒之得假，以汝后来必能独王英吉利。"王言未已，利武即曰："吾国已有女王。"阿尔莎曰："此何足言！汝国之女王，吾克之易如反手。"余二人闻言凄然，以吾国女王，彼且无惧，则吾辈当永沦于奴隶矣。女王愕然曰："汝辈尊女王如是之笃，噫！吾居科尔久，外间世界人事，一变迁至于如此。"余曰："此非世界之变，直帝王之事权变也。唯其帝王事权之变，而凡为百姓乃益尊其王。"余且语阿尔莎以英国之权，实落百姓之手，兴革之政，皆由投票而成。女王曰："然则共和之政体耳，是必先有暴君，故改革如是之异。然以吾思共和政体，亦必不可持久。"余曰："暴君固有，良如王言。"女王曰："纵有暴君，吾力皆能除之，使英国归我掌握。"余曰："欲乱英国之法，为事良难，犯之即缢于木架之上。"女王哂曰："是名为法耶？何利，汝乃不知吾之权力足以斁法，即利武亦然。凡人类之刑罚加之于我，直等北风之憾巨岭。汝试思风来作势而吹山耶，或山卓立以抵风？何利，汝今且行，即利武亦少间，吾当屏挡首途，汝二人外，并尔之厮仆亦随行，并勿携尔衣襆，以此行不过三日即当遄归。归时则可以与科尔之墓穴，永永长辞。"谓利武曰："尔且亲吾腕。"

余遂同利武出，心中颇思其故，似此女王将并余二人赴英。余思及于此，心为之颤，第未知至英如何。女王之权力，余固知之矣，果矣吾英，则必大张其威焰，或国为所得，殊未可料。特王之骞态及其贪心，则必放肆无等，将销其数百寂寞之景，大畅所怀。脱王之美不足炫人，势且大怒，而恣睢杀之亦不能死，吾英尚何术足御其怒？想吾英国必为所属，其属或且统乎全球。然则英国之荣宠极矣，但未知战骨之积为何如耳。余思此语，心甚奇之，第不知其意之所存。既而思之，此怪姬之七情蕴积至数十世纪之多，或天公恣其所为，使此陈旧之世界为之一新，未可知也。又或且积其精力，能挽回此世运易为承平之世，使百姓纳于熙皞之域。

第二十三章

吾辈摒挡行事，为时亦无几，但检束浣濯之衣数袭及备易之靸，纳诸行箧，并携手枪与快枪，且多携子药，此数物拯救吾命数矣。余则重枪一杆，仍留石洞之中。部署甫讫，女王已以人召余辈入。女王易衣已毕，外蒙黑衫言曰："尔二人咸筹出冒险之路矣。"余心初不信女王之言，姑妄诺之。女王曰："何利，汝乃不信吾言浴火事耶？此事滋确，汝何犹豫如古犹太人？犹太人之多疑，令人生憎，且良言弗纳，自以为是。汝今且试观水中之见像，果吾言不验，即水中之见像不吾应也。水中固明示我以道，尚何疑虑之有？

尔辈行矣,今且往图再新之生命,取其至美之收局。至于后事如何,人则焉知?"余曰:"果焉知者。"言次已行出穴外,已见日光。

时洞外有小腰舆一,凡六舆夫皆哑。而俾拉黎亦在行。余见俾拉黎至,心滋不悦,亦不知其所以然,顾数人只一舆,则吾辈均当徒行,顾行亦大佳,以予穴处久,心殊郁陶,虽彼中人待我良厚,顾以生人居死窟,又焉能乐?余四瞩洞口,忆及前夜烧尸之处,踪迹都渺,不知得女王号令收拾净尽耶?此时寂然已都无人声,则吾行亦必无人能知者。或此哑奴习于女王行事,容或知之。数分钟后,已履田亩,一碧如玉。余心颇思科尔人之度地为城,乃能获此佳境,不知当时用功至于几许,巧乃不翅,而工师之智力,亦可谓一时无两。沟渠之分,乃一一约束使之伏行。且无积潴弗流,为人之害。以余度之,人工凿天然之形势,为事至难,即苏伊士河及森尼士山洞与之相较,直等天渊之别。

行可半句钟,口鼻吸此凉气,心颇清爽。斜阳射于科尔石城,危岩壁立,颇亦觉冷。渐行渐见破屋,俾拉黎告余此垂近故城矣。空规残状,岿然在目。城初非广,与巴比伦及古之城郭相较,不能称为巨观。自外濠统计,仅十二方里,即四瞩城垣,初不甚高,高亦莫逾四十尺,不审有无陷入地里。此城之立,亦特以御外盗,较巨堡为略大。城累石为之,其厚如其高之数,均四丈。余恍然知穴中之石,即用以垒此城。濠广可六十尺,一二处尚有积水。去斜阳未落之十分钟,肩舆已入城。桥圮而石撑路,颇难行。未几直登城垣,城中风物一览已尽,人人咸浴于斜阳红影之中,残柱矗立,似均当日台殿之基,间以小树楚楚作新绿,梁栋飞甍,似已前毁不可见。柱则以石为之,久而不毁。破垣残础,犹一一可辨。目前大路豁然,宽可五丈许,其直如绳,较诸登麦斯之路尤为宽绰。石材一如城垣,至于今日石缝尚不生草,则知当日功力之严密,盖不间以泥,植物因不之生。至于园囿之中,则草木蓬蓬然,然东西南北井然,凡无草木之处,必为官道。道之两旁,均残石坏柱,毗邻相间,似间之以园,故草木丰蔚,而屋材亦均巨石为柱,自残照中辨之历历。因思此间必数千年无人之行径,余不期以身履之。已而行及石柱如林之地,宽可八亩,是或巨庙,殿基尚在,大殿包小殿,如中国所制之箱,箱中纳以小箱,至十而止。柱皆巨石,余既见之,尤不能不记此庙状。盖庙之石柱,上下巨而中峭,为状甚怪。柱中镌有偶像,初疑其宗教所留,或别有义理,不易测也。行过斜陂,见棕榈之树插天,为生平所未见,是不知几历年载,始及于此。其干乃巨如石柱也,是非八千年,或十千年,留此古火山之旁,生长不能如是。

已而众循旧路归行于微月之下,石像遂不之见,而中心尚恋恋不已。盖行虽少远,而此圆球尚悬心眼之间,似此人即为地球之代表。像立球上,似有经纬之线,仿佛观之,似今之地球仪。然则科尔古民即知大地之为圆相耶?以吾思之,此古民崇拜大神,似又已知地球之为圆式也。

林纾

第二十四章

　　明日哑僮于迟明时起余。余拭目而起,则就水槽中洗眼令清醒,见女王已整衣近腰舆之次,老俾拉葬及二哑僮匆匆束装。女王仍以白纱蒙面,如球上之女神。余思女王殆酷学石像,以白纱自祕其冶容。然女王心颇焦悚,颇改常度,第美丽尚不之改,以常妇人千百效其所为,均不能肖。余近时,女王引目视余,似示欢悦。利武曰:"尔宵来如何?"女王曰:"吾夫,吾夜来滋反侧也。此夕殊怪,时时作怪梦萦吾脑筋之上,吾亦莫审其凶吉。顾虽无显征,似颇有奇祸加吾之身,唯不测何以遽能得祸,斯乃大奇。"女王言时,益露娇柔,且曰:"吾诚不解何祸足加吾身,于是辗转不能交睫。听尔诸人鼾睡,果此时扰尔令醒,又将谓我别有所图。奇哉吾夫!当待我更生。须知吾之待汝,不知几更世纪矣。"余辈未及答,女王复曰:"行矣,为途尚远,须待初日更升于蔚蓝,则吾辈当在彼生命之地。"更五分钟,吾辈行过残毁之城根,天甫迟明,景愈凄清,心为惨然。阳光之线,甫射及寂寞之荒城。

　　余辈已行出城外,回顾参天白石之柱,尚立日影之中。辈中舍佐北外,人人动心,而佐北则憪然无觉。余沿路叹吁,谓此名区不能细加游历。行次已历平原,皎日一升,女王精神复旺,以笑靥胜其颦眉。女王之颦,颦于昨夕荒漠之区,于是抗言曰:"此间野蛮恒言科尔城中为群鬼往来之地,吾思其言似确,以吾生平未尝经此噩梦。唯前此曾一经之,自在洞中,汝陈尸于吾足下后,自是不窥足其地,地盖不祥之区。"此时少息,进晨餐,复纵步行。逾二句钟,及一石壁之下。此石壁盖火山猝爆石裂成此壁状,石林立如笋,或千五百尺及二千尺以上,四望壁几不辨路,余愕然乃莫知所从入。女王下舆言曰:"今兹为苦功之发轫,凡一切众咸停于此,吾辈当躬挟资粮而行。"女王语后,面俾拉藜曰:"汝及数奴且候于此,以待吾出,至明日日中复可相见。即未出亦当静候。"俾拉葬鞠躬言曰:"王之威令,敢不遵循。久候至老,亦当恭默以待。"女王曰:"何利,如此人者。"因指佐北曰:"是亦宜留,果是人心意弗坚,胆力弗壮,祸且立及。矧此机密之地,尤不宜俗眼观之。"余遂译王言以诏佐北。佐北哀切求余,泪莹于睫,谓不宜留己于此,以为彼中之奇惨,断不至如此烹人之虐。佐北防留侍哑奴,即为哑奴所噬。余复以佐北语译告女王,女王耸肩言曰:"听之,即得祸,于我何涉。且彼既随行,当执灯及彼。"彼者一十六尺长之木板,此板常随女王之身,余初以为支幔之用,今乃知此板为余辈进洞系属之物。板质至轻脱,持授佐北,授之以灯,更有一灯,余自背之,更挈备用之油。利武则挈行粮及羊皮壶清水。女王指六奴及俾拉藜退处含笑花之下,去石壁可百码之远,令彼立俟,以死为度。七人鞠躬而去。

　　余行时,俾拉藜与予引手微语,似欲随行,顾乃不敢,遂领六人而去。女王此时面嶜岩而立。余曰:"利武,吾乃能越此崎岖耶?"利武木然如愚,不知所为。即于此时女王一跃，已登石上。余不得不随，顾乃未觉其窘，似有阶级可循，亦无颠越之苦。余行仅数武，回顾乃大震，一失足且成齑粉，以石笋如林，罗列吾下也。稍行而上，路似渐夷，唯佐北挟此长板，状极艰辛。行可五十尺以上，更行五十六步，路稍左趣，横行如螃蟹。又六十七岁，及一山窟，初行绝仄，已乃渐宽，渐下渐洼，石分裂如花瓣。循花瓣入，似穿达文府之石弄。四人已入洞中，山下人度已无见。石洞天然，行逾三四十码，复及一洞，洞似人力所成，石荦确不尽平，似地上为药力所炸，是必科尔人力凿，渐入则颇完整。至是女王少止，命燃灯。余如言，燃已，以灯授王，更一灯余自掌之。女王以灯前导，下石穴，兢兢如有所摄。洞中多圆石，如卵，颇碍步。且有一二处陷为深洼，偶一不慎，立糜碎其肢体。洞行可二十四分钟，长可一咪四分之一，行极艰楚，路曲折不可猝达。已而止步于洞之深处，阴风忽起，两灯皆灭。女王呼余。余匍匐就女王，以女王去余仅咫尺耳。至时自微光中见巨石昂然作黑色，似往古所贻至今，玲珑成怪状，至石外何物，则不之见，以状度之，似至夷旷，乃混蒙不可测。但觉有石壁当路，高可一千五百尺，或二千尺以外，仅有一线微光下烛，见一石觜，努出如鸡爪。女王曰："慎之，此间有惨风卷人，其下则无底窟也。"言已即行。余愕然起随，佐北引木板。利武后随助之，似此有胆之妇人，履险如夷，令人奇骇。

若余者行仅数步，鼻触奇臭，且欲下坠，则伏石作兽行。利武亦效余所为，唯女王昂然不为卑贱之容，以身当风而前。初无摇动之状，数分钟中行可二十余步。且行而石觜且尖峭。忽而狂风自下而上。余见女王张手凌风，衣衫尽举，犹鸟之受风，遽伤其翅者，其状至危。余坚抱此石觜，四顾彷徨。此石似动，声戛戛作响，心震荡极矣。余此时介于天堂地狱之间，其下乃不知其深如何，但觉愈深愈黑，其深则出于余意料之外，其上石壁无垠，阴臭之气令人莫耐，更上则微露蔚蓝，但作一线。余在此危险之间，颠顿万状，阴风卷起岩下，云水之气，逐阵掠余面而过，几瞤吾目，吾心亦为之乱。实则余处是间，危乃万状，似已隔远人间，方寸为之瞀乱，至今尚时时梦此危险，即不梦而静思之，汗亦沁出。女王黑衫已为风卷而去，余但见白衫隐约于吾前，尚续续呼曰："行矣勿滞。"此时女王似非生人，实同天仙御风而行，且曰："速行，不然且坠，坠即糜碎其骨。尔目注石，以手抱石且急。"余闻言益恐，战战然兽行而前。风乃哮喊如鬼哭，力憾此鸡爪之石。石震震亦如风琴之挑拨，时时摇动。余行不知时刻，不时侧瞩复前。已而至于爪尖而路断，石仄仅如小案。坚踞而下顾，深乃无底。女王矗立石上，发已四散，以手前指，余知需此长板也。迎面有旷地甚广，微瞤似有物，竟不能辨，或且为山影所蔽，大似密云结队作深黑。女王曰："立待于此，少顷即有光。"女王言时，余不测所谓，实不知光之所从来。正疑骇间，果见有光如利刃刺入，则斜阳正落，光射山窍，适中吾盘石之上。女王俏影如画，发露无遗。余此时甚欲曲状女王之奇美，顾乃莫能为词，似此幽黑之中，水

林纾

光雾气，现此天人宝相，下界人又何足形容。至于光所从入，至今犹莫能悉，是必迎面壁窍，适迎残阳之光线，故豁然如此，而洞中之沙历历均辨，余无他物，仍突兀作黑影。余辈幸借此日光，女王似已预料今日之必如是，当得其光力，渡过彼间。

余所踞之岩石，迎面亦有努石，厥状如一，似预待人之架此飞桥，险状又类一青蚨，险置酒杯之上，颤颤动摇。女王曰："速加长板，立时飞渡，不尔，日入不辨路矣。"佐北颤声呼曰："主人得无令我辈沿此板渡彼岸耶？"余以手取板，曰："然。"则勉为慰劳之状，即授板于女王。女王无言，以板加彼岸之石盘，以脚践，不令为阴风所掀，顾余曰："自我前此至是，此二石似渐薄，不知能否载我之躯。今我且先渡，即有他变，吾尚能制，吾固无灾害者也。"遂轻跶其雅步，渡此飞桥。一秒钟间已渡彼岸，言曰："此桥至安稳，无虞险事。汝辈且立践其板，吾在此践板，板不至翻。何利趣行，日光入矣。"余复郄行渡桥，盖一生不涉此险，亦羞为怏沮之状。女王曰："吾知汝不之怯也。"女王作鸥蹲不动，言曰："汝速行，留其路以待利武。"余闻大惭，宁甘粉骨于深涧之中，不应见哂于彼妇，则嚼龈蒙死，兽行于薄板之上，过此无底之穴。盖余生性本畏凌高而虞下坠，至此惴栗之状，至无笔可以形容。嗟夫！余脑筋已疲，不能振，盖微窥此木片下垂且折，即东西二向支板之盘石，亦戛戛动摇且倾。余魂魄丧失，决陷无疑。行时脊梁之毛，一一皆竖，似立时即下跌者。此时忽觉已近石盘，心始释然，顾手虽触石，石亦摇动如小舟之沉浮于波间，竟无能以文章叙其危险。今且简言之，心但感戴上天能保全一身至于彼岸。

余渡后，利武继之。利武虽变色，然过此木片，颇如绳技之人。女王以手引之，立时已登石上。女王曰："吾之情人，勇乃无上。古希腊英雄之概，乃尚属尔。"今兹但有佐北尚留滞彼岸，匍匐近于木片之右，呼曰："主人，我乃不能渡此，必坠此寒岩之下，似饱异物之吻。"余仿佛中似讥其无胆，促其渡险，且曰："过此如捉一蝇。"至今思之，当时之有此言，特用以自慰，非讥佐北也。以余当日大有奇想，谓世无难事，处难事有定力，犹捉蝇耳。佐北遥答曰："吾决不能。"女王曰："听其自亡，汝不观日光立时遽入耶？少顷黑矣。"余视日光果如女王之言，盖光之出穴不为平行之线，已渐落矣。呼曰："佐北，汝果留彼间者，则汝当独死于彼。嘻！日光逝矣。"利武即大呼曰："佐北，汝当力肖男子，渡此易耳。"利武一呼，佐北亦大呼，伏于木片之上，顾乃蠕蠕不行，二足跨此木片悬空而动。木片既动，两盘石亦因之而动，板之加石不过数寸，立时且陷。行未及半，光已尽入，如灯光为人所灭，石洞中复黑如漆。余惨极，呼曰："佐北速来！"余呼而石动愈厉，戛戛作响。佐北将近盘石，忽大呼曰："天乎怜我！板落矣。"余闻异声，知佐北坠矣，顾已把得佐北之手，声颤不已。余此时乃奋出多力，亦不知其所自来，想上帝见之亦且大喜。少须佐北已立于石岩，气咻咻然。此木片则飘然下坠，触锐石撞击作声而没。余呼曰："板落我且安归？"正惨栗间，利武忽答余曰："吾亦不能悉，但以我辈处此危亡之境，得生尚为大幸，安计其归。"女王亦不之顾，但呼余，且引余手令随行。

第二十五章

余遵女王言复前行，心尚栗栗行于石角之上，觉足之所履滑而下趋，口中但微呼曰："坠矣！"女王曰："即仆无伤，但随吾行。"余回想当时情况，既随女王而行，女王言可者，则吾断可生，即不幸亦与女王同尽而已，但在危迫之时，亦不能作是高明之想。女王亦时时诏余曰："尔勿恐，听路之高下而前。"余遂放胆信足而下。忽闻有空气，自揣已死，顾乃不然。少顷足已履石，此间初无微风，而风声却在天上，余心感上天不止，私庆得生。时利武亦集余侧，呼曰："老人亦在是耶？此局乃大奇。方利武语时，佐北自上下跌，震余立仆。"余方起，女王已在余侧，命燃灯。灯幸完好，膏亦未倾，余觅得火柴燃之，照见穴中怪景。盖余三人攒集一石屋之内，可十方尺，屋中初无可观，女王叉袖而立，静俟灯燃。余视此洞半出天然，半为人力所凿，其上有巨石覆之，壁似人力所成，地燥而暖，其上尤有危石插天。女王曰："吾虽历险，几陷无底之穴，不图亦至于此，盖此地穴如世界之子宫，包裹可万重矣。且此二盘石直悬空而动，陷人至易。"即以手指佐北曰："彼此时。"佐北以手扶头，袖中出红巾自拭额汗。女王曰："彼即土人所谓豕耶？豕固不灵，彼乃落吾木片，则归途岂复易易？后此吾当更思良法以归汝辈。汝今且少息，觇此石洞中景状，试思之，此间果为何物？"余曰："吾焉知者？"女王曰："何利，汝知之乎？前此有人据此为巢，不知其年数，每十二日始一出，觅取食物及水与膏，居人咸供之无缺，此人则悉力任其所能胜，盖居人预储之洞口以待其取。洞即吾辈所曾经者。"

余闻而细味其语。女王即曰："前此有人曰路德，名盖所自号者，其寿至长，凡古科尔子民之知识，彼皆得之。虽后山能知古事，博士亦兼隐士，凡宇宙神奇之理，了了于心，火浴之法，由彼创之。吾今且示尔以状，彼间实天功长养生命之胞胎，能出入彼间，则生命当与造物同久。然路德不以此术为然，其见乃与尔同，且斥为非佳，谓人生宜有死时，不宜长生，遂不传其长生之术与人，故但独居于此，任彼求道之人死亡都尽，遂岿然为阿马哈格中之先知。时吾第一次至此，适遇是人，遂传其术。利武，汝知吾胡从来？当徐言之，事乃大奇。余初闻此博士之名，则侦俟于洞口，与之同人。当渡此无底穴时，亦震恐不已。顾吾以美色及其聪明愚弄此老，且甘言以媚之。于是老人引吾至于火洞，口授秘诀，然尚不许冒人火中，防顽焰无情，焚吾至死。吾决欲一试，以吾深知无长生之术，期颐亦必就木。既而受秘诀于老人，未及炼火而归，凡此老所知者，吾皆知之。此老智力足，年寿高，尤能斋戒不染尘氛，纯以仁心自养，至诚遂能格物，偶发一语，如风行世界之中，片晌皆周历无遗。自是以后数日，吾出洞，即遇利武之前身。利武前

身初漫游于此,与埃及一美人同行。吾实第一次试情爱之事,而亦可云末次,心中既为情迷,遂引利武前身至此,求入火炼长生之术。既至后,埃及之妇人乃不能同近火洞。然路德老人已前死,白须被体,皓如汗衫。"

女王语时,即指一处,与余坐处至近,视之骨已尽化,但留余灰。余以手抚摩似有所触,有巨齿一,完好如新落。余拾示女王,女王大笑曰:"此决为老人之齿,即路德遗留之剩物。嗟夫!数千年长生人物,仅有此耳。然当其生时,长生之权实操其掌握。然老人良不屑以长生为乐,故视死如饴。吾始引利武前身入时,吾收其胆力,挺然直前,意或能求得长生,亦大佳事,遂直趋火洞。此时亦不知所谓生命,但期得长生之冠冕,遂闯然入此火坑。汝辈初不自如,必随吾入炼,方能了了。吾既自火中出,美丽乃无伦比,此时以手引利武前身之臂,且坚嘱利武前身受长生不死之馈。然利武前身见吾美丽,目几为曜,虽一心向我,而尚未弃埃及之妇人,犹复注视。吾大怒欲狂,不期拔出短刃,刺利武之前身,即在盥漱洞中。尸已横吾足下,长呻一声,瞑然而死。吾亦不自知何以有力如此,此吾亲手所为之事,竟不自知。嗟夫!尔死后,吾不知其悲恸之情至于何极。汝试思其所以致哀之故,正以尔死而我生,故痛哭于此长生殿中不止。设使吾果为人身者,亦必断肠而死。至于埃及之黑妇人,乃大咒詈吾,先呼阿施利,再呼伊昔司,抢地号天,几于倾天下无穷之祸,悉注吾身,永受凄凉之况。嗟夫!吾今日似尚见彼埃及之黑妇人,见形吾前,怒容向我也,顾亦不能害我。而我当日能否杀彼,亦不自知,然亦不更杀彼,以吾当日无有杀人之心。乃协同彼妇舁尔尸外出,至洞中石床。安置尔尸后,吾始以人遣发此妇人,出彼浅泽之外。由此观之,似此妇人必有孕遗留,故细书有仇以贻后,始诱尔至是,乃不期即送其夫之后身至此,与彼大仇,此仇即杀彼夫之女凶人。吾夫听之,以上即尔前身之逸史也。今兹时日已至,实犹吾登极之时,加之冠冕,为此剧之收场。此局在地球上相类者亦复不少,其间美恶祥殃,各参其半。然其中美少恶多,以全局半归流血,可畏也。第事属真确,吾不敢用以欺我情人。今于未求长生之前,当先叩死关,以长生与猝死之机倪所隔无几,当与尔往一窥涉。果不幸者,则尔我分离,悠悠千年,亦未可知,孰则能预料者。且我亦妇人之身,非先知之彦,亦不能预测未来。但从隐士路德口中传言曰,吾命已可续生,虽长生未央,然亦有尽头之日。故今未赴死关之前,吾夫心中果否怨我,加以爱情。且此时心中爱我,又果否出于诚确。吾夫听之,我实多罪一妇人也,吾于前数夕曾死一女子,此女子不秉吾令,竟咒我以祸殃,吾故戟指而死其身。试思由爱生妒,人情之常。设尔身行妒之时,亦必杀人而不顾。须知凡陋之人,往往逼人至于不得已。吾今已蒙杀人之罪矣,盖即于茫茫苦海中博得其情爱,我今方知于万恶中,乃竟结此佳果,吾心所以未冷者,即由汝之爱我苏我一点之芳心,唯爱念虽酽,仍不能弥当时之缺憾。以爱情如镜,回光反照,则前此之缠绵一一都见。且若高举吾身,静睇人间之事,历历皆晰。吾夫,且引吾手,即以汝手揭我面纱。吾身实类村姑,非有聪明,亦无殊色,足冠乎世界之中。今日停睇视我,自尔心坎中发言,曾否爱我?又曾否倾心于我?"

女王言已少息,而余韵铿然,留余耳际,久久弗散。盖女王之言,动我未至。第一种娇柔恳挚之容,余弥为之动。余本凡猥,安能禁此天仙化人之语。微窥利武,则倾倒如洪醉之人,自是之后,手足均无所措,犹小鸟为飑所吹,戢翼莫飞。此时不特利武心醉,即余亦把持不住矣。余见利武泪满其眶,疾趋女王之前,以手揭其面纱,复引其手,注视玉容,言曰:"阿尔莎,吾揭其心肺爱汝备至,凡可以恕尔之处,匪不恕尔。即安司德尼之死,亦在赦条。至于余事,尤在宽恕之例,庶几上天与汝知之。而我之所能知者,但觉爱汝之心,初未尝试于他人,勿论亲我远我,我心附丽于尔,永无终局。"女王得意言曰:"噫!吾主乃有帝王之大度,并以至贵之手挈我,我安敢迟迟不拜吾主之赐。设稍夷犹,即为暴弃。"此时女王已携利武之手,寘诸其顶,则徐徐屈膝于地,言曰:"汝辈观之,此为吾顺从吾夫之礼,尔不觇吾已亲吾夫之吻,此即为夫倡妇随之征证。"言既,以手按利武之胸,言曰:"吾负弥天之罪,乃寂寞无数世纪,至于今日则一笔全勾。勾此罪案,即用绝大之爱情,兹托天神之力,及永古不灭之灵,能生死世界之帝,鉴之临之。此吾誓也,誓自身为妇人之始,永永为善,更不为恶,但遵吾夫之令,尽吾妇职而行,永除贪心,无生妄念。且乞无尽之知识加诸吾心,且吾循尔之声音遵为正路,永永尊礼,必令尔乐无涯矣。嗟夫吾夫!尔为时光之波浪,荡尔于无何有之乡,今乃复归吾臂。吾之爱汝,至于吾之收局,迟速无较,一一以爱为宗。吾誓矣,不更为誓,以言空不如吾情之实也。虽然,尔于事后当知阿尔莎之言不为虚言。"复呼余曰:"何利,当吾誓时,汝即为证人,吾今日成婚矣,此人即为吾夫,即以古洞之中为我洞房。此婚一成,直至地老天荒而止。即在此间以笔书于狂飙之上,此飙卷至九重,并旋绕于三千世界之中。至吾成婚之物,即以吾之美貌及我深情,结为冠冕加诸吾夫顶上,祝尔长生,且增智力,财产丰盈。后此地球最伟之人物,亦皆长跽尔之膝前。凡世界有情之妇人,见尔感曜其目,以尔美丽之光线足以射人,即有美丽之人,见尔亦且羞沮,以聪明才力万不及尔。尔之思力,竟能读人之心绪,如读奇书。人之步趋,亦悉随尔而转,愿尔后来如古埃及狮身人首之神,高拱法宫,为人朝拜,历至无数世纪,俾世界之人万世图度尔身,不能测其神通所至,然亦终不能测吾夫,但恭嘿于上坐,听此万禩之人,不能加以思议。吾今更亲尔吻,自此亲吻中,授尔以权力,请尔管领海山土地,起自一村一落间,威行于皇王之宫城,城也,塔也,及城中无数呼吸空气之自天及海,起北极,历中枢,至于南极。然权力既遍,尤必有驻跸之区,无病无怖,并无悲哀,肉色莹洁,中心亦无凡想,即有大影,不过为背上之双翼,清霄而上。人间善恶悉握尔手,即我亦恭顺无敢戏豫。凡此均爱情之所成,以上皆婚礼中上吾夫之珍物。伟哉吾主!且为万汇之主。今吾事毕矣,今吾为尔解我闺中之带,后此霾也日也、生也死也,与尔共之,永永无改。

林纾

自是行事咸尊率常礼而施。速以灯来。"遂左转入密室。

　　余三人随女王行，见室隅有阶，实则非阶，石齿齿层累可上。女王跳跃而上如羚羊。余急从之。行可十余步，有斜陂下趋，石状崎而不平，即借灯光徐徐而下，似为火山之穴。行次颇留意所行之路，嘿嘿识之，顾石路险而非难，时时似漏微光。行可半句钟，似下坠数百尺。行及极洼之处，后有小洞，伏身可入，偻行五十余码，得一山穴，空洞无物，寂然不闻声响。立可数分钟，幽阒已极，阿尔莎荡白衣之影于余前，仿佛如魅。复入第二洞，较前略小，其上作穹窿状，微见石壁，壁缕缕裂。余思必古火山炸后，余气蕴诸其中，激而成此状。更入则为第三洞，微微见火光。余见女王喟然而叹，似人得遂所欲者，乃不知光之所自来。女王曰："佳，今兹入地胎矣，此即长生之殿，凡人与畜下及花草，均自此生。汝辈凡人听之，此间即尔重生之地。"女王言已直前，余辈盘散从女王，顾心如麻乱，且惊且喜且怪，乃不知前趣之凶吉。然已随入第三洞，而红光乃愈明显，火舌所吐，似出灯塔之中，照于黑色之水，匪特光力可畏，并有异声发于穴中，魄为之震。此情景但有叹息呼天而已。

　　此时已至第三洞，洞深可五十尺，宽可三十尺，高与深埒。地上多细沙，石壁泉脉为火光所烛，光明照人，不类他洞之黑，光线类玫瑰之红腥。初入时，火舌不外舐，怪声亦不作，众皆凝视异光，测其光之所从来。方睐视间，有物戛戛作声而出。余辈声息皆无，静听其声，又霍霍如磨刀。方骇视间，佐北已战栗而长跽，立见火柱隆隆自洞中出，五色如虹，又闪作电光，四十秒钟中，声乃大洪，旋转于洞角，且转且停，其声亦止，火亦不见，仍作玫瑰之色。女王此时乐不可支，颤声言曰："近之近之，此为吾人长生之星气，此物即吹嘘世界鼓其肺叶令动者，凡天下之物质，悉由此生，亦地球之神灵。苟无是物，世界胡生？但此神亦必有一日长逝，如月球之死，尔辈乃入此火焰中一治之，取其圣质，附诸尔身。须知此光大佳，非如尔辈心君之火，但作微炎而已。唯此间火山，实举人世无数之生命，悉由是间漉过，虽磬地球之生命，其根源亦统于此。"

　　于是吾辈随女王至火次。巨焰涨满，余觉脑筋中灵性濯濯然，松畅无伦，虽迹涉生死之关，亦不自觉，但觉其美满，又自觉己之生命纤弱若无物。此处尚未入火中，第与火略近，果能入火而浴，浴后则轻捷当如飞鹰。且行且近，目注火光，彼此互视，但觉心中谓得长生，乐乃不已，似火神入诸脑筋，心为洪醉。佐北素不言笑，至是亦以长生为乐，不觉发声而笑。余智力斗长，如有神助，恨无莎士比亚之诗，形此火中之佳况，亦明知血肉之躯，颇觉如蜕，灵魂悠然如履空中，亦不能自明其所以然，觉此醰醰之味，乃为平生所未历，类别易一人，似人间难为之事，均能任之。

　　方悦怪间，忽闻隆隆之声，复自远而近，狂掣如雷电，且挟红光，幻作异色，聚于吾前，转瞬团团作球而去，声如电灭。余怵然而警，唯女王伸其二臂奔入火中，余则以手掩目伏诸沙中。火球过后，女王曰："利武，佳期至矣。如大火更来，汝当扑入其中，唯当脱衣入火，留衣且为所焚，此火不焚身，足以焚衣。汝当速入作洗濯状，而五官之灵性皆完，大火不为尔害。待彼火光抱汝时，火力灌注尔身，听彼贯尔四肢，则肢体中涸浊之气，扫涤都尽。利武，汝当默识吾言。"利武曰："阿尔莎，前我闻之，唯我非无胆之人，实相告，如此烈焰，吾心颇有所歉，吾又焉知此火之不足烧杀吾身？果吾没于火中，不几并汝而失之乎？顾虽如是，当听尔言为之。"女王闻言，沉吟少时，言曰："此无怪尔之疑虑，实告我，汝果见我出入火中无碍者。汝能如我所为乎？"利武曰："可，即使火能杀我，我亦甘之，今兹即入可乎？"余即继利武言曰："吾亦随入。"女王曰："何利，汝何言？汝初无长生之分，奈何？"余曰："长生固不敢知，然君心中颇促我宜入火中。"女王曰："果如是者亦可，然则汝尚不痴，汝试待之，觇我第二次入浴，浴后美貌必增，日月愈长，即或无成，亦不足害我。"少顷复曰："盖吾之作第二浴，是中尚有他故。以吾第一次浴火时，心中尚有未净之思，犹恨恨埃及女人不已。今更浴此第二次，庶几恨念都消，臻于极乐，俾胸中了无尘滓。及火团更至，汝立火中时，当正心诚意，无杂他念，则神旺心驰，始如仙人之传翼而飞，又如尔母之亲尔额，尔心尤当依依作孺子慕，又如身入佳梦之境，乐乃不翅。须知以此明净心入诸火中，则出险以后益光明，而安乐享之无穷，慎之慎之。即此一小时中大命近止，亦当冒入。惟能从万死中超擢而出，始登彼岸，果能如是，则直履荣显之关，且长生未央，乐何如也。"

第二十六章

余辈闻言，皆沉嘿无言，女王则亦收敛其神为万死之试验，吾辈静立以候。已而异声复来，仍隆隆如电，始微终巨。女王闻声，即撤去其纱幕，脱其金蛇之带，摇首散发，发长如被纱帔，里服尽脱，复以金带束其发如腰际，大类夏娃在乐园中立于亚当之前，一丝不挂。余此时无笔墨状其媚态。

时火阵已近，女王伸其象牙之臂，出诸乱发之中，抱利武之颈而亲之，言曰："吾之情人，汝当知吾如何爱汝者。"遂俯亲其额，复少沉吟，即奔入火中。余此时尚记得女王之亲利武，如慈母之亲儿，赐其无穷之奇福者。此时火光已近，如狂飙之扫秋林，又如力偃山陂之枯草，立卷诸风中而去。大火渐渐已逼，火柱筑筑而前，火线如矢，射于玫瑰色空气之中。而火柱至矣，女王张臂力迎此火柱。火柱亦徐徐而近，裹绕女王之身。女王以手推火，如人凫水，而火焰延绕其首。女王唇吻翕辟，似纳火于喉，景奇而观壮。少顷，女王张臂而立，兀然不动，颜色如春，知火神已附其体。而火焰熊熊，上下于其额际，犹金穗之被拂，胸前玉乳，为火光所烛，乃益显，发被其颈，益衬绝世之容。目光尤媚，似火精贯其眼波，美哉女王！虽周天之羽仙，亦断无美类女王者。余至今思之，尚有余恋，玉体矗立火中，笑靥含春，对余战栗之客相形，益形吾劣。吾几欲割弃世间之日月，更待女王于火次，吾心甘也。

此时忽有奇骇之状，为余所不能言，并不可形容其状者。女王变相矣，笑容已敛，幻为枯腊，五官立缩，心如有所感，万不自聊。最美之眼波，亦立时枯涸，但余骨立。余以为目迷，则以襟袖拭之。又疑目力为火所灼，视物幻为变相。正疑骇间，而火柱作声而去，留女王于原处。女王行近利武，步至盘散，伸其枯瘦之手，按利武之肩。余自其臂上视女王，乃不知此盛美满月之容，又安往者。但觉上丰不锐，作老妪形。余思利武必已前觉，立时却退。女王作哑声曰："利武，事竟变幻至此乎？"乃累呼不已，厥心已乱。又曰："吾惫矣，火柱无变，而能力竟变换至此。利武试告我，吾目其有翳乎？吾今不能辨物矣。"则以手自摩其首与发，作声怪叹曰："可畏哉！"声已而人僵。佐北亦变声曰："胡不观之？"佐北声颤而洪，二目倒向，沫出唇际，复大呼曰："女王缩矣，幻为猴矣。"语已，佐北亦僵，嚼龈而吐沫。

读吾书者，须知余记载至此，思及兹事，心尚震怖。阿尔莎果缩身如猴矣，金蛇之带亦脱落于地，体尚锐缩，肤色亦立变。其初肤白如雪，今乃混浊而作黄色，犹陈旧之羊皮纸。指瘦如爪，似埃及之木默。女王尚自觉身之变相，仍啾啾作声，旋转于地上。已而愈缩愈小，竟同小狲猴。肌肤皱纹数之，乃不知数百代，即面容上亦似陈列无数之年代。余生平乃不能汇举一物以肖女王，世亦无古物如女王之久者，状至凶丑，体质乃类生逾两月之儿，唯髑髅大如平时，此状留待后人度之，余笔墨万不能状矣。已而恹恹作微息。嗟夫女王！于二分钟前，态度如仙，可爱已极，为人间地上最美之人。今乃僵卧余前，与乱发交纠，成为一物，丑状至不可以笔墨形容。谓此女王即为二分钟前之女王，如何能信，世事亦幻，固有如是之奇，吾辈乃亲见其死矣。

此时女王似尚有灵性。余乃不知其思虑之如何。忽努力自举其躯，以目四瞩，昂首如龟，一无所见。以二睫下蔽其目，目无见也，啾啾作鬼声曰："利武，汝勿忘我。我固惭赧，然汝当怜我。我固未死，行当再生为美人。予敢矢口言其不谬。"言已而伏，声息都渺。此地即二十世纪之前，此美人手刃利武之前身，今兹其人亦死于是间矣。余辈震极，僵于沙上，及利武皆晕。余不知晕至何时，约当料数句钟之久。已而渐张其目，见二人皆伸臂仰卧于地上。然玫瑰色之红光尚明于洞中，火柱尚遥遥而旋转。更视女王仍作猴形而卧，肤皱仍如羊皮纸，此即人间至美之女王，生死之美丑，直不可以常理较，此状岂造化之力暴变至此耶？然则长生殿中天然之火质，竟变易其初邪？然亦安知此轮回中，生关易为死键，又或荣美之躯壳，力支不能积久，今且更易而新之邪？然造化亦不计其时之相隔几许，但有生死二事相克而相生，以躯干为其轮回之地，此理确邪？以此理证诸阿尔莎，或得其近似。然历二千余年而一变，为时亦云久矣。余固轻生死者，见之亦不疑。惟此丑状陈诸吾前，谓为女人之身能历二十余世纪之久，今亦已矣。世又谁能自测年寿之修短者？然彼苍固有一定之律。余自此一句钟中历此怪状，益不能知天公之指麾。世事之奇幻，愈思愈不得其解。阿尔莎生时，深闭幽宫，坚待情人，年复一年，寂寞无所措。然世事虽无大变，但随时序推迁。而女王则坚保其少年风姿，久待情人之至，而美艳咸存，智力与世纪同增，凡社会中人情历历，匪不洞烛，既与造化争强，能力至果，卒亦归尽，呈其凶丑之容，为人轻贱。

　　余思时可数分钟，心中辗转不已。已而精神渐复，霍然而起，思及同党之人，观此二人能否苏醒。余先拾女王之面纱及外衫，蒙女王之尸，不令利武醒时增痛。更觇女王丝发散落满地，余践此落发，往视佐北，则俯仆于地。余翻而转之，佐北之臂旋举即落，知佐北死矣。嗟夫！此忠信之奴收局矣，因观奇幻之状，筋骨皆震，决为惊怖而死。然则惊怖而死之状，万难寓目也。幸利武已微呻，手颤可十分钟，余告以佐北已死。利武但微喟。盖利武之与佐北，感情至深，必不至悠悠至此。度利武之精神，必未来复，想方寸如割，故不能长言，譬诸陈琴于案，不弹而成调，轻触作一微响，即重触亦但作响而已。人之精神，既不属矣，机关胡得而灵？余则持其精力，冀以全活利武，乃一临视。利武已苏，少顷起坐。余复大震，盖余初入时，利武发作金色，今兹灰矣。迨后此出洞，发乃纯白。然此时利武之容，似已增多二十余岁以外。利武哑声言曰："老人，今将奈何？"此时利武渐已清醒，然尚思维前事。余曰："今但有商略出险，否则纳诸火中。"利武哂曰："彼间果可死人，吾亦甘之，然正恐不能死耳。此心甚疑火之不能杀人，唯阿尔莎殊未示我以两全之路，吾将何从？或且火中功用能死阿尔莎，不能死我。但我无此宁耐之性，直至二千余年，更待彼人之至。今钟点已到，吾得死为甘，以我思之，赴火固属茫茫，即归途亦殊渺渺。今老人之意如何？"余摇首不答，盖余心混浊，初无长生希望，尤不知火中况味何似。且女王之前迹，良不足以鼓励吾心，而尤不知其所以然，因曰："孺子，吾辈断不能如此二人长眠于此，今且归乎？"视红灯未熄，则以手起灯。瓶间亦尚有残膏，余纳膏于灯，即以自来火燃之。方燃灯时，火柱隆隆复至，第不知是否即焚死女王之物。利武曰："当更观之，似此奇观，胡能再见。吾辈一生胡以陷身至此？"

　　于是余与利武立观，见火柱旋转仍如前状，轰然发声如雷，想此火柱藏诸地腹，不知其数千万年，后此之期，更难逆料。第凡人能否见此，则不敢知。至于隆隆之大声，尤不能闻。唯我二人所见乃不同凡人之所见。已而火柱内向，余亦出洞。临行时，尚执佐北之手与死人为礼，此时别无他物，但执手尽其丧仪。而女王之尸则不复顾，尚见女王乱发散落地上，余则拾发一丛。当余著书时，此发尚存，即为阿尔莎临终之遗念。利武拾发时，近诸唇际亲之曰："彼谓我勿忘其人，且立誓言有再见之期，彼苍者天，吾安能遽忘其人？吾身果得生还者，后此悠悠日月，永不近妇人，无论何趋，必待其人，犹彼人之待我。"余思利武之言良当，或彼人更生，其美丽当无改常度，且离魂或能返也。于是别此二尸而出，想余出后，此二尸寂寞更属可怜。女

林纾

王一堆残骨,即当日最聪明佳丽之人。吾于宇宙之间,几不敢谓之为妇人。实则此妇良未佳,唯尽人之心,悉皆如是。第不能以其恶心,遂掩其美貌。总言之,其人殊可爱也。至佐北之身,固已化为乌有,究亦奇特,乃瘗身地底,与女王陵寝同归,遭遇亦云幸矣。

余行后,回顾火光尚射二尸之上。余与利武皆悲不自胜,知肝肠断矣。然尚自谓为长生,以万死中得全,较之长生亦复相类,究竟即得长生,亦多增苦恼于身,毫无所益。至今尚觉眼睹阿尔莎之亡,则纵生千岁,亦复尔尔,又何益者!顾所不能自忘者,以美人风貌印及脑筋,永永无遗落之日。且其临命以玉体瘗诸火光,为万古美人收场所不经见之事。若余身者,与美人无属,但有情丝之末牵引及余,即留此美人亦何裨于我?果或世局大变,有一妇二夫之例,则余或附丽其次,亦未可定,然无是理也。以上所言,特狂夫无谓之希望,又何足言。唯如是爱情,亦属百死一生得之,不能斥我为狂。其能作如是妄想,或亦上天报贶,酬我跋涉之劳,结此妄想,为伪喜伴欢之状。至于利武则否,尚力望女王之更生。余思女王,不能不妒利武乃有无限香福,为美人所怜。果异日女王可以更生,则利武将来之冀望,方无穷期。唯余否耳。虽然,余尚善于排遣,不更戚戚于心,且私庆身傍芳姿,沾其齿牙余慧,得小小褒语,亦不为非幸。今尚忆女王称我之言,识之中心未敢或失,或后来践此更生之言,以笑靥相向,得往来过从之乐,引为良友,并以温言谢我,以诚相待。前则妄为排遣之词,须知人生四十以外,乃陷此情坑,斯亦异也。

第二十七章

余二人历洞无数,及将仰登,则绵而无力,且不得路,苟非余于来时记忆石状,则来径百觅且不可得,但有槁死地心而已。行次数数迷途,几陷于巨坑之内,仗一微灯之力,细审石状,惨嘿不能偶发一语,但匍匐于洞中。有时为石齿所刺痛绝,灵性为窘状所逼,亦钝然无觉,但努力求全其命。殆为数未尽,故以勇气鼓其精力。摸索可三四句钟,最后复迷路。余疑旋绕倒行,更入他处,蓦然忽睹巨石,即余当时下洞所经,余已识别,知从右转已得出路。余至此心神复旺,更认其实,遂果得路,遂及天然之阶级,更至则石室已见,即路德奄化之处。既至复大恐,知长板已失,不能渡此危石,于是相对凄楚,计唯有踊身而过,否则坐而待毙而已。幸相距在十一二尺之间,余曾见利武在学堂时能跃过二十尺之远,今兹惊悸,加以饥馁,如何能跃?况余为四十以外之人,彼此二石咸当风而颤,下临无底之窟,此境万非生人所经,上帝当能知之。

余一一以险状告利武。利武蠢蠢言曰:"此事唯吾自择,或槁死石室,或冒险求生,亦但有此二事而已。"余无可驳诘,顾念力虽能跃,而黑暗中莫辨石状,今但有待此窍中之落日,再图进止。至于日之出入,咸不能知其候，但知初来时，日影入窍，为候但有五分钟之久，于是振刷精神以待日入，即匍匐近诸盘石，卧而待之。残膏未灭，尚能微认。已而灯焰垂垂欲烬，幸及石盘之上，甫至石盘，灯已立灭，余则引为私庆。时已闻危石之下狂风如吼，余所卧石亦摇摇欲坠，卧时似有无数鬼魂，悲号其下，逾数句钟之久，万感交集，亦不复形容其险。但静听悲风，对面洞中，风亦续续而吼，夏夏作调弦声。四面皆风交号，无有止时。此梦境中，亦并无小说之家能形容者。大类海上阴霾，加以风雨，船搁破礁之上，吾二人身栖木排，后浪如山，冲击不已。幸热度未低，尚足自支，不尔，且立冻而死于盘石之上。此时二人坚抱盘石而听，不期复睹怪事，乃为吾生所万不料之事，使余益生震恐。读吾书者，当忆阿尔莎身履危石，风动于下，飘其外衣悬诸岩上。此时外衣为风所扇，飘然如阿尔莎显灵。此衣竟加诸利武之体，自顶及踵，皆为此衣所覆。利武失声而哭，知此衣决为女王所留，今适覆利武之身，事乃更奇。已而忽见日光如剑，穿洞而入，适照石盘之上，并及对面之石舌。利武曰："今其时矣，失此且无及。"二人乃起，先视石舌上之光线，自视则周身皆血，知为峣石所刺，下视仍深黑无底，二石皆动摇无定。余私计决死无疑矣，顾虽失望，当力拚一死。余曰："何人先越？"利武曰："老人先渡，吾力按此石不令动摇，老人后退作势，始能跳越此险。"余点首称可，则回首抱利武而亲之，如其童稚之时，厥状乃大类法人，实则非学法人，盖为末次叙别，以余之视利武较己子尤亲也，即曰："：孺子姑拜，行图相见，无论如何，必有更面之日。"

知余生命不及二分钟矣，则退于石后数步，待及身后风起时，乘风而越。甫及石舌，仅引以右手，足则未及，二足垂诸风中，不可复上。此时急助以左手，危石已为余攀，悬身于红光之内，石舌适当余顶，余亦不自学力之所自来，然亦但支及一分钟之久，忽闻利武大呼，一跃如羚羊，盖力防余坠。不期猛跃而过，立于石舌之上，则以身俯伏，防亦下坠。而彼间磐石为利武力践，石滑退坠，遂封塞路德之洞门，长生殿至此闭矣。此状不过一秒钟间，余亦深觉石坠，又觉利武以手引余言曰："老人且释手，吾引老人上矣，不尔二人且同坠。"余闻声即释其攀石之手，先左后右，欲上不能，余尚悬诸空中。利武缩其精力，骨节夏夏作声。余倏忽已上，钝然如痴。既上则力抱此石，久之微息摇摇如秋叶，汗出如濯。于日光未逝之先，彼此无可为计，噤不能声，于是匍匐石舌之上，力向外洞。时渐见天光，顾已及夜，当大风过后，力乃稍罢，已及初来之第一洞。灯已破碎，百觅不可得水，又深黑不能辨路，今但用摸索之力徐徐而前，防疲苶以后，力不能前，以饥渴之故，死于是间。然洞中石至峣峭，四触皆能创体，行次路断，疑迷失道。逾数点钟，惫极而息。醒时肢体皆木强，血痕皆已结瘢，知小眠已久，则盘散复行，忽睹日光，已近洞口。此即履危岩之第一洞，似晨光初动，爽气迎人，天复高朗，此为余愿望所不至之事。忆余入洞在斜阳甫入时，以时考之，实以通夕之力始及洞口。

林纾

余喘息言曰："利武，吾二人将近斜陂，果如女王之命令，俾拉藜必在。"利武此时掩面而坐，闻言始起，彼此互倚，下行可五十余尺，余昏昏然亦不自知，但觉二人作团，及于山下。少顷但能兽行向林间，是间为俾拉藜待余之所。余兽行可四十码，斗见哑奴在余左次，旋入林间，余以为哑奴晨出而游散。少顷哑奴复出，窥视余为怪物，引手上向，几仆于地，立缩入树林之间，第去余可二百余码，为状既异，宜乎哑奴之见怪，度余二人之状，必不足入彼之目。利武此际，金色之发浩然纯白，衣履尽碎，风姿顿减，满手皆创，血泥交污，怪不类人，且兽行尤可畏怖。即余之丑状，尤于丑外增丑。及明日始稍闻之，第一次以面临水，几不相识。余固不美，今匪特丑增于昔，乃至宛肖野人，设使睡人乍醒见之，必发狂易，则哑奴之怖又何怪焉！幸俾拉藜已至，余则大喜。余见俾拉藜惊惶失措，几于失笑。俾拉藜呼曰："大猴，彼非大狮耶，胡为发作雪色？且汝二人来自何处？至自何时？大猪安在？事辈所尊之王又安在？"余曰："二人均死，今且勿问，乞以水饮我，以食食我，不尔，当立死于此。汝不见吾唇尽黑，为不得水之故邪，又胡能发声而言？"老人喘息曰："死耶？决无是事，女王安至死？又安能死？"余见老人言时，哑奴似候意旨。老人作势示哑奴，异余二人。至时沸羹方熟，老人即以羹饮余二人。余觉此颓惫之中，老人实以羹救我。饮后，哑奴以汤沐我。卧诸香草之上，余遂鼾睡如死人。

第二十八章

睡中余肢体均木强，脑筋亦纷乱不知所为。张目时，即见素所尊礼之老友，坐吾卧处，拈须如有所思。余亦枨触远来之苦况，心忐忑不能自宁。而利武僵卧吾侧，如作吾左证者。此时利武面目皆创，而黄金之虬发，都已化为斑白。余闭目叹息，不忍复视。俾拉藜曰："大猴，汝睡良美。"余曰："长老，吾鼾睡至于几时？"俾拉藜曰："汝之睡候，日月各一转矣，大狮亦然。然大狮至此尚沉酣也。"余曰："睡中之福，天所赐也，凡前此所遭之苦况，则以一睡忘之。"俾拉藜曰："乞尔语我以所遇，并述女王升遐事。彼女王岂能死之人邪？孺子试思之，果兹事确者，则尔之命危，而大狮乃尤危。彼间鼎镬方红酣，汝受烹不远矣。今彼间人咸张胃口以待汝，孺子尚未知此阿马哈格人恨尔之深。汝或未知彼之恨汝同于新客，且挟宿仇。盖彼同类之人为女王戕杀，职汝之由，今果闻女王升遐，则尤无所悝慺，则必杀人，以鼎镬寸脔尔肉。大猴听之，今且述汝入洞情状，历历告我。"余知大局危迫，则故吞咽其词，语之弗尽，但扬其大略，但使知女王已自焚而死，骨肉都烬。然而俾拉藜终不吾信。余又告以洞中险状。俾拉藜闻之愀然而动，唯言女王之死，则毫不为动。彼意殆云："吾辈谓阿尔莎为逝，而此老则谓为翳形。并言其父生时，女王亦不见十二年。尤有古谚流传，谓一世纪中女王隐而不出，更一世纪乃复见，杀一嗣统之女王，复践其位。"余闻言不复辩，但摇首而已，亦知阿尔莎此行声影俱寂，万无再来之期。而俾拉藜年复老暮，又焉能待？顾心中亦窃谓，或见于他处，若是间者，则决其不复相见。

已而俾拉藜谓余曰："大猴，今将奈何？"余曰："丈人，吾何敢知，但问能否脱身此国？"老人摇首曰："艰哉！自科尔行，汝不能出，为土人所见，汝辈殆矣。脱一见汝，知汝孤行无援。"老人语至此，则以手扶头如加冠，即示余以鼎镬加顶行炙也。语已复曰："此间尚有他道。前此曾一言之，吾即由是间驱羊出牧，牧场之外，均为浅泽，行可三日而尽，过此则不可知。唯闻人言更行七日，其外有大河，可通黑水。尔果能行及河边，则可脱身而去。然汝又何能还者？"余曰："丈人，吾曾脱丈人于死，今当还我此责，当拯我及我假子大狮。夫报德之事，亦人生至乐，丈当思之，拔他人于垂死之中，以报他人救汝之德，即有宿昔，亦当以功谶德纤之。脱女王不死，如丈之言，则尤当感丈之德，加以厚赀。"老人曰："大猴，汝毋谓吾无报德之心，吾此时尚记忆陷身泥中，彼二狗者坐视吾死，非尔吾不更生，今当报尔以适分之分两，果有能救之道，必行无疑。汝且静听，待明日迟明，竹舆舁汝跨山而过，并逾浅泽，此事我决行之，且矫女王之命务在必行。果彼辈不遵女王之言者，将立果野猩之腹。唯汝过浅泽之后，则生死分际汝自挣之。果天命在尔，或亦得生。汝不观大狮醒乎？且与同食，食品吾已前备。"利武此时精神全复，乃不类外貌之颓丧，于是父子大嚼。食后同浴于山泉，复归而寐。至于夜深，复起而食。

老人是日不在，是必往部署竹舆。盖余于中午醒时，斗见多人集于林下。迟日，老人始至，言曰："适矫女王谕，力逼舆夫至此，且挟向导二人渡此浅泽，敦促起程，且云为长途之卫，勿令舆夫行刺。"余闻而大感，自念羁旅之身，乃荷蛮夷大长厚贶至此。况以身试瘴疠之区，往返且六日，艰勄万状，在此老耄之身，不为非酷。而老人慨然许诺，誓将庇护余身。由此观之，虽以蛮野之阿马哈格人，甚于生番万倍，竟有慈爱之老人如俾拉藜者流，滋可怪也。在俾拉藜之意，亦颇谓女王果再临凡，苟问彼以二客之死生，彼或无词以应，故亲劳玉趾送余以媚女王，亦未可定。综言之，吾命得生至今，皆此老人俾拉藜之赐也。

此时饱食登舆，精神斗长，百劬盖复，以久睡至二日之久，精气完也。至中心焦悚不宁之处，当留俟读吾书者度之，不复叙矣。此时肩舆登峻极之峰，有时颇平衍，唯多曲折。据老人言，每年恒于是驱羊出牧，果如是者，则羊足殊有力。至此肩舆不能上，则舍舆而步。日中登于石垣之上，四望辽阔无垠，科尔平原庙柱林立插空，此外则浅泽茫茫，渺无涯岸。此石垣则火山裂痕，其上多碎石，童然不生草木。数步外辄有小窟，储水半潋，以大雨新过，故留此积潦。余行过顶峰之外，遂逐步下山。然为路颇峭，斜陂行尽，日已垂入，是夜宿于陂上，其下即浅泽。明日可十一句钟，肩舆下浅泽，险状前卷已详之矣。力行可三日，历凶臭之水，瘴气中人，能生寒热。舆夫努力而前，果无向导者，则路且弗达。沿途皆野兽，即有干土亦无树

林纾

木。又明日至河口，遂与老人为别。老人以手拈眉为余祝福曰："大猴，大狮，愿尔平安，老夫不能更助尔矣。果得生归国，幸勿更为冒险之事，犯且莫救。今愿留尔白骨于家山，为长行遄归纪念之物。今再与汝叙别，吾常念尔，大猴亦不宜忘我，以汝面丑而心良，滋可念也。"老人语已即归，舆夫随之。此为余二人第末次见阿马哈格人也。远望此数人，蜿蜿蜒蜒，如战场引死者之尸归壁状。余久俟而觇，直至浅泽雾起迷漫不见。

余二人立于旷野，四顾踌躇，又彼此互视，计三礼拜之前，以四人入浅泽蒞科尔，今二人死，吾二人独生，历险峨之境，睹怪特之事，而震恐之事，较诸地狱为艰。嗟夫！三礼拜中幻境乃如是耶！实则有用之日，当以时候量之。虽区区三礼拜中，竟悠悠若三十载也，余呼利武曰："今当努力赴森布西，能至与否，但有天知耳。"利武点首无言，遂行。随身衣服及一罗盘，合手枪快枪，挟二百之子药。此为余阅历科尔古城之收局，至于所遇之险，虽极变幻，后此思之，本图不登记载，防人读吾书不以为可，已而略笔于故纸中，为纪行之记。果公诸同志，亦可为饭后茶余之雅谑。唯其中亦有不尽惬心者，特游历之笔记，不必有公益之事。简约言之，吾辈又历无尽艰辛，始至森巴西。为路凡一百七十咪，逗留其中可六阅月，乃坐困如囚房。土人见利武少年乃生白发，深以为异。六阅月后，逃出森巴西，遁而南走，几槁死于道路，忽遇半开化杂种之葡萄牙，驱象入诸内地，颇以礼见待。后此即随其人至打猎皋海湾，然为时已经年以外矣。天幸遇一轮舶，遂附之归国，至梭亨敦码头。计自探险之日起至此，为时已二稔，今兹方纪是事。而利武则以手按余肩，即在学堂中之小屋。此屋于二十二年之前，即遇我病友威英西盘散背铁箱入吾室者，此日即为吾书之收局。

以上所论至此，可谓世外周流之历史。唯我二人后来之事，亦非余与利武之所前知。但吾书所载实纪二千余年之故事，至于利武前身曾否即彼死者，而利武现在之身，曾否即为死者之托身，实亦无从而考。或阿尔莎手刃其夫，忽以其二千年后之云礽，与乃祖相类者，指为后身，亦未可定。顾此外尤有所疑，此安司德尼见戕于女王，其人曾否即为埃及美人之后身，此局当授吾读者度之。若余者则固有所确见，利武固为利武，女王亦实为女王。以女王心醉利武，则确指为彼夫之后身。余每于夜间凝思未来之事，洞黑如漆，不知此剧如何入手，更开此第二幕，究竟此剧必开，或有复生及重逢之事，未可知也。

作者简介

左宗棠 (1812—1885) 清末军政重臣，湘军统帅之一。字季高，谥文襄。湖南湘阴人。1832年举人。1851年太平军兴，他先后充湖南巡抚张亮基、骆秉章幕僚，积极参加镇压太平军。1861年底，任浙江巡抚。1862年，率部攻入浙江，次年援闽浙总督。1864年，陷杭州，继入闽、粤，在嘉应州（今广东梅州市）镇压了太平军余部。任内创福州船政局，为清政府最大的新式造船厂，设求是堂艺局，培养造船及海军人才。1869年创办西安机器局。1878年创办兰州机器织呢局。1871年，沙俄强占伊犁地区，他驳斥放弃新疆的论调，力主收复失地。1876年，设大营于肃州（今甘肃酒泉），制定了"先北后南""缓进速战"的方略，命随员刘锦棠率大军进疆，先后取得了左牧地、达坂城和吐鲁番战役的重大胜利，最后直捣喀什噶尔（今喀什），将阿古柏残匪逐出国境。之后，出屯哈密，以武力为外交后盾，收回伊犁。中法战争爆发，极力主战。1884年，任钦差大臣督办福建军务，进驻福州前线整顿防务，部署战守。于1885年8月病逝。遗著辑为《左文襄公全集》。

致 霖 儿

论读书要眼到、口到、心到

久不作篆,偶为霖儿书千文仿本五纸寄去;须玩其用笔之意,以浓墨临之。

字谕霖儿知之:阅尔所写请安贴字,字画尚好,心中欢喜。尔近来读《小学》否?《小学》一书,是圣贤教人作人的样子;尔读一句,须要晓得一句的解,晓得解,就要照样作。古人说:事父母,事君上,事兄长,待昆弟朋友夫妇之道;以及洒扫、应对、进退、吃饭、穿衣,均有现成的好榜样。口里读着者一句,心里就要想着者一句,又看自己能照着者样作否?能如古人,就是好人;不能,就不好,就要改,方是会读书,将来可成就一个好子弟。我心里就欢喜者,就是尔能听我教,就是尔的孝。早眠、早起;读书要眼到——一笔一画莫看错——口到——每字莫含糊——心到——一字莫放过。——写字,要端身正坐,要悬大腕,大指节要凸起,五指爪均,要用劲,要爱惜笔墨纸。——温书,要多,遍数想解。读生书要细心听解。走路、吃饭、穿衣、说话,均要学好样。——也有古人的样子,也有今人的样子,拣好的就学——此纸可粘学堂墙壁,日看一遍。廿三夜四鼓。

致 癸 叟

论丈夫之阳刚之气及夫妻之道

癸叟侄览之:郭意翁来,询悉二十四日嘉礼告成,凡百顺吉,我为欣然;尔今已冠且授室矣,当立志学作好人,苦心读书,以荷世业。吾与尔父渐老矣,尔于诸子中年稍长,姿性近于善良;故我之望尔成立尤切,为家门计,亦所以为尔计也;尔其敬听之读书非为科名计,然非科名不能自养,则其为科名而读书,亦人情也;但既读圣贤书,必须先求识字;所谓识字者,非仅如近世"汉学"云云也。识得一字即行一字,方是善学;终日读书而所行不逮一屯农野夫,乃能言之鹦鹉耳!纵能掇巍科跻通显,于世何益?于家何益?非唯无益,且有害也!冯钝吟云:"子弟得一文人,不如得一长者;得一贵仕,不如得一良农。"文人得一时之浮名,长者培数世之元气;贵仕不及三世,良农可及百年。务实学之君子,必敦实行,此等字识得数个足矣。科名亦有定数,能文章者得之,不能文章者亦得之;有道德者得之,无行谊者亦得之。均可得也,则盍期蓄道德而能文章乎?此志当立。尔气质颇

近于温良，此可爱也；然丈夫事业，非刚莫济。所谓刚者，非气矜之谓，色厉之谓；任人所不能任，为人所不能为，忍人所不能忍，志向一定，并力赴之，无少夹杂，无稍游移，必有所就。以柔德而成者，吾见罕矣！盍勉诸？家世寒素，科名不过乡举，生产不及一顷；故子弟多朴拙之风，少华靡佻达之习，世泽之赖以稍存者此也。近颇联姻官族，数年以后，所往来者，恐多贵游气习；子弟脚跟不定，往往欣厌失所，外诱乘之矣；唯能真读书，则趋向正，识力定，可无忧耳。盍慎诸？一国有一国之习气，一乡有一乡之习气，一家有一家之习气；有可法者，有足为戒者，心识其是非而去其疵以成其醇，则为一国一乡之善士，一家不可少之人矣。家庭之间，以和顺为贵；严急烦细者，肃杀之气，非长养气也。和而有节，顺而不失其真。其庶乎：用财有道，自奉宁过于俭，待人实过于厚；济人之道：先其亲者，后其疏者；先其急者，次其后者。待工作力役之人，宜从厚偿其势，悯其微也；广惠之道，亦远怨之道也。人生读书，得力只有数年：十六以前，知识未开；二十五六以后，人事渐杂；此数年中放过则无成矣。勉之！新妇名家子，性行之淑可知。妃匹之际，爱心如兄弟，而敬之如宾；联之以情，接之以礼，长久之道也。始之以狎昵者，其末必睽；待之以傲慢者，其交不固。知义与顺之理，得肃与雍之意，室家之福永矣。妇女之志向习气，皆随其夫为转移；所谓"一床无两人"也。身出于正而后能教之以正，此正可自验其得失，毋遽以相责也。孟子曰："身不行道不行于妻子。"胡云阁先生，乃吾父执友，曾共麓山研席数年，咏芝与吾齐年生，相好者二十余年。吾之立身行事，咏老知之最详，其重我非他人比也。尔今婿其妹，仍不可当钧敌之礼；无论年长以倍，且两世明旧之分，重于姻娅也。尊之曰先生，可矣。尔婚时，吾未在家；日间文书纷至，不及作字，暇间为此寄尔。自附于古人教子之义，不知尔亦谓然否？如以为然，或所见各别，可一一疏陈之，以觇所诣也。（正月二十七夜四鼓季父字）

致孝威（庚申正月三十日）

论少年气质兼论"志患不立、尤患不坚"

孝宽威知之：我于二十八日开船，是夜泊三汊矶；廿九日泊湘阴县城外，三十日即过湖抵岳州。南风甚正，舟行顺速，可毋念也！我此次北行，非其素志；尔等虽小，当亦略知一二。世局如何，家事如何，均不必为尔等言之；唯刻难忘者，尔等近年读书无甚进境，气质毫未变化，恐日复一日，将求为寻常子弟不可得，空负我一片期望之心耳。夜间思及，辄不成眠，今复为尔等言之：——尔等能领受与否，则我不能强之，然固不能已于言也。——读书要目到、口到、心到；尔读书不看清字画偏旁，不辨明句读，不记清首尾，是目不到也；喉、舌、唇、牙、齿五音并不清晰伶俐，朦胧含糊，听不明白，或多几字，或少几字，只图混过，就是口不到也；经传精义奥旨，初学固不能通至于大略粗解，原易明白。稍肯用心体会，一字求一字下落，一句求一句道理。一事求一事原意，虚字审其神气，实字测其义理，自然渐有所悟，一时思索不得，即请先生解说；一时尚未融释，即将上下文成别章、别部义理相近者反复推寻，务期了然于心，了然于口，始可放心。总要将此心运在字里行间，时复思绎，乃为心到；今尔等读书总是混过日子，身在案前，耳目不知用到何处，心中胡思乱想，全无收敛归著之时，悠悠忽忽，日复一日好似读书是答应人家工夫，是欺哄人家、掩饰人家耳目的勾当。昨日所不知不能者，今日仍是不知不能；去年所不知不能者，今年仍是不知不能。孝威今年十五，孝宽今年十四，转眼就长大成人矣；从前所知所能者，究竟能比乡村子弟之佳者否？试自忖之。读书作人，先要立志；想古来圣贤豪杰，是我般年纪时，是何气象？是何学问？是何才干？我现在那一件可以比他？想父母命我读书，延师训课，是何志愿？是何意思？我那一件可以对父母？看同时一辈人，父母常背后夸赞者，是何好样？斥责者，是何坏样？好样要学，坏样断不可学，心中要想个明白，立定主意，念念要学好，事事要学好；自己坏样，一概猛省猛改，断不许少有回护，断不可因循苟且，务期与古时圣贤豪杰少小时志气一般，方可慰父母之心，免被他人耻笑！志患不立，尤患不坚；偶然听一段好话，听一件好事，亦知歆动羡慕，当时亦说我要与他一样；不过几日几时，此今就不知如何销歇去了。此是尔志不坚，还由不能立志之故；如果一心向上，有何事业不能作成？陶桓公有云："大禹惜寸阴，吾辈当惜分阴。"古人用心之勤如此。韩文公云："业精于勤而荒于嬉。"凡事皆然，不仅读书，而读书更要勤苦。何也？百工技艺，及医学农学，均是一件事，道理尚易通晓；至吾儒读书，天地民物，莫非己任，宇宙古今事理，均须融澈于心，然后施为有本。人生读书收之日，最是难得；尔等有成与否，就在此数年上见分晓。若仍如此前悠忽过日，再数年依然故我，还能冒读书名色充读书人否？思之！思之！孝威气质轻浮，心思不能沈下；年逾成童，而童心未化。视、听、言、动，无非一种轻扬浮躁之气；屡经论责，毫不知改。孝宽气质昏惰，外蠢内傲，又贪嬉戏，毫无一点好处；开卷便昏昏欲睡，全不提醒振作，一致偷闲顽耍，便觉分外精神。年已十四，而诗文不知何物，字画又丑劣不堪，见人好处，不知自愧。真不知将来作何等人物！我在家时当训督，未见悛改；今我出门，想起尔等玩钝不成材料光景，心中片刻不能放下。尔等如有人心，想尔父此段苦心，亦知自愧自恨，求痛改前非以慰我否？亲朋中子弟佳者颇少，我不在家，尔等在家熟读书，不必应酬交接。"外受傅训，入奉母仪"可也。读书用功，最要专一无间断。今年以我北行之故，亲朋子侄来家送我，先生又以送考耽误功课。闻二月初三四始能上馆，所谓"一年之计在于春"者，又去月余矣！若夏秋有科考，则忙忙碌碌，又过一年，如何是好？今特论尔：自

二月初一日起，将每日功课，按月各写一小本寄京一次，便我查阅；如先生是日未在馆，亦即注明，使我知之。屋前街道，屋后菜园，不准擅出行走；如奉母命出外，亦须速出速归。"出必告、反必面"，断不可任意往来！同学之友，如果诚实发愤，无妄言妄动，固宜引为同类；倘或不然，则同斋割席，勿与亲昵为要！家中书籍勿轻易借人，恐有损失！如必须借看者，每借去，则粘一条于书架，注明某日某人借去某书，以便随时向取。

致孝威（二月廿四日）

嘱大一岁，须立一岁志气

孝威知之：卅日过湖，曾一信寄回，想已接阅。自二月初一入荆河口，至廿四日始抵荆州；五百余里，竟行兼旬之久，实苦迟滞。今日已雇小车八辆，轿二乘，马两匹，向襄阳前去；大约须闰月初始抵都也。尔在家，须用心读书，断不可如从前悠忽，是所切嘱！大一岁，须立一岁志气，长一岁学问；勿贻我忧！余俱详前论，不多及也。

致霖儿（四月初三日宿松大营）

言官军战败，自己欲回乡暂居

霖儿知之：涤翁处专人回湘——卅日自宿松起程大约十四日可到省——曾寄高丽参、燕窝、阿胶等物与尔，未知已到否？尔近来病已痊愈否？客中闻尔病，忧思颇切；自得初八日家书后，尚未接得续禀。入夏后光景何如？尔体质颇弱，药饵调理，固不可少；然安心静养，尤其所急。日间随意写字看书不必久坐久读也。我于旬日内外，由宿松出江，买棹西还，大约端节后方可抵家。金陵官军各营，于闰月十六日败溃，大局顿坏，时事日非，殊堪悲叹！归后仍须乡居为避世计，可告汝母知之！

致霖儿（廿九日晨刻）

述归途受阻

我于廿日由宿松启行，廿七日舟泊岳州，见阻风南津港；候北风发二三日，即抵家也。过鄂时，适接尔十一日信，言病状颇详，我心稍稍放下。咏老赠人参、陈阿胶与尔，意厚可感耳！

致孝威（九月初四日章门营次）

述王师处处战败，自己挺身任事，国家大事不敢推诿等

孝威览之：启行后廿六日抵章门，途间接涤帅信，宁国府于十二日失守；涤帅方遣李次青观察率所部平江勇三千赴徽郡防守，正值张副宪——芾内召，因欠饷军溃，贼遂渐窥岭防。次青抵徽甫数日，分所部两营防丛山，贼至败走，涤所派援之兵亦败。廿五日，徽郡遂失，次青未知存亡。徽城大而陋，储粮既乏，百务均未备；次青所部仅二千五百人，入城同守。涤翁派援之鲍军门一军，又未到；兵单地险，贼多援缓，此城之失，固在意中，唯自此江西兵事日棘，涤翁在祁门，崎岖险阻，地逼势孤，亦殊可危！安庆获贼伪文，知逆首陈玉成有分两路上行之说；一扰皖北，一扰江西。我当率所部五千余人，由安仁、乐平扼婺源，以固江西门户而通祁门之气。特虑贼踪速至，婺源不可得到耳！楚军自省至江西，沿途整肃，言者以为向来未有；众而能整，或可一战。然贼势浩大，时局之艰艰，未知攸济。燕都夷患逼近，征调川楚丁赴援，尤时事之大可忧者！我既挺身任事，亦不敢有所推诿；竭吾心力所能到者为之而已。尔身体尚未复元，凡百宜知保爱，毋贻我忧。尔母前有携尔往外之说，未知果否？读书亦可养身，只要有恒无间，不在功课之多；万方多难，吾不能为一身一家之计。年尔幼弱，诸弟更小，须一切禀母命行之！所有读书作人为终身之计者，吾曾为尔言之；时记我言，免我忧虑为要！

致霖儿（十月廿三日景德镇行营）

述军营诸事

霖儿知之：接两次家书，均未及复；军事甚烦，又未开仗，亦无可言者。皖南贼众且悍，涤帅居祁门，未为得地。今众贼环伺，应接不暇；所恃者鲍、张两军，及我部五千余而已。现发老湘、桂勇及右营六营、截剿安仁窜匪，——即由粤楚边界窜入江西者——贼已闻风还窜，已饬星速追剿。如前途有兵遏截，可期悉数歼除。唯皖境贼氛日逼，当速进屯溪扼之。是处介休宁、徽郡之间，相距各四五十里，为休歙之贼所必争；到此当有数大恶仗，唯当慎以图之。自抵乐平后，大明军令，革一营官戴国泰，三什长，斩一勇一夫，责革吸烟车勇丁三十余名，军事日有起色；如果饷需无缺，专心

兵事，当有可观。江西官民，喜其毫无扰累，唯索饷则频频不应，无如之何！如东征厘饷，可月得三万五千两，专济我军；——已向郭意城询之——则当请于涤帅，以此济我之困，免得仰面求人耳。王兴多病不耐劳，李贵亦然，故俱弃之；凡营中革逐之人，不得其意以去，到省后必造作一番谣言，可置之不听。尔在家，以养身读书为事，一切均经谆谆训诫，勿贻我忧！英人事已于九月十二三互换和约，闻銮与返宫，根本幸尚无恙。然辱甚矣！东南贼势，尽取皖南，只看数月内有机否。江浙皖军事均不堪问，以无将之故；涤公处人才之亦乏，调乡泉不来，——旨不允——子春亦为骆中丞带去，只一魏质斋可调；我曾请之涤公，涤恐南中不肯令其来也。李金蝎之为人，我所深悉，然求之江皖，尚少有及勇者；此子留之湘中，无人驾驭，终必为患，故我意调之。王永章、周达武、陈品南，已请之涤公矣；涤公于我极亲信，毫无间言，唯才略太欠，自入窘乡，恐终非战乱之人。我此去要尽平生之心，轰烈作一场，未知能遂其志否。家中用度及延师之费，每年由营中付二百金归，省啬用之足矣。此外断不准多用，断不能多寄，致损吾介节。刘王诸兄，见我寒苦，以四百金存我家中，我不知也；可以二百金划存家中，以二百金请吴翔冈代制好劈山切勿用动为要！——且等我下次信到再说——明日大队拔向婺源，我自率亲兵二百，先到祁门一行；再由祁赴婺，会师进屯溪。尔母体气何如？念念少云处，忙中未及致书，可即以此示之！

致阿霖（十一月初九日）

述江浙战事

阿霖知之：前月十七日，得安仁警报，即派六营截剿，得获大胜，贼窜入德兴；又发四营迎击，一战遂克复县城，贼窜婺源。我兵追到，一战即鼠窜浙界，共毙贼五六千，解散数千，拔出男妇数百，而我军仅一弁带伤，后又两勇阵亡而已。此次新军甫试战事，而十日之间，连获三捷，克两城，未亡一卒，则训练之效也。将士勇气百倍，若慎以用之，当尚有好仗可打。昨夜得涤翁密缄，建德失守，普镇败退；——势逼饶、景——我已前调梅村、石泉诸军，速回景镇，——诸军克婺后尚留于彼，以资镇压——明日可到。开此信后，又加调老湘、桂、营二千并来，约十二日可到。诸营到齐，当可稳打。此贼是伪忠王李秀成，人数实有四五万之多，颇称凶悍；——从苏州而来，杨厚庵曾于南陵途次亲见之——且与诸友察看机势图之。江西无一支好兵相助，各处又急，则咨请速援，而月饷则吝之与，实为可惜！暂尚未大欠，然新军必须如期发数月，乃可欠也——浙抚奏请我督办浙中军务，——答应四万一月饷——旨意询涤帅，徽宁可少此军，则令赴浙；涤必不放我，我亦不肯背涤也。家下事，我无心问及；一切有尔母在，谨听教诚。毋贻我忧！

致霖儿（腊月十一夜三庚）

谈军务及部将

字谕霖儿知之：前两次缄示，德兴、婺源诸捷，及守景德镇浮梁城击退大股逆贼诸捷，想可得览？诸贼方翕聚江皖之交，与涤公及我为难；年内尚有大仗开，将士心志渐孚，当尚可用，可告尔母放心！吴翔冈代我造劈山廿杆，曾以公牍私函致之，由若农观察转递；尔接此信，可携银二百两送去，亲交翔冈。千万！千万！袁升家信来，需银甚急；渠请付银六两，交其弟彭明，尔可令何三叫袁明来家付之。何三在家当差甚勤，我曾诺以每月三金，不可失信，尔可告汝母照给之！此项及垫发袁升薪水，均应在营中账目上支取，俟后有便，再寄归也。多隆阿都统及李希庵廉访，在皖北打大胜仗；四眼狗求救于皖南诸逆首，或者皖南之贼，此后尚易平。然石逆余党又从湖南窜入江西，悍而且众，又是楚军之累耳！成军以出，忽忽半载，功业未建，转瞬又逼残年，思之愧愤！幸体气较在家时尚健，可勉力支持。杨石泉因葬亲故暂辞归，赠以二百金，固却不受，只取四十两作盘费；其在军劳不言功，性情恬淡，尤为可敬。克庵勤恳，梅村沈毅，真君子也！梅村已保臬司衔，克庵保知县知州衔，石泉保知县同知衔花翎，然均不乐受，即此已非他营所能有矣矣！少云处，忙时不及作信，可以此示之！

致孝威（辛酉正月二日四更梅源桥行营）

言不必徒然揣摩时尚腔调

孝威知之：接腊月初十日禀，知家中清吉，尔兄弟姊妹均好，甚为欣然。尔年已渐长，读书最为要事。所贵读书者：为能明白事理，学作圣贤，不在科名一路；如果是品端学优之君子，即不得科第亦自尊贵；若徒然写一笔时派字，作几句工致诗，摹几篇时下八股，骗一个秀才举人进士翰林，究竟是甚么人物？尔父二十七岁以后，即不赴会试，只想读书课子，以锦世泽，守此耕读家风，作一个好人，留些榜样与后辈看而已。生尔等最迟，盼尔等最切，前因尔等不知好学，故尝以科名歆动尔；其实尔等能向学作好人，我岂望尔等科名哉？来书言每日作文一篇，三六九日作文两篇，虽见尔近来力学远胜从前，然但想赴小试作秀才，志趣尚非远大；且尔向来体气薄弱，自去春病后，形容憔悴，尚未复元，我与尔母每以为忧，尔亦知之矣。

读书能令人心旷神怡，聪明强固，盖义理悦心之效也。若徒然信口诵读，而无行于心，如和尚念经一般；不但毫无意趣，且久坐伤血，久读伤气，于身体有损；徒然揣摩时尚腔调，而不求之于理，如戏子演戏一般，上台是忠臣孝子，下台仍一贱汉！而且描摹刻画，钩心斗角，徒耗心神，尤于身体有损。近来时事日坏，都由人才不佳，人才之少，由于专心作时下科名之学者多，留心本原之学者少；且人生精力有限，尽用科名之学，到一旦大事当前，心神耗尽，胆气薄弱，反不如乡里粗才尚能集事，尚有担当。试看近时人才，有一从八股出身者否？八股愈作得人格，人才愈见庸下！此我阅历有得之言，非好骂时下自命为文人学士者也。读书要循序渐进，熟读深思，务在从容涵泳，以博其义理之趣；不可只作苟且草率工夫，所以养心者在此，所以养身者在此！府试，院试，如尚未过，即不必与试；我不望尔成个世俗之名，只要尔读书明理，将来作一个好秀才，即是大幸！军中事多，不及详示，因尔信知此，故略言之。李贵不耐劳苦，来营徒多一累；其人不能学好，留之家中亦断不可！我写信与郭二叔，求他转荐地方可也。家中大小事件，亦宜留意！家有长子曰家督，尔贵非轻，长一岁年纪须增一岁志气。须去尽童心为要！

致阿霖（二月三日）

言人情世故有真学问、真经济

陈霖阅之：由意城南坡处所寄之缄均到，但不快耳。自到梅源桥初九日一捷后，闻祁门有警，即分援之；而令西营罗近秋、黄有功、李世颜、黄少春等随鲍军追贼。正月廿六，又获一大捷，江西九江饶州各属，一律肃清。建德亦无贼——池州府属——鲍军之力多也。见接探报：徽宁大股，窜入婺源，又须亲往剿办，真是应接不暇耳！兵事一切，已详致二伯信中，可与云大姊同阅后寄去。自顷连战数次，皆损折；计自成军至今，阵亡者不过数人，带伤者不及百人，病故者亦少。将士之心，日益亲附，尔所闻于翔冈者，多非确实之谈。外人多畏我严，多谓我尚气，殊不知我此不足辩耳。尔今年小试，原可不必；只要读书明理，讲求作人，及经世有用之学，便是好儿子，不在科名也。和官竟吸洋烟上瘾，我前数日始知，拟即逐令回家。克庵、梅村诸公云："纵其回家，恐一发难以断瘾；不如姑留此间，交李榦青先生照料，看其能戒与否再说。"我姑听之。尔小楷宜学帖，方有可观；读书总要诵咏从容，不可图快潦草，切切！我在外于家事一切，全未念及，亦实无暇，尔可渐学料理！陆文安当家三年，所学大进；可知人情世故上有真学问、真经济，只要人遇事留心耳。尔母体气何如？诸姊好否？有便可详及之！黎尔民、周庆生，不能学好；虽至戚，当敬而远之！我体气甚好，无须挂念！景镇士民送万民旗伞，遇便当以伞送祠堂，旗则留营备用也。明后日当率师赴婺剿贼，临行草此，不能多及。

致孝威（三月初六日）

述江西之征伐

孝威知之：入春以来，追剿池州之贼，连击徽、宁窜江之贼，均获胜仗；唯老湘各营，甲路之役，稍有挫折，然全师还镇，——杀贼四五千——亡伤不及百名，于大局无伤也。伪侍王李世贤，率大股由婺源陷乐平，绕道鄱阳故县渡昌江而北；曾涤翁以我军方拟下剿，景镇未可空虚，调皖南镇陈公——大富——率所部五千余来镇防守，二月廿日到镇。我见其兵勇欠饷太久，——私给米百石、银一千两，并饬局筹钱千四百串、银六百两、米千余石济之——又冗杂无章，心窃忧之！然念其上年固守南陵四月之久，尚未溃败，意其或能守此要区，遂将景镇防务，交其照办。廿二日亲督各营下剿，驻鲇鱼山，进金鱼桥；廿六、七、八、九等日，均获胜仗，廿九之战，毙贼三千有余，阵斩贼目多名，极为痛快！不料陈镇军违我嘱托，坚执"守近不守远"之说，弃柳家湾要隘不顾，于地势情形全不考究，兵勇多杂处民间，不听调度；贼知我军下剿，景镇空虚，遂于二十八、九等由如丹街窜踞柳家湾，卅日午刻扑犯景镇，陈公阵亡，景镇遂失，所部有凫水逃溃者，有滋毙者，有降贼者，殊堪痛恨！镇距我军六十余里，贼到即破，无从求援；——景镇既失米粮无从采办——我以孤军据于四面皆贼之地，相逼愈甚，不得已率全军于三月朔辰刻移驻东平。幸廿九日大捷，将此路打通，沿途尚无阻碍。唯祁门音信隔绝，不知涤帅得景镇失守之信后，如何布置？又伪忠王一大股直窜临江樟树镇及新淦县等处，意在渡章江以趋浔郡；而江西各郡，蹂躏殆遍，省城亦岌岌！我北顾祁门，南顾章门，日夜愁思，期于兼顾。一军七千余，——章罗新募之勇已到，且接仗矣——欲敌数十万之贼，不敢谓力不足也。贼众且悍，积年叛卒，多降附之，故其势日益披猖；东南大局，实不堪设想，亦唯尽其心力所能到者为之，成否固不计也！德与婺源之捷，已奉三品京堂之恩旨，而部文迄今未到；吴彤云内翰，为我请得祖父两世之诰轴，今交履祥赍回，可敬谨收藏，以答先泽。——轴内讳氏未填，可以泥金薰沐填写。履祥老实勤快，尚是子弟中之好者；今令其归，其口粮银两，均由东征局汇兑，本分之外，给以廿两。禄不昭肯归，亦尚无大错，听之。和官无用，烟瘾恐尚未脱，遣之归，以省我累。闻尔母脚气时发，恐难速愈；老年气血衰耗，殊为念之！尔与诸弟一心读书学好，乃慰我意。外事不必问，军中事冗，我亦不时寄家信，转以无信为平安耳。

致孝威（三月二十日乐平营次）

述与太平军侍王李世贤之战及其爱将之死

孝威知之：前信发后，伪侍王李逆大股调攻祁门，贼党十数万，回攻乐平；此贼盖惮我军声威，忌我之挠其后路，故以全力来犯。幸赖诸将士之力，初六、初十、十四，三大捷，逆贼丧胆，仍向徽州窜去。贼中大头目伪京卫军大佐将李逆尚扬，已经阵斩；——卫州清泉人，咸丰二年从贼，其位号仅下侍王一等——李逆世贤。闻亦带伤而逃，所供之天德王，——一金像妖神长九寸许——并被夺获。此贼自前年陷三河，去年陷金陵官营，陷徽州严州；志得意满，贼党多张国梁、周天受等叛卒，故凶焰更张，不料竟为我军所破也。初十日胜仗，前营官罗镜秋阵亡，十四日胜仗，史哨官聿舟阵亡，最为伤心之事；此两人者血性胆识，均能造成第一等将官，不料感我知遇，竟以死报也！现在涤帅移节休宁，婺源最为紧要，我军明白当拔营往婺助之。狗逆由英、霍破黄州，胡咏翁驻节太湖，兵力太薄，兼患病甚笃，殊为可危！江西吉安复陷，临江瑞州岌岌，恐贼将直趋浔阳也。贼多且悍，办贼之人太少，东南事势，不堪设想！我带兵在外，一切无所疑虑，只恐饷源日竭，不能行其志耳。咨稿钞付一阅。

致孝威（三月廿九日德兴大营）

述与太平军三王之战

孝威知之：前一缄，由县转处抚署，托意城叔饬交，未知接到否。近剿伪侍王李世贤大股，六获大捷，饶、景、浮梁、乐平、婺源一带肃清；赖王梅村、刘克庵诸君子，及各营将士之力，得以化险为平。现在追至德兴，贼已远遁，此股实已胆落；唯伪英王四眼狗围扑安庆官军，势殊岌岌！胡咏翁在太湖，兵力单薄，可危之至！而伪忠王李秀成一股，已陷吉安、瑞州、临江、九江等郡，均无健将精兵，足资战守。江西腹地糜烂，吾湘边防亦棘；拟将侍逆一股再加痛剿，然后西趋肃清江楚边界也。贼势甚张，戡乱之才，实不多观！若更有数军如楚军者，必不致任贼横行也。我精力尚勉强支持，然年已五十，志虑实不如前，深恐贻误；时局方艰，思之倍深懔懔耳！尔母脚气旧恙愈否？四姊近时体气如何？大姊已回长沙否？江西袁瑞两郡，为吾湘入江通衢，此后既不免中梗之患，家信由驿转处，虽期速到；遇有信脚来家取信，可便附数字与我！附来咨稿一件，阅后可送少云、意城、南坡等处阅之！我原有咨致抚署东征局，恐日闻袁瑞有梗，未能到也。履祥回时，曾寄两代封轴，——是吴桐云代我请者——已接到否？

致孝威（四月十五日广信营次）

述皖省战事

孝威知之：数日前一书寄湘由仲云转处，当已得览？日间驻师广信，李逆世贤已闻风远颐章门，东路之患少纾。唯逆首李寿成陷瑞郡后，凶焰日积。四月初二日，平江营郭式源和后营李金阳被贼围裹，全军尽陷。李金阳闻已降贼，现缄致各帅，留心侦察，虑其冒官军以给我也。狗逆入皖后，多都护频得胜仗，鲍军已渡江援皖，涤帅移节东流；如章门西路事势再紧，我拟率全军赴之，但不知涤公以为如何耳。

致孝威（五月十二夜景镇大营）

论不必学时俗子弟专在外面作功夫等

孝威知之：朱少春、彭立凰来营，得尔四月十四日禀件一切具悉，尔母脚气虽愈，然频年必数次举发，近时举发更勤；衰老之年，气血虚耗，非药饵扶之不可。上年我东行时，以四百金留之家中，余付二百金交翔冈办劈山炮，所存仅二百金。自为尔完婚后，此二百金必已用尽无存。前信托黄南坡代挪二百金付家中，备尔母药饵及先生岁修之用；嗣有信嘱尔勿往取，即南坡送来，亦不可受，——当速还之，千万千万！——家中缺用，可于少云处通挪，候我寄还。如少云处有银可借，暂借二百金，庶药饵不缺，病可速痊；邹君方既已见效，每日一帖，不可间断，此尔与新妇事也。每岁我于薪水中存二百金为宁家课子之费，上年曾见之公牍，不可多取欺人。家中除尔母药饵、先生、饮食外，一切均从节省；断不可浪用，致失寒素之风，启汰侈之渐，惜福之道，保家之道也！阅尔屡次来禀，字尽均欠端秀，昨次字尤潦草不堪？意近来读书少"静""专"两字工夫，故形于心画者如此，可随取古帖，细心学之！年已十六，所学能否如古人百一？试自考而自策之。古人云："少时不学老时悔。"此语可常玩味，勿虚掷韶光为要！读书不为科名，然八股，试帖，小楷，亦初学必由之道；岂有读书人家子弟，八股，试帖，小楷，事事不如人而得为佳子弟者？勉之！勉之！毋使我分心忧尔！兵事一切，毋须数数问及！我有事饬尔办理，可遵命行之！否则不必理会。——如刘竹亭、吴翔冈何必数数往来？——亲戚家佳子弟极少，尔此时

在塾读书，亦非讲交游结纳之日；一切往来应酬，可省则省，万勿效时俗子弟，专在外面作工夫也！切记！乐平诸捷，化险为平，全赖梅村、克庵及诸将士之力，乃公何之力有？顷奉有谕旨褒嘉，并得颁赏搬指、翎管、小刀、火镰荷包等件唯有望阙叩头谢恩，感激欲涕。我以一书生，寥忝戎务，频年忝窃非分，而擢京卿；兹又特承此异数，赐予骈蕃，为自古草茅下士所无之遭际。思国恩高厚，报称为难；时局方艰，未知攸济。亦唯有竭尽心力所能到者为之，期无负平生之志而已！贼势外肆中亏，非必不可了之事；惟军兴既久，饷绌日甚，我军欠饷三月有余，刻忧饥乏。有时事机必赴，而运掉不灵，无如之何！幸诸将士相从日久，知我无丝毫自利之志，尚不至十分迫索耳。儿辈在家，知乃公行间艰苦，必不敢安逸享受；当益刻励自修，以慰我意也。仲父何时返长沙？事多，不及时作家书，如询近状，可即以此呈览！周庆既不可用，不必令其前来，前已论及矣。

致筠心（五月十三日）

谈教育媳妇应在初来之时

筠心夫人近好：久未得手书，知脚气尚未复元，衰老之年，气血虚耗，饮食药饵，须随时调补；勿过节省，以贻我忧！霖儿娶妇后，渐有成人之度否？读书不必急求进功，只要有恒无间，养得此心，纯一专静，自然所学日进耳。新妇性质何如？"教妇初来，"须令其多识道理，为家门久远计；《小学》、《女诫》，可令诸姊勤为讲明也！东平诸战，荷皇上褒奖，并得拜尚方诸赐；一介寒生，忝窃至此，且感且渐！自此数战后，威名颇盛；追贼至兴安，贼解玉山之围，至广信，则且舍江山、常山——浙江地界——而窜金华矣。维时毓中丞请剿瑞郡以保章门，适探瑞城踞贼无多，而涤生函牍，以伪右军主将刘逆窜陷建德，饶、景可危，呼令还镇。比冒雨奔驰七日，甫抵乐平，即发前队赴镇，而贼已至四五十里外矣。归途经过乐平、浮梁等乡，沿途爆竹茶果香案相望于道，妇孺夹道观迎，颂声不绝，乐平素疆悍，械斗、抗官、抗粮、劫杀兵勇，无所不至，此次为贼所苦，日睹官军之威，遂帖服如此，惟景镇遭黎仅存，到镇之时，犯于破屋中放爆竹迎我，不觉为之心酸泪落也！赏件有妥，便再寄回。

致 筠 心

言为润儿聘妇事

筠心淑人清览：军事一切详咨稿中，阅之便悉。世事日艰，责寄将日重，亦无所容其畏却；只合索性干去，尽吾心力所得为而为之而已！润儿未聘女，是我一心事：余明珊表兄之女，闻甚明慧，且我母之内侄孙女，我已与明珊说明，伊亦欣然。候渠下半年归家再家庚也。家中事有卿在，我可不管；唯世乱日甚，恐居城乡均无善策耳！艾侄可无须来营，周庆如不吸烟，可令其前来；李贵仍告假归，我荐往唐莘州太守处，此后可不必理他也！

致霖儿（六月二十三夜）

讲教诲新婚妻及家用诸事

　　霖儿知之：意城叔处寄到家书，知近状平安为慰。家中所寄各书物，均收到；周品恒送御赏之各件回湘，附寄一信，想已收到？尔母脚气渐痊，甚为欣慰。然暑月服峻剂，未知是否相安也？新妇名家子，性情气质既佳，自易教诲；但年幼年受室，于处室之道，毫无所知，恐未知所以教也。孟子曰："身不行。道不行于妻子。"修身为齐家之本，可不勉哉！读书先须明理，非循序渐推，熟读深思，不能有所开悟；尔从前读书，只是一味草率，故穷年伏案而进境殊少。即如写字，下笔时要如何详审，方免谬误；行书点书，不可信手乱来，既未学写，则端正作楷，亦是藏拙之道。何为如此潦草取厌？尔笔资原不差，从前写"九宫格"亦颇端秀；乃小楷全无长进，间架笔法，全似未曾学书之人，殊可怪也！直行要整，横行要密，今后切宜留心！每日取小楷帖摹写三百字，一字要看清点画间架，务求宛肖乃止；如果百日不间断，必有可观。程子作字最详审，云："即此是敬。"是一艺之微，亦未可忽也；潦草即是不敬，虽小节，必宜慎之！东征局未收之一千七百余金，暂存成静斋处；吾意以五百金赒罗近秋，二百四十金赒史聿舟，二百金赒陈明南，百金赒赵克振，二百金还吴翔冈劈山炮，二百四十金还少云，余仍存静斋处候拨。史聿舟之兄来，此人尚老实，然无他长，伊亦求归，遣之为是；大约二十五六始归，我另有信交他带回也。辉楚已来，留此当长夫：营中无好模样，又易懒惯，故我不欲子侄来营也。数月后，当乃遣其归。此间欠饷四月，近复大疫困惫难堪。去冬由湖南窜江西之贼，今后从福建汀州窜至广信各属；李秀成一股，又分窜南康府各属，章门亦颇震动。日间羽书，络绎催援，无以应之。涤翁增募二千余，足成万人，以便调遣；吾以饷项艰难未之诺也。佑生来时，并带其妻兄刘某来；殊不晓事！此子亦恐不能有所成就。周庆暂安置军装局，如察有毛病，当即逐之。少云是否还淹中？艾生已同去耶？白水洞屋闻已遣人修理，然此时似可不急搬回耳。文方伯丁外艰，已作书唁之。

致孝威

论敌方善战之将

贼自破金陵大围后，复破宣、歙，凶焰愈张；论者佥谓东南大局，不可为矣！然贼中号称凶诈难制名为王者，只有伪英王陈玉成，伪侍王李世贤，伪忠王李秀成，伪辅王杨七麻子，伪章王林绍璋，伪干王洪仁玕，伪定南主将黄文金等七逆而已；自顷陈玉成、林绍璋、洪仁玕屡为皖北多都护所败，李世贤、黄文金屡为我军所败，均已丧胆。只余李秀成一股，无官军痛剿，杨七麻子甫过皖北，尚未与官军接仗，然亦非多都护之敌。其金陵皖浙踞城之贼，皆易与也。贼势虽蔓延日广，然江南亦苦空虚；若得劲旅二万余，携数月之饷，径捣金陵苏州，则大局不难复振。惜无此将，无此饷也！由目前局势，稳扎稳打，亦可徐徐收效；但旷日持久，未知有无变故耳！家信各件阅后，可均与少云婿阅之！

致孝威（六月二十五日）

述为部将死而哀伤

孝威知之：昨一书由意城叔转递，想到？在此书之前，今因史聿舟归，——已给盘费六两——寄此，并致成静斋一书，内开各项应发之款一单，尔可照钞一纸作底账，存家中，其余银一百九十八两，即概领回家存，俟拨用可也。史聿舟事我忠谨，我极悲之，送奠仪二百四十两，可同其兄赴静斋处领出，著何三同送至史家坡，亲交其母；吾今其母七子，死难者二，因伤成废者一，殊可伤也！顷探浙江常山之贼，窜至婺界四十里，今日已发各营去截之，明当续派。匆匆草此付尔，余详前缄不赘。

致孝威（七月十五夜）

谈兵灾

孝威览之：新奉颁恩旨，补授太常寺正卿，恐以后事寄将益重；时局日艰，官愈高则责益大，殊惴惴也！师抵婺源，疾疫繁兴，勇夫亡故者不下数十，此皆随我奔驰，无间寒暑者也！兵后人物凋残，所至目不忍睹；而药物之昂贵，十倍寻常，且多缺味，病中尤以为苦。前月二十三日，浙江常山之贼二万余，由玉山解围而来，猝至德兴、白沙关，次日即抵新剑——距婺城仅四十里——时军中病势方盛，勉派五成队先据险待之。廿六日，大队继发。是夜三更，桂右后三营，潜起扑之，贼败；追至新剑，中前左三营，从西坑岭小路突出邀截，幸获大捷，毙悍贼近千；贼狂奔不止，仍窜出安徽江西界。其详已具咨牍中，今钞稿寄尔，阅之可得其梗概也。婺源为朱子阙里，夙称文献之邦；近八九年，贼往来二十余次，无诵言守城者。遭黎皮骨仅存，皇经典籍，士风荏弱，民气不竞！居万山之中，无隔宿之储，商船一日不至，即忧饥饿。而饶富之家，所在多有。尽徽郡山多田少，商多农少，自昔已然；频年遭贼蹂躏，水贩时梗，常有拿握金珠而饿死者。可悲也！吾湘在东南最为福地，尔辈未经兵灾之酷，直不知人世间危险困苦，有非言语所能尽者。军士病者既多，又秋高鹰起之时，当有数恶仗，不得不均募数营以厚其势。涤帅缄牍，每以此为言；且恐不久，或有人浙、入吴之议也。因饷欠太久，不欲遂行召集；今姑遣余都司萃隆归，与彭定太——数次信来请调若农观察，昨又为言之——各募三百七十人为新前后两总哨。涤帅为我调刘兰洲之五百，又魏喻义亦可调来；合计当不下万人，可以战矣。用兵最贵节制精明，临阵胜负，只争一刻工夫；譬如在家读书，作诗文是平时治军要紧工夫，而接仗不过如入场就试耳。得失虽在一日，而本领长短却在平时；果于"节制"二字实有几分可恃，临阵复出以小心，则事无不济。惜乃以精力渐衰，说得出作不尽也！鄂省南岸已无贼，贼尽回窜江西，省城戒严；幸涤帅已调鲍军，由九江前进，当可无虞。由湖南窜江西之朱衣黠等逆，——约六七万——久踞弋、贵之交，相距近四百里；不能以病卒轻于一击，且相机势之缓急图之耳。四眼狗等大股，又渡江，窜鄂之北岸；咏公病危，希庵中丞未知能痛击之否？尔母脚气断不能除根，但能少发易愈即好。新妇资性既好，大慰我怀。少云已回淹中否？一书附去，事多不能详及，可并将此信及咨稿与之阅为嘱！

致孝威（七月二十一日婺源军中）

论"读书在穷理，作事须有恒"及围剿太平军形势

孝威览之：六月二十四午刻一书，具知一切。吴翔冈所制劈山炮，未尝不好；唯须照模制药，又兜用螺丝转，一经损坏，便难觅匠修整。大抵军器不宜太精细，以所用者皆粗人也。翔冈立意要与人不同，此最是短处；而所赏识之人，多无实际。渠荐与我之人张声恒、章荣先尚略可，然皆由璞军出者，此外则无一堪用之才；难怪其从前带勇，每战辄不如意也。而犹不自痛悔，复意气自矜，恐将来亦难望长进，终是废材！渠来信云："尚欠伊银百

两钱卅串。"可从静斋处余银内取而还之,我所谓"商贾气太重"者此耳!此君志趣颇好,然读书太少,自信太过,颇有"亡而为有,虚而为盈"之病;上年欲其来营,亦颇思陶熔一番,或可望其有进,渠既不愿,则不必也。尔母脚气未愈,须时劝多服滋补之药;有人赠我顶好肉桂二段,当乘便付回。万民旗伞牌匾亦当寄归。——新送四柄皆江皖之民也——饷欠四月有余,无法弥补;兼之军中病疫繁兴,需用甚急,日以为忧!幸将士知我无他,不忍迫促,大家忍耐,不肯领支;然我因此更觉过意不去。涤帅见我艰难,咨拨婺源、乐平、浮梁三县地丁厘税归我军提用;经理甫一月,渐有生机。从前收厘无多者,今竟多三分之一,每月可得万数千金,不致顿形饥溃;而乐平民风刁悍异常,十年不纳钱粮,不设厘局,且骗学额十名,自为得计。自归我后,钱粮渐次完纳,厘税已肯捐办,士民颇言怀德畏威。景镇商民则言:如偷漏厘税以欺大人,是欺天也。自愧无功德及人,遽得此报,殊为慨然。三代直道之公,至今如故,即此可见。以尔信曾以此为虑,故略及之,使尔等勿以此为念耳!尔年已十六,须立志作好人:"读书在穷理,作事须有恒。"两语可时时记之勿忘!尔能立志作好人,弟辈可当效法,我可免一番穷念矣。少云已回小淹未?前书交余都司带来,恐到尚在此书之后。李逆秀成一股,由鄂窜回江西,省城戒严;幸涤帅调鲍春霆由九江回剿,李次青克义宁州后,又转战而前,江西当可无虞。唯弋阳、贵溪大股屯集,——即彭大顺、朱衣点诸逆从湖南窜江西福建者——我军士卒病若渐愈,当一击之。若彼时李逆亦窜回广信,亦可就近痛剿;江西肃清,则饷源可以不匮,可放手办贼也。黄南坡、裕时卿东征之饷,我不取用;李仲灵、文式岩我亦未尝托之。意城昨书言:索饷唯有疲缠一法,以咏、芝、沅、浦深得此诀为好;我则不然,直干到底而已。克庵信来,言其太翁病已略愈,八月后可启程来营;石泉则须俟冬间葬亲后始能来,不便催促也。尔小楷全无端秀之气,又横行太稀,尚不如从前之好;须急取家中所有小楷帖,——无论是何帖细心学之,自有长进。即欧书《姚恭公墓志》亦好——每日摹写数百字,乃有长进。断不可悠忽从事,切切!王兴禀来荐一姓郭人投效,实属糊涂不堪!见面时当传论骂之,勿任其来!五月二十五日,已奉恩旨补授太常寺卿,想湘中已见邸抄;如有邯郸报至,可给银十两,多则不必。

致孝威(八月十四夜)

谈名儒辈出的朱熹故乡仍是风流未歇,但其地民风文弱,不能保卫自己的家乡

孝威知悉:许久未得家书,未知家中近况?然军中事繁,我亦无暇念及尔曹也。周品恒到后,尔有信来,我已接著;此后我亦曾数寄家信,未知家中亦接得否?到婺源半月,打一胜仗,此间士民,感服不已;以十年来未见

官军之威也。婺源为朱子阙里，本朝名儒：江慎修先生永，汪双池先生绂，均守朱子之学者，故家遗俗，风流未歇，士秀民愿，与他处异；唯文弱殊甚！自咸丰三年以来，逆贼往来廿余次，未能一矢加遗，典章文物，扫地而尽，伤哉！现在伪忠王李秀成自鄂回窜江西，自樟树镇至抚属各处，蔓延殆遍，大有与弋、贵股匪合势之意。我军七千余，分驻景镇、婺源，又疾疫繁兴，亡故者不下二百余，患病未愈者约八九百，勉能由队者不过三千余而已。然贼势甚急，不能不相机图之。大约调景镇之兵，及见在各营，合计四千余，尚堪一战。此月内当于安仁、弋阳有数大仗耳！和官洋烟瘾，似已戒脱，近稍知学好；履祥尚如常，唯辉楚到此后，不服水土，时常患病，今因其思归，遣之口粮之外，给银十两足矣。婺源士民送万民伞与旗牌者，纷至沓来；今乘杨簏生、彤寿归家之便付回。又顶上肉桂一枝寄尔母，必与脚气之证相宜；此桂，乃真交趾所产，不易得，慎勿以其形质不佳轻之也！胡咏翁病不可为，实堪伤念；今日亦送一枝去，未实能赶上否？少云是否已回小淹？顺孙缔姻徐氏亦好，在定局否？江西贼尽奔南昌抚州，吾湘边界无事；闻今岁举行秋试，吾族几人与试？毛中丞似尚可有为，为者吾湘可相庇以安也。成静斋处所存之银，除前单外，应再付吴翔冈银一百两，钱卅串；——作银廿两——此外尚有抚标兵丁常宏贵应领阵亡恤银卅两，口粮十两。渠兄常宏秦曾具禀来营请领，我已批准，由南付给，不知已发否？如静斋处未发，或家中亦未发，即须在余项内划给，已属杨簏生查询交付矣。史聿舟、罗近秋两人专项共七百四十两，如尚未发，亦可趁杨簏生此次回南之便了妥。簏生系前营文案帮办，德兴、婺源已保知县，乐平案尚须加保；伊此次告假四五个月，仍须来营也。致吴翔冈信，可即粘封送去！

致孝威（八月二十三夜子亥）

言欲立战功，以报君恩

孝威览：迭次寄回家信，想可接到。周品恒至今未到，未晓何故？或者彼时袁、瑞有警，改道来营耶？七月十七日大事，薄海凄然！我以一书生，身受此特达之知，竟未能少立战绩，悲愤何言？安庆克复，桐城、池州以次收复；大局本有转机，惜未及早报甘泉。见在唯主少国危，左右之人，未必能肩此艰巨，时局殆不堪设想！且各尽其心力所能到者为之，求无负吾君恩以负平生耳。李逆秀成大股，由湖北回窜江西，现正攻扑广信府及玉山、广丰两县城垣，人数约十余万，而弋、贵踞匪尚不之计。今日至德兴，明日当向信郡进发。军中士卒长夫患虐痢者几于过半，亡故者亦多，焦烦殊甚！手此寄谕，想宜知悉。一切丧仪，均须考究，警谨遵行，勿致错误为要！

致霖儿（九月初三广信大营）

述大局有所转变并教儿子写字藏拙之法

字谕霖儿知之：八月初七夜书，是月二十八日抵广信，乃始接到。周品恒未到，所带家信药物，均未见到，未知果由袁、瑞一带前来，抑或改由大江？殊为悬悬。陶策臣系由大江来，八月初一在长沙起身，至今尚未到，此间盼望甚殷也。刘兰洲朴勇能战，治军亦严，来此当可得其臂助，余、彭所部，亦当继至也，本军勇夫，患病者多至一半，非增补生力，从新整理，不能放心；而月饷欠至五月，欲汰补而亦不能，此其苦也！李秀成大股，由鄂回窜江西，直趋广信；比闻大军将至，前月廿三即窜入浙江，浙抚求援甚切，我亦拟驻扎玉山、广丰之交，相机越境剿之；然非俟新军到，训练整齐，亦未可遽也。安庆、池州、桐城，各郡县以次收复；江西一律肃清，大局实有转机，唯湖北黄郡、随州，安徽庐州、太平、宁郡，尚未克复；然贼势已衰，如果饷足兵精，分道并进，当亦无难料理。李世贤、李秀成两逆，人数合二三十万，尽萃于浙，浙必难支，其兵事乃更不如江西也。吾意浙危则苏州、金陵终难得手，而皖南进兵之路，亦两面受敌；意欲先清浙江以撼三吴而通池州、宁国之师。涤帅以此时力量尚难兼顾，属且于信郡作防军，以固江西东北；一面并催增兵合成万人以厚其势，暂时之计，亦只合如此耳。毛寄云中丞求治甚殷，其人心术亦正大可敬；外间议论，信口编造，殊不足信。此湖南福星也！昨复我书一缄，今寄尔一阅。李仲云明白拘谨，断无错误；少云听言不聪，往往传之失真耳。尔在家读书，须潜心玩索，勿务外为要！小楷须寻古帖摹写，力求端秀，下笔不可稍涉草率；行书有一定写法，不可乱写，未尝学习，即不必写，亦藏拙之一道也。程子云："即此是敬。"老辈云："写字看人终身。"不可不知！翔冈处已有信与之，且约其来，能抑其务躁之气，虚心求是，未尝不可有为；炮价及招夫之费，记只欠数金耳，尔可向其询明，如须百两以外，当由此间觅便寄还。盐厘局尚少数十余，亦须问及成静斋，以便还之，无使受累。王兴已来营，勉收之，但无用也。交趾桂已送一枝与胡咏翁，附寄一枝，交杨麓生带归矣。毛中丞待我最厚，闻曾于奏中声叙在幕中事，意在为正人吐气耳，其用心可敬如然而尔等何从知之？近乃奉冲圣寄谕，我与涤公，均平列；以后事任益重，不知所为报。尔等在家，切宜深自敛抑，不可稍染膏粱子弟恶习，以重我咎。切切！

致孝威（十月初十日广信）

谈请教书先生之费用

孝威知之：许久不接家信，未知家中光景何若？尔母疾病已痊可否？我现屯军广信，俟新募之卒来营整补了妥，再为入浙之计。欠饷五月有奇，情形万难，所幸将士谅我无他，不致如他营之哗；而假归者，仍如期到营，依依不去，亦殊可喜！涤帅于我，情意孚洽之至；唯咏公以营致疾，极为可哀！我有祭文一首，在意城叔处可取回抄存，请尔母解与尔听。少云已回淹中否？捐输事可以了妥即了妥之，名臣之家，毁家分所应尔，不可少也。从前有来营之说，究竟云何？润勋读书稍有进境否？下次可令亲写安禀来，先生可加束脩留之；——每年百金为度——如必欲就江西三百金之馆，亦可听其便，——我每年只取二百金薪水付家，不能请三百金先生也——明岁即请二伯来家课读可也。——每岁脩金二百两，即以营中薪水付之于心为安，润勋另请蒙师可耳。——此信到即写禀，请意城叔排单送来！

致霖儿（十月二十三日）

论作好子弟

霖儿知之：九月廿六信，已到；家中无事，客心已宽。少云已回小淹，想均安好。捐事尽力，亦是草茅忧国之义，况世世受国恩者乎？仲云辈，贤而多财，不足为训也。郭大叔为叔容阅定时稿刊行，我之私怀亦慰。时文虽小道，然是儿心血多注于此，况我曾屡次督渠辈勉作时文为博科名救穷之具，亦即遵吾指而习之，少有所得矣；独奈何没之乎？刊刻资即觅寄——可以此意告仁叔，求赐点定，勿高其论也。佑生偕其妻兄刘顺东来，到军后不一月即病；彼病甚重已饬佑生资遣之归。佑生又往乐平观视之，日间尚未回营。此子志趣不甚佳，近来颇不如上年之驯谨；又颇好饮喜议论，将来恐无所成就。尔外家世泽微矣！佳子弟极难得，吾是以念叔容而悲也！履祥无大过恶，亦毫无长进，将来恐求为耕田食力之人尚不可得，亦无如之何！尔在家专意读书为要！当涂夏韬甫先生——颍州教授——赠我《小学》《孝经》《近思录》《四书》四种：刻本极精。又送尔曹"龙尾研"四枚，亦非易得之物。吾于屯军乐平段家时，无意中得东坡书手卷一轴，元明人题跋颇多，极可爱玩；又石庵先生手书一册，皆至宝，今以与尔曹好为藏之；若我治军之暇尚有余力，当翻刻《小学》《孝经》《四书》《近思录》四种，以惠吾湘

士人；尔曹学业稍进，能供校刊之役，则尤幸甚。吾五十生日，婺源、浮梁、景镇、乐平士民皆不远数百里冒雨而来，为吾祝寿；夏韬翁为制寿文亲送以来——其文甚工，字亦端整，可悬之客座——此老年七十三矣，乃竟如期赶到，尤为可感广信士民，亦同日为我称觞；吾以为国恤不敢受愧举觞，祝来祝者，但留三日遣去而已。所送帐伞等件，今乘杨秋皋孝廉暂假回湘之便寄归，尔可呈尔母阅后收之，以志各处士民之惠！月内尚无战事，须俟新募各勇到齐，料理妥当，乃可战也。浙事糜沸日甚，金、处、严各郡县失守后，绍兴又失，杭州可危之至。浙闽督庆端奏请我军援浙，浙抚亦然，将来恐须入浙耳。

致孝威（十一月初五信州军营）

言军饷不足

孝威知之：久无战事，故亦无信回喜。新募之各勇，陆续到营，得此暇时，好为训练，士气又可用也。浙江兵士孔棘，金华、处州、严州既失之后，绍兴、宁波又失，杭城被围甚急；浙抚奏请我军入浙督办军务，节制提镇以下，闽督奏请我军会剿，大约旬日内必奉到谕旨。唯饷需一切，浙诿之闽，闽复诿之江西；江西已欠我饷五月有奇，更何肯为我谋援浙之饷耶？贼不怕他，只无办贼之饷；无可如何，亦听之天而已！

致霖儿（腊月初一日）

谈浙江战事

霖儿知之：尔所寄各书均到；润儿所作文字，亦甚顺畅，览之欣然。尔体气颇弱，周身间有作胀之时，是气血不足之证；须加意保养，节劳逸，慎起居，为要！读书可以养性，亦可养身；只要工夫有恒，不在迫促也。吾近奉督办浙江军务大命，——节制提镇——而浙江遍地贼氛，无从下手；杭州危急，宁波亦将不保。金华、严州、衢州，所属寸地皆贼，计贼数总在五六十万；而吾除守婺四营外，仅只六千余人，兵力太单，不敷分布。饷事经自办景镇厘金及浮梁、乐平地丁漕折弥补外，尚欠十七万四千有奇。虽廷旨令江西先解十万两，福建按月解十万两；然皆尽画饼也！浙江精华，全在杭、湖、宁、绍、嘉兴五府，今皆为贼有；杭、湖、宁波城尚未失，而城外皆贼，一时难以飞越，余则皆贼占踞矣。援派无数万之兵，数十万之饷，虽孙、吴、韩、白复生，亦难著力；吾亦知之，然明知其难而又澉避也。尔曹在家，当时念我军中艰苦万状，勉力学作好人，不可稍耽逸乐。至要，至要！

致孝威（壬岁正月五日婺源江口行营）

言自己可能被委为浙江巡抚

孝威知之：尔所寄信，均到。自上年十一月二十六日，奉督办浙江军务之新命后，未三日而浙亡。——十一月二十八日事也——适伪辅王杨辅清，率大股由浙犯徽，有众十万，号称二十万；由遂安、开化一路入徽，一路窥婺。当派十一营交刘克庵赴婺援徽，嗣因兵力太单，腊月十九日，我率三千人续进；遂二十六日，我军出大鲸岭，——刘克庵之功——乘贼不备，扫平贼巢二十余处，毙悍贼千余，阵斩庞天福李逆，及大小头目数十，解散千数百名，拔出难民男妇数千。其日，徽军及朱、唐两镇，亦扫除岩寺街之贼。杨逆知援军大至，遂于二十九日宵遁，徽郡解围；贼方复屯于马金街，意将与我军拚命，大约旬日内有数大仗开。我军并聚一处，稳扎稳打，当可无失，唯浙江全皆糜烂，无从下手，恐被朝廷以巡抚命之，则任日重而事愈繁，私忧不逮也！尔曹在家读书学好，免分心虑尔，即是尔等孝思；至于军国大事，我应承当，无可推诿，亦不烦尔等恚念也。

致霖儿（二月六日浙江开化县马金街行营）

谈自己已任浙江巡抚

霖儿览悉：腊月由婺源进攻开化之张村、中村——浙江衢州府属——贼巢，获一大捷。正月十七日贼扑篁岸官营，又获一捷。二十日，进剿马金街贼巢，又获一大捷；计共毙贼六七千，解散以数万计，拔出男妇幼孩数百名。此贼为伪辅王杨辅清之党，与杨逆谋由浙回窜江皖，希图深入腹地，以阻援师；不料为我军所破，徽郡解围，婺源无一贼闯入，江西、广信一带安然，则我军及徽军力战之功也。正月十七日，接奉补授浙抚之廷旨，从此责任益重矣！唯朝廷方倚我与涤翁、希庵办贼，有"夙负时望卓著战功"之褒，然自忖才力渐钝，精神渐耗，恐不能仰副我圣明之望。如何！如何！浙江仅剩一衢城，一温州城池，余皆贼氛逼布，无从下手；大约浙江不克，严郡、安徽不速复，宁国大局无转机也。久不得家信，未知尔母病体何如？尔辈近来有长进否？然崎岖戎马之间，亦无暇分心及此矣！二伯今年仍馆何处？大舅自京回否，外祖母近状何如？尔大姊三姊回家否？念念！

致孝威（三月初二日浙江常山县水南营次）

论浙江战事

孝威等知之：许久不寄家信，亦未接尔等禀缄，未知尔母近来体气何如？尔等均如常否？得仁先大叔及意城二叔信，知各家均无恙，二伯谈健适如常，心为稍释；然军事方殷，实亦无片刻开暇想及家事。浙江糜烂，列郡沦胥，仅存一衢一温，而皆惴惴不能自保。李定太一军——本衢州总兵——八千五百，李次青一军——现放浙地——亦八千，余均不足恃；我军自克马金后，开化肃清，二月初九日，进攻遂安，毙悍贼近万，立复县城。本拟即攻严城，忽接衢州道府禀报，李逆世贤攻扑衢城，李次青分守江西常山，亦呼援甚急，不得已，以老湘二千五百人守遂安县城，而亲率各营赴常山为援剿之计。甫到，而常山之贼，近逼我垒，幸均系我军年来击败余党，闻风丧胆，即败遁数十里，衢州围解，江山之贼，亦不敢如前猖獗。方拟乘胜进攻，而江南丹阳一股数万人，复由徽郡绩溪各界，窜淳安以攻遂安，又不得不分兵援之。老湘于二十三、二十八两日击败扑城之贼，崔大光、刘克庵两军继至，当可无虞。我随身马步，只有三千，今日已派队交杨石泉进剿江山之贼；兵以屡分而单，本非稳策，然事势所在，不得不急起图之也。我一书生，深荷朝廷特达之知，擢任巡抚，危疆重寄，义无可诿；唯有尽瘁图之，以求无负。其济，则国家之幸，苍生之福；不济，则一身当之而已！尔等读书作人，能立志向上，思乃父之苦，体乃父之心，日慎一日，不至流于不肖，则无复恚牵矣。刘竹亭、蒋乡泉能来，我始有帮手；来时可设馈饯行，以尽尔等之意。闻孝威正过县试，未知何如？其实，不必以科名为贵也，匆匆草此，付尔等阅之：凡有亲友来探访近事者，即以此奉览。

致孝威（五月十二日衢州灵溪行营）

论不足以科名为重

孝威知悉：尔所寄信均到，近日未常寄家信，以兵事方殷，不暇故也。自花园港击败侍逆后，力捍江皖之边，幸未任其闯入；饷道无阻；嗣又御杨辅逆于遂安，又移军常山、衢州剿侍逆。日间战事虽顺，后总未得大捷。天气渐热，军中疫疾又渐作矣，殊为虑之。刘竹亭之军已到，蒋乡泉一军，六月内可到，大约先破龙游、金华两城，则大局乃有可望耳。浙江夙称饶富，今则膏腴之地，尽成荒瘠，人民死于兵灾，死于饥饿，死于疾疫，盖几靡有子遗；纵使迅速克复，亦非二三十年不能复元，真可痛也！尔两试幸取前列，然未免占寒士进取之路；须自忖：诗、文、字三者，真比同试之人何如？不可因郡县刮目，遂自谓本领胜于寒士也。院试过后，又须赴乡试；过考日多，读书日少，殊为无谓。我欲尔等应考，不过欲尔等如此道辛苦，发愤读书；至科名一道，我生平不以为重，亦不以此望尔等。况尔例得三品荫生，如果立志读书，亦不患无进身之路也。世事方艰，各宜努力学好为嘱。各保札共四件，寄来可分致之。又黎姓一件，可交少云，其名则忘之矣。

致孝威（六月二十四日夜云溪营中）

嘱作一个好秀才

孝威知悉：近日兵事尚顺，衢州东南北三路，均一律肃清，踏破贼垒数十。李逆世贤，又乘虚攻遂安，亦为我军所败；鼠辈胆寒，看来机势尚顺，后事尚易，而饷事则毫无打算耳。适封信间，得郭二叔信，知尔院试经古，亦获取列，甚为欣然；发愤读书，请求正经学问，作一好秀才，亦足为家门之庆也。尔母近来病体如何？朱和哥回时，曾带桑寄生一包，已送到否？我近来身体如常，唯眼力大不如前；目睹浙民流离颠沛之苦，疾疫流行之惨，饥饿不堪之状，无泪可挥，真是一刻难安耳！吴都司假归，顺寄今岁薪水银二百两，以作家用，可撙节用之！外万民伞一把、旗四树并付。

致霖儿（八月初九夜龙游县谭石望行营）

诚成才之境遇以清苦淡泊为妙

霖儿知悉：六月十七日，吴都司兰桂病假归，曾以一缄寄尔，并付今年薪水银二百两归，未知接得否？今家中拮据，未尝不思多寄；然时局方艰，军中欠饷七个月有奇，吾不忍多寄也。尔曹年少无能，正宜多历艰辛，练成材器；境遇以清苦澹泊为妙，不在多钱也。尔幸附学籍，人多以此贺我，我亦颇以为乐；然吾家积代以来，皆志读材能文，仅博一衿，入学之年，均在二十岁以外，唯尔仲爷十五岁得冠县庠，为仅见之事；今尔年甫十七，亦复得此，自忖文字能如仲父及而翁十七时？家太冲诗云："以彼径寸根，荫此千尺条。"盖叹世乱之致身，易于寒酸也！尔勿以此妄自矜宠，使人轻尔！辰下正乡试之期，想必与试，三场毕后，不必在外应酬，仍以闭户读书为是；此心一放，最难收捉，不但读书了无进益，并语言举动亦渐入粗浮轻佻一路，特人不当面责备，自己不觉耳。吾家向例子弟入学，族中父老，必择

期迎往扫墓拜祠；想此次尔与丁弟亦必有此举？到乡见父老兄弟，必须加倍恭谨，长辈呼尔为少爷，必敛容退避，示不敢当，平辈亦面谢之。分明昆弟，何苦客气？自带盘费住居祠中，不必赴入酒席，三日后仍即回家；祠中奖赏之资，不可索领，如族众必欲给尔，领取后仍捐之祠中，抵此次祭扫之费可也。浩齐先生处，送谢敬五十两不为多，先生不知我之所以自处，以为带勇之人例有余财，非五十金不足慰其意，且先生境遇亦实苦也。尔大姊病体何如？尔母信来云："大姊意欲勋儿往小淹读书。"我颇不以为然。一则相距太远，一则尔大姊多病，岂可累其照料？又勋儿年太幼小，往来须人护送，亦殊不便耳。少云今岁久住安化县城，家中各事不知经理何如？尔母信云："渠意欲来浙学习军事。"我意俟金华克复后，再邀请其来；盖克复金华后，始有驻足之处。否则随营遂队，太劳苦也。又渠既来营，纵有劳绩，不便列保，未免负之，须先说明此意，方好。近日军事尚顺，自七月十七日油埠一战，克获全胜，阵斩两逆目；后二十一日，继获一胜，李逆之气愈衰，日间颇有遁窜江南之意。唯军中疾疫繁兴，营官哨长，几于无一不病，打仗出队，不能照五成，实为可伤！——死者日以十数计，长夫尤甚——饷事艰巨难万状，上腊之饷，始结算清楚，幸士卒都能耐苦耳。刘竹亭之勇不甚精，故未促其出战乡泉，奉特旨赴浙七月余之久，尚迟迟吾行，抵长沙后，又不即来，——头队甫于七月二十八日抵江西，闻渠二十二日始自长沙启行，大约到此总在此月底矣。——而粤饷，楚饷，江西饷，无不搜索殆遍，我之兵事未得其助，饷事则受其累，已严饬之矣。魏质齐尚觉顺理，然好用文士，虽独当一面；我处帮手，殊觉其难！就现在大局言之，人才亦实不多耳！尔院试文字，及考古诗赋，何不寄我一阅？县府学台姓名别号，何不详写告我？尔既受知，我亦应写信谢他才是。明岁塾师，仲父已荐何人？可写禀告知！草此寄尔，尔获我信，可即照书中节次对之！

致阿霖（闰月十七日）

言少年登科未必是好事

阿霖知之：得尔场后书，知尔初预秋试，诸免谬误，心殊喜慰！榜已发矣，不中是意中事，我亦不以一第望尔。尔年十六七，正是读书时候，能苦心力学，作一明白秀才，无坠门风，即是幸事；如其不然，即少年登科，有何好处？且正古人所忧也。浙事倾覆至尽，吾以一身当之；不忧群贼之方张，面忧残黎之将尽，不忧筹饷之无地，而忧治事之无人。尔年尚幼，或不解所谓耳。战事诸尚顺利，乡泉闰月初六始抵衢州，声威益壮；大约闰月九日，必可克复数城，以后可取破竹之势矣。浩齐先生明岁安砚何处？塾师又订何人？阴四明岁可上学否？勋儿近有长进否？信来宜详及之。上年十月间，恩诏我太常寺卿，任内应荫一子，已咨部给照，——咨填尔年十六，未知与尔应式学册符否？——以尔应明诏；又按京官正三品，应封赠两代从二品官，已咨部请封祖父，而以己身及尔母应得从封典，毂赠曾祖考妣，以后二次，封典，其封应请封尔二伯父母，未知尔二伯父母以为然否？可以尔意私询癸兄，以便安顿也。世间荣显，未足为贵；不过国家典例如此，应有者亦不敢辞耳。尔母脚气已渐愈否？大姊尚在家养病否？三姊想尚未回湘潭？来信于各件均未说及，何耶？

致孝威（闰八月二十一日）

论古人以早慧早达为嫌，兼及少年行为礼节

孝威知悉：前日寄一函，由郭二叔转送，甫发数时，即接中丞及郭二叔书，知闰月初六日榜发，尔竟幸中三十二名，且为尔喜，且为尔虑；古人以早慧早远为嫌，晏元献、伤文和、李文正千古有几？其小时了了，大来不佳者，则已指不胜屈，吾目中所见亦有数人。唯孙芝房侍讲稍有所成，然不幸中年跻志，亦颇不如当年所期；其他，更无论也。天地间一切人与物，均是一般，早成者必早毁，以其气未厚积而先泄也。即学业亦何独不然？少时苦读玩索而有得者，皓首犹能暗诵无遗；若一读即上口，上口即不读，不数月即忘之矣，为其易得故易失也。尔才质不过中人，今藏试辄高列，吾以为学业顿进耳；倾阅所呈试草，亦不过尔尔，且字句间亦多未妥适，岂非古人所谓"暴得大名不祥"乎？尔宜自加省惧，断不可稍渐骄亢，以贻我忧！朱卷自宜刻印，分呈宗族亲友，有送贺仪者，无论轻重，一概受之，为簿确记；遇有庆吊之事，照数酬答。诗文均请伯父改正，免人批评。此信到时，想已见过主考房师矣；主考房师别号姓名可问明告知，以使作信谢之。我家虽寒薄，然外人必不体谅，太涉菲薄，似不近情，只好勉强应付，一切问郭二叔、李仲灵便得主意。朱卷履历，自须刻之，自我曾祖仁乡公以下，至我父母，均已行咨请封典，京官任内加一级，则从二品也；本支名字，亦宜详载新例，中式后，必赴京覆试，尔年尚小，难受北道风霜之苦，且学业平平，明岁仍不须赴都会试；查京官二三品以上子弟得举，应行具折谢恩，但未知外官何如？如必须具折，我拟即将暂不能赴都随侍军营，以便教训之意入告，或可邀俞允。尔昨钞录闱作，字画潦草太甚，且多错落；又未习行书，随意乱写，致难认识，殊不喜之！嗣后断宜细心检点，举笔不可轻率也。谒祠扫墓之礼，自不可缺；族间光景甚苦，公项已无存留，一切可自备之，以数十缗为度。祠中可贴一条："奉到浙江大营来谕：'明岁且缓北上'。凡宗族党惠赠程仪者，概不敢领。孝威敬白。"庶免人家预备劳，谒祠展墓礼毕，

即赴湘潭外家谒外祖母及各尊长，来往以十日为度，长沙诸亲友处，亲送朱卷，数日了之，此外可无须酬应。朱卷以数十本为度，——官场不必送卷——同年须酬应者，自宜周到；但非其人，不可亲昵。近来习俗，最重同年，其实皆藉以广结纳耳！我素不取，当得意时，最宜细意检点，断断不准稍涉放纵！人家当面奉承你，背后即笑话你，无论稠人广众中，宜收敛静默，即家庭骨肉间，一开口一举足，均当敬慎出之，莫露轻肆故态，此最要紧！今年秋初，吴都司归，曾寄薪水银三百两，此次未免又增一番用度；除却应用各项，不宜太省，此外衣服等事，概宜节之又节，免我远地牵挂。如实不敷，亦只准再寄百两；兵已缺饷七月，我岂可多寄银归耶？尔母病体稍愈否？衰老之年，药饵不可缺，近因省钱，故不服补剂，尔等当亦有所窥；省却闲钱，或可供药饵之资耳。

致阿霖（九月十日龙游城西书）

劝孩儿不必学名士气、公子气一派

阿霖知之：两书寄尔，均由郭二叔转递，想已接到？明年不须会试，前函已言之，尔意从二伯入山读书，甚慰我意。唯念尔母衰病日期，需人侍奉，一家侨寓省城，无人经理，尔入山即家书亦难时得，殊为不便，尔可与尔母酌之。或能请二伯来城，专课尔读，而左边住宅一所，即退去，别开一塾，以为润勋、杨三儿延师课读之所，计亦良得。尔从二伯读书，得稍长学识，又可就近照料家私，一便；二伯年老，仍须作馆，若迎之家塾，可无须远涉，二便；所愁者，不过无钱耳。我在外，每年以二百两寄家，以敷家用，今拟明岁以后，多寄二百两归可耳。——以一百六十金为二伯颖金——尔少年侥幸太早，断不可轻狂恣肆；一切言动，均宜慎之又慎；凡近于名士气、公子气一派，断不可效之，毋贻我忧！浩齐师课尔，极费心力，明岁又不在家塾，光景之窘可想；尔意欲吾寄谢敬，自是至理。今缄六十金奉之，尔亲送去，为我致声！——前已作书谢之矣——隽卿先生，现在此，我自致谢；石渠、芝生两先生处，各奉二十金；湛湖先生闻已下世，其世兄至不成材，不必理会；如师母尚在，可送二十金，唯须择妥人交到，不令其世兄知也。两主考已由摺弁带寄土宜各五十两，白兰岩学使，及丁稚璜太守，闵鹤子明府，恩筱农房师，则均不寄银，以其为外官也。恩索楹联，兹付一道来，可请郭二叔设法送寄；廷芳字，则可无庸致书矣！郭二叔处借项必须速还，可由若农观处，察借支浙捐银百两还之！明岁二伯六十寿辰，可奉百金！昨江西士民送我寿屏两副，万名伞三把，寿幢三个，寿联一副，寿彩一副;可存之家中,伞则送入祠内可也!

致孝威(十月二十三夜龙游城外行营)

不交结淫朋逸友,不读《红楼梦》

孝威知之:二十日接尔前月晦日一书,得悉一切;试卷刷印一千五百本,未免太多,履历多未详确。我保同知卫、知县后,曾保同知直录州,非虚衔也。奉特旨以四品京堂襄办军务后,旋又奉特旨以三品京堂补用,并蒙特赏多珍,然后补授太常寺卿,督办浙江军务,补授浙江巡抚……凡此履历,皆应详载。"一数典不可忘祖",岂可忘乃父乎?又吾父母之得授四品封,是奉谕旨赏给,与寻常之覃恩例得者不同;应载明"特恩诰赠朝议大夫诰赠恭人"方昭核实,此国恩家庆,未可忽也。吾以刚直狷狭之性,不合时宜,自分长为农夫以没世;遭际乱离,始应当事之聘,出深山而入围城,初意亦只保卫桑梓,未敢侈谈大局也。蒙文宗显皇帝以中外交章论荐,始有意乎其为人;凡两湖之人及官于两湖者,入觐时,无不垂询及之。以未著朝籍之人,辱荷恩知如此,亦稀世之奇遇!骆曾胡之保,则已在乎圣明洞鉴之后矣。官文因樊变事,欲行构陷之计,其时诸公无敢一言诵其冤者;潘公祖荫,直以官文有意吹求之深意入告,其奏疏直云:"天下不可一日无湖南,湖南不可一日无某人。"于是蒙圣谕垂询,诸公乃敢言"左某果可用"矣。咸丰六年,给谏宗君稷辰之荐举人才,以我居首;咸丰十年,少詹潘君祖荫之直纠官文,皆与吾无一面之缘,无一字之交。宗盖得闻之严丈仙舫潘盖得闻之郭仁先也。郭仁先与我交稍深,咸丰元年,与我邑人公议,以我应孝廉方正制科,其与潘君所言,我亦不知作何语。宗疏所称,则严仙舫丈亲得之长沙城中,及武昌城中者;与吾共患难之日多,故得知其详,两直道如此,却从不于我处道及只字,亦知吾不以私情感之。此谊非近人所有,而宗潘之留意正人,兄义之勇,亦非寻常可及矣!吾三十五岁而生尔,尔生七岁,吾入长沙居戎幕,虽延师课尔,未及躬亲训督;我近事,尔亦不及周知,宜多谬误。兹略举一二示之;二伯所言:"不顾侄辈有纨绔气。"此语诚然。儿等当敬听勿违,永保先泽!吾家积代寒素,先世苦况,百纸不能详。尔母归我时,我已举于乡,境遇较前稍异;然呈与尔母言及先世艰窘之状,未尝不泣下沾襟也。吾二十九初度时,在小淹馆中,曾作诗八首:中一首,述及吾父母贫苦之状。有四句云:"研田终岁营儿脯,糠屑经时当夕餐;乾坤忧痛何时毕?忍属儿孙嚼菜根。"至今每有讽咏及之,犹悲怆不能自己!自入军以来,非晏客不用海荣,穷冬犹衣温袍,冀兴干卒同此苦趣;亦念享受不可

丰，恐先世所贻余福，至吾身面折尽耳？古人训子弟以"嚼得菜根，百事可作。"若吾家，则更宜有进于此者；菜根视糠屑，则已为可口矣，尔曹念之！忍效纨绔所为乎？更有一语属尔：近时聪明子弟，文艺粗有可观，便自高位置；于人多所凌忽，不但同辈中无诚心推许之人，即名辈居先者，亦貌敬而心薄之。举止轻脱，疏放自喜，更事且浅，偏好继言旷论；德业不加进，偏好闻人过失，好以言语侮人，文字讥人，与轻薄之徒，互相标榜，自命为名士。此近时所谓名士气，吾少时亦曾犯此；中年稍稍读书，又得师友箴规之益，乃少自损抑，每一念及从前倨傲之态，诞妄之谈，时觉惭愧。尔母或笑举前事相规，辄掩耳不欲听也。昔人有云："子弟不可令看《世说语》，未得其隽永，先习其简傲。"此言可味，尔宜戒之，勿以尔父少年举动为可效也！至子弟好交结淫朋逸友，今日戏场，明日酒馆；甚至嫖、赌、鸦片，无事不为，是为下流种子或喜看小说传奇，如《会真记》《红楼梦》等，诲淫长惰，今人损德丧耻！此皆不肖之尤，固不必论。吾以德薄能浅之人，忝窃高位，督师十月，未能克一郡救一方；徒止负朝廷，下孤发望。尔辈闻吾败，固宜忧；闻吾胜，不可以为喜。既奉抚浙之嘉命，囿浙之土地人民，皆责之我；既奉督办之特命，则东南大局，亦将与有责焉。有见过之时，为见功之日，每咏韦苏州"自渐居处崇，未睹斯民康"之诗，不知何时始释此重负也！尔辈若稍存一矜夸之心，说一高兴之话，只增我耻，亦当知之。明年既定负笈入山，从伯父读书；可将此贴别写一通，置之案头，时加省览，如日与我对，庶我忧。此贴亦宜与润儿及癸叟、世延传观，并各钞一份，俾悉我意。

致霖儿（十二月初四日）

学问不日进，则日退

霖儿知悉：许久未接尔信，颇为悬念。尔往小淹后，何日回家？今年夏秋冬三季，应酬奔走之日多，读书静坐之日少，不知如何荒废矣？学问不日进则日退，殊可虑也！此间战事尚顺，十一月十四日，克复严州府城；徽郡之贼，亦经击退，克复绩溪、祁门。唯龙游、汤溪两城，尚未能下，殊为烦闷之至！浙江全省之贼，均来金华，已经四仗打退或者援尽食绝，两城克复可期，而以后大局，较易收拾，唯饷事则实无打算耳。尔母病体，需人侍奉；尔明岁既须入山读书，润儿未必能照料，每两月可回省一次视之。若农观察处，拨付一百二十金为尔外祖母及文官妇详请旌表，前信未及详载。忆吾族中尚有应旌者，请廖母一查为要！吴都司所附各信件，均已收到矣。

致霖儿（癸亥正月六日龙游城外大营）

论书生气不可少

霖儿知悉：郭叔处递到尔前后两书，一切俱悉。所论重经济而轻文章，亦有所见；然文章亦谈何容易！且无论古之所谓文章者何，即说韩、柳、欧、苏之古文，李、杜之诗，皆尽一生聪明学问，然后得以名世。古今能几及者，究有几人？又无论此等文章，即八股文，排律诗，若要作得妥当，语语皆印心而出，亦一代可得几人，一人可得几篇乎？今之论者，动谓人才之不及古昔，由于八股误之，至以八股人才相诟病；我现在想寻几间八股人才，与之讲求军政，学习史事，亦了不可得。间有一二曾由八股得科名者其心思较之他人尚易入理；与之说几句四书，说几句大注，即目前事物，随时指点，是较未读书之人容易开悟许多。可见真作八股者，有几句圣贤话头，留在口边，究是不同也。小时志趣要远大，高谈阔论固自不妨；但须时时返躬自问，我口边是何此说话，我胸中究有这般道理否？我说人家作得不是，我自己作事时又何如？即如看人家好文章，亦要子细去寻他思路，摩他笔路，仿他腔调；看时就要著想，要是我作者篇文字，必会是如何，他却不然，所以比我强。先看通篇，次则分起节节看下去，一字一句都要细心体会，方晓得他的好处，方学得他的好处，亦是不容易的；心思能如此用惯，则以后遇大小事，到手便不至粗浮苟且。我看尔喜看书，却不肯用心；我小来亦有此病，且曾自夸目力之捷，究竟未曾仔细，了无所得。尔当戒之！子弟之资分各有不同，总是书气不可少；好读书之人，自有书气，外面一切嗜好，不能诱之。世之所贵读书寒士者，以其用心苦，——读书——境遇苦，——寒士——可成材也；若读书不耐苦，则无所用心之人；境过不耐苦，则无所成就之人。我在军中作一日是一日，作一事是一事，日日检点，总觉自己多少不是，多少欠缺；方知陆清献公诗："老大始知气质驳"一句，真是阅历后语！少年志高言大，我最观喜，却愁心思一放，便难收束；以后恃才傲物，是己非人种种毛病，都从此出。如学生荒疏之后，看人家好文章、总觉得不如我；渐岁目高手低之病，人家背后讪笑，自己反得意也。尔当识之闵鹤子先生处，既送十二金，亦可去得；以其为县试前列之师，非甚有异当知遇之感也。丁稚璜先生处，已有回禀来，其赴陕臬时，可往送行，不必送礼！刘克庵送四十金与尔，此间无所闻，当由我处还之。黎婿此间无可位置，可转达之！浩齐先生所荐胡仙槎在常山办转运，大不安静；每日在外，于公事绝不留意，已革逐之！浩齐先生馆地，此间无处寻觅，来信亦不及复矣！

致孝威（正月初七日余杭拱溪头大营）

谈大局未定，不必移家赴任

孝威知之：此间军事诸顺；唯上年腊月二十六日，逼攻贼垒，因归路狭隘，旁阻两港，为贼所乘；致表侄余佩玉带伤溺毙，将士之伤亡者三百余人，为我军从前未有之事，深为忧愦！现在海宁州之贼已降，杭城首逆，亦有穷蹙归诚之禀；余杭贼，断难久踞。此关一开，浙之全局可望速好。唯金陵诸贼，颇有由皖浙窜入江西回粤之兆；现已有一股窜陷昌化，恐后此将源源而来，浙江复为贼薮也。上年秋冬，皖南肃静时，曾商之节相，——咨三缄——请急争宁国县、广德州两处，断贼去路；渠总以兵力不敷为词；广德久不进兵，宁国贼去已久，并不过问，致此处空缺，为贼留一去路，实可叹惜！看来春夏之间，战事当益棘也。上年冬间曾嘱尔今年二月同余三伯来浙，又有全家来浙之说；说今事势如此，暂可无须前来，——且俟大局完好再议移家赴任为是——恐途中无可驻足，前途或有警报，致进退维艰也。至嘱！至嘱！余笏安——佩玉——朴实凝重，焉外家子弟中最有出息者；甫保福建副将，竟尔力战损躯，殊堪叹惜！已觅得忠骸，以礼殡殓；俟道途肃清，再送其时。余三伯处，可以此告之！昨已奏请照副将例，从优给恤，并入祀湖南昭忠祠矣！

致孝威（正月十七日）

谈处置俘虏

孝威知之：尔腊月所寄之信已到；计作此信时，尔已负笈入山矣。尔读书作人诸事，前曾历次示知，可时时在意；我方料量我事，不暇分心教尔，尔宜自己立志学好为是。毋贻我忧！初十日克复龙溪，十二日克复龙游，两城首逆，均经擒斩；是日克复兰溪，杀不过千余，十三日辰刻，金华府城，亦即克复，——三日克四坚城——计共杀老贼五六万，拔出被据难民不可数计。摺稿迟即付来。金华既得，则浙江局势大振，现饬各将先收旁县，进取绍兴、杭州，唯饷事大绌，欠饷至八月有余，士卒太苦，恐不免有饥溃之日，是为可忧！知朝廷倚注日隆，体念亦甚至，我自当尽心以报；唯将士忍苦相从，始终一致，亦实可念！龙游首逆陈廷香，是猪婆潭人，——路柳庄不过数里耳——至官伪忠逸神将，刘竹亭曾遣李怀英——樟港人——蒋孝贵——蒋家坪人——谕降，竟被杀害；昨克城日，乃追斩之，已有札饬县，拿其家属惩办矣。首逆忠神天将李尚扬，是湖南安仁人；道光二十年，入广西为匪，与萧朝贵、李开芳、李世贤为死党，伪官仅下伪王一等，昨日提讯，供吐甚明，当即磔之，亦应拿其家属。此次所办贼目多湖南人，咸丰二年被据从贼之人，在贼中久，遂自忘其为贼矣。浙江虽只杭、嘉、湖、绍四府未复，而大乱之后，田土荒芜，人民死丧流亡，几于靡有孑遗；若论复元，则非二三十年不能也。

致孝威（三月十九日严州大营）

劝衣勿求华，食勿求美

孝威孝宽知之：所寄信件均到，尔等今岁读书如何？昨见孝宽与我禀，字画略有进境，尔母书来，亦渐夸之，成者真知立志学好耶？长一岁，须长一岁志气，刻刻念念以学好为事，或免为下流之归，家用虽不饶，却比我当初十几岁时好多些；但不可乱用一文，有余则散诸宗亲之贫者，唯崇俭乃可广惠也。识之！刘先生向颇专勤，待之宜厚；我曾教小学生，知先生之难且苦，学俸三节致送，或时其缓急送之！尔母药饵不可少，尔辈衣无求华，食无求美，用当用之钱可不致缺矣。此时尚无外事分心，可勤苦学问，勿悠忽度日，最要最要！我在外久不知尔等近来长进何如，心中时以为念如天之福！东南大局可以肃清，终当早作时计，如竟不能抽身，亦当令尔等轮流随侍前来，故急望尔等趁此间暇，多读书也！黎婿无须前来，以此间无可位置之故；时局尚不知何如，浙江尤为危地，暂不欲子侄之来浙者此也。少云处不及作书，凡家信皆可给其阅看！近时战事均顺，浙东七郡之地，一律肃清；浙西亦克数县；——浙人以杭、嘉、湖三郡为浙西——近因群贼窜皖南，故饬克庵廉访越境剿之。前月廿五，本月初一、初五、初七等日均获大捷；土铃峰亦屡捷祁门，唯贼数太多，恐一时急切，难以肃清耳。奏稿寄一份来，一阅便知其详。

致孝威（正月三日）

天下事不难办，难的是无人才

孝威知之：尔所寄书，已览悉矣。山居读书，得亲典籍远尘嚣，乐何如

之！此日足可惜，勿悠忽过去也！杭州来援贼颇多，均被击退；皖南歙、休、黟、祁，以浙军得全，士民其为我盖生祠矣。创议第一日，即筹金五百余两，人心之可爱如此！洋人遇我处委员至，即摘帽示敬，平当骄倨之态，渐渐收敛；俟皖南平，江西景镇无事，然后大举以规浙西三郡，——即杭、嘉、湖也——乃有把握。唯近奉总督闽、浙之大命，责任日重，而事务日繁，精力日减，深惧无以报也。尔辈闻此，不当为我喜，当为我忧。所调吾湘各人，多不中用者；盖亦听言之未审。然浙地艰危，人多裹足，本地官绅又无足用者，筹饷诸务，实无头绪；天下事不难办，总是得人为难耳！

致孝威（七月十五日）

谈经理族中诸事

前书作后，封定待发，忽患疟疾，苦不可言，平生未曾抱病如此之久也。见服浙医药数十剂，清理湿热，乃就痊可，然原则非数十日不能。战事均顺，秋高气爽，乃能大举，亦实因将弁兵勇患病之故。此次之病较上两年尤甚；以所厉兵灾之余，凶岁之气，熏蒸所致；又地方荒凉，无从觅医药故也。尔辈在家，岂知此苦？余明珊表兄归，曾寄养廉银二千四百两，拟以八百两买旧祠作通族试馆，以千余两还少云山上田价，以二百两作润儿娶妇之费，余留为家用；渠田大江回湘，大给此书到时，不久即可接到矣。尔可一一为我经理，族中应作之事甚多，俟廉俸有余，再次第为之可耳。宗朝事只不理为是，美大爹迂腐不通，其来者苦求尔母，尤敢以族众甚怨为词，太无道理。监生亦不与之，可致意二伯也！

致霖儿（九月初三日严州城外大营）

嘉部卒之忠勇

霖儿知之：得七月十三日信，具悉一切，成涤泉既与广祈香共事，未便调来；此君胆气秉性，均为吾所爱赏，唯于兵事则历练尚浅耳。张世兄两代同年，其人性情亦介直可取，已咨湖南调之；如无盘费，可由家中先付三十金与伊！江西各厘局已由涤相索回，彼间无可位置，来浙则可。李文学在李世颜幕病殁，已饬世颜有便送其柩回南，归时我亦当致赙；寒士因升斗之人，送命异乡，亦殊可怜！唯世颜亦病甚，未知竟能归其遗蜕否？今岁疾疫，较上两年为甚，疟痢痧症死者，将士兵勇长夫，合计不下数千；病弱聚难复元者，几于十之七八。自我而外，乡泉克庵质齐诸君，无不病者，营官哨长，固无论矣；然克庵力保江皖，乡泉攻克富阳，各营于饥病之余，尚能出死力以诛盗贼，忠哉我军！我近为疟所苦，共五十余日中，乍凉乍热，殊不可堪；旬日来始觉稍稍痊愈，亦未尝服药，——以从前为药所误故——唯饮馔调补而已。闽浙兵事方殷，而吾以衰年多病之身，勉承其乏，殊为可忧！尔曹当念而翁之艰难辛苦，勤思保家保身之道，毋贻我虑。闻尔今岁多病，心殊忧迫；思尔一见，而道远莫致，又以浙江兵灾之后，断以饥馑。加之疾疫，俨同瘴乡，——委员物故者甚多——亦不欲尔急来，且俟杭城克复再议。闻尔病根由倾跌受伤而起，见在读书高坡，常由屋后山岗跳掷而下；不顾性命，只买嬉戏，殊不可解。记曰："孝子毋登高，毋临深，惧辱亲也"。亏体辱亲，不孝之大者，尔亦知之否乎？吾年卅又五而尔始生，爱怜倍切；尔母善拭多病，所举男子唯尔一人，尔亦念之否乎？年已十八，而兴动如此，与牧猪奴何异？尔亦耻之否乎？此后如不悛改，吾亦不复念尔矣！润儿今岁须与完姻。余三表伯，于八月初一，始由景德镇启程，计此信到时，亦已抵长沙，余详前信，不复赘。

致 霖 儿

建议女儿归湘

汝充大舅在粤，光景甚窘。尔四姐近有信来否？邓仁先见署广东巡抚，吾意欲拨与一二百金，且俟此到任，再思兑拨之法；如长沙有便，到广东即先寄去亦可，禀商尔母为之！据我想来，尔四姐仍须归湘为是！

致孝威（九月二十九日严州军次）

山中读书乐趣无穷

孝威览之：久不接尔信，未知尔体气已复元否？悬系不已。前此由郭意叔复寄各缄，想已接到。尔母病体全愈否？闻尔已入山从伯父读书，山内无尘市之嚣，而有弟昆翕聚之乐，读书乐趣，想已自知领取矣。我处战事颇顺，富阳克复，直逼杭城，只俟余杭一克，即可取破竹之势；刘克庵廉访，——已加布政司衔——转占江皖之间，于大局大有裨益。其为人深知战

事，善察地势，年来患难相从，极为劳苦；乃近得其报，渠太翁已为八月卅日病卒，夺情之兴，君子不为，然金革变礼，实非寻常可一概而论。已疏请——改为署理——俟军务一定，给假奔丧，事毕仍回署任，未知得能邀俞允否耳？缓数日，秦参将告假回省之便，当再有信物寄归，先此寄览。

致阿霖（十月初九日严州营次）

谈浙皖战事兼问亲戚亲事

阿霖览之：许久未接尔信，不知家中近事云何？余闻珊表伯归，一切事件，想已略有端绪，而尔无一字见寄何耶？此间战事诸顺，皖南之贼，或散或降；其入浙者，亦经击败。浙军折回浙江，兵力益厚，先取余杭，以图嘉、湖；则杭城已成孤注，而嘉、湖亦可次第收拾矣！立冬之后，疫气稍减，刻下拟进驻富阳也。丁叟完姻，闻是九月二日；润儿姻事已诹吉否？吾念尔甚，能同余表伯来浙一见否？

致孝威（十一月初二日富阳大营）

述浙江战事并问孝宽亲事

孝威知之：自尔入山读书后，曾接尔母两信，稍释远怀；仲肃来，询悉家中近状之详，并得家信，知余二伯及秦游击所携去之银物，尚未递到。未知前论各事，已照办否？此间战事诸顺，我于前月卅日进驻富阳，距杭州、余杭两城，均不过六十里；一俟营墙修固，即往两处督战。以局势论，似一两月内可以得手。今日接上海报，知苏州已于前月廿五日收复，余贼当逸入嘉、湖，其来杭州，与踞城之贼会合，亦在意中；然贼多则心不齐；而粮易尽，亦易与耳。逼贼海隅，合成长围蹙之，乃一定之局；见在光景，已有十之七八，只要皖南宣、歙一带，堵御严密，便可徐徐收功。孝宽喜事已诹定何日？家中光景，可详告之。

致　霖　儿

述百姓之盼望和平

浙民死丧流亡之惨，为天下所仅见；我入浙以后，日坐愁城，目睹情形,几于泪殚为河矣!一切赈救之策,皆从无中生有,虽勉图之,无救十一,方引为惭恨,积为悲伤;而浙民与江皖之民,已相与颂仰之矣。十月初七日,祝寿者麇至,且议造生祠;昨自严州进驻富阳,难民老弱,均焚香进酒,其小孩亦合掌牵裾不忍别我。呜呼!此亦可见民瘼之未改也。

致孝威(腊五夜富阳大营)

述余杭之胜

孝威知悉:得十一月十日书,且悉尔母及尔体气均好,甚为欣慰,卫生丸极得力,内有参茸,可取服之!秧参力量较高丽参为佳,作丸药服之,亦好药饵。滋补究是无益,总要自己加意葆练。庶无他虑;"父母唯其疾之忧"一语,时时体玩,是为至要!杭城不久可复,我意俟复杭城后,尔兄弟可待尔母同来,禀商尔母,以为何如?我于移军富阳后,即赴余杭看地势,调诸营进扎,以攻余城;前月十七廿四日,两获大胜,廿四日一仗,轰毙伪王郑光明,此贼悍极,在诸贼酋中最著名迹,除此一憨,甚为快慰。现在乡泉已破杭城外各石垒,直捣杭城;楚军亦破余杭七垒,贼党思降者多,看来浙西三郡,或易成事。闽中兵事亦渐得手,唯当慎以图之耳,我本无宦情,杭、嘉、湖了妥,当作归计;唯浙民凋耗已极,当为谋及长久,以尽此心。思欲流连一年半载,定其规画,实未知朝廷不遽调离此间否?若闽中,则匪我思存矣。刘克庵,杨石泉,才德俱优;蒋乡泉,才气一时无双,幕中多谨饬之士,尔来此熟习,亦长才识。明年来时,有余三伯照料,亦可放心。我自病后,精气大减,始衰之年,复元不易;此后当日见衰颓,故望儿辈来此,少为围聚,以娱我怀耳。

致霖儿(甲子正月十八日余杭城外大营)

述谋剿太平军李世贤部

霖儿知之:所欲言者,已寄去一缄,由盐茶局转递,未知接到否?今日已拔进横溪头,距余杭数里耳!料理案牍毕,即当进驻之。海宁、桐乡降后,嘉兴亦可收复;杭、余二城贼首亦有乞抚之事,然后患甚多,故不许也。溧阳大股逆贼,由广德、宁国县窜来;人数甚多;李逆世贤,思由浙窜入江西,旬日以来,布置粗定。唯恐一入江西,则贼势蔓延,又成不了之局;计今春战事必急,尔可毋须前来,免我牵挂,至要!至要!我身体尚如常,近服补剂,亦觉得力,犹能竭力为时局救此败著。刘克庵廉访,二月底

葬事可毕,已飞请其募勇三千来浙;如贼窜江西,渠可进剿,以防湖南边界也。所挪陶少云之项,已告克庵矣。

致孝威(三月初一日余杭行营)

述攻克杭州、余杭

孝威览之:兵事自入春以来,诸颇顺适;然攻城攻垒,伤亡壮士,盖已千计。二月二十四日,卯刻,始克杭州、余杭两城,自入浙以来,六百余日,无时不在忧危震撼中,得此始有小歇之处;然李逆世贤,黄逆文金,李逆远继,皆窜踞湖州,此两城败贼,又将与之合势,忧未艾也。二十五日,亲率各营追贼至瓶窑,至安溪关,夺诸要隘;饬蒋军速规德清石门,逼贼入湖州,合围困之,不令其突入他处,未知天意何如?前数日,得奉到廷谕,考绩之典,实备荷褒嘉;恩遇之隆,有加无已,感愧何既?尔曹当益奋励读书。为图报国之地也!

致霖儿

谈在杭州的住宅

明日当入杭州,眷属赴浙,须俟全浙肃清,再着人来湘迎护,暂不必急。见在住宅虽颇狭陋,然不失为贫士美宅。李文靖云:"居第当传之孙也。"贡院街还置吾族试馆,今岁即可经理;大约中栋留安神座,最后两宅,仍赁人居住,取其岁租以为修理之费;前栋可留为族姓考试住房。二伯父来城,可禀商之!

致孝威(五月三日杭州节署)

谈家用经济及土木事

孝威知之:顷得尔书,知有外祖母之丧,殊为痛愕!老人频年多病,气血亏耗已久,卒有此变,哀惋何言?尔大舅父闻耗,自当星奔回里,又未知有此盘费否?前得其信,知已得差遣,或张罗较易;我处奠敬,应从其厚,随尔与尔母酌之,百金或二百金可耳!建坊一事,近无所闻,想必未办,将来我必任之;但建于县城,似不如建于乡间为妥。我近督师,经过城邑,石坊多遭毁坏者，故有此说，然亦听汝舅父辈主之而已。贡院街祠屋，如何经理？尔来信总未说及，吾意先建中栋，以便安奉神座：——宜高大与对开之牌坊相匹，意以高与坊齐向以避煞耳，今岁山向不开，须明岁为之——其前栋应比中栋略低尺许，大门仍作正向，后栋则略与修葺，为试馆可也。我应得浙抚养廉，拟呈缴万两入官；见在兼署，并无半廉可得。其总督养廉，则以之修葺浙抚署矣。大约此项祠屋用度，及外祖母牌坊之费，均须俟明年寄归也。贺仲肃家中光景窘甚，如家中余银，可拨百金，付其少君作家用！自杭、余克复后，战事俱顺；唯因皖南广德州与宁国县无兵守御，致苏、常、浙之贼，得由此过皖南以窜江西。曾节相与李中丞，均以踪贼为速效之著，不得贻误大局，乃至于此，寻亦悔之，已无及也！见在浙军已追过广信，因湖州尚有大股悍贼盘踞未动；而常州、丹阳克复后，逆众均由湖州窜皖，须发兵截剿，故不克以大支入江西。俟湖州事定，我当移驻衢州督剿耳。自上年以来，腹泻之疾，日甚一日，而体更肥大，气更虚弱；心神志虑，远不如前。杭、余之克复，拜宫衔黄马褂之特赏。唯恐恩愈重。图报愈难，思之惕然！尔辈如稍知我心，当益兢惕自持，免重我忧虑！道途多梗，尔可毋来；俟有平静之日，再遣人来接尔！

致孝威（六月初十日杭州）

谈外祖母丧事兼嘱读书不可荒废

孝威知之：所托郭叔递浙各件，均已收到，知家中平安，足慰远念。外祖母墓铭尚未起草，未知已否深葬？尔大舅归家否？前得郭筠仙信，言其旋里有日，未知尔四姊亦同归否？粤东盗气甚炽。素非善地；监官补缺甚难，总以归里为是耳。外祖母待我如子，从前寒苦时，得外家资助甚多；数年从戎于外，未获一奉甘旨，将来建坊之费，自当独任，前书已详之矣。刘峰夌田，前以给尔四姐，仍须给之，毋听其辞！余伯何时可来？江西兵事，须俟各路援军齐集，乃冀浙有转机。金陵城内，贼种豆麦，可延数月之命，攻坚本无善策，非俟其食尽不能得手。湖州逆贼，尚多且悍，自五月初十后，东南两路，苦战兼旬，毙贼不少；西路苏军克长兴，浙军克孝丰，生擒贼渠伪感王陈荣，军声愈振。现在分攻安吉，此城一克，则长围遥合湖州，可以坐制其命。此处一下，全浙肃清，当移军衢州耳。时事方艰，吾名位日盛，而精力乃日渐衰颓，正恐无以负当时之望。前江西无事时，会望尔母子入浙一慰老怀；今江西贼尚未平，自可缓议，即尔会试之举，亦可不急！读书养身，及时为自立之计，学问日进，不患无用著处；吾频年兵事，颇得方与旧学之力；入浙以后，兼及荒政农学，大都昔时偶以会心，故急时稍收其益，以此知读书之宜预也。尔母书来，言尔兄弟今年读书工课多荒，此大可虑！

家居无酬应之烦，尚不及时为学，自甘与世俗庸人等，久之志趣日就污下，并且求为世俗庸人而不可得矣！阿润资质太差，勋同吾犹望其能读书，尔当督之！待兄弟要尽其亲爱之意，"怡怡"二字，可时体味；劝勉之意，多于训诫，乃为得之。军中溽暑，体常不适；偶值小雨乍凉，书此告尔知之！

致霖儿（七月廿三日杭州）

谈亲戚往来盘川用度

霖儿知之：前由驿寄去各缄，计已收到，尔六月中信亦到矣。金陵克后，大局渐定，唯湖州贼数尚多，苦与官军应战不休；而江西逆贼，败窜新城南丰，有入闽窜粤之势；闽西面与江西接壤，处处皆虞窜越；涤相立意驱贼入粤，为苟且之计，不知此贼入粤，则党羽蜂起啸应，贻害无穷。福建、江西、湖南、广西之祸，殆无已时，此亦气数为之也！上年我兑仁先垫银五百两，给徐故令台英，及尔汝充大大舅，订由湖南兑拨郭意城处；今特遣袁升带归，验收后可以原封交去。尔屡函欲赴浙，可请余三伯同来，来时须募勇夫二三十名来营，以便途中照应护送，——自江西至浙沿途皆有游勇劫掠，宜慎之——此件即请余三伯照料，发去银五百两，交袁升带来，以为募勇雇夫及沿途盘川之费。尔三品荫生照，已领到寄来；如明年由浙会试，可就便考荫，须速由县起文。——可于会试起文之便，着人赴县递呈守候文书投潘台衙门，庶领咨捷速，一切请意城叔托其照拂可也。房费不可省——美大爹监照付来可交去，嘱其勿管地方间事！少云光景，原可不必作官，尔大姊不知外间作官苦楚，一意怂恿，将来必有懊悔不及之日；前为致信签翁，今将其回信给阅，听其自打主意。所需燕窝，今先买五斤送来，余再续寄。族中苦人太多，苦难普送；拟今岁以数百金分之，先尽五服亲属，及族中贫老无告者。尔可禀之二伯父酌量！其银下次即寄归可也。二伯处送银二百两，已交袁升带来。

致筠心（七月廿三日杭州）

谈儿子来营探望事

筠心夫人知之：初拟江西路无梗阻，即接眷来浙；现在江西贼虽败窜，大有窜闽入粤之意；闽中无可恃之将、可用之兵，将来仍须前去督办；只候湖州贼迹窜走，即当出省，故不欲接眷来也。霖儿五年不见，可令其与余三伯同行；付来银五百两，作雇护勇长夫之用。手此，即问近好！

致霖儿（八月初六夜杭州）

为孙起名兼论读书致用

霖儿览之：接七月初十日书，具悉家中安好，新得一孙，足慰老怀；是月克孝丰，可名之丰孙，所以志也。乳足则无须雇用乳母，不可过于爱之；吾家本寒素，尔父生而吮米法，日夜叫声不绝，脐为害出，至今腹大而脐不深。吾母尝言育我之艰，嚼米为汁之苦，至今每一念及，犹如闻其声也！尔生时，吾家已小康。亦未雇乳媪，吾盖有念于此。少云欲以第六女配丰孙，尔母欲俟十岁后再议，此甚有见；十岁后男女俱长，吾如尚在，当为订之。壬叟入学，最为可喜；尔伯父望子甚切，而壬仅中人之资，得此固可塞责耳。试馆明岁可改造，义学明岁可举行，究竟需钱若干？如何规画？尔来书不一言及何耶？义学之外，尚须添置义庄，以赡族之鳏寡孤独，扩充备荒谷以救荒年，吾苦力不赡！带兵五年，不入一钱；任疆圻三年，所余养廉，不过一万数千金，吾尚拟缴一万两作京饷，则存者不过数千两已耳。浙事了后，当赴闽一行，以一年度之，尚可入廉泉数千，当欲请觐北上，即决计乞休耳。约略言之，俾尔知自为计。尔意必欲会试，吾不阻尔，其实则帖括之学，亦无害于学问，且可藉此磨炼心性。只知八股一种，若作得精切妥惬，亦极不易，非多读经书，博其义理之趣，多看经世有用之书，求诸事物之理，亦不能言之无疑于心也。尔初学浅尝，固宜其视此太易；今岁并未见寄尔文字来，阅字书亦无长进，可见尔之不曾用心读书，不留心学帖，乃妄意幸博科第，以便专心有用之学，吾所不解。曾记冯钝吟先生有云："小时志大言大，父师切勿抑之。"此为庸俗父兄之拘束佳子弟者言也；若尔之性质，不逾中人，而我之教汝者，并不在科第之学，自不得以此例之。且尔欲为有用之学，岂可不读书？欲轰轰烈烈作一个有用之人，岂必定由科第？汝父四十八九，犹一举人，不数年位至督抚，亦何尝由进士出身耶？当其未作官时，亦何尝不为科第之学？亦何尝以会试为事？今尔欲急赴会试以博科名，欲幸得科名以便为有用之学；视读书致用为两事，吾所不解也。大约近日颇事游嬉，未尝学问，故不觉言之放旷如此。尔欲由湖南赴京，亦听尔之便；吾以五年未见尔，故欲尔来浙，即由浙进京。已遣袁升带银归，并请余三伯挈尔同行，此信约月底可到，到时尔自定主意！

致孝威（八月十七日）

谈浙江大胜，东南胜局已定

孝威览之：前遣袁升带信已归，又寄信一函，由驿递郭意叔处转交，计到。湖州、广德、安吉贼数十万，倾巢而窜；浙军不居复城之功，而以追贼为事。又调黄提督、刘总兵、刘副将迅由江常拔赴淳安，节节截剿，毙贼数万，溺死无数，解散投降者，复又数万。击毙首逆伪堵王黄文金于宁国，伪偕王谭体元于威坪，伪昭王黄文英于威坪，蜀口大小头目之被拴斩者，殆以千计；夺驿马二千余匹，伪印七八百颗。唯伪幼主及李远继见尚逃匿荒谷，贼尚四五万，已饬诸军竭力兜剿；大约旬日内必可全股歼除，而东南始云肃清矣。前谕尔九月同余三伯来浙，家眷可无须来，因道路多梗，我之行踪难以遂定；故今江西大致已可肃清，而浙皖肃清在即，我意仍是挈眷来浙为是。尔禀知尔母，可早为料理为要！住宅即交何三看管，尔三姊、四姊如须在省住，即交其居住亦可，书籍木器及笨重之物，均查明开单，交其照料。乡下租谷，除完粮外，概交两姐分用亦可。我衣服均未带来，其蟒袍、貂挂、朝珠可并于此次便带之。九月内再有信来，信到即可起程，到此当在十月；尔过年后由此进京会试，亦不嫌迟也。

致孝威（十月二十九日富阳舟中）

嘱戒浅浮并阐述对八股文之独见

孝威知之：日昨送我，舟中人客嘈杂，未及一一详示，然究不知儿之能遵吾教否？今日至富阳，酬应较少，乃书此寄之。见此来原拟令同住数月，始遣北上；不意闽中事急，不能不舍儿以去；吾既去杭，儿亦宜及早北上。道途多险，游勇剽掠为患，苏、常、镇、扬一带，时有戒心，儿未知远行之难，世事之坏，一切皆宜详慎，不宜相率鲁莽，以贻余忧！近日察儿举止，多有轻率之处，多由阅历未深；如由弋阳至广信时，正值湖州余孽败窜，儿放胆经过，虽幸无事，然尔父亦数夕不能安卧矣。藉使在长沙时，少缓行期，俟子信至就道，岂不安稳耶？尔抵杭后，闻谈日多，读书日少，言动之间，童心未化；虽无大谬可指，却无佳处可夸。穷其心之所存，不免有功名科第之念，此在寻常子弟亦不为谬，然吾意却不以此望儿也。自古功名振世之人，大都早年备尝辛苦，至晚岁事机到手，乃有建树；未闻早远而能大有所成者，天道非翕聚不能发舒，人事非历练不能通晓；孟子"孤臣孽子"

章，原其所以达之故，在于操心危，虑患深，正谓此也。儿但知吾频年事功之易，不知吾频年涉历之难；但知此日肃清之易，不知吾后此负荷之难，观儿上尔母书谓，"闽事当易了办"一语，可见儿之易视天下事也。书曰："思其艰以图其易。"又曰："臣克艰阙臣。"古人建立丰功伟绩，无不本其难、其慎之心出之；事后尚不敢稍自放恣，则事前更可知矣。少年意气正盛，视天下无难事；及至事务盘错，一再无成，而后爽然自失，岂不可惜！顷于舟中见李云麟，奉特旨撤去四品京堂，益用儆惕；以李雨苍质地之美，何事不可为，只缘言之易行之乐，遂致草草结局；假令潜心数载，俟蕴蓄既裕而后见诸设施，岂遽止于此？儿当引以为鉴也。至科第一事，无足重轻；名之立与不立，人之传与不传，并不在此。见言欲早得科第，免留心帖托，得及早为有用之学；如其诚然，亦见志趣之不苟。然吾不能无疑：科第之学，本无兴于事业，然欲求有意取科第之具，则正自不易；非熟读经史，必不能通达事理，非潜心玩索，必不能体认入微。世人说八股人才，毫无用处；实则八股人才，亦极不易用。明代及我国清朝乾隆二三十年以前，名儒名臣，有不从八股出者乎？罗慎齐先生，以八股教人，其八股亦多不可训；然严乐园先生从之游，卒为名卧。尝言，得力于先生，在一"思"字。盖以慎齐教人作八股，必沉思半日，然后下笔；其识解必求出寻常意见之外，乃首肯也。今之作者，但知涂泽敷衍，拙摩腔调，并不讲题中实、理、虚、神、题解、题分、章法、股法；与僧众诵经念佛何异？如是而求人才出其中，其可得哉？儿从师学时俗八股，尚未有成；遽望以此弋取科第，所见差矣！至谓："俟得科第后再读有用之书。"然则从前所读何书？将来更读何书耶？如果能熟精专注，则由此以窥圣贤蕴奥，亦复非难；不然，则书自书，人自人，八股自八股，学问自学问。科第不可必得，而学业迄无所成，岂不可惜？试细思之：至交游，必择胜我著；一言一动，必慎其悔，尤为切近之图，断不可旷言高论，自蹈轻浮恶习！不可胡思乱作，致为下流之归！见当谨记吾言，不复多告！

致孝威（乙丑正月初一日延平行营）

言福泽之不久长，后代须自立自强

孝威知之：尔在清江浦所寄一信，已由芗泉方伯递来，其寄尔母书，亦附驿递去，计程当于腊底抵都，路途想均清吉。原饬尔即住夏芝岑处，可免会馆嘈杂，及别寓孤寂，谅已安榻夏宅矣。日间潜心读书写字作试帖，须自立工课，有恒无闲，自有益处，意念，宜沈静收敛，所有妄言妄动，须日一检点，能自知有过，则过亦少，知有过而渐知愧改，则业自进。吾家积代寒素，至吾身而上膺乎国家重寄，一则先世艰苦太甚，吾虽动瘁半身，而生所

享受，当有先世所不逮者，惧累积余处，将自吾而止也。尔曹学业未成，遽忝科目，人以世家子弟相待；规益之言，少入于耳，易长矜夸之气，唯流俗纨绔之习，将自此而开也。爵赏之荣，两疏固辞，尚未蒙鉴允，自不敢再有陈奏；然忧患之念，日积怀来矣。闽事败坏之极，所忧者不仅军政之不修，武事之不竞；而在民风之不正，吏治之日偷。自入闽以来所见所闻，无非八九年前各省泄沓颓败气象；必趋于危亡，盖人心日沉，人才日蔽，非一时所能整顿也。中丞老而妄，方伯庸而专，均非从前意想所到，从一省之大，无一卒之恃，一月之储，所藉以勉强支持者，唯浙军之二万二千人，及浙饷每月十四万而已，岂不伤哉！土盗伏草，行劫结会，从乱者处处皆然；吾驻军延平，前后数十里间，自昼抢劫之案，几无日无之。数日后分兵四出掩捕，斩杀数十名，风乃稍息；然聚则匪而散则良，东捕而西窜者不知凡几。高、黄两军之进漳州，由省会兴泉经过，处处皆须预为购办柴草米盐，临时无从买给；扎营盘亦须租价，否则聚众持械，不与贼决而先与官仇，呜呼！此独非三代之民与？而乃至此！上失其道，民失其本心，匪伊朝夕矣！吾何修而能戡此乱，解此劫乎？则数本十数万。入闽后，而闽粤之从乱如归者，又不知其纪；幸闻浙军至，颇有震慑之意，将觅路他窜，欲求聚而歼之，势有不能矣。非入江西，即入粤东；毛寄云、沈幼空有援闽之议，恐将来仍须闽之往援耳！此等议论，切勿出口，徒招人怨，至嘱！至嘱！润儿信来十一月十五日举一子，吾命之曰建孙，尔母闻甚健。入闽诸军，克庵小挫后，旋亦复振，余俱平适；惜刘简青患瘫甚重耳。

致孝威（正月二十八日）

儿辈不必仰仗父功，以免流入纨绔一类

孝威知之：尔去后，只接得途次一信，计腊前可以抵都，未审能服水土否？芝芩处能容下榻否？复试何日？考荫何日？得尔母书，知荫照已托徐兄同年带京，想亦接到？会试后在寓读书写字。勿出外！尔年尚少正立志读书之时，非讲交游结纳时也。同人宴集时，举动议论，切勿露轻浮光景！勿放浪高兴！——少应酬为要——时时提起念头，检点戏言、戏动，内重则外威，而过自寡矣。辞伯爵第二疏，未获蒙俞允，不敢不谢覃恩；然自惭德薄能浅，无以仰承此恩眷，析薪未克，负荷更难，正恐渐流入纨绔一类，毁吾家中耕读之风。即如闽省泉州一郡，五等之封均有，今之能世其家，号称无忝者，曾几人耶？言及此，尔当引以为戒，不可高兴，以重吾过！闽中兵事尚无，他所苦在本地无一将一兵之助，而吏治民风，竟颇敝无可下手处，譬犹病人，食息嬉常，而败徵已具，急切莫从施治。现驻延平，拟俟南阳、龙岩两处贼纵窜动，再相机截击，一面进剿漳逆也。会试榜后，趁天气清和，

早作归计；须探看何路平稳，即从何路取道。言归两座师处，代士仪送去后，恐不免有向借之事；可问芝芩酌量应酬！自己刻厉，省出钱以奉师长，亦子弟当然之事也。三日作一文一诗，每日写大卷三开，白摺三开，切要自定功课，有恒勿间！手此交摺弁寄汝，可写因信付来！家中常有信来，尔母以下均好，无须念之！

致孝威（三月十三日延平大营）

谈应酬须留心检点，并论写信的礼节

孝威知之：接尔抵都后两书，知尔途间安吉，抵都后用功如常，深慰我怀。芝芩勤慎持正，尔在寓可多受教益，诸凡请其指示，可少差误！酬应既繁，须时时留心检点！言动之间，断不可稍形纵肆！昨见福建摺弁送回致徐中丞书，我以尔所寄家信在内，故径自折视；见字书草率，多用行礼，称谓款式，均不妥协，殊为不取。树人先生，年已七十又四，较我长二十岁；我虽同官，尚时存谦逊之意，尔致信宜用红单小楷，外用全书，上写愚侄，如照都中款式，即用大单片亦可。初次通信，尤宜加慎，岂可任意草率失敬礼之意？意岂唯致书督抚宜然，即凡同乡外省与我同官者，肯交情者，尔均宜执子侄之礼，不可稍形倨傲！不独世故宜然，即论读书学礼，亦应如此，自卑以尊人，敬父执之道，尤所当讲也。有人求写信寄当事者，都宜谢绝，以向无往来，或奉严谕不准预闻外事谢之，人亦不怪。总之，一举笔，即慎十分敬慎，免留话柄，免招尤悔。从前周克生因致书石辅庭先生，说湘潭公事，即致干严谴；并累及石方先生，由侍即降编修，可为前鉴，切当慎之又慎！考荫事，一切问之芝芩，自当不错，见在试事将毕，此差到京，已在榜后，恐尔已出京矣。芝芩家用太重，景况颇窘，尔拟留银赠之，似非百金不可，不知行资足否？如不敷，则应由此间补寄，兹乘差使附寄百两交芝芩；如尔已致送，则此项即存之芝兄处作别用可耳。闽中战事尚顺，唯贼数尚众，洋人勾引多方，非入海即窜粤，此数月内，战争当益急；我因贼势足蹙，贼踪走定，故仍驻延平伺察杨和、贵简、桂林各处湘带五百人来，合之现在各营，有三千劲卒，可打好仗也。周寿山、吴桐云、张听庵均已赴省办事，厘税、军需两局，可以分劳；唯吏事则贪庸者多，尚难整理，军政尤不可问，是为焦烦耳！胡雪岩人虽出于商贾，却有豪侠之概，前次浙亡时，曾出死力相救；上年入浙，渠办赈抚，亦实有功桑梓。外间因请托未遂，又有冒领难民子女者，被其坚拒，故不免有飞语之加；我上年所闻，细加访察，尚无其事。至其广置妾媵，乃从前杭州未复时事。古人云："人必好色也，然后人疑其淫。"谓其有自取之道则可耳。现在伊尚未来闽，我亦未再催；尔于此事即有所闻，自当禀知，但不宜向人多言，致惹议论。手此即由摺弁

之便付尔，尔常知之！

致孝宽（五月二十一日漳州行营）

谈闽省战事

孝宽知之：许久未接家信，亦未暇寄字回湘，想眷集各吉也。哥哥考荫引见后，特蒙天恩加赏主事，已具摺专弁谢恩矣；并因旅费缺乏，酌量寄京矣。闽中兵事顺利，四月二十一日克复漳州府城，次日克复南靖县城，而漳浦、云霄、平安、诏安各厅县，均以次克复；——全境肃清——计侍逆一股十余万，除穷蹙乞降外，悉数歼除。丁逆太阳一股，亦因穷蹙乞降；唯汪逆海洋屡经剿败，尚复鸱张，其悍特甚。各军拟悉数追剿，无如闽边米粮匮绝，且山谷阻深，馈运极难，约须费米一百五斗，然后可运一石，——每石须价八九千——各军一粥一饭，尚有间断之时。目睹情形，极为焦灼！王镇开琳于前月二十二日为汪逆所乘，损失八营为频年未有之事——所部丁长胜在永定之腊射坳失事，丁本良将，因江西所募新湘营不能战，且米粮正乏，子药已瘪，被围两日夜而陷，幸刘克庵分所部，及康道国器所部，奋力援剿，立解重围。现已檄王镇带老湘营回赣防剿。汪逆志在窜江，我军分路追剿，越境恐为江西之患，——鲍超一军叛卒已到江西——亦将波及湖南也。计窜闽之贼二十余万，今剿除数万，诸将士殚力尽心，可谓至矣！而犹剩此逆未及歼尽，殊不放心，仍当竭力围之耳。手此谕悉。并呈尔母阅之，诸军追贼过上杭，我已于初十日移节漳州矣。尔辈欲赴闽，须打听江西无贼乃可；总须先发信，以便遣人迎护。

致孝威（闰月初七日漳州大营）

为人要尊师尊长，多与端人正士往来

孝威知之：许久不得尔书，颇为系念。闽事诸顺，全境肃清，见驻漳州，调兵入粤，仍勒兵境上，伺其窜入江西，闻急起截之，兼防其窜湘之路。谅诸逆或诛或降，仅止汪逆一股，已不成气候，或可了也。尔榜后已分何部？少年新进诸事留心考究，虚心询问，藉可稍资历练，长进学识；切勿饮食追逐，虚度光阴！每日读书习字，仍立功课，不可旷废间断！闻王老师清俭耐苦，人口心术，甚为人莫及，尔可时往请其教益，总要摆脱流俗世家子弟习气，结交端人正士，为终身受用，勿稍放浪，以贻我忧！时政得失，人物臧否，不可轻易开口！少时见识不到，往往有一时轻率，致为终身之玷

者，最须慎之！又直东军务方殷，南归道梗，且俟秋凉，再理行装归时仍以取道浙江为便。今日接家信，尔充及黎婿，闻于四月廿六日起程来闽；然必江西无警，乃可行也。前山闽省银号汇寄八百两为本县公车程仪及应酬之费，想已接得？

致孝威（七月初一日漳州大营）

论子弟要勤苦力学

孝威知之：接闰月二十一日信，知已安抵家中，途间均顺，至为慰意。先两日甫得尔部中四月晦日书，正以尔盘费少，直东军务正急，颇悬系，今竟安然无它也。会试不中甚好，科名一事，太侥幸太顺遂，未有能善其后者；况所寄文稿本不佳，无中之理乎？芝苓书来，意欲尔暂行走分部，且俟下次会试再说。我平生于计宦一事，最无系恋慕爱之意，亦不以仕宦望子弟。谚云："富贵怕见开花。"我一书生，至从枯寂至显荣，不过数年，可谓速化之至！绚烂之极，正衰歇之徵，唯常尽力，以上报国恩、下拯黎庶，作我一生应作之事，为尔等留些许地步。尔等更能蕴蓄培养，较之寒素子弟，加倍勤苦力学，则诗书世泽，或犹可引之弗替，不至一日渐灭殆尽也！世俗中见人家兴旺，辄生忌嫉，无所施，则谀趋逢迎以求济其欲；为子弟者，以寡郊游、绝谐谑为第一要务，不可稍涉高兴，稍露矜持！其源头仍在"勤苦力学"四字，勤苦则奢淫之念不禁自无，力学则游惰之念不禁自无，而学业人品乃可与寒素相等矣。尔在诸子中，年稍长，性识颇易于开悟，故我望尔自勉以勉诸弟。都中景况，我亦有所闻，仕习人才均未见如何振奋，而时局方艰，可忧之事甚多；外问方面亦极乏才。尔此后且专意读书，暂勿入世为是！古人经济学问，都在消闲、寂寞中练习出来，积之既久，一旦事权到手，随时举而措之，有一二桩大事办得妥当，便足名世。目今人称之为才子，为名士，为佳公子，皆谀词，不足信，即令真是才子名士、佳公子，亦极无足取耳！识之！六年不见尔母及尔曹兄弟姊妹，又两新妇两孙，亦时念之。唯现在汪逆入粤后，凶焰尚张，其蓄意在窜江西，另寻生路，眷属来闽必从江西取道，暂可缓之！俟贼踪有定，再由此间派人来接；将来恐须由长沙雇船到九江湖，换船至江西广信府之河口，由陆路直福建之崇安，雇船到福建省城，方为妥便也。——此路游勇土匪无处无之，来时须带勇士百名防护——润儿今岁原可不应试，文、诗、字，无一可望，断不能侥幸；若因家世显耀，竟获侥幸，不但人言可畏，且古去寒上进身之阶，于心终有所难安也！尔母于此等处，总不能明白，何耶？前接尔信，索银甚急，已托周寿山由福建银号汇兑纹银八百两交芝苓收转交尔用，想芝苓早已接得；除还借项二百两外，当以二百两送绵师，二百两送芝苓，余节留芝兄处应酬各项。

致孝威（八月十六日漳州大营）

乱世之秋，路途宜小心

孝威知之：接尔七月十五日信，知尔母及姊弟等及欲来闽省视我，原拟将贼事了妥后，道途安静，乃遣人前来；以来路必走江西，正汪逆亟意欲窜之地也。现在康道于粤境屡获胜仗，粤贼就抚甚多，汪逆已带伤入镇平城；高、黄、刘，于八月初二日获大捷，初九夜贼弃城而遁，现饬紧追。然一入粤境，则步步落贼之后，专靠刘克庵一军拦头；将来湘省边界，恐不免其害，已缄咨刘克庵带各营，由江西安远、信丰、南安边界相势截击。如不能遇贼，则力扼桂阳，若贼已窜入桂阳，则并力郴州也。眷属可雇船由长沙岳州至九江湖口入鄱阳湖，溯流至省城，换船至河口；——铅山地界大船尚可到——到河口后，起旱过山，至福建崇安上船，——尽是装货小船——下水抵闽省，途间宜加意慎重，于有妥实健勇，可雇数十名——亦须派十长总哨——同行；到河口后过山，有三日旱道，路尚大，唯家眷行走不易，届时当派差官带数十勇丁前来护之。司马桥住宅，即交妥人管亦可；书籍家具须一一查点存记，免他日归来无停顿安置处也。少云病似不轻，你大姊闻眷属赴闽，未免孤寂，亦无法致之大舅，及黎婿已由闽省到漳州大营，尚平安无他，唯无可位置耳。十八日，当着彭升、李发，回湘按眷。李贵，不可用，已斥遣之矣！江西中丞已换刘岘庄，过南昌时，可往拜之！——谒时便探贼踪，请派戈什哈两人照料过境。

致孝威（八月二十五日漳州）

述广东战争

孝威知之：十五日一缄，由驿递去，计已接到；十八日彭升、李发归，又寄一缄，大约九月可接得。闽军克复广东镇平后，四获胜仗；江西平远获一胜仗，——席军——霆营叛勇黄矮子、伪佑王李远继、伪平东王何朋亮三大枝，皆剿散殆尽；唯汪逆一股，尚未受大创。高、康、刘踪纵紧追，但令粤东有兵拦头，尚可敢夹击之效。贼意直注南韶以入湖南，桂阳、宜章边界，已请克庵率所部由安远、信丰、南安，以趋桂阳，当可赶上；江西各边，兵力甚厚，刘岘庄中秋前后履新，必能布置也。郭叔如何中布置情形，未见一字；昨克镇平，亦未见粤东一座一骑相助，不知其何说也？来时多买土布带来，此间布少价贵故也。

致孝威（新正二日）

述粤东之大捷

孝威知之：得二伯书，知已于十月二十五日启程，为风所阻，十余日尚在湘阴，未知何日得安抵章门？在漳州时，以奉节制三省之新命，固辞不获，将有粤东之行。遂请舅及尔民携银到河来接，如未至河口，即赴章门暂租公馆小住。得尔民及舅舅来，十一月十八日，由闽省动身，计腊中可到江西矣。我自腊初入粤，适所调各军齐至，十二日进扎州东十余里一带，汪逆倾巢来扑，一战毙之；是日诸军尽力攻击数十回合，至收队时，乃得此巨逆尸。诸将皆云：数年以来，仅见此恶仗也！汪逆既毙，群贼汹汹，急欲逃窜；我即飞催各军速进，以合长围。十七日鲍军始进州西北三十里之相公亭，十九日席军始进大坪，二十二日粤军始进长沙墟；贼于是夜二更，倾巢而走，闽军蓐食急追，鲍军亦至，二十三四日连斩擒数万，收降五六万，二十五日高果臣独追至大田，生擒首逆胡瞎子以归。此股全数荡平。贼首贼目——叛勇黄儿子、欧阳晖亦均授首——诛斩数千，无一漏网，而后东南长发之局始结；拟将降众料理妥帖后，将各军分别撤留，即由此回闽矣。郭叔迂琐如故，不足兴谋；此方土匪遍地，非良吏猛将错落布置其间，不能望其改变也。我近甚衰惫，不任烦剧之任，亦颇压兵事，故急思脱身；暂将兵事了妥，渐作归田之计。尔等可奉母速来，一慰六年离别也！

致孝威（新正二日）

谈东南大局已定，意欲班师回闽

孝威知之：嘉应州踞逆全股荡平，东南大局底定，首逆擒斩净尽，无一漏网，此军兴以来未尝有也！现拟将降人安置妥后，即回旆闽省，大约二月中旬可以到署；兹遣勇丁前来送信与尔，并探尔行抵何处？如尚在章门，可写家信请蚬庄中丞排递来闽。以慰悬盼！可转禀尔母及舅舅知之！来闽时过河口，沿途可发信，交周寿珊转递也！

致孝威（二月十四日兴化府懒书）

催家人赴闽团聚

孝威知之：昨得尔信，尚未启行，仍俟后命，岂前信不足凭耶？不解！

不解！今日行抵兴化，约十八日可回省署，急盼尔等速到，以慰远怀；尔母脚气偏又举发，未知已就痊未？老年血气虚惫，艰望断根，且俟到署后，延医调治为妥；肝症之说不足信，想是肝虚耳。如途，亦不必催程；缘水路滩高且多，必须舟人相酌也。

致孝威

言江闽要冲崇安沦陷

孝威知之：昨一纸由岘叔处转递，当已接到；十八日回省，十九日，忽接建安县禀，齐匪猝陷崇安县城，此地为江闽冲要，亟发各军速剿，并飞咨江西浙江矣。尔等如尚未动身，得此警报，自己暂停前进；倘已或行，亦须折回江西省寓，免受惊恐！眷属累赘，断不可冒险前来也！可转白尔母为要！专勇回后，迄不得尔一信。殊为悬悬！接此谕后，即详写一信来！

致孝威（二月二十五日）

言因匪患，母子暂缓行期

孝威览之：十八到署后，两次寄信，不知均到否？崇安于十五日突被齐匪陷踞，二十日建阳亦复不守；齐匪无甚伎俩，初起人数不多，无如各军凯旋后，均屯驻汀、漳各处，一时难以应手耳。看来须旬日外乃可办理。尔等可禀告尔母，且安住章门，俟此事了妥，再派人带银来接；缘此匪起于江西之封禁山——广信、铅山等县——过山即崇安辖，为来时必经之道，故不宜孟浪也！特专快足前来送信，可详写一信来！——上下若干人每日须用若干——来足已包这十三天到江西，十三天回闽共银十元，由此间付之；尔赏一二元即可，不必多耳。

致孝威（三月十四日夜）

言道路已清，家人速来省亲

孝威知之：前月二十五日曾写一信，由闽省信脚递来，——限十三日到计初九日已得阅矣——告以崇安道梗，眷属缓行之故，想已接得。齐匪起自江西之封禁山，——铅山、上饶交界——蔓及闽之崇安，二月十五日，突陷崇安，二十日连陷建阳；幸我于十八日回闽，人心不致骚动。二十三日贼见延平官军至建宁，传言大兵凯旋速集，贼乃退回崇安；适黄芍岩军门全军——檄赴浙提任——二十三日抵邵武闻警即出屯界首。二十六日贼回崇安，一闻大军将至，即夜又遁东北乡之大浑、岚角；二十七日芍岩分军到崇安，次日到大浑，次日剿岚角之贼，得获大捷。贼由芩阳关出窜江西，芍岩分军星夜蹑剿，比及石塘，又获大捷，贼之漏逸者，不过数十，而江西铅山河口一带之民，遂不敢动矣。现派张听庵太守树炎带楚军新中营驻崇安，饬朱游击光斗带亲兵后哨署崇安游击；而芍岩一军，仍分驻铅山、崇安，俟江西有军来，再行赴浙。尔等久驻章门，甚为悬系！现在道路肃清，自宜及早来闽；兹特雇信足前来，并附蔚长厚信行会票千两一缄，尔可着人持缄去取，以作盘费。我又派左右翼亲兵四十名，交副哨官彭清河、宋永年带至河口迎护；船到河口，伊等已在彼等候，可与鲁杰三等合伴同行，过山抵崇安，我已派武巡捕潘守备喜在彼雇船等候，已交银二百两，作雇船之费；由崇安至建宁均是小船，到建宁后换大船晋省，一路仍须细心打听，万勿孟浪为要！其由江西省城到河口一带，刘岘庄会有信云："饬炮船护送。"自然稳妥。唯系上水不能快耳。中间进山，——作四天行走——最为辛苦；抵崇安后，河道甚小，水浅滩高，须雇熟悉舵工乃好。潘巡捕自当更为照料，途间最宜谨慎小心，切勿大意，千万！千万！亲兵口粮，已由此间备足，毋另赏！

致孝威

谈送信之事

信足限十二天到江西省城，十二天回福建，脚价只十元，如能如限速到，随尔酌赏，须于回信注明！接此字后，与尔母商量定妥，即详写回信，以便信足速回也！外汇票一纸，信一缄，并附。

致孝威（十月十九日）

谈途中诸事

孝威知之：十九日抵建宁，水陆均好；唯早行受寒，忽发腹泻，大约需二三日调理，即复元耳。潘、郑两巡捕，一路服侍小心；潘送至建宁，令归，郑则尚须至河口也。无风雨之阻，约二十七八可抵河口，尔等明正西旋，仍是船至崇安为省事。手此问尔母好！

致孝威（二十七日）

谈年节对家人部卒的赏赐及用人之不易

孝威知之：二十七日行抵河口，一路顺平，别无阻滞；师行静肃，官民无扰。我腹泻已愈，年来元气渐耗，脾尤虚弱，抉买"全鹿丸"试服，何如？如稍有效验，到京后当买鹿茸一具作丸药也。年赏可照中秋节开给，潘、郑两巡捕，则已由此间给赏，无须再给矣。住署之勇丁，可每人给一元压岁，什长倍之！明年回湘，可由水路直至崇安，起旱三日到河口，唯先须雇船耳！昨到崇安，查喻令账簿，尔等来闽过县境时，渠宝赔钱三百三十余千，已清给之；凡事要细心经理，不可全信另人！即如此事，若不查个明白，必翻疑县令之谎说矣。别人只知敷衍外面好看，不管人家有苦难说；即此一事，可知作官之难，可见另人不足靠也！我意到汉口过年，不知能否。今刘克庵书来，极言母病难离，大约是不高兴之故；我已回信，请其仍募勇到汉口，若其具奏开甘臬缺，未知腊底能赶到汉口否？旧部来投者极多，闻河口尚有数千在彼等候也。相候奏请开缺，注销封爵，虽未获蒙允行，然慰留之词寥寥，两湖亦似站不住；看来数月内必有一番举动，偌大世界，能胜督抚者竟不可多得。古云："封疆危日见才难。"不其信乎？在署读书写字，少出外应酬。切嘱！切嘱！

复景桥兄书（十二月十一夜王家渡舟次）

论屯垦

昨抵章门，遣石清携汇票八千两，以六千捐入湘阴作义举，以一千五六建试馆，余以买史坡慕田；闽浙廉银用尽，——留三千，备作家眷回湘之费——此八千，乃预支陕甘廉也。所以急为安置者，五十外人，且有万里之行，了一件即是一件耳。轮船为救时急著，惨淡经营，幸蒙俞允；西行则车营屯田，又须从新安置，此皆旧病旧方耳。兄前以屯田为问，孙侍讲所议，弟未见过；大约是指腹地兵灾之后而言，意在节饷耳。现在江浙兵后，田土荒芜多而且久；招垦可行，而开屯不便者，为其有主无主，多有错杂，兵民杂处，最难相安。——有要地应屯兵之处，闲田无多，其闲田最多者，何能且战且耕——且一营之人，分布十里，数十里，难于照管约束耳。弟昔在严州，以兵荒米贵，故曾力为于此；而其用心，则专在救饥民，故有军士耕种甫毕，忽地主出认者，并有荒至三年之田，临收获时，地主问分租者，皆一概许与今军士弗与争论。故拔营向富阳、余杭时，孩童妇女数百，皆环拜泣谢而去；其余各灾区，则止借与籽种牛力——均由温、台买来，浙西则无一牛也，伤哉！——并分三等发赈。令官委之，耐劳苦有实心者，于发赈时劝相之。见在浙中吏治为东南最，则皆此等人也，每县十余元，或米谷数百石而已；此仅可谓之劝垦而不得谓之屯田也。至关陇则地多平衍，人民死亡过半，回产既无人耕种，汉产亦多荒芜；向时稻米二十余文一斤，麦面十余文一斤者，今贵至一钱内外，且无从购取。若不开屯，则立虞饥溃；人之粮谷、马之麦豆，举待给于数百里千余里之外。战何以战？守何以守？自古边塞用兵，无不以兴屯为守务者此也。——赵壮侯屯田三奏，尤为中肯——前此弟在浙、闽，适蒙朝廷垂询及之，遂以车营两事对答朝议，于车营尚以为然，屯田则置不论；兹乃悟其必如是，而后西事始有入手处，亦缘疆臣呈饥之章，层见叠出，无以应之故耳，否则鲜不以为迂矣！自奉西征之大命，自限四十日料理闽事而后卸篆，发摺三十余件，片四十余件，心力为瘁。癸侄为吾写摺，亦无辍笔之时；已传入录副稿归，兄取视之，当不笑其妄也。近得闽中家信，得两孙女；弟妇本拟腊月回湘，弟嘱以俟明正乃行，盖冬尽水涸滩高，艰阻万状也。乃闽中士民，则盼其重来面；昨日途中奉到寄谕，则亦谓俟甘事底定，则朝廷不难令左某来闽。然则夙缘仍未尽耶？自章门登舟行三十里，风雪大作；今晚初晴若顺风，三两日由吴城换船过湖，腊杪当抵汉口耳。

致筠心

谈兵灾天祸

筠心夫人览之：得四月初六日书，具悉家中近事平安，甚慰客怀。屯氵㴲口、德安，均无战事。所到官民均恃以为固。四月初一日，击贼随州，仅小有斩获；以贼见炮车即走不固拒也。初三日淮军到德安，我军由随州、枣阳趋襄阳。初八日，抵樊城，赶点雇车驮；今十二日矣，所雇购者不及一半，适捻贼败杨鼎勋之淮军，复由汉、黄及安陆，意在乘虚渡汉；渡汉不得，则由襄、枣以窜豫也。我军又须回戈击。今夜月明时，潜师夜起，结营峪山、八条冈；拟仍合长围困之。幸秦捻为刘提督松山黄道鼎所败，势已大蹙，陇回亦多讫抚，我援入秦陇，亦无害也。鄂中大旱，秧田枯拆，首种不入；民间日夜避兵，嗷呼满道，深可伤悯！我之迟回于此，亦欲为中原销此巨患耳。试馆已动工，凡工师工费赏犒之需，少从宽裕，俾乐于从事，孝威主之，不必问之二伯。家下事，一切以谨厚朴俭为主；秋收后，还是移居柳壮，耕田读书，可远嚣杂。十数年前风景，想堪寻味也。

致孝威（五月初七日樊城营次）

论读书增见识，作事长阅历

孝威知之：前由驿递去一缄。计已得还；以后日去日远，不能常寄家书，可不必念我，致以无信为平安耳。捻逆扰鄂，贼马我步，贼速我迟，故常不相及；我军一击之随州，一击之枣阳，未及痛杀，以贼见即绝叫狂奔，毫不抵拒也。车炮之制，足制骑贼有余；然纵击穷追，非马队不可。昨见《岳忠武传》，其与李成战于襄阳，示王贵、牛皋以长枪步卒击其骑，以骑兵击其步；正与见在所用阵意相近。我军军队既精，再得所调寨马辅之，贼不足平也。可见古今事理，并无二致；读书增其识解，治事长其阅历，自少差谬。岂独兵事然哉？尔曹勉之！抵樊后，因购雇军驮，极其劳费，而仍不能成行。兵灾之余，物产凋耗，频年调发既数，民不能堪；加之车夫骡夫，多是花门种类，彼畏秦人仇杀，不敢西行，故难于应手。甫有头绪，率之以行。克帅今日由此趋老河口，取道荆紫关以指蓝田；我率各营，由此取道宛、洛，以指洞关。大约月余日，始可会师秦中，尚恐沿途有战事耳！贼悉趋豫，将窜山东，秦捻亦正思出关来会，回氛仍炽，穆将军权督篆，专主抚回，而廷议亦颇右之；抚局太早，终非了局。厚庵临卸篆，又有击河狭之举，恐无助理。此与刘霞仙临去复以兵事自任，同一机轴。事权将歇，复作努力向前之势，人其从我乎？关陇捻回并忧之外，又有游勇之害，即所谓江湖哥老也。用勇丁之流弊，必至于此。近日淮霆各军，殊为可虑！——淮军尤甚——自冬徂春，亢旱已甚。燕豫秦晋西蜀楚北皆然，不知天意将何为也！试馆规摹一切，均听二伯主持；家中各事，尔须妥为料量，勿贻我忧。少交游，勤工课，警慎俭约，为诸弟先，此外无多嘱。二伯父处未及作信，可以此送阅。我服参茸丸，精神甚好；唯腹泻不愈，近时酒兴大减，亦不能饭也。

致孝威（六月十三日行营）

论剿捻并附告示

孝威知悉：樊城一月至灵宝，酷热不可当。前月十七八，本月初四，大雨连朝，又为宁所苦；师行之难，至此而极，师进洞关，克帅进武关，高果臣饬由蜀河口进引驾回；三路并进，声威颇壮。狡贼本欲来窜豫州，闻大军且至，恐扼于函谷、蓝关，只轮不返；则窜同郡，图渡河窜晋，又为刘寿卿所败。现复西窜。奉朝命兼制晋防，拟于潼关小憩数日，察其动静图之。我与克翁、果臣分三路，地势尚合；入秦以后，稳扎稳打，或望得手也。回患断非剿抚兼施，而又能攻其心不可。所出之示，录寄一阅。手此告尔等。勿我念！

　　大军西征，由秦趋陇；杀贼安民，良善毋恐！捻寇纵横，害吾赤子；剿绝其命，良非得已。多杀非仁，轻怒非勇；诛止元恶，钽必非种。凡厥平民，被贼裹胁；归诚免死，禁止剽劫。汉回仇杀，事起细微；汉祸既惨，回亦无归。帝曰汉回，皆吾民也；匪人必诛，宥其良者。使者用兵，仁义节制；用剿用抚，何威何惠？我论吾民，俾晓吾意；勿比匪人，以死为戏！大军所至，如雷如霆；迅扫郊甸，远征不庭。

致孝威（戊辰正月二十五日获鹿行营）

嘱孝威应以孝为重不宜参加会试

　　孝威知之：已作书由驿寄来，计已先到。今因艾生回湘，复作此寄上。时事殆不可支；自入关以来，无一事顺手，已知其必有异矣。幸山东诸捻，已将剿尽，或可暂救目前；然淮勇本即捻逆，其剽悍断不能改。陕、甘土匪、溃卒、回匪到处皆是；川、楚哥老亦然，督抚多用庸才，乱何由定？此行不但欲清河北贼，亦欲于军事之暇，请于陛见一详陈之。然非战胜，则言不足重也。霖儿诸兄弟，总是读书家居为是；断可不令作官，致自寻苦恼！屡饬尔家居奉母课弟，勿急求仕进，何竟忘之？昨接尔伯父书言：尔母腊初脚气大发，初八日后病势增剧；至十七八等日险症迭出。医言："脉绝不可为矣！"尔伯父乃遣人追折回。至二十二三日连进参茸大剂渐有转机。尔伯又谕尔今安心会试，勿须回也。我前接尔北上之信，即驰书王若农，请其极力阻止折回；其时未知尔母病状，并怪尔母任尔妄动，致违我教。想尔途间接到此信，必已折转；又恐尔或已到京，故作此，请夏芝岑与尔阅。尔如尚在京，——不准会试——即住；候我信到再动身南归。初六日，行抵望都，接尔前月二十八来信，知尔竟抵都中，安顿会试矣，不意尔竟敢违我训饬如此！前因拆弁来京，曾寄一信与尔，亦料及尔伯父及王若农追尔折回之信或未接得；故姑作一函，交夏三兄与尔阅。想湖南家信，亦必续到。此时亦无可论知者，唯盼尔母能康复如常，尔幸免为罪人耳！我因捻逆渡河，忧愤欲死；故率五千步队前来。当启行时，已疏陈入直；亦料逆贼过晋、豫后，必将入犯畿甸。晋豫无足当之，直隶亦然，不忍不来，不敢不速。此行必前驱杀贼，以求心之所安，利钝举非所计。尔断不准入闱赴试！天下有父履危地母在床，而其犹从容就试乎？汝安则为之矣！初六日，望者行营论不会试，亦不必来营；来营从添我累。又瞩！

致孝威（二月二十五日）

嘱返乡不必乘船兼谈戎马之劳

孝威知之：览尔二月十四日信，知尔因母病急急，拟由天津搭轮船回去；此亦人子天性所应然。唯天津轮船，断不可搭！尔但知前年闽中搭坐之安逸，不知彼系雇坐，又得黄丞照料，故能如此；若此次南旅搭坐，苦恼必不可堪，徒增吾忧！前函欲尔俟谕再行者，原以东道西道，均不可走；而轮船又断不可搭也。尔何不体之？尔母病，正月初六日复发一次，端姐与淀生信，旋复平善，暂不无它，尔不必着急！廉谢伯兄来都散馆曾询我，子重似可令其会试，我已诺之。廉伯，名维藩，岳州人；性行钝笃，君子人也！尔可以师友之间待之。捻逆经各军痛剿，二十三日，接仗一次，肃宁追至蠡县遏其犯河间也，然均未痛杀。昨日获贼讯供，贼已尢，尚不甚急。幕中如子侨、淀生诸人，无驰马者，亦不独我之耐劳。以局势论，蒇事当速；唯在朝廷不过于督责斯可耳。此事毕，吾当乞身，断不再入宦场矣。

致孝威（三月初一夜正定行次）

年轻学浅者以少开口莫高兴为主

孝威览之：战事尚为顺利，诸将士忠奋异常；此为国家深仁厚泽所致，非统帅能激励之也。贼势剽锐殊甚，遇坚军，则转眼即不见踪迹；遇瑕军，则有隙即入，亦不及招架，非长毛所能。淮军自命熟谙情形，而郭、杨十六七之战，传闻异词；询其逃去之卒，颇悉其概。尔不可以此告人，恐闻者勃然，嫌隙必开矣。尔年轻学浅无阅厉，凡事以少开口莫高兴为主。记之！记之！客军云集，兵勇骚扰颇甚；而直省民风之凶狠，尤世所罕闻。吾忧杀机方动，未能骤止也，道途劫杀之案，日出日奇。尔将来南旋，须候我谕断不可大意，亦不可坐轮船！尔如赴会试，亦可；但不必求中进士，功候太早，本无中理，且科名亦易干人忌也！谢廉伯庶常，天性钝笃，每一言及国事艰难，辄涕泗交颐；所谓"袁安之每念王家自然流涕"也。其人学行，可为尔师！同乡中会试寒士，可暗地查明告我！孝宽主事照，可领回！此次尔亦可捐行走！

致孝威（三月二十八日大名行营）

谈家中买药之事

孝威知之：日前接尔信，得悉一切。尔母宜人参，尔既欲买取，吾不惜此重赏；唯须央真能辨别者，同其觅购，能得一两亦足矣。祖母病时急需好参无钱买取，吾至今以为恨，故不欲多买也。托子侨兄致书号友挪银应用，买参之外，以百金作南旋盘费，余均作下第寒士盘川。先不必说，临时亲送之不可浪费分文，致达我教！周瀛桥无令闻，其穷苦当由自取；尔于此辈，宜慎所与也！尔捐行走，二弟领主事执照，均可于此次办之！

致孝威（四月十八日吴桥行次）

劝儿别发落第牢骚

孝威览之：今日吴桥营次，有平江朱孝廉——承基遣人来寻朱副将——德树借银，不知朱副将在陕，未来也。询知湖南会榜，中十四人，不知其名；尔所录寄该稿，首作尚可，次三不佳。诗有稚句，不中为宜，断不可发下第牢骚，惹人讪笑，反求诸己可也。况尔已蒙官恩，更不当与寒士争进取。孝宽三月中旬书来言：尔母服参茸补剂，渐望复元，唯足肿未愈。家中大小均吉，可无挂念！尔可不急出京，以沿途游勇恶围，到处皆是；无法无天，行旅时有戒心。如已出都，则暂于保定客店住歇旬日，见张廉访，号正轩，向其询行进止，作信，请其发递，以便营中遣人来接。军行无定，不得不如此；已信致张廉访并得其回信照办，切勿躁急，以贻我忧！贼由津折窜而南，已入山东境；我军紧追，十一、十二、十三连获胜仗。我亦即率师，南趋武定、东昌之间；东阻大海，南滨大河，西阻运河；见值黄、运交涨，积潦纵横；北则各军兜剿，刘、张、朱马队总之，机局凑拍，或可于此间了却。李丁英均防黄、运；我军主剿，不敢稍有逶避也。

致孝威（闰四月十四日连镇行营）

嘱待同乡落第之书生要妥善对待

孝威知悉：会榜未发以前，曾两次寄信，未知何故未到？顷夏筱涛附来

尔一信，系四月初二日所发，不知何以迟迟始到？前一信令尔榜后在京寓小住，候我遣人来接；嗣又寄信交平江某孝廉专足之便带去，令尔到保定后，请张正轩廉访派人护送来营，或在保定小住，候我遣人来接。昨张正轩来营，据称已令首县四处探听，并无消息；想尚未出都，不知何故？见今兵勇满途，直隶民团，习为劫杀，屡酿巨案；行旅时有戒心。如保定道上亦不好走，或即附妥便到天津，与夏筱涛同住，看势行事。或由水陆到连镇行营见面，或径由天津托夏筱涛搭轮船至上海，再由上海南旋，亦可。贼势已蹙，如事机凑拍，则两月内当可成事耳。连镇在景州、吴桥之间，距天津不过二百数十里。同乡下第寒士，见则周之。尔交三试不第，受尽苦辛，至今常有穷途俗眼之感，尔体此意，周之为是！但不知阜康号友，能多汇数百金否？吴子侨假归，此间无人寄信号友也。王师所托之仆君，非所素知，不敢奏调，可婉谢之！陈芝楣少君，已入营当随员；绵师如问及，可告之！师门应尽礼，如有余，自当奉致薄少，但须一律耳。周行农信来，为其少君捐官告帮，意欲二百金；可否以百金致之？我忙甚，不能复信，如晤面，可先致意！如实无余，则俟下次摺便送上。又谕！

致孝威（四月十九日连镇大营）

谈山东、直隶战事及家用银钱诸事

孝威览之：前由宛平递寄一书，计已得达。昨接尔由宛平递来一缄，知尔尚未出都，甚为欣慰！未接尔信之前，已数夕展转，不能合眼也。直隶之大顺广一带，与山东、河南接壤；各处民团，凶悍异常，专与兵勇为仇，见则必杀，杀则必毒。杀机已开，将成浩劫。近更波及行旅，似此光景，成何世界？论者所谓："民气可用，兵勇扰害，激成事端。"将谁欺乎？据见在情形事势而论，非严禁游勇，严行军令，不足以杜百姓之口；非严治痞棍，严办围总，不足以服将士之心，若务为姑息以苟安目前，则苗、宋之祸不远矣！淮军冗杂殊甚，其骄逸习气，实冠诸军；皖军多收捻余，战不足恃，且恐为贼添伙党。东军弱不任战，仅我军士马一万九千，尚未至大坏耳。奉朝命专顾直运，近又兼顾减防；故遂驻连镇，而分布刘、郭于东光以北。喜桂亭马军，于连镇以北互相联络，摩厉以须。又遵恩旨分防减河，西接运河十余里，以大兵十数万，尽注东省。而直隶仅减河有不能战之杨鼎勋一军，此外别无大枝劲旅；而运防乃减运交界之处，百六十七里，处处空虚，水势逐日消遏，徒恃嚣凌杂凑之围，断不可恃也。贼不得逞于南，其北窜自在意，我军不日当有战事，能猛打数大伏，此贼乃可殄除；否则一逾运西，大局更难支矣！刘、郭极和，喜亦极思振作，战有济乎？下第公车，多苦寒之士；又值道途不靖，车马难雇，思以则然！吾当三次不第时，策蹇归来，尚值清平无事之际；而饥渴窘迫劳顿疲乏之状，至今每一忆及，如在目前。儿体我意分送五百余金，可见儿之志趣，异于寻常纨绔。唯闻车价每辆七十八金，寒士何从措此巨款？或暂时留京，俟事定再作归计，亦无不可。其或归思恐亟，万难久待；儿可代为筹划，酌加馈赠！我虽一分不苟。然廉俸尚优：当以千金交儿，以五百金为孝宽领照，以百金为族中节妇请恩旌，以百金为尔母买高丽参，以百金寄谢廉伯，祝爽亭垲已省亲暂回衡郡未在军中——以百金寄周行农，以百金为儿行贽，了此私事；再以千金交儿，分赠同乡寒士，为归途川费。或搭轮船，或俟秋间车马价贱再作归计，均听其便。今作一信寄胡雪岩为券，请其号友汇兑，库平二千二百两，从洋款项下划还归款；尔可持此信到阜康，取库平银二千两。俟银取到，再将诸事料理；即雇车到天津，与夏小涛同住。请由官封寄一信来，再候我信赴营可耳？王师处再致百金为家用，绵师处亦致百金，合已挪阜康之八百两，则三千矣。

致孝威（五月初八日连镇行营）

谈开支

孝威览之：闻二十日辰刻一函，由宛平转递夏三兄，计早已递到。顷周近帆至营，询及；据云：似尚未接到。近帆又云：曾见尔写信寄营。并亦未到，不解其故，前与尔信，所属照办各事，非钱多不行；故作信与胡雪岩，由尔交其伙友汇银二千二百两。其同乡下第公车，闻已大半南旋，或不须千两之多，亦未可定；有余，即存芝岑处可也。近帆寒士有品，此来因中第后无钱开销，已送程仪二百两。同县士人得第，以古人助喜之谊言之，亦不为多耳。

致孝威（五月二十七日）

严责其子以世俗科目为荣且与下流不若己之人为伍

孝威知之：尔前信言，月初可到天津，筱涛信来，又言尔望后可到，至今未见尔已否出都消息。二伯书来，亦言久未见尔寄家信，尔母深以为念。尔殆不知老母之念尔耶？数年来，军事倥偬，未暇教尔；观尔此次之进京会试，知尔之敢于违命也。尔母腊底春初，病甚危笃；尔虽有忧戚之语，而一闻母病渐痊，准尔赴试，辄复欣然。试事报罢，犹复流连，不即归省视，知尔之忍于忘亲也。尔不知读书力学，唯希世俗科目为荣；知尔之无志于端人正士及学问优长之人，不知亲近爱慕，而乐与下流不若己之人为伍，知尔之

无是非。我过宁津时，无意中见两张姓，一捐中书，一高姓；均云是尔同年，在都时曾为尔代购人参者。吾观其鸦片瘾甚大，绝之。尔为母病买参及托吸好友何耶？湘潭韩姓同年，曾到浙江，吾知之深矣。昨谕尔访下第寒士，厚送盘费，尔乃托之此君何耶？贺季和，汝妻兄也；黎尔民，尔姊夫也；骨肉之亲，情与理均需曲至。唯宜相规以善，彼此期于有成；若徒谑浪笑傲，饮食征逐，但有损并无益也。尔知之否？吾三十五岁，始得尔爱怜倍至，望尔为成人。尔已长大，而所学所志如此，吾无望矣！一叹！

致孝威（十一月廿二夜）

谈西北战事

孝威览之：前得孝宽信，知已忝附府学；此乃父当年所未得者，颇为慰意。尔须教其立志向上学作好人，为勋阳先导为要！丰孙学读书，能诵唐诗数十首，闻之甚喜；可教其写数字寄与爷爷看！尔母病已复元，畏风寒是老人常态；我若不去关陇，则难再见，思之恻然！关中入冬，已觉寒气逼人，陇则更甚。今岁河冰早结，已遣寿卿由茅津过河入晋，再由晋兜剿而西。现报行过平阳，将抵汾郡矣。榆林一带，则豫军由河曲、保德入。昨又请饬宋庆径赴宁武、朔平，为归绥作后劲。盖前此两疏，请严防归绥。唯庙堂诸公，不甚留意；昨闻贼从草地——阿拉善境——窥包头，距归化城不远——乃着急也。回逆闻大军入关，一面请抚，一面移巢，尚非了局；诸将闻我入关，都来见，意必携巨款而来，不知乃领兵入关也。四百万之请，廷旨允而部议亦及亟意；然近时疆吏，其关怀大局者，实不数睹，恐尽成画饼矣！湖南于我处事事作难，亦只好听之；克庵颇有发挥。亦实出不得已耳！杨大年须嘱其来，廉伯不调，爽亭则固在幕中。吴子侨目疾已愈否？脾泄作肝风治，颇有效；精神则日见衰减矣。家中诸事，尔可照我谕一一料量。不多及！

致孝威（己巳二月初四日咸阳行营）

叙其陕西督兵事

字谕孝威知悉：按尔等来信，如家中一切粗字，至慰远想。唯入关以后，饷事兵事，一手经理，日少暇晷，亦不及分心家事；屡欲作家信，提笔辄止。尔等如知陕西无恙即尔父无恙也。司农之直枢桓者，有意与我为难。去腊已直疏其奸，语颇痛切。比奉到谕旨速议，犹不认过，而窥圣意已觉其支饰；见具疏请别立西征饷名，以免侵占陕饷攫取甘饷之疑，未知能深蒙鉴谅否也。兵事甚顺，檄前刘寿卿全军由山西永宁过河赴绥德州，相机进剿；旬有余日，继横扫荡，延绥一带肃清归绥无警，足以慰圣意。而回逆屡经剿败，仍一面乞抚，一面肆掠；克庵中丞，颇以将就了事为意。将来后患，殆不可思议。我已会衔入告，主剿，一面提兵前进。初二日抵咸阳，晤商克庵，定策后即进乾州分营，赴云台之百里镇，再进邠州；身当前敌，兵事当有几分把握。唯西北用兵，粮与运较饷尤难，与东南向异，一切极费周章，不能作一爽快之举。我内无奥援，外多宿怨，颠越即在意中；唯各行其实，不恤其它，上可对君父，可对祖先，毕竟胜常人一等。尔等须加意谨慎，时时存一覆巢之想，存一籍没之想，庶受祸不至太酷尔。尔母病体渐愈，须好服侍。孝宽性分太低急宜自安淳朴，勿存非分之想！勖同须发愤读书，勿沾染世俗习气，吾原足矣！余无他言。敬庵、宗树名条，已交若农代捐矣。

致孝威（四月廿四日乾州行营）

谈陕西战事

　　孝威知悉：三月廿六日书到，具知一切。四姊命运蹇薄，早已虑之；今竟如上，殊为悲切！元伯出继之子，如能读书，可望成立，亦足慰怀，庆生上半年即有癫痫之疾，是否以此毕命？来缄未详，何也？佑生知折，亦在意中。——有无子嗣？——尔外家家运不好，我曾与尔母言之；尔舅父母辈均本分人，惟义理不甚明晓，家运不济，亦由于此。吾愿尔兄弟读书作人，宜常守我训。兄弟天亲，本无间隔；家人之离，起于妇子。外面和好，中无实意。吾观世俗人家，多由此而衰替也。我一介寒儒，忝窃方镇；功名事业，兼而有之。岂不能增置田产以为子孙之计？然子弟欲其成人，总要从寒苦艰难中作起；多酝酿一代，多延久一代也。西事艰阻万分，人人望而却步；我独一力承当，亦是欲受尽苦楚，留点福泽与儿孙，留点榜样在人世耳。尔为家督，须率诸弟妇加意刻省，菲衣薄食，早作夜思，各勤职业；除奉母外，再有欲则济穷乏孤苦。其自奉也至薄，其待人也必厚。兄弟之间，情文交至；妯娌承风，毫无乖异，庶几能支门户矣。时时存一倾覆之想，或可保全；时时存一败裂之想，或免颠越；断不可恃乃父，乃父亦无可恃也。陕回就抚而仍包藏祸心，其头目皆市侩贱种，其党伙皆悍鸷凶人；方议抚时，竭敢纠党四出，掠我定边，扰我延川、延长，南及秦州。吾知其不可抚也，则决计剿之，董志原回巢，即古彭原。地介居环、庆、泾原、邠、宁之间，为秦陇要地。尔自五年窃踞以来，陕西边方，日尽多事，至此乃能复之。其时高军变于宜君之杨店，刘军变于绥德州；正当追剿吃紧之时，肘腋变生，未能横冲侧击，夷其种类，此则耿耿于怀，未能自释者！幸果军之变五日旋

定；——阵斩千余，讯决者百数人，元凶均磔、刳心诛祭，果臣——绥德之变十日旋定。寿卿平日威信甚著，叛军闻其东来，自缚匪徒诣营归款，是皆出于意计之外。若非朝廷威福之盛何以至此？此数十日中，办哥老会匪，办叛卒，办回逆，抚汉民，筹耕垦兴屯政，刻不暇给；又值饷事艰阻之会，大概可知。俟粮运转齐，乃进驻泾州耳。办回之法已尽于前年分别剿抚告示中。大抵回民入居中土，自三代以来，即有之：傅记中"疆以戎索"及"骊戎陆浑之戎""徐戎"皆是也。欲举其种而减之，无此理，亦无此事。前年四字告示中：有"帝曰汉回，皆吾民也"两句；回逆读之亦为感泣。可见人心之同，且令中外回民，均晓然于官司，并无专剿回民之意；亦知覆载甚宏，必不协以谋我。将来锄其桀黠，策其善良，便可百年无事；若专逞兵威，则迫逐陕回而之甘，迫逐甘回而之口外，迫逐口外而之土耳其等祖国，究竟止戈何时？无论平庆、泾凉一带纵横数千里，黄沙白骨，路绝人踪无可囊之粮，无可因之饷，万难偏师直入也。而剿之一法，徒主用奇；足以取威，不足以示信。武乡之讨孟获，清纳攻心之策，七擒而七纵之。非不知一刀两断之为爽快也。故吾于诸回求抚之禀，直揭其诈；而明告以用兵之不容已；并未略涉含糊。于是回民知前之抚，本出至诚；后之剿，乃其自取。而其终仍归于抚局，——现又有来求抚者，仍不可信——我乃察其诚为而分别抚之可耳。军兴既久，哥老会匪，东南各省，遍地皆然，吾于金盘岭练军时，即严定立斩之条，盖虑其必有今日。自闽浙转战而来，旧勇物故，假归者多，时须换补；而匪徒即伏匿其间，比上年转战直东，各省游勇麇聚连镇、吴桥之间，潜相勾煽，而此风转炽。凯旋后驻军西关，察亲兵一营，即有数百入会者；密谕巡捕稽察，得其姓名。忽一日，传齐，勒令首悔，斩阻挠者一人；两日半，缴出匪凭二百余起，其先自私毁者无数。吾于次日，祭旗誓师，令首悔者均饮血酒，未入会者亦同饮；事毕，各归原伍，许以不死。帐之前后侍立者如故，守更者如故；夜间被酒酣卧，若无事者，众心大安。今且助捉哥会，不复有所顾忌。简绍雍到时，吾与之午饭；笑言此来哥匪不少，属其察出训诫，以吾法治之。其捉一大头目——同简来未入伍——吴三友——广东补用参将湖广之匪首——讯毕斩枭，人皆惊服。后又获数犯，斩者释者，各如其情。渐有假归复来弁勇，自请改悔者，仍取保结收伍。看来吾军无虞，各军仿行，皆能如法；唯果臣于哥匪头丁玉龙、邬宏胜，有欲杀之意，而犹豫不决，遂罹其害。所谓"当断不断，反受其乱"也。上年初返陕西时，察出丁太洋短勇丁一百四十余名，即应奏请正法；其尚未接尔信，简绍雍云也，军情日久懈生，非振作不可，然必能得其平，人心帖服，适然不惊，否则必激成异变。斩一卒而一营无诉其冤者，斩一营官而各营弁勇无代称其冤者，则杀不为滥？否则必有隐患，亦干阴谴。吾平生不肯作快心之事，以人命为儿戏，因尔信来，屡问及军事，故略示一二。俾尔有所知！魏铭老实无用，既好作语言，则尤不可令，接到尔二弟所录寄艾生信稿，下札催其速归；伊到鄂必又造谣，已致若农勿理会矣。——伊已托病告假出居乾州，又赴省城就医，我已于其长支二百余两外嘱局借给医药之资，嘱其治好回营，盖不料其托病等艾生回信也。用间至此，亦殊奇特，古云小人难防，正以其愚而诈，良然——曾涤生为人，艾生信中颇祥；才尚可用，尚须厉练，克庵竟入人言，当司道大加申诉，则过矣！手此谕知，可送与二伯看，忙中不多寄家信也。

致孝威（腊月十六日平凉大营）

论饮食宜淡泊，衣冠宜朴洁及恤民行善诸事

孝威兄弟同览：连接尔等来信，知眷集平安，尔母病体尚能如常，甚慰。我意新添两孙，大者命曰念恂，小者命曰念恕，丰孙即易曰念谦可也。恂呼毅孙，以八月师进灵武，大申司逆之讨，除隐匿，决大疑，萃能动天鉴也。恕呼恩孙，以十一月驻节平凉，洗冤泽物，宣扬我朝廷仁泽，民以为恩也，引吾诒之谷也。丰孙模本，字甚秀劲可爱；闻其喜读书，天性亦厚，尤为慰；但年龄尚小，每日工课，断不可多！能吟两百字，只令吟一百字；能写百字只令写五十字。起坐听其自由，不可太加拘束？饮食宜淡泊，衣冠宜朴洁，久久自然成一读书子弟，便是过望。吾家积世寒素，吾骤致大名，美已尽矣！须常时蕴酿元气，再重之积累，庶可多延时日也。先生品既端，即是难得。勋同性分本不高，难于开晓，不能怪先生不善教诱也；最怕是轻佻刻薄之流，一经延致，便令子弟不成好样经也，慎之！大舅广东有信来否？光景如何？尔民在江西，专想作官，三姐有信来，有"当尽押绝"之说；吾以四百两汇寄，尚未接其回信。将来看外孙能成人否。四姐苦命，在家有二姐同住，尚不寂寞，尔曹可敬事之如兄！今岁湖南水灾过重，灾异迭见，吾捐廉万两助赈，并不入奏。回思道光二十八九年……柳壮散米散药，情景如昨；彼时吾以世生为此，人以为义可也，至今时位至总督，握掌钦符，养廉岁得二万两，区区之赈，为德于乡，亦何足云？有道及此者谨谢之，慎勿如世俗求叙，至要至要！吾曾言士人居乡，能救一命即一功德；以其无活人之权也。若居然高官厚禄，则所托命者奚止数万数百数千万；纵能时存活人之心，时作活人之事，尚未知所活几何。其求活未能，欲求不得者，皆罪过也。况敢以之为功乎？自入关陇以来，首以赈抚为急，总不欲令吾耳中见一饿毙之人，吾耳中闻一饿毙之事。陇之苦况，与浙江严州光景相似，而荒瘠过之；人民百不存一矣。狼最多。至于匪盗之害吾民者，必捕获尽法惩处，行吾心之所安，求不为儿孙造孽而已，尔曹试以此存之心胸间，纵常居乡里，亦足称善人也！禁种罂粟，为此间第一义；长发捻回之劫，皆此毒酿成。今付四字谕一本与尔曹阅，尔言延哥光景艰难，欲为其买田作久远计，于义甚当；吾非忘之也，特以延哥、和哥性质，均非可处乐之人，愚而多

财,将益其过。故每责之,冀其从艰苦中长些志气耳。兹竟无望矣!延和有子,近并不知其光景何似?拟各予千金之产,——和为我甥岂可歧视——俾有饭吃,有衣穿,以完吾夙愿。此项可从吾养廉项下划给,当致书若农处请之;此等琐屑事,我实无闲工夫著想也。战事均顺,惟十一月初九日,简绍雍以深入至败,绍雍中炮阵亡,营官姚连升、谭正明同殉,以致机局忽滞。诸军正逼金积堡,后路转运复梗,见正力图疏通道路,所幸诸军,尚能稳扎,后路援贼又经打败,或无他虞耳。甘肃吏事用兵,均不可问,整理最难;以前署督,庸妄太甚,而枢廷袒之。近见我推心置腹,诸凡顾全,始感服,而枢廷之意始转。金积堡逆马化隆,以新教煽惑回民;西宁河州口外各回民,均依附之,潜谋雄长回都,诸回部奉为宗主。马化隆夜郎自大,封授伪官,自称大总戎,称官兵为敌人;频年陕甘各回,扰攘不宁,均此逆为祟也。穆将军三年前办此不了,遂以抚局羁縻之,并劲主剿之都将军以误邦国;其实中外无不知马化隆之终为异患也,该逆所居之金积堡,当娄州、秦汉两渠间;——即唐之灵武——地险城坚,贸易通西北及北五省,蒙古各部落。擅茶马盐之利,富可敌国;而朝堂以兵事方殷,以度外置之。阿拉善亲王因受其毒害,诉于天朝,并言穆用其银数万求恩赏还;穆又自陈每年得马化隆粮数千石,其实纳随亦不少。阿拉善王上书于我痛骂穆将军,穆曾奏马化隆实是良回,隐以我为激变也。此公人亦老实,特为其谋主所弄,遂尔颠倒错乱如此,与旗员闹口舌,是吃亏事;与前任争是非,非厚道事。然事关乎君国,兼涉中外,不能将就了局,且索性干去而已。我近来腹泻仍如常,每日或一二次,三次四次,五六七八次不等;脾阳虚极,肾气耗竭,心血用尽;面目倘如旧,而健忘特甚。只盼陇事早了,当急求退休,断不能肩此重任。本拟接督篆即缴纳钦符,有言若无钦符,饷事更难应手,不得已仍拥此虚器,非我志也!

致孝威(腊月十七日辰刻又书)

论读书人变为商人之害处

票盐事,此间我以为请;盐务为腥秽之场,最易惑人视听,请颂部票,将来必又成根窝。曾侯与马谷山所以不决者,此耳。天下有尽利无弊之事,尚待人献策者乎?吾湘自盐法更章,人多以此为利薮,士君子亦乐为之;恐士变为商,人心习尚,日就凌夷,所益小而所损者实大。吾不以筹饷故为吾湘阶之厉也。极知芸堂诸君,为陇谋甚工,为我之心独切;然我为大局计,为吾湘久远计,不乐为此也。淀生已入都引见,曾岚生肯任事,少阅历视事太易,信人太轻;时在身边,尚可寡悔耳。时局方艰,人才日绌,吾之忧也!黄子恒如肯来陇,当疏调之,恐其不耐苦耳,试询之。正封信间,适奉恩颁到年赏，叩领之余，以银钱两枚赏丰孙，两枚分赏毅孙、恩孙；荣君赐，志家庆也。丰孙学字，甚知用心；吾深赏之，可传谕嘉奖。

致威、宽、勋、同（三月十二日平凉大营）

论祖坟风水及丧葬诸事

威、宽、勋、同知悉：二月二十五日信到，尔等长为无母之人矣！以尔母贤明慈淑，不及中寿而殒，由寒士妻，荣至一品，不为不幸；然终身不知安闲享受之乐，常履忧患。福命不薄，病灾偏多，此可哀也！执笔为墓铭，不独过实，然心滋伤矣！尔等迟出，于母德未能详知；近年稍有知识，于尔母仪范，当略有所窥。暇时盖录为行述，传示后世？俾吾家子孙有所取法，亦"祖宗遗泽"之思也。志铭写就，遣巡捕粟游击归；明日成行，须四月中旬后。乃到；先录一通，付儿等阅之。葬地既不能猝得，城外寺院又不可停，暂奄家堂亦可；如为日稍久，或于屋后疏圃中有为窨室亦可，以地空旷无意外之虞也。伯意欲存金刚院，亦省城丧事常例，即难民杂处，不免嚣杂汗秽，即可不必议及。况尔母于外祖母没时，曾有不忍遽死其亲之说；则暂时奄柩中堂，尤所宜也。古不择地而葬，而大夫三月士逾月，已垂之训典，俭亦有不忍其亲之意！史坡为吾父母葬魄之所，初拟与二伯两房序葬其西；二伯既以今年三煞在此，未可启土为冢，自当别卜吉壤。柳壮土薄水浅，在处皆蚁；人家栋柱，无数年不易者。见在住屋亦然。尔母生时，常谓：柳壮田辕皆适意，唯乡庄无闻人，多白蚁；未可长子孙，他年须别寻乐土。余亦以为然。从前谋买山避乱，每往来东大山一带，见其山势透迤磅礴，——指县东北六七十里，若柳壮左段，则县东南三四十里，别是一枝山也自平江连云山来，——白水洞、梓木洞山脉均自此来——枝脚纷起，大有佳处；惜未略从容寻玩，若于此数十里间觅一安妥之地，较为得之。——水至同涵口始合流归湖，即汨水——将来营葬时，即为我作一生圹，以慰同穴之意，此意亦曾为尔母说过，彼时尔兄弟甫生，姊姊亦小，不知大二姊尚能记忆否耳？葬期亦必选择，不可有衡犯，但取无凶煞者用之；如不能决，则卜诸母灵亦可；阴阳家言，亦不能尽谓其无，但不必过于拘泥，军中不可持私服，吾此时尚未能成服，须待他时补之。讣则断不发，即家中散讣，亦宜斟酌；盖亲友应吊者，不待讣，其待讣而吊者，亦可不散了。曾见人家有先不散讣，俟吊时同谢帖散者；如须散讣，即可照此办理。丧事之用鼓吹，盖为祭奠设也；——亦取达于幽阴之义——俗例以此为闹热，殊为非礼。有为设而不作之说者，亦只合而生者居丧之礼，无于享荐亡者之意未合；吾以为临葬时，先日启攒，次日家奠，次日祖钱，均有鼓吹，但不以之送迎宾客。非祭奠不用乐，似为得之。俗例丧事以题主为重，实则以显者临之，加朱主上，最为

失礼,且贱其亲也;可不遵行古人书主,即择子弟能书者,对灵书之。以见在事理言之,丁叟侄,少云胥,皆善书者,请其书主为宜;成主之礼宜行,贺主则不必也。出殡仪仗护从,可照品级,非第荣其亲,礼不可废。会典当考究,有不能备者;亦不必拘,丧礼谨严,古人以此为专门之学,世衰礼废,全不讲习。礼曰:"居丧未葬读丧礼。"尔等宜于苦白有加意讲求,庶免留遗憾,免为罪人,《切问齐文钞》,《经世文编》,《望溪先生丧礼或》,均可于《礼经》外读之;数种,皆家中所有了。作家以三合土为好,可避蚁患树根之患,棺外两旁两头均宜筑之;唯棺底不多用三合,以其含水也。棺上亦不宜,以其绝天气也。唐以后,丧事多饭僧,虽士大夫亦不知其非;吾家以积世寒儒,故从无饭僧作佛事者。唯古人饭僧以资冥福,亦非无理;尔母生平仁厚好施予,此意尤当体之!吾意省城难民尚多,或于出殡之日,散给钱文;亦胜饭僧十倍,闻有名册在官,尤易预算,届时当请李仲云商量办法。——不必令其到门,亦不必先使闻知——至于城中乞丐,亦当布施及之;但以钱不以饭菜,庶期简便均匀,省无益之费用,表给穷民,亦资尔母冥福。此事约须数百,不必惜也。二伯年高,近复多病;所有诸事,与壬丁商之,即可得主意;如有疑难决,再请圩伯训示,不必以琐事絮聒为要!地师难觅高者,尔言长沙王君与尔旧识,吾不能知;既请其看地,又不求上吉风水,自可易得,唯吾意既在东大山,自须觅彼间土著人,带其同往,一也;须派人挑火食,扛竹兜,带盘缠,在彼盘桓相度,方期有所获,二也。不可迫促从事,既以大事相托,当时加体念。至要至要!尔言山场要宽大,又要就近买少许墓田,恐难凑巧;吾意总以卜吉得地为主,山场宽狭,有无墓田可买,均不必打算。唯立契时,须将公私分际、前后交涉各要件仔细检点,乃可成交,免日后唇舌;又买地须彼此情愿,断不可稍涉勉,稍用势力欺压,便非好事亦断非好地也。孝子不俭其亲,丧事典礼攸关,自不可过于省约;然用费亦宜计算,不可铺张门面,忘却义理。人言家中光景如此,不能放作寒乞相;此等话,亦当留心!理所当用,稍多无疑;所不当用,即一文亦不可用。专讲体面,不讲道理,吾所耻也!二伯信来云:孝威当母病急时,曾割臂肉,求以疗母;此等处,亦见尔天性真挚。但老父力疾督师于外,哀而至毁,独不虑伤厥孝心耶?勋、同天分均不高,威、宽宜教督学好;丧葬最重,威、宽宜慎襄大事,庶足慰母,亦令我稍释忧怀。至嘱!至嘱!先此谕知。

致孝威(三月十二夜四鼓书)

谈托人捎回墓志

孝威知悉:今夜一函,并墓志稿寄来;兹复遣粟龙山回湘省视,顺赍墓志，以邮筒中不便函寄也。久不作楷，昨书墓铭，殊不惬意。可倩好手钩勒上石，以掩其丑。

致孝威（六月十六日）

谈选墓址及祭文

孝威知之：接尔信，知尔母暂厝史坡祖茔之右，一切均妥，我心稍慰。玉池山一带前后数十里，唯刘怀清最熟，不知尚在家否？前闻已赴潮州巡检任；如尚在家，可以托其带地主往彼觅地。《铜舍口》记吾家老辈曾有卜葬于彼者，中有其地图。可寻之！——记铜舍口为汨水洽流处，山肪到难结穴或有佳处——此亦不必过泥，能于此一带数十里间觅得，均乐邱耳。墓志重写付来，又刻本——须添改首一行及笺面，可照式刻之。并将二伯祭文刻入，此外或有祭文及挽联，佳者亦可附刻。尔能将尔母言行作一行状，以详母德而傅家范，则亦刻之。可先寄我看也！

致孝威（七月初二日平凉大营）

告家中丧事之礼仪、交际及墓地之选择

孝威等阅悉：得家信，知尔母已于四月底暂厝史坡，——墓志已另写交黄副将席珍带归，计到在此信之后——较之后圃自妥；将来卜葬玉池一带，可免绕道，吾心亦慰。玉带数十里山脉，均来自平江，在湘阴县东数十百里，逆湘水而上；此一带山势稍厚，枝脚亦多，得地较易。但得平夷夷旷之区，可避五患，即佳壤，不必深求！——愈求约愈致误，必然之理，倒是葬填要紧——将来亦不必丰碑大冢，致遭异患。吾前过北邙，仅见白杨数树，碑碣俱无；渡渭而北，见陵墓尤多，陪葬大冢，亦复历历在目，然皆禾黎高抵、牛羊践履而已，千百年陵谷变迁，圣贤仙佛，均不可复问；几见体魄之长存乎？刘怀清自闽回，闻尚在家，渠于玉池一带地址尚熟，可能访民地向道。买地即买墓田数亩，作一墓庐，以备岁时登墓休憩地亦可；可否俟之异日。墓志刻本，可于长沙照式刻，即以寄亲友。前嘱尔等记尔母言行以作家范，非为尔母表彰计，盖以尔母言动有法度，治家有条理，教儿女慈而能严，待仆媪明而有恩，颇非流俗所及，意欲吾家守此弗替也，盖试为之。丧礼祭礼当于此时讲明切究——堪舆书讲峦头者亦须理会，唯讲理气者太廖，不宜看——以世衰礼废，丧祭尤要。能判数年学礼，亦免马年襟裾之诮；即此是孝，亦即此是学也。得湘中书，似年景尚可望熟；在尔信之后，或畅晴后气象不同耶？既时族中信，年饥较二十八年为甚，借谷四百石表给之，尔

意甚善；但不知吾前所积之备荒谷，见复如何？仁风围亦有积谷，数年不加闻问，殊为念之。下次信来，可群以告我，少云是否决计北行？大姊回小淹否？三姊有信来否？四姊无子早夭，尔大舅欲为立继，听之，如不立继，亦可也。二姊极有尔母遗风，家事均须禀之而行；诸妇善事二姊，不可令二姊烦恼。至要！至要！西事尚好，我自当尽心力所能到者办之，已群致二伯信中；未封口，看毕即呈览。谢孝酬劳均礼意所不废；各衙门可于大门外稽颡申谢，投素柬号房为是。中丞方伯至府县各官，我当函谢；但军中少书启朋友，须自为之，不能速耳。若农观察信来，寄银已不少矣；用去若干？存余若干？盖详以告我？吾恐家中已有官气矣。尔母墓志及太常师神道刻本，均付一本与阅。营屯甚好，军士以南农法行之，此间甚有效；以此悟地气之厚，古法可行也。

致孝威（闰月十六夜）

再告家中丧事及家事之安排

　　孝威、孝宽览悉：接尔等两信，知尔母归葬有期，深为慰意。吾生平于风水选择两事，不甚信；然不谓其无是理，只是人家气运所致。当其将盛，自能遇著好地好日；当其将衰，自遇著凶地凶辰。此中自关天事，非人所及至；从子为其亲谋，总必求心之安而后止。固不可以观之体魄为求荣市利，然亦何以忍亲之体魄置诸凶砂恶水中也！所卜地即称安善，尔等以为安善，即安善矣；尔母之灵永妥于斯，将来亦即永憩于斯。三合土可筑周围，棺底棺盖可不必筑；总要筑得结实。三合以日久结成一片，不通天地之气，中含阴水。易朽坏也。此是尔等事，吾不必为尔等区划，亦姑言其理而已。墓铭字字道宝，可为家范；想已刻好，可拓廿套寄来，此间要者多也。尔信以汤子惠不必入土，或即留嵌词壁亦可；将来吾百岁后，不能不立庙，此志即嵌庙廊。唯须另刻贞石，埋之墓前三尺为合。葬之深浅，地师必自有说；然稍深以不及泉为度，过浅不可。古人云："葬之言藏，欲人弗得见也。"葬过浅，难保后此无浅露之虞。墓前不宜多列贵官体式，唯华表不可少，亦不高，出土四尺可也。墓由十余亩足矣，不可多；异日子孙难保无竞争之事。尔等所说狮子屋场庄田，价亦非昂？吾意不欲买田宅为子孙，计可辞之！吾自少至壮，见亲友作官回乡，便是富贵气，致子孙无甚长进；心不谓然，此非所以子爱孙也！今岁廉项，兰州书院费膏火千数百两，乡试每名八两，会试每名四十两，将及万两，而一切交际，尚不在内；明春拟筹备万两，为吾湘阴赈荒之用，故不能私置田产耳。备荒谷，本不宜即以买田；见买之四百石，即留为族邻备荒用。但宜择经等任之，须稍筹经费，加给经管；仁风团亦宜分给，以全义举，此吾当寒士时与尔母惨淡经营者也。尔母每念外家家业中落，尔姨母景况甚苦；虽未向我说过帮贴一字，而意中恒不自释。尔等须体此意，时思所以润之。孝宽能当家甚好。昔人当家三年而学益进——记是陆文安公语——所谓"是亦为政"即此是学也。人情世故，皆须体贴；多一分体贴，即多一分阅历。居家作官，均是一般。孝威亦宜留意，勿以此为不足学也！沈守吉田因尔信要西安碑帖请以《十三经》全部寄归，又近来所写徐太常师碑，颇觉有笔力；今付来二十张，可好藏之！如需送人，可写信来再寄，但不能多耳！西事败坏至极，吾以一身承其敝，任其难，万无退避之理，尽其心力所能到者为之。近时颇多不谅者，然直道自在人心，听之而已。钞各疏稿，寄尔等阅之；若所事粗有头绪，吾可乞身则乞身归耳。夏秋间，天津夷案，几至纷纭，吾所覆总署信稿，颇不谬，都人士亦有称之者，恐将来不免有东南之行。然衰老颓唐，无可用矣！曾涤生少阅历而好自专，刘克庵劾之亦太过；今两君俱归，不知何以为怀耳？湘中哥匪，无人料理，恐竟致猖獗；侧身南望，徒切焦烦。威所生子，本拟命之念慈，字曰劬孙；接来信，二伯已命之矣，亦一奇也。字帖箱托沈吉田觅便寄家，——闻交刘副将玉田带归——又送二伯父母皮桶四件，亦附寄归。但不知何时可到？

致孝威（腊月十三夜）

谈墓铭及亲友之安抚

孝威、孝宽等阅悉：尔母大葬之期，想未改择。土色何如？以尔母之淑慎慈俭，必可得一平善之地以安体魄，且吾他年迁神之所也。急欲闻其大略，以慰远念！墓铭刻手甚佳，可多拓数百本送人；此间索者甚多，须便时寄百本为要！序铭俱称心；而言字亦合法；唯盖篆颇欠苍劲耳。传君当厚酬之。汤子惠吾亦识之，其人贫而介，亦可厚赠。老友戴正心近况何如？二伯处每年二百，不可缺；明年七十大寿，亦须送百金也。数项约须四百金，可向王若农处取，由廉项拨。金积于十一月十六已复，办法详正摺及密片中；如经理得宜，西陲百年无事也。非频年继横血战，何以得此！此举最难最险，患不在贼而在时局；事后思之，且悸且愤。吾督关陇有代为忧者，有快心者，有料其必了此事者，有怪其迟久无功者，吾概不以介意：天下事总要人干。国家不可无陕甘，陕甘不可无总督；一介书生，数年任兼圻，岂可避难就易哉？尔母深知我心，从不以世俗语相聒：惜其不及见也，可为文告之。河州贼早有就抚之意，西宁贼已识兵威；崔禹等逆亦决计抚乞，闻索逆亦然，此皆不烦招致者。然抚难于剿，吾且以分别剿抚处之，一两年必可结局。惟吾衰已甚，未免日暮途长之感，明春当力辞重任耳。尔舅母姨母处光景何如？恐不可无点缀，尔等当酌致之左段贫苦之家，总当分润，仍是由亲及疏为是！大姊光景何如？尔民江西有信来否？下次信可详告我！

致孝威（辛未正月三十日平凉大营）

论夫人之贤兼论西北边患

孝威、孝宽知之：正月二十一日，始接孝宽腊八月一函，知尔母墓工将次告竣，心中稍慰；但未言土色何如，深浅何如。孝威想已回家，何不详为一信告我也？尔等所作行述，多不妥；暇时改正寄归。尔母一生淑慎，视古贤媛我弗及也；吾家道赖以成，无内顾忧。今在军经画边事，每念尔母，则废寝餐。未知何日事定，远山一践同穴夙约？思之慨然！二伯今年七十，精神想尚如常，筹日是否开筵召客？前交刘玉田带回皮衣，当于腊到矣。得若农观察信，知已拨二百两归家，为每年甘旨之奉，计尔等亦接到转奉。金积堡琐围久合，马化隆只身就擒；若论敷衍了事，亦可结局。然此贼谋逆日久，蓄机甚深，此时若稍松手，将来仍是西北隐患。且戎狄之患，最难收拾；维本朝都燕，以九边为肩背，尤不宜少留根须，重为异日之忧。不比陕回，由积岬私闹起事，尚可网开一面也。度陇以来，先注意于此；虽同事之牵制，异己之阻挠，及朝廷之训饬，皆所不敢屈。幸如此了结，寸心乃安；若论其事之难，则赵元昊始终为宋患，河套为明患，我圣祖之征准部抚定蒙古而众建之，一时名臣名将所绸缪，其计画亦无以逾以。姑为儿等言之，俾知事业非可幸成；未出任事以前，当苦心读书；既任事以后，当置身家性命于度外，乃可望有成就。吁！岂易言哉？尔等除至亲好友，对外人断不宜将此段尽情说出；盖名者，造物之所忌，亦人世之所忌也。报捷折已于二十五日拜发，试看有一字铺张否耶？衰病之余，畏慎未敢稍间；所虑智虑才气，日绌一日，虽关内年内可望安谧，不能久待，仍当据实直陈请命朝廷，预觅替手。一俟旧政告知，乃可奉身而退；或者圣明不允放归，即老死西域，亦担荷少轻，可免贻误也。二伯处即以此钞稿呈览，不再函致矣。手此即论威、宽并解兴、勋同听之。何三在家看门久，老实而晚景不好；在暗淡时，尔母曾说过给与一名勇价，吾亦诺之。唯念勇之口粮，不可给家人，是以久未给予，亦且忘之；今寄信若农观察，请其划拨二百十两零六钱交尔，给何三以了此项。盖四年勇费之数也。此项当由驻陕局作收，于养廉项拨填。又及。

致孝威（壬申二月一日）

论养口体不如养心志

尔今日计可行抵静宁矣。今日鄂台递到孝宽书，及与尔书，付尔一阅；

家中加盖后栋，已觉劳费，见又改作轿厅，合买地基及工料等费又须六百余两，孝宽竟不禀命，妄自举动，托言尔伯父所命。无论旧屋改作非宜，且当此西事未宁，廉项将竭之时，与此可已不已之工，但求观美，不顾事理，殊非我意料所及！据称欲为我作六十生辰，似亦古人洗典之义；但不知孝宽果能一日仰承亲训、默体亲心否？养口体不如养心志，况数千里外张筵受祝，亦忆及黄沙远塞长征未归之苦况否？贫寒家儿，忽染脑满肠肥习气，令人笑骂，惹我恼恨。计尔到家，工已就矣。成事不说，可出此论与尔诸弟共读之。今年满甲之日，不准宴客开筵；亲好中有面祝得，照常款以酒面，不准下帖。至要！至要！御书四字，可恭悬住宅中间，轿厅则不宜也。孝宽费去之钱，约二千有余两；亲友中分送各项，及今岁家用，合计总在三千数百，上年廉余，恐将罄矣。到陕局，可问沈观察开一细数来。戴敬堂意竟在将围土屋宇向买，——亦是见孝宽高兴起屋疑有余财耳——今年势有不能，可婉告之！——我不买无人背买，亦是实话，或立契后无见银认其利息亦可——半送半卖，尤不可也！不肯换佃，尽可让他，每年以应收地租钱送之可矣！买府城隍收租地基，原无不可，去银近三百两，已过屋价之半，于事尚无不合。童太守极意照料，归后可往谢之！我不能以私意作函。传念由信寄去，所刻《三坟记》，惜大圆少生趣耳。可告吉田！河州已缴马二千数百，枪子三千数百，仍未歇手；各处扰运之贼，均已收回。——得归巢者不过数百而已——看来抚局已有八分，唯后此搜残余尚费工夫耳。前送去化州橘皮，乃前巡捕阎兆桂见署化州，于署中老树摘取寄将者，于痰咳之病最宜。

致孝威（二月二十七日）

嘱行程诸事

孝威览之：此时计已行近龙驹寨矣。到樊城时，能就转运委员之便，迳抵鄂局最妥。汉水未涨之先，舟行较便，约旬日即可到鄂。途中宜细心检点，勿疏忽，勿催程，多服药，是为至要！家中诸事，我均盼咐尔可照办，诸弟宜令其谨恪守旧，苦心读书，毋使我忧虑！少灵复信，未封口；仲灵一信，并付阅后交去。此间抚局.已有八九分；西宁肃州亦然，——马占鳌、马悟真已来献良马二、健骡二、差马五十、介縻二、缴马三千余，又子枪约缴至二千、矛杆五六千——看来玉门以内，本年当可肃清。唯零匪游勇，恐一时尚难妥贴，然大局亦无棘手之处。我今年决作归计，不敢求安，所忧精力衰颓，终致贻误耳！

致孝威（三月初十日）

悲丁侄之逝及侄媳之殉节并谈曾国藩之死

孝威知悉：三月初十日，接孝宽二月初八日寄尔信；惊悉丁侄于二月初六日病故，侄妇于夫病极时，割臂以进，旋绝粒三日，恐亦不起。可敬！可伤！丁侄端重能文，吾家之秀，不幸早死；尔伯父衰老多病，何以堪此！计尔得信归，必已抵鄂；归后当多方宽慰，以解老人忧怀，然此等伤心事，亦恐无法解释，奈何！奈何！孝宽云：今岁事故颇多，周孟翔亦于二月朔逝去。尔外家日就衰替，仅此子能支门户；亦复不禄，殊为可伤！少灵全家，是否住省？孝宽云：家中大小，均已搬回。想修造业已毕事，此后断不准再有擅便之事。此间抚局已定，关内可冀渐次肃清。得尔二月二十八夜长安书，知行程顺适，可即向龙驹进发；大约此月底，必可到鄂，稍慰远念。涤侯无疾而终，真是大福！——赠太傅谥文正，饰终之典极为优渥，所谓礼亦宜之也。——唯两江替人，殊非易易。时局未稳，而当时贤能殊不多见。颇为忧之。大婚既定九月，——文山殿撰之女，正位中宫——亲政当亦不远；但愿圣政日新，英杰辈起，为天下福。文卿自是当时之彦，所询秦事，已告之。戴敬堂老而憨，不可失其欢；非但世谊应厚，即待平人，亦不可不留心也。西安所买各种书籍，数千金何足惜？唯博览为难，且亦无益；以悦目不能悦心耳。儿志在读书，吾所深喜；然程子以玩物丧志——为嗜书不知要者戒，亦所当知！华山碑宜改刻；章伯和平复后，即求赴华庙监工，已遣之去矣。三忠祠碑，已觅刻手；所拓研铭甚佳，当今吉田邀其同伯和前赴华阴，或俟三忠碑蒇事再去可也。王孝凤老不戒得，本所深悉；然其以赙仪百两为薄，此不足论。瞿良份已畀荆紫关局差，并危、易两分薪水给之，亦足成其廉矣。护行马队，归时当各赏二两。——或稍加——到家后，宜速寄信慰我为要！宽、勋、同均览。河回献良马，神骏异常；如见唐人书马，名曰平戎骏、靖戎骏。吾老不能骑，暇时当画题诏子孙耳。徐占彪已抵肃州。陕回马长顺，兰回马朋，均降，似肃城可得。崔禹等均乞抚甚虔。冯杰卿尚未去西宁。

致孝威（四月四日）

谈养病及用药等

孝威知之：得沈吉田书，知尔三月初八日已抵荆紫关；计顺流出樊城，下鄂渚，无须多日。鄂至长沙，只须北风数日，此时已抵家中。咳嗽全愈，仍当多服滋阴补肺之剂。尔体气虚弱，吾每忧之，须时以亲忧为念！凡可以爱其身者，无不慎益加慎，庶免数千里老人牵挂耳！前闻丁侄恶耗，当即作书；并将润儿信寄尔，由若农处转递，计已接到。二伯老年值此，心绪衰切，不问可知：病势恐因此有增无减，如需药品，可分奉之，我处当再觅寄。河湟匪人，均求抚甚切；见仍搜剿马械。未准松劲，陕回悉数求抚，惟安插劳费，不可胜计，计秋杪冬初，玉关以内；大致当可肃清。徐占彪续获胜仗，肃回马四带伤回城，亦欲求抚。而七年不出关之成禄——乌鲁木齐提督——始终畏怯，奉延旨频催，则以粮运不继卸过关内；镇道欲急劲去，又恐裹边护持。——然终不能不据实直陈——或并以关外事宜一并责成办理，则亦非此时所能兼顾也。我近日病症如故，精神委顿，心绪不定，断不能久肩巨任。致二伯处信，即亲送去。此间缺安化栋皮，——纯茶梗更好——可请大姊觅数百斤，由鄂台转寄。家中小菜，烘鱼腊肉，亦须附寄为要！

致孝威（五月十二夜安定大营）

论与人相交，居心宜直

　　孝威览之：鄂台寄到三月十七日信，知已安抵鄂中，计月底可抵家矣。途间因受风寒，复患腰痛咳嗽，甚为挂念。外感无甚紧要，然频患感冒，究由体质不佳，且多服表剂，亦耗元气。到家后可安息调养，务令元气渐充，荣卫渐实，不为客感所侵，以慰我念！曾侯之丧，吾甚悲之；不但时局可虑，且交游情谊，亦难恝然也。已致送四百金。挽联云："知人之明，谋国之忠，自愧不如元辅；同心若金，攻错若石，相期无负平生。"盖亦道实语。见何小宋代恳乞恩恤一疏，于侪心事颇道得著。阐发不遗余力；知廉刚亦能言父实际，可谓我忝矣。君臣朋友之间，居心宜直，用情宜厚；从前彼此争论，每拜疏后，即录稿咨送。可谓锄去陵谷，绝无城府；至兹感伤不暇之时，乃复负气耶？"知人之明，谋国之忠"两语，亦久见章奏；非始毁今誉，儿当知吾心也。丧过湘干时，尔宜赴吊，以敬父执；牲醴肴馔，自不可少；更能作诔哀之，中吾不尽之意，尤是道理。明杨武陵与黄石斋先生不协，石斋先生劾其夺情。本持正论；后谪戍黔中，行过杜渚，惧其家报复，微服而行。武陵之子长苍——山松——闻之，亟往起居，怡然致敬。呈诗云："乃者吾翁真拜赐，异时夫子直非沽。夷犹有意疑公旦，奚却由来举解狐。"——后两韵不复记忆，沅湘耆旧集中可取视之——此或谓知敬其父以及父之执者。吾与侯所争者，皆国事兵略，非争权竞势比；同时纤儒妄生揣拟之词，何直一哂耶？丁叟之事，家运不幸；吾悲其堪成大器，遽早夭折，非仅平常骨肉忧戚之比，暇或为文存之耳。轮船覆奏已钞发，想已得览？可见任事之难。少灵一信寄去。四月十四日。威、宽、勋、同知之：得威书，知四月朔已抵家，慰甚！腰痛咳嗽已全愈否？格外荷慎，勿贻吾忧也。二伯

病状,前得宽书,已知大概;恐心疾不可愈矣!中年哀乐多端,足损怀抱;况老年多病,何以堪此?尔辈但常省视,凡可博老人欢者,极力为之;或有时渐忘忧戚,亦未可知耳。家中土木之工,计已完竣;宽书来,极知谬误,吾亦不深责。尔辈须时以老父为念,勿以庸妄激父怒。读书行已,刻求精进,兄弟相为师友,勿比匪人,吾之愿也。尔母三年终矣,此三年中,家中一切,能如尔母在时乎?庶母已老,家事一切,不必操劳;儿妇诸宜照管。勤、俭、忠、厚四字;时常在意,家门其有望乎。此间雨水应节,禾苗大好,可期丰稔,复民气渐苏,贼情无变。七月可进兰垣。吾腹泻如常,幸尚耐苦。活一日,办一日事,尽一日心而已!

致孝威(五月十七日)

论世俗骨肉一经分居便如路人,各私其妻子……

前函未发,复接四月十七日书,具悉家中光景;二伯忧伤成疾,何能猝愈?应备一切,应早料理。癸哥在浙,有信归否?官可不作,子职不可不尽也。九伯、十伯、楷叔近来可免饥困,聊慰我意;每月馈食,可缓。然吾每见世俗骨肉,一经异居,便如路人,各私其妻子,视服内兄弟子侄,毫不介意,心窃以为不可;尔曹但能时常在意,庶母伤天性,可以教家,可以保世也。二舅决意移居县城,当有以周之。毋失其欢;尔母兄弟,仅存一矣!孟翔未婚之妇,如果过门守贞,则前二百金尚不足,当益以三百金;一赡贞女,一为二舅甘旨之奉,或为轻营生计,置一恒产;月收其息,归之贞妇可耳。——此节暂勿出口,望门守节,必视其本人立志如何,此大难事也。——少灵大姊偕居福源巷,小淹是否尚留人住?诸孙读书有进,吾闻之喜;但须令其勿囿于科名之举,多读正书为要!皓臣交查,许德顺子已正法之许斌南一节,已请张介卿查明付来。刘自申,系彭将清和之外甥,常往来营中,专带银信,从未荒唐;许德顺得此,可赡其余年。皓臣询得后,尔可告知我,庶免记挂!恩房师有信与尔,以其子相托,却不言欲何官职;兹将其信付阅,尔可写信复之!另禀,廉项五千,即已拟作各项急需之费,可取用之!吾初意拟归时饮宴之资,乐吾余年。如二疏云云者:见又积其数月,除提兰州书院膏火并恤廉吏外,尚多余,此项即交尔用,无不可者。唯须谆告宽、勋、同,俾知愚而多财之义;晓然于不以多财贻子孙,为父母爱子之心其可也。兰陇春夏甘霖叠降,麦豆可望丰收;群言十数年来未有之祥。河回缴马三千余匹,散给贫农,助其力作;开垦——除倒毙及发驿外实散民间者,不过千数百匹,而垦荒甚得其力;——较上年为多,民忘其亡,路无饿莩。河回遍立长生牌位,此诚心勤民之效。——亦贪天之功。——初六日,雷震固原礼拜寺,火球入寺,延烧时;附近居民,无一伤者,河回其诧为奇。附以告匀。

致孝宽、勋、同（六月十四日安定大营）

谈丧葬及家奠礼仪等

孝宽、勋、同知悉：五月十二日书至，二伯竟至不起，哀痛何言！老年多病，又适值丁弟之变，积忧迫灼，遂至于此。鄂渚一别六年，毕生无复见面之日，同气之绿尽矣！癸兄尚权定海否？既有讣去，归期必速；唯官场交代，例有交割不审遂能脱然否？当致书中丞，恳其早与放归也。癸兄未归之先，所有一切事宜，尔等自应妥为料理。二伯在日曾言他年陪葬史坡，将来自当迁神于此。丁弟为二伯所爱，亦可附葬，唯不知有隙地可容否？吊葬各期，自须俟癸兄到家酌定，墓志我当任之。丧礼近已废缺，尔曹当将期丧礼制悉心考究，择其宜令而不戾于古者行之；不可随俗自便，外于名教！壬兄正当大事，可以此示之，此最要紧！至于世俗所谓仪节文物，务为观美而不可效者，尤当留意！尔等家奠，文当自撰呈览。吾此时昼夜治军，无暇执笔；又频年衰病侵寻，怕闻伤心事，怕说伤心话，暂不能为。或入居省署后乃为之。二伯遗集，会自编次，旋以不甚惬意停刊；尔曹可录副寄来，但不可以原本远寄，恐途中损失，翻成恨事也，曾文正之丧，已归湘中，致赙不受；慎以遗命为言，礼也。家中工作，想已停止。戴敬翁前说，如何下落？老儒贫苦可怜，总当厚以待之，敬以出之。少灵大姊，均迁居福源巷。两女婚期定否？得隽孙兄弟来书，并呈院试文稿，尚有通顺语；而禀启不如式，词义亦粗疏，字画欠佳，恐是见闻寡陋志不向上之故。当饬其尊师取友，潜心读书为要！大舅遗樣已回湘否？二舅之移居县城，光景可想。姨母光景何如？尔母族凋零日甚，使尔母在，牵挂如何，尔辈当时以为念？叔慈家事可代谋否？季和尚未见来。夏结笙处有信到家否？婚事如何说？芝岑能主婚否？周桂坞书来诉苦，已有函复之矣。河州事已大定；西宁尚须临之以兵；肃城尚须济师猛攻乃下，今岁大稳，土民均言数十年未有，残黎大有生气；五穗之麦，只角之豆，祥征迭出，国家之景运休明，于兹可见。我腹泻如常，幸精神以勤服补剂，尚可支持耳。

致威、宽、勋、同（十月二十七日）

谈立祠修族谱事

威、宽、勋、同知悉：久不寄家书，亦军务悾偬，无暇作字也。西宁连获胜仗，立解城围；陕回败残之余，人数尚万余，能战者不过千余两千而

止。见仍北窜甘郡肃州,已发兵截剿;力遏其逃窜出关,未知能一网打尽否。俄罗斯乘我内患未平,代复伊犁。乃朝廷所遣带兵大员,均无实心办事之意,早被俄人识破,此事又须从新布置。我以衰朽之躯,不能出生玉门;唯不将关内肃清,筹布出关大略,遂抽身退休,此心何以自处?拟于关内肃清,先时告休,以待能者。近日腹泻稍也,唯老态日增,断难久胜负荷,恐贻误朝廷重寄耳。癸叟闻十月内始可言归;——吴酮灵信——王叟不知世故,只要天性不薄,尚可贻望其成人。吾家世泽,恐难久长,心为之悲!族中有建总祠修族谱之议,不远数千里,遣日升等持书来商,盖不知我早忘内顾也。两事均不可少,唯一时并举,经费万难,或先建总祠,再议修谱何如?建总祠须择地买田,乃可永久;以每年祭祀岁修,均可从祠田计算。有祠无田,经费何出?——即是合族公事,应照丁起费,我处及光培、日升捐资,则固不待言也。——此事须族中明白人从长计议,而明白人颇不易得,吾儿可就近商略寄信告知;俟此事告成,再议修谱可耳。湖南议刻《楚军纪事本末》一书,有信来属钞奏稿文札,我有书复之,阅后递去,并录稿留家中为要!我平生颇以近名为耻,不求表曝。《楚军纪事本末》一书,可不挂名其间。至关系湖南各大件,有张、骆、曾章奏具在,不必虑掩抑。此时吾湘极盛,实则衰机已伏;诸公不以去奢泰诫其乡人为少留地步计,乃以止谤为桑梓谋,此我所不解者也。恤无告,及他义举应用之费,我所不惜,尔自斟酌可也!余三伯之季子来,当饩其远,以四十金作路费。日升父子及某三人来,畀以五十四两作路费外;以十两给日升子新盛,——此子似能作田——均不准逗留。丰孙寄呈字,甚端秀可爱;赏以尼山砚及湖笔、徽墨、摆包外,一砚留赠诸孙能读者,可饬丰孙写谢禀来,看其有文理否!陶氏孙女出嫁,应与奁资,二外孙入邑庠,可赏以笔墨!近得阁帖数本,——明肃王刻,此间板尚存;——有便再寄归分赏也。少灵处不及复信。

致威、宽、勋、同(十一月二十二夜)

叙青海战事兼谈身前身后名

威、宽、勋、同知之:久不寄家书,适兵里纷纭,无暇执笔作此;又频患风寒,筋络时搐掣作痛,兴会不佳也。尔等所寄各函,次第得览。所欲示知者,偶有记忆,条例于后:西宁,古善善地;东北大峡小峡,群山对峙,联亘八十余里。湟水出其中,——汉所称湟中者也。——正北威远堡,汉番杂错,即晚唐所称沙陀;西南通巴燕戎、循化、撒拉、回番以达河州,通西藏;西通青海。地险民悍,明以前,仅羁縻勿绝而已。自国朝设青海办事大臣驻此,控制蒙古番回,庆、光中番回渐作不靖,林文忠、琦静庵、沈朗亭诸公督陕甘时,时有用兵之事,均未得手。迨同治初元,陕回构祝所以有

"西宁名存实亡"之奏也。玉通死后，豫师嗣事，驻营平番，距西宁三百数十里；总兵黄武贤驻营威远堡，陕回白禹崔纠其残党万余占据大小南川，马桂源兄弟上禀，请驱逐陕回，盖明知平番、威远之不能军也。我坚持剿抚兼施定见，先令悉缴马械，听安插；冯杰卿办理数月，若辈阳奉阴违，缴马械各千余，然均非佳者，催令呈缴，则托言留防陕回、令其先选马械数目，册籍呈齐，俟陕回事毕，再按籍呈缴，一面令何提督作霖率马步八营，由碾伯进，刘毅齐总之。比官军进大陕，则马桂源兄弟阴约陕回同抗官军，据险以待；西宁官民，恨马桂源之诈，乘其出城，纠约陕回，遂闭城固拒不纳。马桂源无可如何。自八月杪至十月杪六十余日，官军身战五十余次，皆获胜仗，遂扫除八十余里蚁穴，径薄西宁。难民数万，喜极而涕，不自料其复见天日。见在陕回，土回及马桂源兄弟，皆告哀乞抚；其凶狡素著者，万无抚由，仍当分别办理。大约贼党渐解，贼势已孤，抚易而剿亦易，不过稍延时日，可收全功，唯仍当慎以图之？至河湟自古为荒服，未能用中土同风并治；此次踏实办去，竟于至险之中，克获至顺，为汉唐以来未有之奇。如非赖朝廷景运方降，将士用命，不易臻此。战状已详两疏及各片中，饬周瑞清、柳荷元钞稿寄归，令尔等得略悉梗概。尔等安居数千里外，何知西边远塞征战之苦哉！吴南屏、郭意城、罗研孙、曹镜初，前有书来，欲辑《楚军纪事本末》为一书，意在表彰余烈，用心周至，陈义甚高，实可佩慰！唯我所虑者，吾湘于咸丰初年，首倡忠义；至今二十余载，流风未泯，诸英杰乘时树帜，各有所成，为自来未有盛事。此时正宜韬光匿采，加以酝酿，冀后时俊民辈出，以护我桑梓，为家国干辅。不宜更事铺张，来谗匿之口，而坏老辈朴愿之风也。至当时战绩事实，各行省章奏具在，新修方略，国故昭章，继有埋没，亦断不能划削事实，并其人而去之者。陶士行得罪当时权贵，至身后惨遭诬谤，子孙冤累衰弱，数世不振；数千年后，征文考献，尚有为其昭雪者。至史宦体例，不录各家议论本人逸事，而唯取章奏为据依；譬犹画真家，但审形模部位，而神采意态不具，生气索然，移之他人，亦未有宛肖者。以是胜于私家纪载野史爱憎可矣。士群子立身行已，出而任事，但求无愧此心，不负所学；名之传不传，声称之美不美，何是计较？"吁嗟没世名，寂寞身后事"。古人盖见及矣。尔母在日，曾言："我不喜华士，日后恐无人作佳传。"我笑答云："自有我在，求在我不求之人也。"前书及复吴、罗、郭、曹诸先生书，已交差弁便带回湘。尔等见诸老及吾湘能读书者语及，则详告之可也！丁果臣先生两次书来，并寄示《秩老易学篁屯》遗事，意欲索三百金为刻画之资；此老志节甚高，读书有得，不尚声称，不求荣利，实亦当时所仅见。到老穷窘可念，当划廉畀之。王壬秋所以为篁屯传，叙次尚不失实；唯但据西氏见闻著论，未赌大局，将胡文忠说得极庸，李忠武说得大愎，颇于理欠安。即起篁屯问之，亦必有戚然于中者。又云："三河以后，冲锋陷阵之事颇少。"尤觉失实。后此金陵、浙江、闽、粤诸大捷，及北剿捻，西剿回，如李忠武所部之齐整精锐，视死如归者，岂少也

哉？徇一家一时私言，乱天下古今视听，文士笔端，往往如此；吾所以不主《楚军纪事本末》者亦以此。吾族自南宋以来，搬湘历数百年来未建总祠，本是缺典；新修谱修后又三十年，亦宜续加纂辑。族众书来问我，以身方在军，正"国尔忘家"之际；孝威等在长沙，可就近商之！需费则于我处取。惟建祠不宜廓大，须先筹祭田岁修之费，乃期经久，修谱须明体例，求精实，族众举公正者为首事，主笔则各房分任，择其笔下明白者掌稿可也！日升等三人，徒步而来，共给五十两遣归。此两事交尔与癸叟办理。尔外家衰替日甚，汝光舅丧其二子，暮景颓唐，念之心恻！尔姨母无复佳况，大舅母亦然；时当周恤，以慰尔母之意。能为代谋长久，更佳。余三伯不能教子，诸子中间其季尚可；秋间来甘觅其兄贡南，而贡南不知所往，给以五十两令归，恐其家亦难复振；或尚不如从前耐穷，可叹也！叔慈处光景想略好，孝威与媳妇处此事甚得；我意季和到后，尚能相安，总之。我年逾六十，积劳之后，衰态日增；腹泻自吸饮河水稍减，然常患水泻，日或数遍。盖地气高寒，亦有以致之。腰脚则酸疼麻木，筋络不舒，心血耗散，时患健忘，断不能生出玉门矣。西陲之事，不能不预筹大概，关内关外，用兵虽有次第，然谋篇布局，须一气为之；以大局论：关内肃清，总督应移驻肃州调度军食以规乌鲁木齐，乌鲁克复总督应进驻巴里坤以规伊犁。使我如四十许时，尚可为邦国宣劳，一了此局；今老矣，无能为矣！不久当拜疏陈明病状，乞恩朝廷，速觅替人；如一时不得其人，或先择可者作帮办，或留衰躯在此作帮办。俟布置周妥，任用得人，乃放令归，亦无不可。此时不求退，则恐有误国事；急于求退，不顾后患，于义有所不可，于心亦有难安也。尔等度一思之！孝宽修屋之费，用去若干？威前书来，并不言及，自是为宽留地步，恐益触我怒。以我境地如此，浪费数百两，亦可置之不论，况作屋尚非浪费乎？唯孝宽不能仰体我心，任意动作，与世俗子弟见解一般，我所不喜，且更有虑也。孝威可将用去实数，开单寄来。孝宽近日志趣有无长进？勋、同近日能发愤读书否？勋婚事可于期服后办理，同可迟一年，戴敬堂人固无取，然介慎不预外事，老且益笃，尚不失前数十年秀才风味；又祖父旧徒，存者无几。必欲将房屋售我，言我不受，则别无人买，亦是实话。孝威归时，我曾吩咐，俟冬问筹划，此后未接尔等信，不知如何办理？顷复得敬堂信，又申前说。并诉近状之苦；却用外县官封寄来，似是疑尔辈不为寄信者，其憨可念！尔辈可设法买其房屋，勿短所索之价，亦了一桩心愿。徐寿蘅书求为其父母作寿文，已倩子维代作寄来，孝威可写好送去。俞臣大翁，本祖父旧徒，人素谨饬，应送寿轴；且伊家待慧姑甚厚，亦欲稍慰慧姑也。孝威所拟二伯父哀词，以古文哀祭多用韵者：不知古文哀祭用韵，歧之友戚皆然，唯骨肉则不可用韵。所谓"至亲无文"也，韩愈《十二郎》，熙甫《志父母墓》，皆散行不韵，此可类推。楚词哀切，岂宜用之兄弟乎？入居节署后，所作澄清阁诗，一时和者百数十人，多佳者。建忠义祠，祀明肃王幕客之同殉者，——节署本肃府旧址明季闯贼破兰州，肃世子炽宏被执寻殉，幕客二百余人均赴虐焰，其遗骸两大堆在署后，二百余年无过问者，杨厚庵时标兵饥叛，戕幕客、勇丁、将弁百余人，皆毅魄也，亦合祀焉。——修烈妃庙，肃王妃三人，嫔二人，宫女百余人，皆因历任游观之所更为之。烈妃庙，即先日延缘亭；——其遗阡即在庙前——忠义祠，即先日环碧山庄也。所费不过千数百金，而忠魂烈魄，与山河不朽；落成或以文记之，或题联句，今录以示尔。

致孝威（十一月二十三日晨续论）

谈碑刻及拓片等

　　前信封定待发，复忘两事，补示之：恤无告堂，省城义举也。我但知有此举而不知其详，孝威可询知仲云兄，此项每年经入之费若干？经出不敷若干？堂中章程云何？何人经理？我应捐若干？逐一告我，以便斟酌。如所需无多，孝威自当酌景应付；若捐数过多，必须我处告知若农拨兑，并行驻陕局陕藩划廉填还也。徐卿先生，为邑中老宿；吾少时听尔祖父说，先生古文诗与半帆先生齐名，人品敦挚过之，即知景慕，而迄未见先生诗文只字。兹其后裔求为作序，万不可辞；孝威须将其活字本寄来，始便著笔。华山碑伯和拓三百本寄兰，尚不敷分送；闻已拓两百本带交孝威，乌金蝉翼各一份。此间新刻《饮和池记》，刻手不甚佳；入冬早冻，不能拓，俟明春寄归可耳。玉岑都中来书，彼间索周夫人墓铭者甚多，孝威会试时，可带去送分。撰席及两江尚未放人，以留以有待；我意乞休之疏，须于年内拜发。唯距上亲政之期不远，似又涉痕迹耳。丰孙功课，只宜有恒，不必急切；体质嫩弱，不可峻督。陶氏孙女过门后光景，想必相安。隽孙辈近日读书何似？尔辈来信，于应详之事，当详以告我！我近日健忘益甚，尔辈来信简略，更无从记忆也。

致孝威、宽、勋、同（小除夕兰州节署）

论器忌盆满，功名忌太盛

　　威、宽、勋、同览：所寄禀函，均到。前侯名贵回湘，交一函；并尼山砚，与丰孙，想已收到。丰孙读书写字，随便而已；只要有恒，无须峻督也。西宁大致可冀肃清，肃州已加马队；二十前往助攻，并发后膛大炮，想可克矣。甘凉一带，间有游匪零骑，自易料理。我昨上乞休疏内，原请仍留此间，以备咨访；意盖在此屡有京信，说西事报捷后，当奉有恩命。吾意使

相两江,非我所堪,临时辞逊,未如愿也;不若先时自陈为得也。数月后,必可一律澄清。关陇事,幸而后济,亦非始愿所到;器忌盈满,功名亦忌大盛。不独衰朽余生,不堪负荷已也。关外无劲军健将,——已严劾乌鲁木齐提督成绿——又事权不一,为时太久,必启戎心,故有须预为调度之说;然若不于乞休疏中陈及,又似搅事。如蒙上垂询,当毕其愚耳。湖南诸老友,有《楚军纪事本末》之议,意在表彰,实则赘说,且令同时之人多议论,不如其已。南屏年伯,性情敦挚,又善为古文,有书复之;尔等须时常亲敬;见父执当以所事诸父者事之,于心亦安也。二伯葬事,已定局否?童太守,向无交情,唯闻其作官甚好。兹既散袟,当以祭幛伴函送去。江幼陶,以道员羁都中;周荇农为其作书,请为保举,幼陶亦两书奉恳,我不敢应,此固非可请托者也,以四百金寄之;胡文忠堂弟裴翼,求假数百金,捐知府,则不应也。子弟不好读书,只想作官;不明义理,只想富贵。可叹耳!族间建总祠、修谱之议如可行,亦宜图之;实则支祠已建,谱修未久,暂缓与办,亦未尝不可。吾总以世泽之兴隆,要多出勤耕苦读子弟;家祚之昌盛,总在忠孝节义。他不足贵也。遇有相知世旧,可与共勉之!仲肃书来,欲以两子来陇;此不相宜,此间非仕国,且我不久即当离此,何必远道相从?季和已奏补宁朔,或能安静下去耳。二伯遗集,已嘱杨庆伯校订作序;此间刻手太劣,只好寄回开雕。腹泻之疾,饮河水少减;唯妥肋酸痛,健忘异常,此实衰老本病。曾服人参两许,气略旺耳。孝威书来,言咳嗽、腰痛已痊愈、季和言得家信云,并未曾痊愈,殊为忧之。见尚服药否?节饮食、简思虑、读书自乐、延年娱我足矣。《遁庵先生集》甫已由鄂台递到,文诗根底深,厚非近代所有,余当撰序以广其傅。唯原本用活字板殊嫌拙陋;而杂取当时俗人叙记尤其不雅观。将来必须出资别为校勘,乃堪行远耳。

致孝威(癸酉二月朔兰州节署)

论保养延年诸要方

孝威知悉:前闻尔上年八九月病状,至十月以后,始渐就痊可,心常悬悬,未知腊月初旬后,复又何如?尔不以病状及所服药方实告我,虽是欲纾纾我忧,然我不得尔病状真实光景,反多忧疑,并所云渐就痊可,亦未能信。此后可将实在光景告知,切要!切要!柳葆元告假回湘,曾附去燕窝、肉桂、阿胶、田州山漆数种,计到家当在二月中。此间别无佳药可寄,吐血亦是常有之证,大约由热燥得,也易治,由气分虚也次之;至禀赋不足,由阴虚得此者,非自己加意保养不能复元。保养之方,以节思虑慎起成,为最要!饮食寒暑又其次也!读书静坐,养气凝神,延年却病无过此者,体我爱尔之心以自爱,吾忧其少解乎!家务细琐可交孝宽料理,尔不必管!世俗应酬，择要者亲去，余亦并孝宽代之可也！叔慈之子，体气欠佳，乃母望其生儿，欲就湖北馆地，情状可怜！我意伊母既是如此，湖北馆亦可不去，还是由家中寄银为是！——每年与百余金可也。——季和已补宁朔，出奏尚未接部履，大约可先赴署任耳。二舅已移居县城，八十金足敷家用否？——少兰表弟何如——大舅家事，直无从说起，只看其少子能否成立。尔母在日，每经此为念，却不肯私地顾惜，然吾每一念及辄不馆释也。——终吾之世，尽力顾之以慰尔母，报尔外大母其可也。——族间欲建祠谱，前有信告尔，尚未接尔复信，可筹划以闻！西事顺利，见诸章奏，慎以图之，当得百年大安。唯朝廷欲俟此间肃清，调两江，补协办。上腊告病开缺一疏，所以不得不上也。旋奉有温旨，准假一月而未允开缺之请，——亦实在无人可放——自不便再奏，且俟关内十分安妥再申前请。见奉恩谕两江已简放李雨亭宗义，正月初六日降旨矣，何知我不能去江南也，大约此间事宜，秋冬必可乞休。尔病纵痊愈，进京似可稍缓耳。待二伯葬事已了，丁叟自己附葬，古人教子，必有义方，以吝啬为务者，仅足供子孙浪费而已；吾之不以廉俸多寄尔曹者，未为无见。尔曹能谨慎持家，不至困饿，若任意花销以豪华为体而恣情流荡，以沈溺为欢娱，则吾多绩金，尔曹但多积过，所损不亦大哉？戴敬翁以屋向买，已诺之；丁果翁要三百金刻书，吾心许之；尔信来总未题及何耶？住屋修成。实费若干？勋、同婚事，如何定议，丰孙体气何如？下次书来详之。

致孝威（四月二十五日）

谈体质、养病及进补之道

孝威知悉：三月二十日得尔二月十三日书，知二姊于二月十三日长逝，此女生半岁，患急惊风症，误服补剂成废，生年四十，与病始终，实为可痛，拟作墓碣附其母家之右，俾其魂魄有依。每一执笔，辄悲不自胜，尚未得为也！女子在室则兄弟服期。勋儿婚期自当于明春服满办理。夏芝岑既署粮道——夏宅送女来湘——则赴浙完婚之议亦可毋庸也！前闻尔上年咯血咳嗽，旧病复发，时以为忧，而尔每次信来，总未说及，魂梦作恶，日夜罔惘，唯睹尔亲笔信到，乃稍慰也。顷得尔三月二十三日信，知三月初五初九等日复发吐血旧病，初九日尤其剧，后虽暂止，而服药总不见效，拟即停药专一调养静摄，冀可复元。吾思尔体气素薄，一由禀赋，一由药饵所误。尔幼小时事，自未能记忆，姑详言之：禀赋强弱，多由母气，尔母向系虚寒之体，因服阳分补剂素多，始稍健适。不记何年，因适患外感，未及表散，而所煎补剂已熟，遂亦服之，自此表邪未解，为补剂所拦截渐患重舌燥症。我时在小淹馆中，收有土人参数石——彼地所

谓土人侵乃本草南沙也，——炼胶数大盂，——日食一大匙，开水调服，——甚觉平和，急归遗尔母试，亦取服，诸燥症乃除。后迁柳庄遂孕尔。尔初生时，头上两旁骨隆起如角，不知其为病，而骨骼声音尚强。虽亦时见燥症，延医诊视，多用清凉之品，亦能相投。周献四先生谓头骨隆起，是肝经有热当由母气所致，用平肝散之剂——曾服过龙胆草——试服相安，头骨亦稍平也。岁半时，因生疥多服凉药，致于脾家有损，三四岁时，患倦怠嗜卧，索食虽多，而完谷不化，几成慢脾症。献四先生亟用温补峻剂，——耆术而加以高丽参附片——乃渐渐平复。咸丰十年，吾在宿松，闻尔忽患咯血之疾，匆忙驰归，见尔在门外候我，则大慰，未十日因练军事，日日忙迫未及察尔病状，及所服何方；然记大抵清补一门耳。此后尔之体气疾病吾不能详矣。大约尔病一由肝急，一由脾虚，此两者则的然无疑。人之禀赋，母气为多；尔母一生虚羸善病，肝燥之症，乃由表症未解，遽服补剂而起。后此孕尔肝气亦急。尔小时遇有拂意事，每气急似不能言，唇带青色，哭无回声，尔母屡为我言及，恐伤尔也。即上年在安定营中偶因拟稿未合，我遂诃责，旋发咯血之病，又适因营帐未密为风寒所袭，遂患咳嗽。此次病源，亦是平素肝急脾虚遇感辄发所致也。阅尔所陈前后所服方药，耆术附桂则过峻地，地黄冬则又偏于阴寒，故均不相宜耳。吾意肝急是先天之病，此时治法，补肺气为主。肺气旺则肝可平，金能制木之义也，肝平明脾不受克而土渐盛，可以生金而肺亦旺，清肺补肺，以人参沙参为要，人参能补肺阳，沙参能滋肺阴，中和之品，不热不凉，于咳嗽腹泻之病无妨碍，兹专差送药，尔可验收——人参一枝是上品，次者亦可用另单给阅——至安化之土人参，——可托少云采办，——即南沙参一种——状如党参——力薄，非采新鲜大者熬燥成胶不可——铜锅用白沙井水熬，只须滴水成珠——每服一大匙用开水调化，和人参蒸水兑服，每次人参一钱，蒸水用南沙参胶一大匙，兑开水服之，不必见奇效而自有益无损，一俟病势痊可，再服补肝扶脾之剂，久久当可复元。——药味宜和平，当归辛温，白芍性敛，不宜用——尔接此信，可与明者熟商之！杂投药剂不能治病，转以添病，专讲调摄不服药，亦恐均气日久虚竭，更不能支也。调养以研思虑为第一要义，忧郁伤肝，思虑伤脾，均与尔所患有碍。切记！切记！雪梨多食最能润肺，唯生食易致腹泻，盖肺与大肠相表里也。宜取大梨去核捣汁，熬胶滴水成珠每日一匙，开水调化服之，亦能补肺而不犯泻，可试服之，阅尔所服药方偏阳偏阴，时凉时补，总由未知病源、未得治法之故，心为悬系不已，病在肝脾宜先治肺。生脉补有寸冬在内，尔咳嗽系由风寒所致，是标病非本病，故不宜之，五味虽宜所服，然专是肺气虚则宜，若杂有别病则不宜也。至人参则是补肺珍品，断须服之！记尔归时，曾拣一枝带去是否服过，何不告知？兹寄来一枝，重一两一钱六分，乃系上等，或兑南沙参胶服，或作独参汤服，听尔自酌！如杂人别药服之，恐不见效。燕窝清补不至发泄，宜常服之，乃有效验。家事一切可概交孝宽经理,尔专心静摄可也!另谕孝宽一纸交其阅看。此后孝宽每月寄我一信,尔但于信面写数字,由王若农递来可也。丰孙破题甚明白,字亦端秀,工课只在有恒,断不宜贪多,伊体气甚弱,不任峻督也。

致孝威（五月二十二夜）

谈给家中捎药事

孝威知之:二十八日传亲兵龙南贵、唐国光赴湘,齐持药物省视尔病;行半日后,复接得王玉岑世兄信,并送来肉挂——净八两三钱——及白术两匣——连匣二十两——看来两种均系地道珍品,复传戈什哈驰追龙、唐两亲兵,一并交其带归。此两年,尔将来必须服食之品,可留以待用也。玉岑所寄张介卿信付阅。

致孝威（四月二十八日）

告派亲兵飞马送人参回乡事

孝威知悉:接孝宽禀,及柳葆元附上一禀,具言尔病服高君方,尚无不合,昨又接若农观察信,知张令回湘,曾见尔,晤谈半时许,精神尚好,惟声音如故,见服大参,尚觉相安;心中稍慰。前遣亲兵龙南贵、唐国光送上上参一枝,次等参二两,及阿胶等件去后一日,适王玉岑寄顶上肉桂一枝,于术连匣重二十两,又飞马前去赶上,交龙南贵带回。旋得沈吉田信,知该亲兵五月十一日始到西安,次日觅骡送荆紫关搭船到樊城、汉口,回湘计六月中旬始可到。迟延可恨,昨袁条邬又送我参两枝,重一两二钱一分,云其祖母所寄;又此间尚存人参,检其稍佳者,一并交差官刘见荣、侯名贵送回。此四枝虽稍逊于上次寄回者,然亦难得之至矣。儿既能服大参,则此品必可见效,故又差两官送回。至肉桂一枝虽系交趾产,然恐非尔病所宜,桂能动血,且亦不如上次寄回者之妙,如不可用,留家中可耳。尔病由肝急脾虚所致,我前信已详之,前书所说安化土人参熬胶与人参兑服,定稽疗治。至于养病之诀,总在清心寡欲,慎起居,节饮食,省应酬,除烦恼,数端,是在尔自己善为保爱,不在药饵,我之爱惜尔,以爱民不嗜杀为要,不在祈祷。西事只肃州孤城尚可克复,然锁围四合,飞走绝迹,贼已粮乏援绝,饿毙颇多,计在此两月内可了,再将关外布置妥帖可归矣,并谕宽、勋、同阅。

致孝威（六月十五日兰州节署）

嘱养病要恒、用药宜和之道

孝威览之：得尔五月十二书，知病状之详，服药尚顺，是好消息。惟宜守方，不可图急效也。前交亲兵唐南贵递回药物后，又遣差官刘见荣、侯名贵递送药物，想六月内均可次第接到，内多珍品，从容服饵，当见效也。孝宽十八日信到，已另函复谕之。家事一切，尔可毋须操心！外面应酬毋须干涉，只一意摄为要！久病缠延，最忌杂投医药，前书所说病源治法，大约不差。中和之品，见功不速，勿因病势大有加减遽图改易！前次闻因误服麻黄几致沉顿，此可为鉴？西事都好，毋须挂念！丰孙读书，要恒，不须峻督。切切！

致威儿（闰月二十一日兰州）

论对症下药

威儿知悉：日间两次函谕，均由若农递寄，当可次第接阅。尔病转痔，当是转机，但不宜轻服清凉之品，峻烈之品：参术、生熟、黄耆者乃所需也。舫仙假归数月，今托寄大参一枝，重一两五钱，即舫赠我者，并托其在长沙人家购觅，必可得佳者。蒋之纯廉访，前赠白术两匣，都护前赠关东鹿茸全架，一并附寄。尔可斟酌服食。医道精微，不可轻于尝试！此数品亦既试服无碍，当可无疑，唯不宜骤加分量耳。手此申谕知之！

致宽、勋、同（乙亥四月十七日）

论丧葬之礼，葬应慎重其事，丧应克尽其礼

宽、勋、同知悉：接同儿信，知刘克庵已在八石坳觅得穴地，当令立契成交；惟山向年不能安葬，又请克翁另择，未知克翁许为久留否？续又觅得佳处否？我意如八石坳——记是刘怀清祖住处？——地可安葬，而今年山向不开，即留待明年举行葬事，亦无不可。前言在任家冲有地可葬，而山价太贵，我已允重价购之。——王若农信来已付银千两——不知此次曾否请克翁看过？葬事实难妥速，我远在数千里外，不能遥揣，即在家亦不能选地择

日,不过是请人指示耳。尔等见在茫然无措,亦无足怪,只是将此事放在心上,求可以安乃兄之体魄,不草率了事,就是! 余详前谕不多及。今年乡试,尔等是否入场,我亦听之,但不可要关节。切记! 功课不必太多,只要有恒无间——能读一百字只读五六十字更好——何大伯子贞之丧。春家并未致计,不知家中曾否致吊? 四十年文字之交,未可疏略,尔等可代我唁,并送赙银百两亲诣致奠。吴南屏年伯处,久拟作唁函,旋以事冗未及为,尔亦宜先致赙银二十两。曾候夫人丧亦有讣至,容由此间再寄唁信,并谕!

致孝宽(四月二十六夜兰州)

言风水不必周全,兼谈新疆局势

三月十四日曾写家信,由鄂台转递,即言克庵中丞为尔兄相定八石坳地,而陈吟舫力云:时日不利,则缓至来年营葬亦可,想尔等接得此谕,当有定见。葬事以看地为难,选日亦未可草草,克翁所言。蒋力夫得有秘,之说,不知究竟何如? 凶煞恐非可制伏也。尔母葬地,既不相安,自宜改葬。三合土无离棺之理,不解棕衣何以朽碎? 山不生草,自非吉地;将来我欲合葬,尤须另择为是! 二姊自尚未附葬。可趁此时早将尔母葬定再说。得地既如此之难,我意但求平冈乾净处所,可免水蚁者营葬即是,不必讲堪舆也。已有信求克翁代为谋之。伯和所刻墓志甚好,葬期未定,毋庸迫促! 修城之捐,改为移建书院,冒候意以为然,而主僧西枝又肯从仲云之请定局,甚为妙事。将来我力有余,尚当添助膏火耳。见奉有谕旨,督办新疆军务,应预先出关驻节。衰病余生,何能负何重任? 唯见密谕英俄有暗约扰我西路之说,英由印度窥滇之腾越,俄窥喀什噶尔,使我首尾不能相顾云云,见值俄使由湖北、陕西前来,到兰接见后,由凉、甘、安、肃赴哈密。归国后,所遣两使名为游历,实则窥我虚实。此时西事无可恃人,我断无推却之理,不得不一力承当,我既不能即赋归来,尔等久留湘中,亦无是理,大约俟尔兄葬事毕,再商议定局可耳! 今新政诸凡详慎,悉当人心薄海臣民之福,唯人才尚不如前,是为可虑! 即如陕甘一席私中推择,亦少惬心之人,何论十八省疆圻重寄也。一叹甘肃分闱已定,数千百年旷举,足慰士心,兰山书院肄业者,多至四五百人,各郡县亦多闻风兴起,或者自此人文日盛,亦未可知。手此告尔等。

致孝宽(丙子五月初六日酒泉营次)

重申葬事宜简,述平生之怀,兼谈治家经济之道

谕孝宽悉: 勋同来省,随我赴酒泉,勋、厚、同、敏均可爱也! 适以省

试伊迩，告归长沙，端午后就道，请处分家事兹条示于后，邑中书院改建未得余，不欲持异议，亦不欲取回原寄廉银。冒候去任，存项可呈缴县中，为育婴普济经费，聊尽我心。尔兄墓地，修筑峻事，前晤刘克庵亦说平稳。唯须薄置墓田数亩、丙舍数间，为上冢憩息之所，志铭即嵌墙壁。母茔形势佳否，吾难悬揣，唯闻山童土敝定非佳壤，不足安尔母体魄。日吾百年后，亦必得一栖神之所，堪舆家言断不可信，而水蚁宜避，虽达观者不得无动于衷，刘克翁言八尺坳地好可葬，上年曾为买定，又曾子原亦颇言其佳，似故茔宜改，当卜斯邱，吾与勋、同言之矣，如八尺坳——当即板石坳刘怀清老屋距此不远——可以建茔，当即谋迁葬，不须别图合葬，亦行古人道。吾意于板石坳可葬，则尔母迁安于右，二姊附右之右——下二尺可矣；——吾百岁后葬于左，尔生母附——下一尺——庶地下团聚，为异人间，子孙岁时祭扫亦便也。如定此为新茔。营，只须请刘元圃、曾子原君同诣山定穴，不须再求地师，只须诹吉造坟，不论元运，较之寻常卜葬为易。尔兄在日虽坚属不可改葬惊尔母体魄；此次改卜由我，尔兄弟可无疑也。吾积世寒素，近乃称巨室，虽屡申儆，不可沾染世宦积习，而家用日增，已有不能搏节之势。我廉金不以肥家，有余辄随手散去，尔辈宜早自为谋。大约廉余拟作五分之一为爵田，余作四分，均给尔辈，已与勋、同言之，每分不得过五千两也。爵田以授宗子袭爵者，凡公用均于此取之。念恕所呈请安帖子，字画端正，吾甚喜之；可饬其照常读书，以求长进。饬勋、同过兰时，检筐匣中物赐之。吾本无表异之物，且赐孙亦不在珍异耳。诸孙读书，只要有恒无间，不必加以迫促，读书只要明理，不必望以科名。子职读书，不得不讲科名，是佳子弟，能得科名固门阃之庆，子弟不佳，纵得科名，亦增耻辱耳。吾平生志在务本，耕读而外，别无所尚，三试礼部，既无意仕进，时值危乱，乃以戎幕起家；厥后以不求闻达之人，竟上动天鉴，建节锡封，忝窃非分。嗣后以乙科入阁，在家世为未有之殊荣，而在国家为特见之旷典，此岂天下拟议所能到，此生梦想所能期？子孙能学吾之耕读为业、务本为怀，吾心慰矣。若必谓功名事业高官显爵，无忝乃祖，此岂可期之事，亦岂数见之事哉？或且以科名为门户计，为利禄计，则并耕读务本之素志而忘之，是谓不肖矣！勋、同请归作试，吾以秀才应举，亦本分事，勉诺之。料尔在家，亦必预乡试。世俗之见，方以子弟应试为有志上进，吾何必故持异论，但不可籍此广交游，征逐通关节为要！数者吾所憎也。恪遵功令，勿涉浮嚣，庶免辱耻！丰孙读书如常，课程不必求多，亦不必过于拘束。陶氏子孙亦然，以体质非佳，苦读能伤气，久坐能伤血，小时拘束太严，大来纵肆反多不可收拾。或渐近憨骏，不晓世事，皆必有之患。此条切要，可与少云大姊详言之！勋、同来言，坚以举家度陇就近侍奉为是；吾断谓不可。吾年已衰暮，久怀归志，特以西事大有关系，竟尔抽身，于心未尽，于义未可。然衰颓日甚，岂能久据要津。西事稍定，当即归矣。挈家累数千里水陆兼程，到陇不数月或年许，仍须整归装，劳费万状，是不可以已。陇地苦寒，水土不宜，气候大异，诸孙幼小，虑非所堪。吾方头白临边，岂可分心内顾；自任疆圻，所有养廉均随手散去，计陕西所存不过二力余两——合今岁言之——若眷属西来盘费用度，所耗不赀，正恐归休以后，两袖清风无以为养，安能留余粟分担子孙？且一家全染官署习气，望其异日粗食淡茶断然难能，而衰朽龙钟，更何堪以家累萦心也。是尔曹晨昏侍奉，徒有其名，而吾百年待尽之身，怀百年未尽之虑，一如村老野夫，亦可谓无聊极矣，尔曹思之。丁叟、壬叟先后夭谢，两妇皆名家女，共抚一子极为可念，李老姨晚景至此，瞻养难丰，吾意欲分致薄少与之，尔兄弟可共计议禀知，以了此愿。外家萧条，二舅欠数百两债，闻尚未清偿；息耗日增，家计日窘，吾意欲为早清夙债，俾得从容。夏经、笙庆，拟由鄂台函致六百两，以供太夫人甘旨。芚农见在兰州，甚能治事，暂不急去。宗族中应周济者，除常年义谷外，随宜给予，先近枝，后远族，分其缓急轻重可矣。西事诸见章奏，大约绸缪之，固可规久远；非一时所能，亦非一手一足之烈。勋、同在此，略有所窥，可详问之，事不复赘也。

致孝威（七月初九日酒泉营次）

论功名

得王若农书，知勋、同于六月初二日抵鄂，适遇凉风暂至，即于初四日挂帆还湘，殊为慰意。计六月中旬，可到长沙矣。家中大小想均平安？宽今岁下场亦不望中；但文字清顺，不犯条例即可矣。勋、同榜后即与宽共商母茔改葬一切。八尺坳既定，则择期营葬，不必又访别处耳。陶氏诸孙赴乡试者，今年当可望中，准科名有命，得与不得，不尽在文章，亦毋须望之过切耳！黎尔民意捐道员，以后生计当日益窘迫，作官原无好处，况贵而无位，高而无民之道员耶？出塞之师已悉抵阜康——六月初七——粮可支四月，军火均足，贼悉锐保古牧地，不出所料。如安集延亦来抗拒，则数恶仗后，便当瓦解矣。六月兴师，又正炎气高张之候，师入无物故者，且勇气弥厉，是可喜耳！袁彬告归，今张荣代之；此仆诸尚妥协，已遣其归都中寄代买兼毫笔八十枝，令其带归，分赐念、谦兄弟各二十枝，塞上无佳品可寄也。

致勋、同（丁丑五月初四夜肃州）

嘱勿仓促远行，论读书旨在明理而非科名

谕勋、同知之：前按孝宽禀，知孝勋夫妇有赴浙祝寿之说；嗣接若农观

察来信,知已由鄂搭坐轮船赴宁,不久仍可同归,殊为悬系。数千里夫妇同行,途间许多不便,又搭坐轮船航海,无可倚信亲丁护送,何能放心?当非安坐家中,但知轮船迅便,不知近日轮船失事之案,层见叠出,甚可担心。祝寿非紧要典礼,不必夫妇同行;数千里航海宁亲,尤非稳便。事前并不禀告老父候示遵行,又与礼大有不合。勋性柔弱,疑其不明道理;宽亦听之,何也?此信到湘,计勋已回家,嗣后不准任意妄行,并傅谕三媳妇知之!信云三月底来肃,并言过鄂时再由鄂台寄信,见已四十余日,未接只字,或三月底尚未动身耶?抑沿途阻滞耶?同在家潜心读书为要!今岁未延师训课,尤宜检束自勉,不可放肆废学。吾老矣!军事羁身,去家万里,儿曹成败,非能预知,亦实不暇,管教尔等成人与否,亦不在意,只好听之,丰孙辈当渐有知晓,尔等能以身作则,庶耳濡目染,日有长进,不至流入纨绔恶少一派,否则相习成风,不知所底矣!吾所望于儿孙者,耕田识字,无忝门风;不欲其腾达多能,亦不望其能文章取科第。小时听惯好话,看惯好榜样,长大或尚留得几分寒素书生气象,否则,积代勤苦读书,世泽日渐消亡,鲜克由礼,将由恶终矣!二舅来信,似光景甚窘;望吾寄赠,却不言及多少。汝母骨肉之亲见只剩他一人,我必当尽情尽礼,以副汝母之意。且俟宽儿到肃再说。此间战事颇为顺利;唯饷源早涸,而悬师绝域,转领更难。思之寝食俱废,折稿伤钞,寄尔等一阅。

致勋、同（戊寅二月三十日）

言丧事宜慎,兼嘱后嗣抚育之道

谕勋、同:尔嫂积忧成疾,竟以不起,可胜悲痛!唯念生而忧,不如死之速。我亦无用其悲,只尔嫂淑慎,能得姑欢,抚育诸孙,尚未成立,兹忽早死,实家门不幸,心中未能释然,宽在营侍我未归,尔兄弟在家料理丧事,当极求妥慎。谦、恂、慈年尚幼稚,早失怙恃,极可怜。念尔兄弟及诸媳,当体兄嫂意,抚之如子;冀将来成立,以解我忧。谦年稍大,尔生母尚能照料;恂、慈交诸媳抚育,饮食衣服起居一切亲如所生一般,亦不必过于娇养,致生毛病。诸孙之贤不肖,则尔兄弟夫妇之贤、不肖也,尚慎之哉!合葬非古,而古人即多遵行者;同穴之义,人情天理之至也。唯天鹅池兄茔佳否,未能悬揣。合葬之先,须启土验视;葬期固宜慎择,即启土验视日时,亦宜取干净,未可草草,倘视而吉,固即营葬;验见有水蚁之患,则尔兄宜改葬,岂可迁就?我不信风水之说,然必择地营葬,本是至理;贪吉谋吉,固不可,非避水蚁凶恶,又可乎哉?孝子孝妇宜得葬所，此理之常，亦不可不慎。大约启土验视时日，距合葬之期，迟速均非非所宜，先二日其可也。嫂柩可先窨存本山，——宜雇人看守——俟葬期定则启土验视；吉则合葬，否则一并改迁。尔兄弟自察酌之，圹志写就寄归，可请人镌之！葬时可并尔兄读铭入土！南疆底定，获恩晋二等侯，拟于日内拜疏固辞。荣宠日增，门庭多故，非所望也。余均饬宽转谕。

致勋、同

再嘱丧葬之礼宜薄宜简

字谕勋、同阅悉：尔大嫂出殡暂厝日期均已得之，一切典礼有加，费用过耗，知尔等深念亡兄久逝，诸孤幼小，不得不从厚以求其心之所安。又以尔兄异母，悠悠之口，最易指摘生端；宁从其厚，俾免借口。故虽多有所费，不得复吝，我亦能为尔等原之，唯心所谓非者，究不可隐，姑为尔曹一言：丧葬从先祖，不使有加焉，经常之制与其奢毋宁俭也；然先后各殊，葬以大夫祭以士，权宜丧已，固犯不及，均之谬也。尔亡兄生前差足舆上士等，则嫂之丧，只可从其夫，不得逾越。况吾又健在，以古制之，则不成丧也。所有典礼以薄为是！尔曹推爱兄之念以及其嫂，按五品命妇之礼行之，言犹无不可；若以多费为荣其兄嫂，此世俗之见，于礼为谬，吾本寒生，骤致通显，四十年前窘迫之状，今犹往来胸中。汝祖母病剧时，求诊药不得，购东洋参高丽参数钱，蒸勺许以进，丧葬一切，竭诚经理，不过二百数十两，而所举之债，直至壬辰乡闱获隽乃克还款，今汝兄嫂丧葬之费，不翅十倍过之：尔曹以为如此，庶几理得而心安，自我视之，则昔时不得十一以奉吾亲者，今什倍以贻吾子若妇，于心何以为安？徒怛痛耳！自今以后，均宜从简，不得贻照尔兄嫂往事为例。此纸可装订成册，以示后人。南疆底定，以事功论，原周、秦、汉、唐所创；见盖此次即行顺，迅扫荡周万数千里，克名城百数十计，为时则未满两载也。而决机制胜，全在后进急战四字；细看事前各疏，可知大概。至其本原，则仁义节制，颇有合于古者之用兵。贼以其暴，我以其仁；贼以其诈，我以其诚；不以多杀为功，而以妄杀为戒。故回部安，中国服而外夷畏耳。实则我行我法，无奇功之可言；在诸将士，劳苦功高，在朝廷论功行赏，礼亦宜之；若至于赐封晋爵，则在我实有难安之隐。其详已具，复仲云书中，细阅数遍，加封送去可矣。老亲戚家宜赠廉余，以尽情谊。余三伯处，可即划致湘平——即用长沙市平可耳——五百两交妥人送去为要！

致孝宽(十月朔日)

谈造屋改向之理

谕孝宽等知悉:得九月十四日宽自兰州所发禀,并寄到勋、同长沙家信,知宽启行回湘;牟彪回营,知连日为雨所阻,十七日乃克成行,抵家当在十一月上旬矣。勋、同信来,家中一切安吉,甚慰!李国贤住宅,材料均无可就用,算只买得地基,本拟以新改造,亦无须就其材料。唯不知是府城隍地基否耳?吾意将来改造正屋,须与住宅同向;其大门可改朝西,——向贡院墙也——尔等以为何如?两宅既连,中间大路可改;唯须递呈大案,已与宽说过矣。所有屋布置结构须请芝苓指点为是!孝宽去后,我病亦渐愈,数日内又患腹泻,现又复常。老年衰病侵寻,无足介意。西事尚顺,饷折已奉批回照准,明年夏秋尚可敷衍,过此则无以为计矣。关内外年景均佳,夏禾平平,秋稼则过十分;均言近数十年来未有也。少云家想均安好,五外孙可望进学,隽孙补廪否耶?孝同补廪,房费不必计较,举优亦可;唯忧贡得否则未可必,亦不必分心于此,吾不以科名望尔曹也。孙辈想均好,尔生母病愈,甚用为慰。余三表伯处,五百金已送去否?刘蕴斋中丞信,孝宽回家后同礼物送去。

致勋、同(腊月十九日)

细析大小家务,并规划告老之后的生活

字谕勋知悉:接宽鄂中来信,并寄呈勋、同信,知家中大小均吉,甚以为慰。宽溯江渡湖,到家不过旬日,当已有信来。所欲告尔曹者,条列于左:尔嫂合葬事,屡谕知照行。哥哥葬处,是否相安?刘元圃曾否看过?将来合葬只要无水蚁便可下穴;倘有异患,必当改择佳壤,乃为理得心安。丰孙辈幼小无知,此尔等事也。尔等四分,各以五千金为度;暂时合置产业,将来分置再议。除爵田留承袭之家外,再置墓田,四房均分,以资贴补家用,此一定之局,人事应酬随宜点缀;太俭不可,过丰又难为继,当共酌之。吾同堂兄弟,无一能自立者,实为可叹!从堂尚好,再从及缌服亦与同堂无异,此外则均族众耳。族众贫苦患难残废者,无论何人,皆宜随时酌给钱米寒衣,无俾冻饿,至吾五服之内,必更有加,愈迫则宜愈厚也。九十两伯,老而多病;除常年应得外,每年酒肉寒衣,不可不供也,吾每念及,心滋戚焉!尔曹体之。吾归计早决,但西事未了,不敢翘然。归后本以居乡为佳，惜无住宅，又乏仁里，故不能定计。司马桥李氏屋可通为本宅前进，方向一式；唯头门宜改向西，中空一夹道。由头门进夹道，同夹道转进前栋正屋大门；大门以内，中为大厅，厅左为夹室，储书籍，厅右为吾会客之所，旁为住屋，前植花木，后为厨，足供栖止。夏不热，冬不寒，明窗净几，起居自适足矣。吾百年后，即为吾祠堂，可省修建之费也。亲邻中殊乏佳况，各家子弟佳者难得。会臣尚是外家之隽耳，陶氏诸孙，应可期其成立；但以贴括限之，则所成尚小。黎氏孙性质闻尚可造，不知肯向学否？尔民捐升道员，自趋窘境，将来恐无收束；吾意宜以千金为其买屋收租息，为三姊私蓄，聊资补贴。如岁入息银能存不用，则专款划存，听其自作生计可耳。朱氏外甥，不能自立，吾意本以千金畀之；二伯在日，又提百金畀其后母杨氏，非吾意也。仍须加足千金，免其日后失所，能令其子自行经理为妥。尔辈不能久还照顾。世延负债甚多，前谕勋、同，允其代为清怀；曾接同信，世延不肯回乡，是否仍移居长沙城中，尚无定见，自后勋同亦无来信，未知究竟如何？究之，此事亦只能行其心之所安而已。下次信函，可详以告我！周连丞寿礼，已寄百金；家事难言清楚，所盼瀛樵外放佳缺耳。可叹！二伯早逝，甘旨之奉，本可无需再致，从前因若农函询，应否再送，我答以未宜递行停止。鄂台挂名一千，并行裁撤。唯廖采章尚留，因若农意未可欲也。西园、昭贻、仁山辈，明年二月归应乡试，会臣亦然。丙山一病岁殆，幸药获效，旋即痊可。近日亲族，心艳荣利，在我固难憩然。在彼究有何益？余三伯处五百金，同信拟自带面交，是否交到，并不禀覆，何耶？其家光景究竟何若？家刻各种，可拓寄阅。孝经可否重摹上石？近日陕士传刻颇多，检出寄回藏之。覆陈一疏，得总署信，极为许可，饷事当无异议，能于三年内将甘肃新疆事局定妥，不但国势强固，国计亦纾矣。届时悬车，于义有合，于心斯安耳。杨石泉腊八日致兰，尔等所寄三木箱，当可续到。克奄定于明正起程回籍，序文附阅。

致勋、同（己卯正月八日）

哀悼老友之新亡，叮咛后辈之惜生

谕宽、勋、同知悉：前岁由鄂台转寄想已递到；宽到家后，尚无信来，不知何敏？克庵于石泉腊八抵兰，次日交卸；病状如常，自十二日起喘咳益剧，痰喘涌气，汗出不止；十五日巳刻，口占遗疏，呼何雨畦代写寄我转进，并寄遗嘱与其子若弟，酉刻遂殁。我于坠日前代递遗疏，并于折内详陈战绩，乞圣上优恤予谥，计奉谕旨当在正月杪二月初矣。克翁刚明耐苦，廉公有威，世所罕见；至其亲老从戎，出处迟速之间，一衷诸是，非同时自命贤豪者所可几也。疏中"志存忠孝，义合经权"两语，并无溢美。石翁在长

沙时，闻有人议其刻薄寡恩者；度陇细察，实不为过。来缄亦详之。今钞其遗嘱寄尔曹阅，至其身后一切费用，及灵柩还是后，由鄂台致赙，及为太夫人建百岁坊费用，其六千两均由我廉项划给；不动公款，恐累克翁清德。闻耗以来，中怀怛痛而欲哭无泪，亦昂吾衰之甚矣！专农顷得家信，已丁父忧，作书唁之，致百金为赙。我从前颇有分赠数百两之说，专农过长沙时，孝同可亲奉四百两为奠。切嘱！切嘱！丰性近疲缓，可传谕自省勿加峻督。诸孙中之有痰者，服宋制半夏相宜，日服一粒自效；近更购有戈制半夏，以之施治，亦有验。如需用，可寄信来。前寄三板箱，杨石翁已转送到。诸品均佳；唯虾卤瓜一种，惜非家制，我不尚也。诸儿女知我嗜好，制以奉，进亦见孝意；且能留此家风，不忝先姑，尤可嘉也！勋科试文颇好，但少精彩；同作尚佳，乡试榜发，应束装西行，迟则苦寒难受，徒贻我忧耳。

致宽、勋、同（正月二十九日）

叹朋旧之凋零，并经济后人之生计

字谕宽、勋、同知之：上腊月十九日一函，由鄂台转寄，计尚未到；顷接勋、同十月二十三日来禀，得知家中吉安，宽已到家，我心稍慰。刘克庵病逝，已将身后一切应办事宜，致与杨石泉筹商定妥，只候代递遗疏，接奉旨批回，再议散让受吊，护丧回里诸事，属若农划廉五千两，解交其家，并附一千两交诸弟，为太夫人百岁建坊之用，记前函已详之矣。人树亲翁谢世，专农在兰，闻认丁降服忧，已致赙百两，拟饬同儿夫妇，再由家致奠敬四百两，以尽侄婿之谊。又吴子侨在都物故，身后肃然，已托朱茗、孙理卿寄银三百两，由何伯源之世兄维朴迳交其夫人收受，应由家中再致银三百两，交何伯源寄去，庶可到其夫人之手。缘子侨弟不足恃之故。又蒋之纯方伯之丧应具吊；因待其世兄奔丧，再议委官与祭。不料其世兄久不到奏，无西安僚属，已派员同其幼孙护丧南归矣。尔辈可补致奠仪百两，一达此意！计人树、子桥、子纯三处奠项，共需银八百两，已请若农寄家，在于存廉划抵，到后可即分致勿漏。老年朋旧凋零，曷胜悲感！况值边关萧寂，尤难为怀。世延负债甚多，前谕同儿向其询明实数，代为清理，同自禀复一次后，迄无一字题及，殊不可解。岂竟置之不顾？昨见方氏女婿功渭来信，言满姑已于前年病故，其家计已被次兄荡尽，无以为生，因送李老姨回长沙之便，仲云兄托杨石翁西来，为糊口计见，尚未来肃。二伯于庶出之女，不甚留心。癸叟母子亦漠视不理，方氏婿于我处同不通候，故其近状无由得知，且俟其来见再说。仕宦而但知积金遗子孙，不过供不肖子浪荡；并其受气亦受其累，可胜慨叹！吾曾向尔辈言，李老姨晚景可怜，当以尔生母待，时加顾恤，岂竟忘之耶？模十伯穷愁以死，二十缗丧葬，未免太薄，凡我五服之内弟贫苦者，生前之酒肉乐饵，身后之衣衾棺木，均应由我分给。否则路人视之，于心何忍？至远亲之丧，虽有权衡，欲以从厚为是！丁叟媳妇丧，同以百缗应之。十伯之丧，以二十缗应之。可乎？尔辈思之。余三伯处五百金已受，谢信亦到，我心慰甚；但望其子孙之贤，能承老人欢耳。李国贤屋地，直三四丈，横可十余丈，正好照前谕改，正屋与本宅同。向大门改朝西向，可书画图来！谭文卿中丞信告，于戏子桥买宅一区，与本宅及少云新宅均相距不远，与文正祠亦甚近。岂即二伯从前所住之屋耶？岳人形山地已安生基，穴中白砂不碍否？源圃细看以为何如？大嫂与兄合葬已定期否？此次信来何不详之？黎尔民近状何如？尔辈拟如何安置？并问。

致宽、勋、同（二月十七日）

谈刘克翁之丧，嘱儿子以相应礼节赴吊

宽、勋、同知之：正月二十九日一书，由鄂台转寄，想可接到。宽自到家后，尚无禀来，不解因何迟延？身处边塞，无心念家；然所欲料理者，正宜及时转里，了一事即算一事，可免记挂也。刘克翁之丧，伤感无已！幸代递遗疏，候批回，并优恤予谥，均荷上俞允，实感服九重，体念贤劳至意，足以风示天下！下原疏同讣分致，俟应得之恤，典各衙门议上，奉虽旨及候圈出谥法行知到来，续刻于后可耳。杨石泉信来，十五六七三日受吊，廿一日发引，计四月内可以安抵宁乡；其故居卑陋，若谕祭下临，难以成礼。——例由湖南抚部委司道充任天使其家兄弟子侄跪迎，孤子手捧跪像，谨伏道旁，谨候天使至门，先悬跪像于中堂，领祭礼毕，乃撤跪像也；——吾意于宁乡县附近庙宇停丧以俟为宜。——或灵柩先归营葬，亦奉谕祭有日，到县受吊亦可；——已商石翁，令护丧文武，转告其家预备。届时尔辈宜往襄事，宽独去可也。兰州所刻讣，及此次疏稿，颇不合式，故於此间另刻寄兰，备同讣分致各省之用。今将刻本先寄十套与尔等看之，以便分致亲友。近饬排订疏稿一百七十余本，——分年月编成大约不过百卷——拟将来刊本，即可以此次疏稿为式，字小行密，庶卷帙不致繁重耳。李国贤屋址，进身短而横宽，於前谕改立朝向为宜，可请芝芩观察相度，大约正厅宜与住宅同向，留为祠堂之用，堂之西造四缝三间屋一所，备吾憩息读书。前为小院，杂植花木；由向西大门进夹道，转进正厅，规模应如此，既拟改造，则不必招佃也。余详前信中，可速禀复；西圆、仁山、丙山、毅堂，于昨日由肃资遣归湘。曾臣归期，当在三月。复杨性农年伯信一封，阅后交去：应附致银一百两，可由家筹措，候函致若农拨廉归款。

致宽、勋、同（闰三月二十四日酒泉营次）

论"人生须有结局，不能不早为之所"及自己的墓地风水等

宽、勋、同知悉：三月下旬接宽来禀得悉一切，深慰！我本无心念家，唯人生须有结局，不能不早为之所。览宽禀。近事尚无不合，足释身家之念。柳庄近处胡家坝大塘冲田屋、山场、塘坝均好，合之现有田屋庄业，将来可安一家；唯粮饷甚重，须岁有津贴，始免偏枯。石湖、板桥等处田屋塘坝均好，山场亦宽，可安两家；粮饷较轻，无须津贴。板石坳所置之田，岁租共三十余石，可作墓田；起茅屋数间于墓之左右，以住佃人，将来仍须盖一饷堂，便上坟往来住宿，中嵌墓铭。积数年租息，当可了之。我将来藏蜕之所，如以岳麓为定，尚须于近茔处置一小庄为饷堂；将来住石湖板桥两房子孙。——即守坟人也——尔兄葬处，是否无须改卜？尔嫂定须合葬。来禀并未说及，殊属疏漏。如天鹅山合宜，亦须置墓田作饷堂；此宜添置田屋，以安一家，并购爵田祭产，可陆续谋之，亦无须急急耳！大约山场均须广栽树竹，私塘均须蓄养鱼苗；择勤仆佃农，俾其安心耕种，则田产常熟，岁租无减。可为久远计，目前所费，亦属无多也。西园等归时，告以合族建祠置义塾，及为中年未娶世绪将绝者谋娶妻延祀计；需费可与尔等谋之！大约总在数千金以内。如有成议，可寄信来！世延积欠之债，原谕尔等清理；其居乡居城，亦听其自酌。唯寄居岳家庄屋，于义无取耳。昨次置卖石湖板桥之田，是否由其经手？宽来禀并未言其近状，殊不可解！李甥杭州病故，此间已有所闻；宽禀代为照料一切，已甚周妥，我心稍慰，唯和嫂素不晓事，其子难望成立，终是不了之局；应传我谕，令其回老师潭新居，自营生业，舅家不堪久累也。朱氏世德已衰，大姑母之泽，恐不能长保其孙；尔等欲留其一孙在家塾课读，原是厚道，唯须察看其性质向正与否，须防其引坏诸孙。切要！切要！二伯母处，我可不理会。——例送甘旨二伯逝后即应停止，宽过鄂时与若农如何说，何无一字述及——其李老姨命苦可怜，尔生母可时常照料，以慰其意。其满女婿方功渭昨同杨石泉来肃，已给盘费银五十两，并托若农汇廉银二百两畀之。功渭向于我处不通闻问，满姑又故，所以待之者，只合如此。功渭体弱多病，恐不永年；意欲在此觉寻委，我不允也。功渭又言所遗一女，意欲与孝同之子订姻，且云已与孝同说过；我意方家与我，向非素交，此女幼即失母，若即订为孙妇，将来即须代为抚养，又是一累。如孝同未曾应允，可罢此议；凡诸孙论婚，须先禀知，切勿迳许！吾意总以以寒素勤俭忠厚人家为相宜，不屑攀附世宦也。旧仆中所急宜怜恤者，周光照、曾昆厚两人，当极留意；光照近状何如？须另择佳处，俾其耕种获

利,曾昆厚未与娶妇,已闻其腰脚受病,步履维艰,当急思所以恤之,俾得饱暖终身为要!可详以告知!李国贤屋改作前栋,所拟方向。以门朝西,正厅朝南为是!芝岑廉访所拟图式,应早寄阅。三合土改作砖墙,所费更省;但底用眠瓦,实砌五六尺上,始灌斗砌,较坚固也。蕴斋复信已到,仲云兄信想仍由家中转递,此间尚未接得。西事正月初大捷,俄人更驯顺非常;伊犁收回之期,必不远矣。崇星使、总署,均有信来。若农信来,我二月十七日所发家信,及附寄一包信到,而外包未到;内有致杨性农书,想已并付沈矣。兹有另缮一通寄去,可取银百两,百送性翁,以慰其意。大吾同年存者,只剩此翁矣!初年意气相得,中岁以后,彼此不甚融洽,音问亦疏,盖志行难以尽同耳。尔辈见之,循子侄之分,执礼甚恭,固宜;唯不可发议论,不必请教益为是!性翁来书,言在少云处曾见过大姊数次,我意晋见父,执,非女子事,而性翁与我,并非心交,察看大姊平日于母教颇少体会,母德可师法者甚多,伊不知则效而专尚其才。不思女范所重者德,世俗所种诗词字画,均无足言;所讲者礼法,无丰采言论均非尚。古云:"无才便是德,有德便有福。"尔等可将此信与之一阅。钞信两件,附一包并发。

致宽、勋、同(四月二十一日肃州营次)

谈家事家务及各逝世亲戚之丧礼

谕宽、勋、同知之:接二月二十八日家书,知家中各事均妥顺。两生母六十又六矣!衰病侵寻,殊深系念;尔等小心侍奉,药饵扶衰,自不可少,饮馔仍须留意。族中伯叔兄弟,贫苦者多,尔辈既能留意照料,随时周给,足慰我心。而近支尤宜从厚也。备荒公谷,提一半买田,余仍照常收发,陆续为之,必有所济。族中如西园、仁山,均可共相经理。濒行时我已面嘱之,均无推诿也。大嫂之葬已定闰月二十八日开山,四月初六巳时安葬。计此时已经妥毕,盼尔等信来,想已由鄂台转递,端节后当可到营。无水蚁之患,即是佳壤;堪舆家言,固不足信耳。黎尔民处,已缄托若农汇寄千金,前次家信,记曾言之;於伊亦无益,在我又不能为常,只好置之不论。朱甥无足惜,唯两大姑母不可忘,其三孙恐难望其成立;然尔辈力所能为者,亦只合如此。和嫂不晓事,我早知之;能守节过活,不致冻饿,即是万幸。但恐并此亦难承受耳!尔辈居心尚厚,总要不受其累为是!延哥欠债甚多,未知确数;伊既约来城,自可晤询一切。所欠之债,均系岳家亲戚处移借?可遂嘱其将总数告知,尔等概与代还,其银交其亲手领讫可也。至久住岳家,终非善策;我教之不听,亦不复置之意中。昨得周莲丞信云:伊有租三百四十石,分给延哥五十石,嘱其移居乡间;是延哥之不肯居城,意或在此,尔

等可将其债欠之数交银与伊还清,再写信告知,我当为打算。——瀛樵丁母忧,拟措足盘费扶枢归里,莲翁仍居京师,一家数十口,旅居都中,只盼张罗过日,我拟致赗百金也。——专农想早归家,奠仪即由同儿交其带去可也。汪啸霞摹泐石本,须照平常刻价从重送去,伊家本有年谊也。谭心可尚无过鄂抵陕消息。陶少云近无信来,不知近状何如?张荣归时,曾寄归各物,可拣宁夏羊皮袍、袍桶一套,地毯一铺送之。杨性农年伯,百金已送去否?其人其文,均非我所重;尔等见面执年家子礼唯恭,不必领其教益。郭仁先已归,或不复求长沙,亦殊可叹!尔等见面,当恭谨如常;但不可多言,徒取憎恶。

致宽、勋、同（六月二十二日）

烦家族亲友之纷纷投靠

谕宽、勋、同知之：前发谕缄后,未续寄缄,亦未接尔等禀报,不知家中光景何如？时为念之。袁彬到营,周文荆续至,引询一切,稍悉大概。据云：尔等定於五月二十六日安葬尔嫂,天鹅山茔地是否合用？想尔等已有禀在途,能免改卜,则幸也。鄂台转交款项,买田造屋外,有无余剩？我不得知。唯应用之项,有须家中拨付者,开示於后：贺仲肃居官清洁,身后萧条,应致二百两,交其世兄;并问慈豁交代清楚否？其世兄如欲来甘,可以我意止之。方功渭来甘,本出意想之外；前随杨石泉到肃,见其病骨支离,嘱其速归。过鄂时请王若农於廉项拨给二百两,由甘回家路费,此间再另给银五十两。功渭不听,仍留兰州;且捐府经历指省甘肃,我不理也。窃虑其难久。周文荆来营,询其在长少开小碓行,先本欠债至二三百千,而所分家产,仅田一石数斗,子女又多,无以为生。此子老实可怜；且其先世谨厚有余,应有以恤之；大约除此间给盘川外,应由家中付银百两与之。——或须再候临时有信——吾同年唐慈陔讳萱庆。身后两子俱故,不知有孙否？可详询以告！又有同年金季亭讳有成,家贫而持介节,寒饿所迫,遂以早殒,数子亦相继亡。闻袁克卿说,其家仅剩一寡媳一孤孙,不能存活,竟至流为乞丐,可伤之至！询之年侄张阴庭,所言亦同。吾於阴庭告归时,而与之说,由家中取银百两,恤其孤寡；阴庭称到家即访明交去,此时当可抵长沙。如见面,可将此银交其转给。切切！华原上年携其子来甘把式,我扎饬驻陕军需局兰州支应处,截令速归。华原竟到兰州,时克奄以病未见,嘱王专农代为善遣。旋接克翁信,给银百五十两,作盘费,我意已嫌其过多。嗣接沈吉田信云：华原过西安时,系由徒步而来；观其情状狼狈,又是雇小轿一乘,送荆紫关,心窃鄙之。然不意其尚留一子昭涵在兰,纯农辈又将昭涵收入支应处也。前得刘兰州禀报,昭涵又已病故,医药棺验诸费,又须开销;并所欠之债,共一百余两,我已饬由廉项内记档矣。至请委人将其遗梓护送归湘,我不允也。华原老不戒得,屡次纠缠取厌;渠忍令其子寻死于万里边关,我不甘受其扰累,听其自行搬柩可矣。箴斋外侄,全家须早为之所,不必代为受累。杨氏之不晓事,我所素知;此时加意体恤,将来仍须推而远之,不如早为安顿。且尔辈亦自顾不遑,安能舍己而芸人乎?李国贤买屋定后,已动工拆修,大约於八月前竣工为是;如实赶造不及,亦只好停工,亦乡场期毕再说。李国贤亦已在署任病故矣。族间事有必须赶作者,前与西园、仁山辈略略说过,可与细商!所买河西之田,闻是胡恕堂旧业,由尧农诸姓说合者,业次尚好。至柳庄附近大塘冲一契,闻是余三伯所买者,旱涝均可无虞;唯嫌有寒浸之冲田,收获迟而不甚丰盛,将来分析时,宜多拨几亩,以免偏累。所有田业,除四股匀分外,尚须当爵田、墓田、祭田,前已谕知,可试拟一单寄我!

伊犁已议交回,唯俄人贪狡,於定界、通商各事,多所要挟,尚无定说。崇地山一味忧容,恐了不了耳!我近为风湿疹子所苦,爬搔不宁,夜不能卧;服苦寒剂稍可,惟未大效,已经三日有余,只盼秋凉,或可痊愈耳。

致宽、勋、同(七月二十六日酒泉)

问家中大小均安否

谕宽、勋、同:数月不接家信,不解尔等因何故耽延?甚为悉念!尔嫂合葬,既已定期,究竟尔兄葬地是否有无别患?日夜盼家信不到,何耶?新买李宅房屋,改造前栋;闻袁彬说正在购料,定於五月内动工,尔等亦无续报。各处田价已否交清?家中大小均平安否?皆我所欲闻者,总未接尔等片纸只字,实不可解。此间气象甚好,关陇新疆岁事大稔。与数年间俨如隔世。伊犁交还局面已定,只因地山星使过於优柔,翻生异议,定界通商各务,漫无限制,我不得试详陈一切;幸得廷谕翕然,或尚可补救几分。我近来为风疹所苦,缠延数月,服药无效;自服生大黄两次两钱,始解轻减,眠食复常。然久坐则睡魔缠扰,须扶杖缓步乃已。老年气血早衰,肝风、脾沥、心火,三患交乘,统至於此。刻正服清补之剂,积久当可见效耳。尔等今年乡试获隽与否,且置度外;榜后总须一人西来,慰我晨夕。宽宜在家料理诸务,不必同行!少云久无信来;我亦无暇写信。闻二外孙赴京兆试,甚好。黄觐虞有信与郑幼惺,颇赞二外孙之好,我心亦慰。甘肃阶州地震成

灾，压溺人畜甚多；我报灾折援策免之义，请即赐罢斥，未获蒙俞允，然不能不悚息待上命也。少云处可出此示之。族中与乡试者几人？炯孙读书有进否？贵州岑中丞有信来，道及到我家，见过尔等，似是倾倒之意。此君向无交情也。附泉湖诗刻二十张，可分赐诸孙！

致勋、同（十一月廿八日）

论时事纷纭，照料家务

我以望七之年，驰驱王事，人臣义分内然，自浙闽移督甘陕，无数月安坐衙斋者，时事纷纭，不遑内顾。尔等已成人授室；应分留照料家务，免我分心；应分遣一人西来，侍我朝夕，此为人子者之义分也。孝宽归后，勋、同应一人来甘省视，固不待言。因乡试在迩，耽延数月，榜后旬日，孝同始由湘起程，尚不足怪；但念、谦兄弟，年方稚弱，无父无母，实堪怜惜！何能挟之西行？远道风霜，赴数千里寒苦边关，设有疾病，难觅医药，徒使我添无数牵挂。尔等如以老父亡兄为念，岂应恝然置之！尔生母年已六十有六，到此不能伺候我，反须我照料，尔等当亦知之。前年孝同曾说，下次西来，带念、谦等同行，我即斥其不可；今得其十月初鄂来之信，闻已换船溯汉而上，尚未得其行抵襄樊之耗。看来些月内尚不知能到西安否？挈眷远行，又正值数九天气，令我悬悬；最可怪者，闰三月以后，即未接得宽、勋一字；大约因孝同此行，非父本意，惧父阻截，意将此段瞒过耳？而我屡次所寄谕缄，询问各事，亦概无一字见复，何耶？

致孝同（腊五夜）

嘱勤俭持家，专心于学业

谕孝同知悉：得沈观察书，知尔等廿一日抵西安，计期腊月十一二可到督署；三堂后有房屋，尽可住家，一再已谕知易、温两巡捕，妥为照料。尔等既来，自以兰州住下为是！我已奏明，出屯哈密——距肃十八站，且中间须过八百里戈壁也。伊犁事了，乃可回兰。尔明正来肃见我，——须将家眷老小安顿妥当——可坐加套快车，往肃旬日，仍回兰州。在督署住家，要照住家规模，不可沾染官场气习，少爷排场；一切简约为主。署中大厨房，只准改两灶，一煮饭，一熬菜；厨子一，打杂一，水火夫一，此外不宜多用人。两孙须延师课读，——已托石翁代觅——尔宜按三八日作诗文，不准在外应酬。——见杨石翁用姻愚侄臬司兰州道府以下均用三子片可也。——我问各事可写一信来；要详细明白，至要至要！

致孝同（庚辰四月廿七日）

谈行程计划，并再嘱勤于读书

字谕孝同：嘉峪启节，甘雨随车；八日抵西安州，为酒食劳军士。昨夜正四哨拔行，今夜率两总哨继发；前途戈壁，汲饮颇难，故仍须分起行走；比抵哈密，当在端午后矣。得尔廿二日书，知廿日得一女孙，当即以肃孙命之。七月望后，可作归计。中秋前后，入居兰署，清风戒涂，寒燠适宜，安行稳便，我怀少纾矣。在兰读书，自立课程，谢绝人事，以求精进；切勿悠忽玩乐，负此年光，至要至要！

致孝同（五月十九哈密新营）

嘱抚育孙女之事，谈平乱

孝同知悉：肃生缺乳否？在当时雇乳母同回兰州，殊多不便；能回兰再雇为宜。唯不知能否缓雇耳？此间天气酷热，未知肃州何如？大约尔等回兰，在七月中旬；届时凉风初起，途间安便也。我到哈密，入居新营，人马均吉；汉回民情，尚觉朴厚，其爱戴之意，较关内无殊，我亦安之。岷、洮番匪首要，均就擒斩，此案遂结；所有剿抚，次第一切办法，均不出迭次缄牍之外。亦幸杨石泉一力主持，不许妄行杀掠焚烧，故能迅赴戎机，永弥异患，老怀一纾。尔能细细体会，自可增长识解。湘中有无家信？不知宽、勋竟如何？尔可致信大姊一探问之！

致孝同（六月初一哈密大营）

谈病兼论写文章

字谕孝同：肃孙之名，既属重出；新得孙女，更名律孙，记出师之义可也。哈密炎热异常，旬日已来，左胁左腿，风湿复发，不痒而痛；周令诊视，谓肝火甚旺，服凉剂不愈，继以大黄数剂，仍不泄动，比加服元明粉，

乃略下两遍，所患乃觉轻减。现停元明粉，——亦止服过一钱——尚服大黄一二帕，即停止不服，当可复元耳。宗概从未出过远门，不知行路之难；可传我意：请其秋凉速归！昭煦上年在肃，一病几殆，容易调治痊愈，始得生还；此次复又来肃，意欲何为？若云学习公事，试自问可学何事？大营又有何事学？我年七十矣，从未得子侄子之力，亦并不以此望诸子侄，乃子侄必欲累我，一累不已，且至于再，何耶？可以此信给昭煦看，令其速归，勿许久留为要！宗概家贫远出，可给盘川银五十两；昭煦此来，准酌帮路费十六两。七月以后，天气渐凉，尔可奉生母挈眷回兰，细心读书，专意务正，免贻我忧！

楷字总少帖意，是临摹欠工夫，亦由心胸中少书味耳；及时力学，尚不为迟。来禀内有："庶觉阴侵称可避暑"两语，阴侵两字，殊不妥。侵，或是浸字之误耶？语云："秀才不中举，归家作小题。"盖谓多作大题则思致庸钝，词意肤泛，摇笔满纸。尽是陈言，何有一语道者？宜其不能勤人心知也。要作几篇好八股，殊不容易。多读书，则义理不隔；肯用心，则题蕴华宣；而又于法脉两字细细推寻，务求其合，乃可望有长进。若下笔构思，尽归踹觉一路，将终身无悟入处矣！兹选定四书诗题廿一道付尔，每月六课，自限一日完卷寄阅。

致孝同（六月十四日初伏哈密大营）

斥孝威为奸人惑而习巫医之术

字谕孝同：今岁暑热异常，哈密及吐鲁番两处，向称极热地方，今夏更甚。我病兼旬甫愈，现服滋阴养肝之剂，亦殊相安。闻入伏后天气转凉，未知何如？酒泉公馆，想亦甚热？屋宇低小，不如节署相安，趁秋凉宜棉夹时返兰，免我牵挂！头白求归未得，而族人远来打搅，实太不谅。昨鄂台递到宗翰书，据称将祠事交昭基，伊仍赴甘当差；想被族人挤排，故作抽身之计。而情理难容，我揣或系宽、勋妄听昭辉等语言，遂致有此，前请鄂台续寄之三千金，若农信来，早已汇交孝宽，自是不错；而孝宽总无一字达肃，或系将此项压搁，致动人疑，亦未可知。尔可向新前询其曾否接家信，说及此中委曲，以便早为料理！孝宽近日举动，迥异从前，再三思索，恐系被市井奸徒所惑？尔曾说其在家施药，能治恶疾；并云宽因脚疾，自赴湘潭觅医，因学得祝由科法水，或即入魔之根耶？可据实告我！近作得冯林一家传，尚觉得意，寄尔阅之，可解与丰孙、勉孙听，余详前信中。请心可兄速买白萝卜子，及天鹅蛋种子寄来，以便散给各管哨，愈多愈妙。此间地脉甚厚，种蔬最妙。

致孝同（六月廿三日哈密）

劝儿勿失寒素子弟风

廿日得尔初九日禀，知已定七月十一日返兰州，可免我牵挂，甚好！尔到兰后，料理家事毕，又须来哈密；三四个月内，往返数千里，未免太劳。又酒泉迤北，砂碛弥望，车行颇苦；七八月后，风雪正作，戈壁寒气渐甚，比抵哈密，则朔风凛冽，冰冻凝江，人马均困矣。不如俟惊蛰河冰尽解时启行，暮春抵肃小憩，首夏抵伊吾；节候和暖，最为相宜。如此则兰署过腊，足以慰母心；远道省亲，足以慰我望，实两得之道。安必触寒受暑仆仆长途为也。返兰后，伏案读书，谢绝应酬，勤写家信，庶不失寒素佳子弟规模，至要！至要！近为炎暑所苦，左胁牵引作痛，服生大黄数剂，加以芒硝，始渐痊可；现服滋阴益气之剂，渐已复元。哈密之热，较内地为甚；交秋后由凉而寒。亦甚于内地也。军事粗有布置，俄情如常，伊犁、阿来均增兵防守；然亦不能多；闻其国内乱殊甚，俄主有四月廿二不禄之说，尚未见确报。大约不祥之兆已见，自无可疑。曾吉刚尚我到俄之耗，总署近日信息颇稀，即此亦见俄事不吃紧耳。近作冯中允家传，刻好以十本寄来；可与丰孙辈读之，亦见乃翁病中思力不减。冯君乃同年生中有学问者。平浙时踪迹相近，而音问不通；殁后五年，乃为作佳传，俾吴越士夫有所观焉。

致孝同（七月十二日）

训孝同诗文肤浅，乃因揣摩时文腔调

孝同知悉：得尔初九日信，知十一日旋兰州节署，计此时可过凉州矣。处暑前后，凉风渐至，想无不适。节圆秋景宜人，蔬味正佳，料理诸务后，读书作文，有以自乐，我尔可省牵挂。拟信亦仍出关省，我悉欣然；准以节候言之，还是惊蛰冻解启行首夏到哈密最为妥帖。塞上苦寒，哈密冷热，与关内迥异，——现在早晚寒意甚重日午仍热——不可不慎！与其使多一番记挂，何如迟缓就道为宜，思之思之！宗概因不服水土辞归，我于此间给银三十两作盘川；并缄致鄂台，俟其过鄂致廉银一百二十两，又许其遇保案照例加保，伊亦欣然。其人质地谨悫，尚有可望，唯酸俗不免耳。祠事未知西圆作山如何回信？西圆未必决意赴甘，不过借此为脱身计；作山不肯捐钱，亦只听他，且俟祠事落成，另派首事经管。其余

各义举,将来交尔辈经理可耳。世延处岂可不为安顿?我意以千金与之尔,等总不以为意;宽勋始终无一字及之,不解何故也。乡俗知利忘义,大率如此!我如还家里居,当自为布置;瞑目以后,始听不肖辈再为所欲为已耳;尔与勋,学业既无长进,岁科不能望高等,故我拟为尔捐廪贡,为勋捐附贡,可应京兆试,免岁科两度奔驰。尔意既不愿就,则捐贡之说,当作罢谕;如尔等能作文应试,固我所乐也。由廪附平进,岂非好事?况将来呈递遗折,尚可盼望加恩乎。已致吉田,此事无庸议矣。尔辈少小未当用心读书,就天分而论,尔优于勋;然自汝兄亡后,家事分心,又不肯就师肄业,致所学旋荒,诗文不进,且日退矣。付呈课文与诗,均不见思路笔路,且语句亦多疵类;肤庸浅滑,下笔满纸,盖由平时于义理少研求,唯揣摩时文腔调,以致于此,我驰驱戎马,未暇督课,又未能择延名师与尔讲习,于尔辈何尤?兹将诗文评改寄还,尔可细心阅看!久居节署,读书最乐。勉之!时不可失也。新疆所办事宜一疏,现已刊印,付尔及丰孙阅之。俄事如故,知庙堂意在休兵;英使威妥玛,有从中调处之说,恐不免为其所误耳。

致孝同(七月廿五日辰刻)

谈新疆事务之交割

接谭心可信,知尔于十一日奉母挈眷返兰,天气寒暖合宜,按端而行,可卜平安也。廿四日忽奉本月初六日六百里之廷旨,来京陛见,以备顾问;并命荐贤员督办新疆一切事务,比即驰告毅斋,嘱其速来哈密;商酌接替,并拟奏请以钦符界之。本任陕甘总督缺虽尚未开,然必请即简署事,拟奏用石泉,当于日内缮摺拜发后,伏候谕旨遵行。计此间出奏,必三十余日,始奉旨批回;毅斋到哈密,必须六七十日,比到此间接受钦符,则以在奉谕旨之后,有所遵循。我将此间军事饷事交代,即启行回省;计到兰后,交卸督篆,北行当在冬腊之交,新正开印后可抵都矣。西北布置,已有条理;俄意欲由海路入犯,而在事诸公,不能慰主上忧勤,虚张数势,殊为慨然!我之此行,本不得已;既奉有朝命,谊当迅速成行,唯不能不俟毅斋之到,而为妥商;毅斋得信即行,亦非两月余不可;趁此时将军事饷事逐加料理,尚须忙迫。而关外一切,均有条理;关内经石翁经画年余,诸尚妥协。我之得应诏北行,可免牵挂,犹不幸中之幸矣!尔等应于解冻后南归,明年可为丰孙完婚。此后或仍来京侍养,丰孙当预备引见,尔兄弟可就便赴北闱乡试。局面既改,在尔等自行斟酌耳。唯谕旨钞寄,暂宜秘之,候奉旨批阅再宣白。

致孝同（八月廿二日）

谈辞官后之归所

字寄四儿览：我奉有内召顾问之命，即日飞告毅斋，速来哈密候圣旨，我于十月初即可启程入关，计冬腊之交，可以交卸督篆。由秦晋赴都中陛见后，当自陈衰病，请开阁缺，以闲散备顾问，终老京师，尔辈应留一房在长沙祖先坟墓，尔生母即仍回湘照料家私。丰孙明年完姻后，可挈眷同来京引见，尔辈即留京延师课读，应京兆试，似此亦是一办法。然必须俟我到京后寄信回南，始可定局。廉项所存尚多，然就应用各项合计，亦不能多所存积；到兰后当一一处分，俾尔等知之。闻勋儿六月十六已由湘起程赴甘，不肯写禀，尔亦无一字提及；此人闻爷子仅见之事，我亦不管尔。到兰署后信已收到。

致延侄（壬午四月十五日夜书于常熟舟中）

斥隽孙之性情浮伪

延侄览之：得勋儿家信，知史坡神道已定竖碑之地，足慰远怀。碑石大书深刻，只有如诰赠品级先府君先妣等字，拟自撰文刊置墓庐，已与同儿丰孙言之，俟撰成再寄。但同儿等回湘赴秋试，时日已近，只能先寄神道碑，碑文尚须从缓耳。隽孙到金陵时，询其用费，则除留存之五十两外，交借用杨在元银七十余两，何以用至许多？则云："为父母买皮衣用去。"欲未查其用账，不知真假。察看此子性情浮伪，全不晓事，在金陵署不知读书静坐，时常出外，殊为可虑！因饬其回家。侄移居省城，迥不若从前乡居僻静，切宜从严约束，勿令与市井为伍，致惹闲事学坏样，是为至要！看来此子将成下流，难望其回头矣！可叹！可叹！儿孙辈乡试后即须同来金陵，癸侄全家闻秋间亦可赴浙，独侄家仍居长沙，又鲜亲友足靠，似仍以乡居为好。子孙乡居，尚可读书，不沾染市井恶派；其资质钝者，可以力农谋生，不失为乡里善人，家道可复兴也，试深思之。叔到任三月有余，蚤用夜思，无须民生国计，家事概不关怀。兹于近阅营伍赴苏之便。偶念隽孙不能成立，心中不适，书此寄示，想侄自悉。

致宽、同（癸未二月初十日胡家集舟中）

谈水师及海防

宽、同知悉：自前月二十四日出省验收水利工程，兼定海防大局，均值天日清明，行程无阻，平顺之至。到上海时，中外官绅商民，陈设香案，亲兵及在防各营，列队徐行，老少男女，观者如堵；而夷情恭顺，升用中国龙旗声炝致敬，较上次尤为有礼。胡雪岩乃印委各员，与随行员弁，皆窃谓从来未有也。所按各炮台，于水陆安设靶位，次第施放，均致远有准；若洋轮驶入，船身较承靶宽大百倍，尤无虚发可知。沿海内外所有炮台，均已勘验。李与吾、李质堂两提戎，狼山、福山、苏、松及淮扬章作堂镇军，并同行员弁兵勇，均议于白茅矽设险扼其入口，总要看此处止泓逼仄，两过沙线错杂，又均须活砂，如襄樊、石牌以上河道相似；洋轮误入，必致不救。太古洋行曾在此埋过一轮船，外轮若敢前来，我但以船列炮守定正泓，确有把握；除开炮击其汤锅气管烟筒外，更挑选勇锐水勇，习熟纵跳，遇有机会，即跃上彼船，轰其机器，折其锋牙，则彼船可夺也。值此时水师将领弁丁之气可用，悬以重赏，示以惩罚，一其心志，齐其气力，所为必成。我与彭宫保乘坐舢板，督阵誓死，正古所谓"并力一向，千里杀将"之时也。在上海与诸将校定议甫毕，适彭雪琴由湖北查案回船至江阴，李与吾、章作堂请先赴江阴与其晤叙；次日，彭宫保与我晤于吴淞口，据称此事已于数年前定见，因经费无措中止。今监票项下既有余资，可购齐船炮，尚有何疑畏不能作连命会乎？因将应于中外赶办船炮各事，逐一陈叙；彭亦欢愊，并称如此布置，但虑外人不来耳。诸将校亦云："我辈忝居一二品武职，各有应尽之分，两老不临前敌，我辈亦可拼命报国。"答云："此在各人自尽其心，义在则然，何分彼此？但能破彼船坚炮利诡谋，老命固无足惜！或也四十余年之恶气，藉此一吐。自此凶威顿挫，不敢动辄挟制要求，乃所愿也。"宫保亦云："如此断送老命，亦可值得。"语毕，彼此分手。海防议定彭回退省庵，我亦展轮验阅淮扬一带河工，昨已行过泰州、泰兴矣。沿途百姓，陈列香案跪迎，一谢筑堤修坝，上年裹下河得获丰年之恩；一谢减免库金实惠。并云此地不见制台按监者数十年，今得瞻谒威仪，一生之幸。同行各司道，佥云："实愚民血诚爱戴，并非虚语。"我心虽慰，亦颇自愧也。书此告尔曹，俾知好官可唯，好官之名亦实不易副也。莼农、健齐随行，同为欣忭。纯农同到马朋湾看工后，可先回；开复之请，须俟事冷再说。彭宫保亦诺与我会衔。并云："此时则断不可。"据莼意亦以为然。大约回省后可迎让眷属归家，同儿即可带眷同行矣。三孙姻事已定何月日？金宅须倩媒告知。丰孙喜期，已信致少云，即接到回信，可即告我！看来看视河工，无需多日，大约此月底我可回署矣！宽儿可作第二次回湘，尔生母可同去！我回省后，探有英夷兵轮驶近海口之耗，即仍赴上海吴淞一带驻节督剿，篆务奏交藩司护理，事毕仍请开缺回籍，当得蒙俞允也。此信可寄三儿阅看。义塾田价，俟四儿回家带去亦可。丰孙婚事，准用银两二百两，当与大姊说明。

左宗棠